LA HISTORIA ARGENTINA EN PERSPECTIVA LOCAL Y REGIONAL

LA HISTORIA ARGENTINA EN PERSPECTIVA LOCAL Y REGIONAL

Nuevas miradas
para viejos problemas

Tomo 3

Susana Bandieri y Sandra Fernández
(coordinadoras)

La historia argentina en perspectiva local y regional: nuevas miradas para viejos problemas: tomo 3 / Susana Bandieri... [et al.]; coordinación general de Sandra Fernández; Susana Bandieri. – 1a ed. – Ciudad Autónoma de Buenos Aires: Teseo, 2017. 500 p.; 20 x 13 cm.
ISBN 978-987-723-147-2
1. Historia Argentina. 2. Historia Regional. I. Bandieri, Susana II. Fernández, Sandra, coord. III. Bandieri, Susana, coord.
CDD 982

Imagen de tapa: Designed by Freepik

© Editorial Teseo, 2017
Buenos Aires, Argentina
Editorial Teseo
Hecho el depósito que previene la ley 11.723
Para sugerencias o comentarios acerca del contenido de esta obra, escríbanos a: **info@editorialteseo.com**
www.editorialteseo.com
ISBN: 9789877231472

Compaginado desde TeseoPress (www.teseopress.com)

Índice

Presentación 9

La política y lo político 13

La construcción política de los Estados provinciales en el
Nordeste argentino 15
 María Silvia Leoni y Maria del Mar Solis Carnicer

Gobierno, progreso y representación en los territorios
nacionales del sur argentino 51
 Lisandro Gallucci

Volver a invocar al fantasma: la política en escalas 101
 Marta Bonaudo

Procesos políticos en clave regional: problemáticas, actores
y prácticas del siglo XX jujeño 125
 Adriana Kindgard

Sociabilidad y espacio público 161

Sociabilidad y cultura en la Argentina del Centenario. Una
experiencia local 163
 Sandra Fernández

Bibliotecas populares, asociaciones literarias y exaltación
patriótica en la conformación de un ambiente de
sociabilidad cultural en Tucumán, 1870-1914 189
 Marcela Vignoli

La reconfiguración del asociacionismo cañero tucumano
durante el primer peronismo 227
 Julieta Bustelo

El mundo del trabajo 253

El género de la historia del trabajo: lecturas y dilemas situados. Buenos Aires, segunda mitad del siglo XIX 255
Valeria Silvina Pita

Las escalas de análisis en la historia de los trabajadores. Perspectivas, debates y reflexiones 271
Silvia Simonassi

Experiencias cargadas de sentido. La izquierda en la clase obrera: inserción, conflictos y recomposición 297
Laura Pasquali

Peronismo y trabajadores en la Patagonia. Sindicatos, partido y justicia laboral en las décadas de 1940 y 1950 323
Gabriel Rafart

Empresas, industria y servicios 349

La industria harinera pampeana durante la gran expansión agraria, 1880-1914. Avances historiográficos y agenda pendiente 351
Juan Luis Martirén

Apuntes para una historia del comercio y la comercialización en Argentina. Actores, prácticas y regulaciones (1895-1930) 381
Andrea Lluch

Transformaciones y permanencias en la construcción y consolidación de una economía regional. El caso de la vitivinicultura mendocina, 1840-2000 413
Rodolfo A. Richard-Jorba y Florencia Rodríguez Vázquez

Impactos sociales del proceso de privatización y concesionamiento de empresas estatales extractivas en la Patagonia durante la década de los 90 447
Daniel Cabral Marques

Los autores 489

Presentación

Un mapa. Esta obra es un ancho mapa. Una imagen de varias significativas producciones de la historiografía argentina construida desde el perfil de los estudios regionales y locales. El conjunto no pretende ser ni una miscelánea ni una síntesis, sino un pase cuadro a cuadro de una secuencia de investigaciones sobre varios de los tópicos que han mantenido una línea de trabajo y una tradición durante las últimas tres décadas.

Treinta años de producción escrita, marcados por la recuperación democrática de la universidad argentina en 1983 y la proyección de los organismos públicos de investigación, que han consolidado un corpus en el marco de un escenario historiográfico novedoso dentro del campo, quizás el más prolífico que hayamos observado. Tal panorama hubiera sido imposible sin el crecimiento sostenido de las investigaciones pensadas y llevadas adelante desde una perspectiva regional y local, perspectiva que nutrió y amplió el caudal historiográfico de forma impensada en los años ochenta.

La obra en conjunto no pretende ser un manual o un escrito que desde el eje temporal habilite el estudio de algunos temas. En este sentido, también se distancia de la idea de colección como reunión de elementos significativos, ya que la perspectiva transversal propuesta desde los ejes seleccionados prioriza la problematización por sobre el proceso.

La compilación pone en cuestión las formas de ver el "hecho nacional" como emergente fundamental, a la vez que resiste a su influencia. Desenfocar el análisis de la retórica de lo nacional, no para marginarla, sino para incluirla como una más en un escenario compartido donde asisten otros protagonistas, conlleva un ejercicio de puesta en escena de investigaciones que muestran balances y líneas de fuerza que alimentan nuestro campo de estudio. El ejercicio debe acompañarse además con un plano reflexivo que permita comenzar a ver un horizonte de síntesis que funde sus bases sobre la plural y densa producción que señalábamos más arriba.

Los estudios desplegados en los tres tomos de este texto son un muy buen ejemplo de la frondosidad de la producción historiográfica argentina, que marca no solo una clara reacción en contra de los énfasis iniciales de los años ochenta y primeros noventa, que ponían el acento en los estudios sobre el Estado nacional, retomando la línea trazada en el período anterior a la dictadura, sino una renovación del aparato teórico-metodológico que ha sido materia excluyente en las aproximaciones a nuevos y viejos temas de nuestra historia. La capilaridad demostrada en las investigaciones reunidas en esta obra hace posible exponer algunos de los lineamientos más significativos desarrollados ya en el siglo XXI sobre distintos espacios regionales y locales.

La estructuración de la obra en ejes ha permitido revitalizar una tarea, parcial por cierto, en el esfuerzo de contextualización de las investigaciones. Contexto entendido como las coordenadas espacio-temporales que delimitan un hecho y que lo convierten en eslabón de una cadena de significados, a la vez que permite definir objetos y problemas de estudio corriéndose de la cómoda justificación de lo nacional para circunscribir un abordaje historiográfico.

Alan Knight expresa, en un excelente artículo de 1998, que el "impulso moribundo por generalizar" ha permitido que se desplegaran en la historiografía mexicana en particular y latinoamericana en su conjunto, aproximaciones que al fin hicieron posible que viejas certidumbres se hayan puesto en tela de juicio.[1] Parafraseando a Knight, es el paso de una historia nacional a muchas historias argentinas.

La transformación que puede observarse a lo largo de estas páginas tiene tres puntos de inflexión, diferentes entre sí pero complementarios, a la vez que ineludibles en conjunto. El primero tiene que ver con las escalas elegidas, que permiten seleccionar una determinada cantidad y un determinado tipo de información que debe ser pertinente con lo que se pretende representar. La escala que los estudios regionales y locales llevan adelante hace posible una explotación intensiva de las fuentes con atención a lo particular, sin olvidar nunca el contexto. Segundo, tales investigaciones visibilizan y rescatan una gran cantidad de *corpus* documentales que, desconocidos o escasamente visitados, exponen y traducen nuevos datos, puestos en perspectiva con fuentes más tradicionales y transitadas. Archivos primarios que han crecido y que se han mejorado, la aparición de nuevos catálogos, la sistematización, digitalización y puesta en línea de muchas fuentes, obedecen a este impulso de estudiar más y mejor "lo pequeño". El incremento de la exploración de los archivos regionales y locales, gracias al esfuerzo de investigadores individuales, de programas de rescate de archivos para dotar a centros de documentación e investigación de mayor y mejor material ha sido fundamental en la transformación del panorama de las fuentes para la historia regional y local. Tales esfuerzos, en la mayoría de los casos, han podido ser contenidos por parte de los centros de investigación dedicados específicamente a la problemática regional y local en estas últimas dos décadas. Sin la fundamental asistencia y contención de estas instituciones públicas (aquí debemos señalar con énfasis la labor

---

[1] KNIGHT, Alan, "Latinoamérica, un balance historiográfico", en *Historia y Grafía* nº 10, enero-junio/1998.

de CONICET) hubiera sido mucho más difícil la tarea de sistematización de fuentes y, correlativamente, de producción en investigación de base.

De este modo, las investigaciones aquí reunidas son tributarias de estas ventajas que la historiografía argentina logró en los años democráticos, rescatando estudios nodales de los años sesenta y setenta para comprender y transitar en términos positivos la crisis de los paradigmas propios de la ciencia social en su conjunto.

La recuperación de documentos que exceden largamente los atesorados en los archivos estatales, la consideración de los espacios como socialmente constituidos, la concepción de que objetos modestos hacen grandes historias, el análisis de las relaciones sociales a "ras del piso" son algunos de los grandes valores que la perspectiva regional y local aporta al horizonte del conjunto historiográfico argentino.

Vale la pena insistir en estos atributos, y esta obra es un buen ejemplo de ello. Se eligió una opción que no es la síntesis, la colección o el manual. Esta compilación es una composición coral que muestra la madurez de la perspectiva regional y local en la historiografía argentina y que, aun a riesgo de dispersar temáticamente y de contraer alcances cronológicos (problemas lógicos de una compilación), tiene la gran virtud de dinamizar el nivel de reflexión y de exponer un estado de la cuestión sugerente sobre nuestra producción científica actual.

Susana Bandieri y Sandra Fernández

La política y lo político

La construcción política de los Estados provinciales en el Nordeste argentino

María Silvia Leoni y Maria del Mar Solis Carnicer

Presentación

El Nordeste argentino (que abarca las actuales provincias de Chaco, Corrientes, Formosa y Misiones) corresponde a un espacio de tardía incorporación al Estado nacional -excepto el caso de la provincia de Corrientes-, pues gran parte de su superficie se anexó definitivamente en las últimas décadas del siglo XIX bajo el estatus de territorios nacionales. Recién en la década de 1950, Chaco, Formosa y Misiones adquirieron el rango de provincias argentinas. El Nordeste no ha sido, por lo tanto, un espacio ni histórica ni geográficamente homogéneo, ya que en él se advierten procesos diferenciados en cada una de las provincias/regiones que lo componen.

Según Cristina Valenzuela (2014) solo es posible distinguir la dimensión regional del Nordeste, del mismo modo que la del Noroeste, cuando se apela a una agregación y diferenciación espacial obtenidas a partir de la posición que ocupa en el conjunto nacional y de su contraposición a la región Pampeana. Así, no existe un único NEA histórico sino múltiples NEA, "tantos como territorios identificables, construidos, fragmentados, al interior, desbordando fronteras hacia el Brasil y el Paraguay", donde las capitales de las cuatro provincias

> son polos de irradiación de políticas de otros tantos estados de una federación, sin más instancias de coordinación regional que las referidas eventualmente a la necesidad de hacer frente a decisiones tomadas desde afuera, desde Buenos Aires,

capital nacional a la que le cedieron parte de sus soberanías, tal vez hace demasiado tiempo, pero haciéndolo cada uno desde su propia visión provincial (Schweitzer, 2004).

Indudablemente, a lo largo del siglo XX se han ido presentando problemáticas comunes a los distintos subespacios de la región, debido en gran medida a su situación extracéntrica, su condición fronteriza, su forma particular de incorporación al mercado nacional, sus preocupantes indicadores socio-económicos y su relegamiento político.

Corrientes fue una de las primeras catorce provincias que se organizaron en el actual territorio argentino, creada por el director supremo Gervasio Posadas en 1814, aunque alcanzó su autonomía en 1821, luego de la disolución de la República de Entre Ríos. Por ese entonces su territorio incluía parte de la antigua provincia de las Misiones, que estaría bajo su dominio hasta la creación del territorio nacional de Misiones en 1881.

El Chaco fue el primer territorio nacional en ser organizado, así como el "laboratorio" para los procesos de provincialización bajo el peronismo, casi un siglo después. Formosa, por su parte, constituiría un espacio marginal dentro de la propia región tras establecerse su separación del Chaco en 1884.

El objetivo de este trabajo es examinar los rasgos del secular proceso de incorporación política del espacio nordestino al Estado nacional, identificando las transformaciones operadas en la organización del aparato estatal y de los partidos y agrupaciones políticas hasta mediados de la década de 1950, cuando se producen los procesos de provincialización y quedan definidas las cuatro provincias integrantes de lo que, a partir de esos años, se denominará región Nordeste.

Debido a los diferentes procesos históricos que se dieron en cada uno de estos espacios, es difícil construir una historia general de toda la región -como lo evidencian los escasos y poco satisfactorios intentos existentes-. Nos centraremos en los casos de Corrientes y Chaco, subespacios que buscaron articular la región en torno a ellos.

Distinguimos cuatro etapas en el desarrollo político del Nordeste argentino, que caracterizaremos brevemente en este trabajo: 1) 1853-1880; 2) 1880-1930; 3) 1930-1943; 4) 1943-1955.

1. La región Nordeste en la organización del Estado nacional argentino (1853 a 1880)

Con la sanción de la Constitución Nacional en 1853 se originó un nuevo Estado -la Confederación Argentina- conformado a partir de trece provincias que para ese momento tenían varias décadas de existencia y desarrollo independiente; Corrientes fue una de ellas. Creada por decreto en 1814, recién logró consolidarse como un Estado a fines de 1821, luego de superar un período de desórdenes y luchas. Finalmente, en 1824 logró plasmar sus bases institucionales de manera orgánica en la primera constitución provincial (Schaller, 1995). Esta provincia había alcanzado un desarrollo institucional avanzado que la diferenciaba de las demás, que estaban bajo el imperativo de caudillos (Chiaramonte, 1991). Ese desarrollo se manifestó en el respeto a las facultades de las autoridades y a los períodos de duración de cada gobierno, siendo el gobernador Pedro Ferré (1824-1827, 1827-1828, 1831-1833, 1839-1842) el más destacado de esa etapa. Por otra parte, Corrientes estaría marcada por su protagonismo en las campañas militares contra el gobierno de Juan Manuel de Rosas entre 1839 y 1852.

Asimismo, la Constitución Nacional fue el primer documento que se refirió a los territorios nacionales y reconoció como atribuciones del Congreso la creación de nuevas provincias y la organización, mediante una legislación especial, de los territorios que quedaran fuera de los límites asignados a las provincias ya existentes. Para solucionar los problemas jurisdiccionales suscitados entre aquellas, bajo la presidencia de Bartolomé Mitre se promulgó la Ley de Nacionalización de los Territorios Nacionales (1862), que contemplaba también a aquellos territorios que hubieran sido enajenados por los gobiernos provinciales después de sancionada la Constitución (Ruffini, 2007).

Una vez incorporada Corrientes al Estado nacional, debió adaptar sus instituciones; para ello, durante el gobierno de Juan Gregorio Pujol, se reformó la Constitución provincial (1856), la que estuvo vigente hasta 1864. Ella estableció un Poder Ejecutivo elegido por la Cámara de Representantes por un período de tres años; organizó el Poder Legislativo que se renovaba por terceras partes cada año -compuesto por tres diputados por la capital, dos por el departamento de Goya y uno por cada uno de los demás departamentos- y el Poder Judicial con un Superior Tribunal de Justicia. También estableció un régimen municipal.

En cuanto al territorio bajo el dominio del gobierno de Corrientes, hacia 1830 se había iniciado el poblamiento de las tierras de las antiguas misiones hasta el río Aguapey. Esta frontera se mantuvo sin mayores modificaciones hasta mediados de la década de 1850, cuando se produjo una paulatina retirada de las fuerzas paraguayas que ocupaban esa zona. Así, en la segunda mitad del siglo XIX se completó la formación territorial de la provincia con la ocupación de las áreas de la costa del Uruguay y de la cuenca del Iberá que hasta 1865 habían sido controladas por el Paraguay. Luego de la guerra de la Triple Alianza, en 1869, la región de las Misiones lindante al río Paraná también pasó al control del gobierno correntino (Schaller, 1995).

En diciembre de 1861, una revolución encabezada por sectores de la elite correntina aliados al entonces gobernador de la provincia de Buenos Aires, Bartolomé Mitre, forzó la renuncia del gobernador constitucional José María Rolón. Esta revolución inició una nueva etapa en la vida política provincial, de integración plena de Corrientes en el Estado nacional y de su elite gobernante en una coalición política que excedía el ámbito local.

Luego de la batalla de Pavón, la hegemonía del mitrismo en las provincias se fortaleció a través del envío de intervenciones militares y la organización de rebeliones incitadas desde Buenos Aires. Esto derivó en una sucesión de gobiernos liberales, situación que solo se vio afectada por la guerra del Paraguay en 1865. Entre 1868 y 1880 la hegemonía liberal en el gobierno de la provincia de Corrientes fue indiscutida, aunque se trató de un período convulsionado políticamente, con fuertes enfrentamientos y rebeliones entre los diferentes grupos y círculos del liberalismo local. Esa hegemonía liberal se rompió en 1880 con motivo de la lucha por la sucesión presidencial; el gobierno de Corrientes apoyó la candidatura de Carlos Tejedor y colaboró con la rebelión de Buenos Aires. La derrota de esta y el triunfo en las elecciones presidenciales de Julio Argentino Roca derivó en una intervención federal a la provincia en 1880 y, al año siguiente, la creación del territorio nacional de Misiones, que de ese modo se separaba definitivamente de la órbita de la provincia de Corrientes.

La imposibilidad de asegurar el funcionamiento normal de las instituciones locales provocó que las autoridades del Estado nacional usaran el instrumento de la intervención federal para regular los conflictos internos de la provincia (Buchbinder, 2004).

Paralelamente, en la otra orilla del río Paraná, entre las últimas décadas del siglo XIX y las primeras del siglo XX, se produjeron los procesos de construcción y desconstrucción del territorio denominado Gran Chaco argentino. Esta denominación se aplicó a un extenso espacio que presentó desde sus orígenes dos características particulares: una generalizada homogeneidad en sus aspectos físicos y biológicos y una población indígena que impidió asentamientos perdurables de los *blancos* hasta fines del siglo XIX. La percepción de estas características fue alimentando las leyendas de misterio e inhabitabilidad que el territorio conservó hasta el siglo XX, al tiempo que reforzaba su consideración regional. Ello se vio acentuado por la situación política: incorporado al Estado argentino como territorio nacional en 1872 -aunque ocupado efectivamente por aquel desde mediados de la década de 1880-, se dividiría entre las gobernaciones del Chaco y de Formosa en 1884 y mantendría ese estatus hasta la década de 1950, cuando se iniciaron los procesos de provincialización.

La efectiva ocupación de este espacio por parte del Estado nacional implicaba, por un lado, resolver el "problema indígena", pues consideraba a estos pueblos solo como un obstáculo ante la necesidad de suprimir las fronteras interiores y lograr la incorporación política y económica de las zonas ubicadas al nordeste y al sur de la Argentina. El gobierno nacional había encarado desde 1854 la defensa de la frontera con el indígena en el Chaco. Esta población —integrada por qom, wichis y mocovíes—, tras ser sometida, se convertiría en la mano de obra para la cosecha del algodón y la explotación forestal, actividades que permitieron la integración del Chaco al esquema agroexportador nacional en el siglo XX (Beck, 1994).

Por otro lado, ante los litigios limítrofes, se planteaba necesario reforzar la soberanía argentina en las zonas en disputa.

1.1. El impacto de la guerra de la Triple Alianza (1865-1870)

Un acontecimiento que afectó fuertemente a la región Nordeste a mediados del siglo XIX fue la Guerra de la Triple Alianza, conflicto en el que participaron por un lado Argentina, Brasil y Uruguay, y por el otro, Paraguay.

La región, limítrofe con los países involucrados en la guerra, estuvo directamente afectada por el conflicto; particularmente la provincia de Corrientes -que por su ubicación geográfica era un camino obligado para llegar a tierras paraguayas- sufrió la ocupación paraguaya en 1865 y fue escenario de importantes batallas militares, hasta que al año siguiente Francisco Solano López decidió llevar la guerra a su propio territorio. Entonces, Corrientes se convirtió en lugar de aprovisionamiento de los ejércitos aliados que pasaban al Paraguay (Ramírez Braschi, 2014).

Los fuertes vínculos históricos, culturales, económicos y sociales que unían a Corrientes con Paraguay convirtieron a este conflicto en una acontecimiento clave en la conformación del Estado provincial, con importantes y profundas consecuencias sociales, políticas e identitarias.

La ciudad de San Juan de Vera de las Siete Corrientes había sido una de las tantas ciudades fundadas desde Asunción, a lo largo de su período expansivo de las últimas décadas del siglo XVI. La cercanía entre Corrientes y Asunción se manifestó de variadas formas a lo largo del período colonial. Ambas ciudades y sus áreas de influencia padecieron un pronunciado aislamiento y debieron luchar por su supervivencia frente al avance de las poblaciones indígenas no sometidas y de los portugueses. Los límites entre Corrientes y Paraguay tuvieron la característica de fronteras móviles durante todo el período colonial y gran parte del siglo XIX, y fueron objeto de conflictos y acuerdos diplomáticos. Con la subordinación de la ciudad de Corrientes a Buenos Aires luego de la creación del Virreinato del Río de la Plata, aquella se vio condenada al aislamiento. Desde entonces, Corrientes mantuvo una difícil relación con Buenos Aires (Quiñónez, 2013).

Durante la ocupación paraguaya en el territorio provincial (abril-octubre de 1865), la sociedad correntina, tanto las elites como el bajo pueblo, se dividió. Mientras un sector se organizó para enfrentarse a los paraguayos y recuperar el gobierno, otro creyó que una alianza con Paraguay y un enfrentamiento con Brasil y Buenos Aires podía generar alternativas para la región; identificados como paraguayistas, colaboraron en el gobierno –a través de una Junta Gubernativa formaron un triunvirato- y se alistaron en el ejército paraguayo. Estos "paraguayistas" –muchos de ellos miembros de la elite social y política provincial- fueron juzgados por traición a la patria al finalizar la guerra, pero ninguno llegó a ser condenado.

Los motivos que derivaron en esa posición, además de los lazos históricos ya mencionados, deben buscarse también en el enfrentamiento entre el sector federalista con arraigo en una parte importante de la población correntina, y el liberalismo de Bartolomé Mitre. Estas dos tendencias políticas (federal y liberal) irán definiéndose más tarde en la formación de los dos partidos políticos provinciales tradicionales: Autonomista y Liberal (Ramírez Braschi, 2014).

La guerra acentuó la subordinación de la provincia al Estado nacional debido, por un lado, a la división de su propia elite y, por otro lado, a la injerencia de funcionarios nacionales, particularmente de oficiales del ejército de línea, en la política local. Una vez terminada la contienda, se harían evidentes la dependencia de la provincia y su escasa gravitación en las decisiones tomadas desde el Estado nacional. Más adelante se notarían también la declinación económica y la imposibilidad de la elite local de regular en forma ordenada sus procesos políticos internos (Buchbinder, 2012).

Asimismo, la guerra causó un profundo impacto en la sociedad correntina, tanto en su elite dirigente como entre los sectores populares, para quienes resultaba impropia. La "correntinidad", con un fuerte componente antiporteño en algunos sectores, no había sido ganada aún por una argentinidad que sería resultado de una construcción posterior (Quiñónez, 2013).

Con respecto al impacto sobre la subregión chaqueña, al no estar claramente establecidos los límites de la Argentina con Paraguay –ambos países se disputaban el Chaco boreal y central–, la guerra planteó de manera más acuciante la necesidad de ocupar efectivamente la región. En este contexto, ya bajo la presidencia de Domingo F. Sarmiento, nació el primer territorio nacional: concluida la guerra,

Sarmiento creó la Gobernación del Chaco (1872) –organizada luego por la Ley 576–, que se extendía desde el río Verde, al norte, hasta el arroyo del Rey, al sur, con capital en Villa Occidental, frente a la ciudad de Asunción. Esta ley, de carácter provisorio, establecía las autoridades del territorio y sentaba las bases para su colonización. El gobernador, designado por el Poder Ejecutivo Nacional para un periodo de tres años, cumplía funciones ejecutivas, administrativas y militares. Sus principales responsabilidades eran la seguridad, el fomento y la colonización del territorio. Completaban el cuadro los jueces de paz y las comisiones municipales. La organización adoptada para el Chaco serviría de modelo para la creación de dos nuevas gobernaciones: Patagonia y Misiones.

La vastedad de la gobernación y el comienzo de la explotación forestal en la zona meridional del Chaco, con el asentamiento de poblaciones, motivaron la creación de la Jefatura Política del Chaco (1874), al sur del río Bermejo (Chaco Austral), bajo la jurisdicción de un jefe político instalado en el cantón Resistencia (Leoni, 2001).

El laudo arbitral Hayes, que terminó de dirimir el litigio limítrofe con Paraguay, obligó a desocupar la zona del Chaco Boreal; Villa Occidental se incorporó al Paraguay, por lo cual la capital del territorio se trasladó provisoriamente a la isla del Cerrito y luego a Formosa (1879). A partir de allí, la proximidad geográfica entre gobernador y jefe político produjo roces, al no estar claramente delimitadas las funciones de este último, por lo que la jefatura política terminó por desaparecer.

2. La incorporación a la Argentina moderna (1880 a 1930)

Durante la segunda mitad del siglo XIX y las primeras décadas del XX, la Argentina experimentó un crecimiento económico extraordinario como proveedora de materias primas agropecuarias para los países industrializados de Europa. La región de la pampa húmeda, más apta para producir estos bienes, fue también la más beneficiada con la corriente de inversiones y de inmigrantes que permitieron la modernización del sistema productivo. Constituyó desde el punto de vista económico, un área central o nuclear de la cual dependía la riqueza nacional. Por contraste, las otras regiones del país, con menos posibilidades de vincularse con los mercados de ultramar, crecieron más lentamente. Su producción se destinaba a abastecer las necesidades del mercado nacional y el comercio con los países limítrofes. En ese contexto, si bien el desenvolvimiento económico de la provincia de Corrientes entre 1850 y 1914 fue significativo, se ubicó en un área marginal y su retraso se fue acentuando con la maduración de la economía agroexportadora (Schaller, 2015).

En la redefinición de la región en estos años fue muy importante la creación del territorio nacional de Misiones, aprobado por medio de una ley del Congreso en 1881 que significó el deslinde de esas tierras de la jurisdicción correspondiente a la provincia de Corrientes. Esta situación fue el resultado de un largo y conflictivo proceso que se había iniciado a principios del siglo XIX, cuando se desintegró la provincia de las antiguas Misiones.

Los territorios nacionales del norte, por su parte, organizados a partir de 1884, se incorporarían al mercado nacional a través de la producción primero taninera y después algodonera, en el caso del Chaco y Formosa, y del te y la yerba, en el de Misiones.

2.1. Los partidos políticos y la política del Acuerdo en Corrientes

En Corrientes, paulatinamente las elecciones se fueron imponiendo como el camino obligado para llegar al poder y dejaron atrás la opción de los levantamientos militares y revolucionarios, con el surgimiento de partidos políticos competitivos, la redefinición del diseño institucional y un intenso calendario electoral.

A fines del siglo XIX, como se ha señalado, se organizaron en Corrientes dos partidos políticos: el Liberal y el Autonomista, que lograron afianzarse orgánicamente con el surgimiento de partidos de alcance nacional. Sin embargo, hacia 1880 pudieron desprenderse de esos partidos nacionales que les dieron origen y configurarse como partidos políticos provinciales con algún tipo de reglamentación interna para su funcionamiento orgánico, más allá de los períodos preelectorales (Ramírez Braschi, 2004). En la década de 1890, se sumó el Partido Radical, de carácter nacional, que en los primeros tiempos constituyó una rama del Partido Liberal, pero que paulatinamente fue logrando independencia, hasta que en 1909 aprobó su carta orgánica y empezó su organización definitiva.

Si bien liberales y autonomistas constituyeron dos sectores bien diferenciados -identificados con los colores celeste y rojo respectivamente-, presentaban algunos rasgos comunes tales como la composición social de sus sectores dirigentes, quienes pertenecían a la misma elite social, así como su carácter faccioso y proclive a las divisiones internas, reflejo de una política en la que los líderes y caudillos valían más que cualquier tipo de institucionalización.

Las tres fracciones clásicas de los liberales de fines del siglo XIX -mantillista, mitrista y martinista- reflejan la adhesión a un determinado líder más que a una ideología (Manuel Florencio Mantilla, Bartolomé Mitre y Juan Esteban Martínez, respectivamente). Los autonomistas, menos proclives a estas divisiones, también las sufrieron en algunas oportunidades, como por ejemplo gallinistas y derquistas (seguidores de Antonio Gallino y Manuel Derqui, respectivamente) y derquistas y vidalistas (seguidores de Derqui y de Juan Ramón Vidal) a fines de la década de 1870 y principios de la de 1880. Sin embargo, a partir de 1886, cuando Vidal asume la presidencia del partido (que ocupará hasta su muerte, en 1940), el autonomismo consiguió una mayor cohesión, como consecuencia de su fuerte liderazgo.

El ciclo de predominio liberal en Corrientes cerró hacia 1880 y dio lugar al inicio de un ciclo autonomista que se extendió hasta 1893. De este período se destaca el gobierno de Juan Ramón Vidal (1886-1889), en el que se reformó la Constitución provincial (1889) incorporando importantes modificaciones al diseño institucional provincial, entre las que sobresalen la creación de un Poder Legislativo bicameral, la adopción del sistema de representación proporcional para la conformación de los cuerpos electivos y la extensión del mandato del gobernador de tres a cuatro años. Esta Constitución estuvo vigente hasta 1913.

El predominio conservador en Corrientes durante los años de gobiernos radicales a nivel nacional puede explicarse tanto por los rasgos tradicionales de la sociedad y la economía provincial así como por las estrategias políticas llevadas a cabo por los dirigentes de los Partidos Autonomista y Liberal. Entre ellas se destacan la implementación de una importante ingeniería institucional que incluía la aplicación de un sistema electoral proporcional, combinado con la división de la provincia en unas particulares secciones electorales, la elección indirecta del gobernador y la política del acuerdo a través del "Pacto" entre ambas agrupaciones políticas (en estos años se firmaron dos pactos, uno en 1909 y otro en 1919). Todos estos elementos permitieron a los partidos provinciales –identificados con el calificativo de conservadores desde 1914- mantenerse en el poder en forma ininterrumpida durante este período.

Desde 1909 y hasta 1929 se sucedieron gobiernos liberales o autonomistas, producto de estos acuerdos políticos pre o post electorales.

El sistema proporcional empezó a implementarse en 1895 a partir de la sanción de una ley electoral que lo reglamentó y estableció la división de la provincia en tres secciones electorales para las elecciones de gobernador y vice y diputados provinciales, y otras tres para las elecciones a senadores provinciales. Esta división no respondió a criterios geográficos ni demográficos y favoreció políticamente a los partidos conservadores. En 1912, luego de la sanción de la denominada Ley Sáenz Peña, que modificó el sistema electoral nacional, todas las provincias debieron adaptar sus legislaciones provinciales. En el caso de Corrientes se optó por una reforma constitucional que reafirmó el sistema vigente, que consideraban superior al sistema implementado por la ley nacional. Este sistema se mantuvo hasta el surgimiento del peronismo y su aplicación –si bien fue motivo de debates en diferentes momentos entre los distintos sectores políticos– favoreció la persistencia en el poder de los partidos conservadores (Solís Carnicer, 2015).

Desde 1889, autonomistas y liberales iniciaron un lento proceso de acercamiento. Esta práctica se institucionalizó en 1909, con la firma del "primer pacto político de gobernabilidad" entre ambos. La política del acuerdo, a partir de la presencia del radicalismo en la competencia interpartidaria, se transformó para los conservadores en la forma más adecuada de hacer política y acorde con la tradición provincial. No obstante los conflictos que esta práctica coalicionista suscitó, cumplió con el objetivo de mantenerlos en el poder. En oposición a ella, el radicalismo proclamó la intransigencia. Sin embargo, una vez producida la ruptura entre antipersonalistas y personalistas en 1924, solo estos últimos se mantuvieron refractarios a las alianzas.

A las transformaciones socioeconómicas experimentadas por las provincias más ricas y los territorios nacionales, se contraponía una Corrientes que, aunque "pobre y olvidada" por el gobierno central, se autoproclamaba como el muro de contención y defensa de lo nacional y propugnaba el rescate de la tradición, el respeto a las instituciones establecidas y a los grupos dirigentes y el fortalecimiento de la personalidad provincial. Ese discurso se vio fortalecido por las prácticas políticas ya señaladas que hicieron de Corrientes un bastión del conservadurismo durante la etapa. Si bien la UCR adquirió relevancia en la arena política local, no pudo llegar al gobierno en todo el período, ni siquiera después de las intervenciones federales decretadas por el Poder Ejecutivo Nacional en 1917 y 1929.

2.2. La organización definitiva de los territorios nacionales

La Ley 1532 (1884) organizó definitivamente los territorios nacionales como entidades provisorias. El Chaco se dividió en dos territorios, separados por el río Bermejo: Formosa, al norte, y Chaco, con capital en Resistencia, al sur.

De acuerdo con la ley, se estableció un criterio demográfico para que los territorios pudieran acceder al rango de provincias, lo que ocurriría cuando su población alcanzara los sesenta mil habitantes, situación que el Chaco y Misiones habían cumplimentado en 1920. Sin embargo, las provincializaciones se habrían de realizar treinta años después. Para comprender esta dilación, debemos atender no solo a la situación nacional, sino también a las prácticas políticas y acciones generadas en los propios territorios –como lo atestigua la existencia de la Liga Antiprovincialista de Misiones, entre otras-, así como a la oposición de Corrientes a la provincialización del Chaco y de Misiones, sobre los cuales extendía sus intereses (Leoni, 2001).

El gobierno territoriano contaba con un Poder Ejecutivo a cargo de un gobernador, designado por el Poder Ejecutivo Nacional con acuerdo del Senado, y un Poder

Judicial constituido por los jueces de paz y dos jueces letrados. El Poder Legislativo contemplado en la ley nunca llegó a organizarse.

La estructura centralista aplicada a su organización político-administrativa estuvo estrechamente vinculada con la necesidad de incorporar los territorios al espacio socio-económico nacional, insertándolos en el esquema del modelo agro-exportador. Para ello, se buscó fusionar los intereses locales y subordinarlos al nacional, al considerar que el gobierno central era el encargado de interpretar las necesidades manifiestas o latentes de los habitantes de los territorios, a los que se les asignaba una condición de "minoridad" e "incapacidad" para el ejercicio autónomo de derechos y deberes (Arias Bucciarelli, 2011).

Las atribuciones del gobernador eran limitadas, por lo que fue considerado un mero agente del Ministerio del Interior. Se ha caracterizado el régimen de los territorios nacionales como un régimen desconcentrado de poder: el gobierno central delegaba en él funciones de escasa relevancia con la contrapartida de un férreo control centralizado de los actos ejecutados (Iribarne, 2011). Ello se evidenció en el magro presupuesto y en la existencia de reparticiones directamente dependientes del gobierno nacional, sobre las cuales el gobernador no tenía jurisdicción. Por otro lado, en torno al gobernador y al juez letrado, máximas autoridades del territorio, se formaban sendos núcleos que se disputaban el ejercicio del poder local. Ante este panorama, los habitantes del territorio dirigieron sus pedidos y reclamos directamente al ministro del Interior o al presidente (Leoni, 2001).

A principios del siglo XX, en la mayoría de los territorios, una vez finalizado el proceso de ocupación militar comenzó la preponderancia de los gobernantes civiles, encargados del fomento de la inmigración y de las actividades económicas. En los territorios del nordeste, el cargo de gobernador fue ocupado muchas veces por actores políticos oriundos de provincias limítrofes, quienes utilizaban el territorio como base para intervenir activamente en la política de sus lugares de origen. El primer gobernador civil del territorio nacional del Chaco fue Martín Goitía (1905-1908), designado por el presidente Manuel Quintana. Destacado liberal correntino, abogado, dedicado también a actividades ganaderas e industriales en la región, fue juez y, luego de gobernar el Chaco, encargado de la Gobernación de la Provincia de Corrientes (1908).

En la Memoria de Gobierno de Goitía de 1905, se reclamaba que para el desarrollo de los territorios nacionales era indispensable dotar de mejores medios a las administraciones locales y que el gobierno central les prestara especial atención; consideraba que la legislación sobre ellos estaba inspirada en "ideas completamente centralistas", que hacían que la acción administrativa fuera "débil y retardada".

A lo largo de la etapa radical (1916-1930), como ejemplo de la situación política, observamos que hubo en el Chaco dos gobernadores correntinos, dos santafesinos y un santiagueño. Fueron constantes las denuncias sobre la influencia negativa que ejercían las actividades partidarias de Corrientes, Santa Fe y Santiago del Estero, al utilizar el Chaco como refugio de derrotados, centro para la organización de conatos revolucionarios y reservorio de electores que eran trasladados a las provincias –o bien se les confiscaban sus libretas cívicas– cuando las circunstancias lo requerían (Leoni, 2012).

En los municipios de los territorios no se realizó la tradicional disociación entre administración y política. Las comunas se convirtieron en la caja de resonancia de las distintas problemáticas que atravesaban la vida territoriana. Los gobiernos municipales fueron considerados interlocutores válidos del gobierno nacional, en su carácter de representantes de la ciudadanía, como lo demuestra la consulta que se les efectuara con respecto a los proyectos de transformación política que se manejaron en esos años. Había coincidencia en señalar la importancia de la práctica cívica en el ámbito comunal como paso ineludible para alcanzar la autonomía.

La existencia de las comisiones de fomento era considerada negativamente por quienes luchaban por los derechos políticos de los territorianos, dada la injerencia de los gobernadores en su conformación. El gobierno territorial también buscó ejercer el control sobre los municipios a través de las intervenciones o del apoyo a determinados partidos o sectores.

Desde la esfera pública territoriana, se solicitaba reiteradamente al gobierno nacional la elevación al rango de municipios de aquellas localidades que se hallaban en condiciones legales (más de mil habitantes), la dotación de mayor autonomía a la gestión municipal y la no-injerencia de los gobernadores en la política municipal.

En las comunas territorianas actuaban, además del radicalismo y el socialismo –que se fueron alternando en los gobiernos municipales–, diversas agrupaciones locales de vida efímera. El socialismo nucleó fundamentalmente al importante grupo de inmigrantes europeos y sus descendientes. Aunque hubo un elevado porcentaje de votantes respecto del padrón electoral en los distintos municipios, las denuncias de fraude en los procesos electorales, así como el número de empadronados en relación con el de habitantes en condiciones de votar matizan las consideraciones sobre el nivel de participación política.

3. La política en la etapa conservadora (1930- 1943)

3.1. La Concordancia en la provincia de Corrientes

El 6 de septiembre de 1930 se produjo el golpe de Estado que provocó la caída del presidente Hipólito Yrigoyen y el inicio del gobierno provisional de José Félix Uriburu. Todas las provincias fueron intervenidas. En el caso de Corrientes

-donde la mayor parte de su elite política conservadora participó activamente del proceso previo al golpe- la caída del presidente fue recibida con entusiasmo, más aun porque por ese entonces la provincia llevaba casi un año de intervención federal.

En 1931, el Partido Autonomista se unió a la confederación de fuerzas conservadoras provinciales y posteriormente adoptó el nombre de Partido Demócrata Nacional (Distrito Corrientes). Tras las elecciones de fines de ese año que permitieron el retorno a la institucionalidad, asumió el gobierno de Corrientes –al igual que en el nivel nacional- la denominada Concordancia, que en la provincia estuvo conformada por autonomistas y radicales antipersonalistas. Esta situación favoreció la estabilidad de los gobiernos provinciales que, a pesar de la fuerte crisis económica y de la férrea oposición liderada por el Partido Liberal, no sufrieron intervenciones federales hasta 1942. Así, el golpe de 1943 encontrará nuevamente a la provincia intervenida.

El Partido Liberal consiguió estabilizar su situación y conformar una coalición cohesionada. El radicalismo personalista, por su parte, como ocurrió en el resto del país, vivió una profunda crisis, absteniéndose de participar en las elecciones provinciales hasta 1935. Ese año, los primeros resultados de las elecciones a gobernador mostraron un claro triunfo del radicalismo; sin embargo, en el escrutinio definitivo y con una serie de denuncias cruzadas por actos fraudulentos, la Concordancia resultó ganadora. La implementación de una nueva ley electoral que habilitó el denominado "voto transeúnte", facilitó el fraude.

El radicalismo correntino decidió volver a la abstención, tanto para las elecciones provinciales como para las nacionales, y así se mantuvo hasta 1946. Asimismo, sectores vinculados con el partido protagonizaron levantamientos armados en diferentes momentos y zonas de la provincia (Harvey, 2000). El primero de ellos ocurrió el 20 de julio de 1931 en la ciudad de Corrientes, bajo el liderazgo del teniente coronel Gregorio Pomar -ex edecán del presidente Hipólito Yrigoyen-, quien sublevó el Regimiento 9 de Infantería y logró reemplazar al comisionado federal del gobierno. Inmediatamente, el gobierno nacional envió fuerzas militares que lograron sofocar el movimiento. Los revolucionarios huyeron y varios radicales correntinos fueron detenidos. Dos años más tarde, simultáneamente con la reunión de la Convención Nacional de la UCR en la ciudad de Santa Fe, el 29 de diciembre de 1933 estalló un nuevo movimiento revolucionario en la costa del río Uruguay con epicentro en Paso de los Libres y Santo Tomé. El Ejército lo enfrentó y consiguió que los revolucionarios pasaran nuevamente a territorio brasileño. El gobierno nacional declaró el estado de sitio y detuvo a algunos de sus jefes, así como también a importantes dirigentes radicales de todo el país (Harvey, 1999).

Cuando el 4 de junio de 1943 se produjo el golpe militar que derrocó al presidente Ramón Castillo, la provincia de Corrientes llevaba un año de intervención federal. Quizás por ello, las noticias sobre el golpe fueron bien recibidas por todos los sectores políticos correntinos. Los demócratas nacionales –Distrito Corrientes- y los radicales antipersonalistas que gobernaron la provincia hasta 1942 bajo la Concordancia vieron en este proceso una reivindicación de sus derechos que creyeron habían sido avasallados por la intervención. Los liberales y radicales yrigoyenistas, por su parte, también la recibieron expectantes pues consideraban que con ella se daba por finalizada una etapa de la vida política argentina signada por el dominio del fraude y la corrupción. Sin embargo, el entusiasmo duró poco tiempo, en breve el panorama político provincial se verá profundamente conmovido con la aparición de un movimiento político nuevo que empezaba a gestarse en todo el país desde el poder.

3.2. Propuestas de transformación política y permanencias en los territorios nacionales

Los presidentes de la etapa conservadora se mostraron contrarios a la provincialización de los territorios nacionales; prefirieron manejar diversos proyectos de reforma de la Ley 1532, los cuales planteaban retrasar las posibles transformaciones políticas. No obstante, se produjeron algunas novedades. A partir de 1932, con la reapertura del Congreso Nacional se reveló la preocupación por la cuestión de los derechos políticos de los habitantes de los territorios nacionales. Adquirió presencia la Comisión de Territorios de la Cámara de Diputados, que se propuso considerar todas las iniciativas relativas a estas jurisdicciones elevadas por instituciones públicas y privadas, comisiones vecinales y por la prensa territoriana.

Las demandas de participación política de los territorianos ocuparon un lugar privilegiado en el espacio público nacional, difundidas por periódicos, publicistas y juristas. Se advierte la aparición de los mismos actores en el seno de las agrupaciones que luchaban por los derechos políticos y en la dirección o redacción de los periódicos y en los gobiernos municipales. A través de estas vías se constituyó una dirigencia que asumió un rol de intermediaria entre el conjunto de la sociedad y el Estado, así como de formadora de la "conciencia territoriana". El reclamo se concentró en la obtención de la representación parlamentaria, la elección popular de gobernadores, la designación o remoción de autoridades, la creación de municipios y la formación cívica de los habitantes, mientras que quedó la provincialización en un segundo plano, aunque los objetivos de las agrupaciones que se formaron no siempre fueron coincidentes. Las diferencias entre los distintos grupos dirigentes locales y la falta de convocatoria de estas organizaciones quitaron fuerza a sus reclamos.

Por su parte, las demandas del Partido Socialista, que habían estado dirigidas fundamentalmente hacia el fortalecimiento de las instituciones locales y la obtención de la representación parlamentaria, se reorientaron a partir de 1932, con algunas dudas, hacia la provincialización.

A partir de 1938, la Concordancia del Chaco, impulsada por el gobernador José Castells, tuvo participación en la vida municipal. Surgieron también partidos políticos locales que realizaron propuestas de transformación a escala territorial, como lo indican sus denominaciones: el Partido Provincialista, de Charata, y la Unión Provincialista, de Puerto Bermejo.

El nuevo papel asumido por las comunas como representantes de la opinión pública territoriana se manifestó desde 1934, cuando comenzaron a ingresar en el Congreso Nacional las solicitudes de provincialización elevadas separadamente por distintos municipios, las cuales fueron cada vez más perentorias y asiduas. La necesidad de superar el aislamiento para aunar esfuerzos condujo a que los municipios crearan instancias de acción orgánica, tanto a nivel nacional como territorial. Los Congresos de Municipios de los Territorios Nacionales fueron nuevos ámbitos de discusión de las problemáticas políticas, de uniformación de las voluntades, de inserción en el espacio público nacional y de presión ante el gobierno nacional.

Los municipios chaqueños también coordinaron sus acciones entre sí. En diciembre de 1933 se reunió en Resistencia el Congreso de Municipios Chaqueños, que se expidió por la autonomía provincial. La Conferencia de Concejales de los Municipios territoriales del Chaco (1934), reunida en Resistencia para tratar el proyecto de reforma de la Ley 1532 elaborado por el Poder Ejecutivo, concluyó que el mismo "sería inconveniente y perturbador para la vida institucional del Territorio", al producir el aplazamiento indefinido de la provincialización.

4. Peronismo y transformaciones políticas en el Nordeste (1943-1955)

En el Nordeste se realizarían ensayos exitosos para el peronismo, sobre la base de la instrumentalización de ciertos mecanismos que demostraron su efectividad para lograr el disciplinamiento y la homogeneización en torno a una fuerte peronización de dos espacios que, más allá de su proximidad, eran diferentes en cuanto a su estructura político-institucional, tradiciones políticas y conformación socio-económica.

La larga tradición político-institucional correntina se vio profundamente conmovida con la llegada del peronismo, con transformaciones que abarcaron todos los ámbitos de su vida política, desde el diseño institucional hasta las prácticas. En su conjunto, las nuevas normativas sancionadas buscaron disminuir los rasgos peculiares de la política provincial, a través de un progresivo proceso de centralización de la política nacional.

Cerraría la etapa un nuevo golpe militar, producido en septiembre de 1955, denominado por sus protagonistas "Revolución Libertadora", que interrumpió la estabilidad institucional del país provocando el derrocamiento del gobierno de Perón, la proscripción del peronismo y los intentos de desperonización en todos los ámbitos.

4.1. Un nuevo partido y nuevo diseño institucional en Corrientes

Hacia mediados de la década de 1940, Corrientes seguía siendo una provincia con rasgos políticos, sociales y económicos muy tradicionales. Por ese motivo, el surgimiento del peronismo en esa provincia se valió de una combinación de tradiciones y agrupaciones políticas previas con algunos elementos nuevos. Tres fueron las principales vertientes de las cuales se nutrió el peronismo correntino: el nacionalismo, el radicalismo antipersonalista y el sindicalismo, que dieron lugar a la formación de los dos principales partidos políticos que apoyaron la candidatura de Perón en 1946: la Unión Cívica Radical (Junta Renovadora) formada fundamentalmente en Corrientes con antipersonalistas, y el Laborismo, integrado por sindicalistas y trabajadores organizados desde la Delegación de la Secretaría de Trabajo y Previsión. El nacionalismo, en especial la Alianza Libertadora Nacionalista, que no había sido anteriormente un movimiento con demasiada presencia en la política provincial, encontrará en el peronismo un lugar para desarrollarse; fundamentalmente estuvieron asociados con los laboristas, aunque algunos de sus dirigentes formaron parte de la UCR (JR). Entre las bases del nuevo movimiento encontramos, además, muchos antiguos militantes autonomistas.

Si bien la llegada del peronismo a Corrientes resultó tardía en relación con el resto del país, ya que fue la única provincia en la que perdió las elecciones de 1946, en esa oportunidad tampoco los partidos conservadores consiguieron el triunfo y, ante la imposibilidad de alcanzar la mayoría en el colegio electoral, decidieron apoyar la fórmula del radicalismo. Esa situación excepcional permitió al radicalismo llegar por primera vez al gobierno provincial, mediante un acuerdo realizado en el Colegio Electoral con quienes habían sido sus tradicionales y más acérrimos adversarios.

Ante ese desenlace, desde el gobierno nacional y con el apoyo de las fuerzas peronistas de la provincia, se impulsó una intervención federal, que fue discutida durante un año en el Congreso Nacional y finalmente aprobada en septiembre de 1947. Por su intermedio, se abrieron las puertas a una profunda reforma política que incluyó la reforma de la Constitución provincial, del sistema electoral y del sistema de partidos, que modificaron completamente el escenario político-institucional (Solís Carnicer, 2013).

Asimismo, en el transcurso de muy pocos años, el sistema de partidos de Corrientes se modificó completamente. Los partidos conservadores provinciales fueron perdiendo paulatinamente todo tipo de incidencia; el Partido Liberal optó por la abstención electoral durante toda la etapa y el autonomismo (que logró unificarse hacia 1949), aunque siguió participando en las elecciones, redujo drásticamente su caudal electoral y no consiguió representación legislativa durante esos años. El antipersonalismo se desintegró hasta desaparecer; el radicalismo no solo consiguió llegar al gobierno por primera vez en 1946, sino que después se convirtió en la única fuerza política opositora con representación legislativa.

El Partido Laborista y la Unión Cívica Radical (Junta Renovadora), los dos partidos que apoyaron a Perón en las elecciones presidenciales de 1946, se disolvieron por directivas del mismo Perón a mediados de ese año; de ese modo y paulatinamente el peronismo consiguió unificarse y completar su proceso de organización interna delineando sus liderazgos, autoridades partidarias y rasgos identitarios. En 1947, aprovechando las capacidades estatales que ofrecía la intervención federal, los círculos nacionales cercanos a Perón desplegaron en la provincia una clara estrategia de penetración. Se establecieron nuevos espacios para la construcción del movimiento y para la realización de alianzas con sectores políticos e ideológicos preexistentes (fundamentalmente el radicalismo antipersonalista y el nacionalismo). En ese cometido, fue central el papel desempeñado por los funcionarios enviados por el gobierno nacional, especialmente el general Juan Filomeno Velazco, designado interventor federal. Con el posicionamiento de estas figuras se profundizó la impronta nacionalista del peronismo provincial –que había empezado a delinearse a partir del acercamiento de la Alianza Libertadora Nacionalista con el Laborismo en 1946– y se fortaleció el carácter verticalista y jerarquizado del movimiento.

Habiendo sido el sistema electoral provincial la principal causa invocada para el pedido de intervención federal, su reforma fue una de las más importantes medidas adoptadas. Por medio de un decreto se lo reemplazó por el sistema de representación de mayoría y minoría para las elecciones legislativas y de lista completa para las ejecutivas, manteniéndose el colegio electoral; además se redistribuyeron las secciones electorales y se aumentó el número de diputados y senadores provinciales.

A partir de esas modificaciones institucionales, en 1949 Velazco se presentó como candidato a gobernador por el Partido Peronista y obtuvo el triunfo. El poder del peronismo en Corrientes se fortaleció, lo que le permitió obtener nuevamente un importante triunfo en las elecciones de renovación gubernativa en 1951 (Leoni y Solís Carnicer, 2015).

Además de los decretos aprobados durante la intervención federal, las principales modificaciones se introdujeron a través de una reforma constitucional en 1949, luego de la aprobación de la nueva Constitución Nacional. La nueva Constitución Provincial fue elaborada y aprobada por una Convención exclusivamente peronista, pues los convencionales radicales (los únicos que consiguieron representación por parte de la oposición) se retiraron de las sesiones por considerarlas ilegítimas, ya que no se había llamado a elecciones de convencionales constituyentes, sino que la misma Legislatura provincial –de acuerdo con una cláusula transitoria de la Constitución Nacional recientemente sancionada– había sido autorizada para convertirse en convención constituyente.

La reforma incluyó importantes transformaciones a la estructura y organización del Estado provincial orientadas fundamentalmente a fortalecer las atribuciones del Poder Ejecutivo. Se reformó el sistema electoral, estableciéndose la elección directa por listas en todos los casos y el sistema de lista incompleta en las elecciones legislativas. Se suprimió el Concejo Deliberante de la Capital, cuyas funciones pasaron a la legislatura provincial, y aunque se extendió el período gubernativo de cuatro a seis años, no se sancionó la reelección del gobernador.

Posteriormente se aprobó una ley de partidos políticos muy similar a la ley nacional, con la cual se determinó que, para ser reconocidos, debían tener como mínimo tres años de actuación en la política provincial –limitando así la posibilidad de formación de partidos políticos nuevos en condiciones de competir en las siguientes elecciones– y que los candidatos debían ser afiliados, evitando de esa manera que se votara a extrapartidarios. Asimismo, prohibía la realización de cualquier forma de fusión, alianza, unión o coalición –tan comunes en la política provincial– bajo amenaza de perder la personería jurídica, al tiempo que establecía la disolución de aquellos partidos que se abstuvieran de participar en las elecciones, para evitar la deslegitimación del proceso electoral. Además, prohibía a los partidos nuevos usar nombres o símbolos semejantes a los de los partidos ya existentes, artículo muy cuestionado por la oposición al considerarlo dirigido exclusivamente a evitar la división y disgregación del Partido Peronista.

El nuevo sistema político-electoral terminó de delinearse con la sanción de una nueva ley electoral que estableció un sistema mixto: la elección de gobernador directa, con la provincia como distrito único y a simple pluralidad de sufragios, mientras que la elección legislativa se haría sobre la base de una división de la provincia en cuatro secciones electorales y según el sistema de elección por listas con representación de 2/3 para la mayoría y 1/3 para la minoría.

Tanto con la Ley de Partidos Políticos como con la Ley Electoral, se puso de manifiesto en el diseño institucional provincial el propósito de que existieran dos fuerzas políticas fuertes, una mayoría gobernante y una minoría opositora escasamente representada, que ejerciera el papel de contralor. Estas disposiciones afectaron el sistema de partidos provincial, que en estos años se redujo a tres en las competencias electorales (peronista, radical y autonomista) y a dos en la representación legislativa (peronista y radical) (Solís Carnicer, 2012).

4.2. La provincialización de los territorios nacionales

A partir de la revolución de 1943, se expandió la presencia estatal en los territorios nacionales, con el crecimiento de las estructuras administrativas, el asentamiento de delegaciones de organismos nacionales, el desarrollo de infraestructura a través de la obra pública, la adopción de medidas para el fomento de su desarrollo económico y la modificación paulatina de su organización institucional. En una coyuntura internacional marcada por la Segunda Guerra Mundial y los conflictos territoriales con Chile y Gran Bretaña, las decisiones se concentraron en asegurar la soberanía argentina sobre estos espacios, en los cuales se denunciaba la presencia de elementos pronazis.

Los estudios sobre el peronismo en los distintos territorios nacionales coinciden en señalar la ampliación de los derechos políticos, de las políticas sociales y el crecimiento del Partido Justicialista y de la agremiación para explicar los resultados electorales favorables a Perón en los territorios; estos factores confluyen en el Chaco, con la particularidad del lugar central que ocupó allí el sector gremial.

La llegada del peronismo al gobierno produjo transformaciones fundamentales en la vida territoriana, que en el caso del Chaco llevaron a un desplazamiento de los sectores dirigentes locales por parte de un sector emergente: los dirigentes gremiales. En los orígenes del peronismo confluyeron sectores gremiales, trabajadores rurales hasta entonces no agremiados, radicales renovadores, católicos sin participación política previa y jóvenes profesionales en un movimiento con diversas vertientes. El Partido Laborista se constituyó después de las elecciones de febrero de 1946, a instancias del gobernador del Territorio, Martín Martínez. El inicio de la organización del partido se caracterizó por estar íntimamente ligado a las autoridades gubernamentales. Luego, el Partido Peronista condensó las contradicciones existentes entre los sectores sociales y políticos a través de esferas diferenciadas de acción, al dividir el partido en las ramas política y sindical y, desde 1949, femenina; esto implicó el reconocimiento tácito de la CGT como la rama sindical del peronismo. Ambas organizaciones, la sindical y la partidaria, se desenvolvieron en el marco de distintas matrices organizativas, formas de selección y ejercicio del liderazgo, y tuvieron distintos roles dentro del sistema político y distintos canales de vinculación con la instituciones del gobierno. En el Chaco, la delegación regional de la CGT ocupó un lugar central: intervino en las gestiones de los gobiernos territorianos, fue considerada legítima vocera de la opinión pública del territorio ante el gobierno nacional y lideró manifestaciones políticas, tales como las que pedían la reelección de Perón.

El gobierno nacional intentó trazar un camino progresivo para la autonomía política: la reforma de la Ley 1532, la designación de gobernadores nativos, la representación parlamentaria y la participación en las elecciones presidenciales, en respuesta a los pedidos recibidos desde los propios territorios, camino que no llegó a seguirse de manera secuenciada.

En sucesivas reuniones de gobernadores de los territorios nacionales convocadas por el Ministerio del Interior, se planteó la necesidad de fortalecer las atribuciones de los gobernadores, de incrementar el número de juzgados, realizar obras públicas y crear escuelas. En igual sentido se expidió una Comisión Especial del Senado (1948), aunque también contempló la provincialización.

Perón envió al Congreso un proyecto de ley sobre fomento de los territorios nacionales, sancionado en 1948, cuyo objetivo era dotar a los municipios de los atributos legales para emprender obras y servicios urbanos relacionados con el progreso edilicio, la salud y el abastecimiento de las poblaciones. Para ampliar las facultades de los gobernadores, se concentró en sus manos la supervisión e inspección de todas las tareas que desarrollaran los ministerios de la nación argentina en los territorios nacionales.

El primer avance significativo en cuanto a los derechos políticos de los territorianos se plasmó en la Constitución de 1949, que los habilitaba para elegir presidente y vicepresidente de la nación, derecho que se ejerció por primera vez en las elecciones de 1951. El Poder Ejecutivo también envió al Congreso un proyecto para la elección popular de los gobernadores y el régimen electoral municipal en los territorios que llegó a ser aprobado por el Senado, aunque luego se abandonó con el objeto de enfocar el problema en otras cuestiones: en 1951 se sancionaba la Ley Orgánica de Elecciones Nacionales, que establecía los delegados de los territorios en la Cámara de Diputados, con voz pero sin voto. Simultáneamente, eran provincializados dos territorios: el Chaco y La Pampa.

El 21 de junio de 1951, Eva Perón presentó una nota en el Senado de la Nación, en su carácter de presidente del Partido Peronista Femenino, en la que solicitaba la provincialización del Chaco y de La Pampa, ya que ambos territorios contaban con "recursos propios, como para constituir una unidad económica autónoma; y además, población como para trabajar sus tierras y explotar sus riquezas, y cultura cívica". Probablemente, el factor determinante fue la acción del sector gremial. Los sindicatos chaqueños, liderados por Carlos Gro, amigo personal de Eva, se habían convertido en un respaldo seguro.

Seis días después, el senador Alberto Teisaire presentó un proyecto de provincialización para el Chaco y La Pampa. Según este, se mantenían los límites de los territorios; se determinaban la convocatoria y el funcionamiento de las Convenciones Constituyentes, las fechas de elección de autoridades, la forma en que se realizaría la transición en cuanto a los bienes públicos, la justicia, la recaudación de impuestos y los distintos servicios administrativos. También se garantizaba a los empleados públicos su pase a la administración provincial. El despacho fue tratado el 5 de julio en la Cámara de Senadores, donde recibió el apoyo unánime de los senadores peronistas. Entre el 19 y el 20 se debatió en la Cámara de Diputados. La principal objeción que presentaron los legisladores radicales, y que ocupó la mayor parte del debate, fue que no se contemplara la provincialización de los demás territorios nacionales. Se planteó también el problema de la representación parlamentaria de las nuevas provincias hasta su organización definitiva, cuestión que quedó sin resolverse. Finalmente, la Ley 14037 se sancionó el 20 de julio y se promulgó el 8 de agosto.

Se determinó la caducidad de los gobernadores de los ex territorios, quienes, hasta tanto se constituyeran las autoridades provinciales, serían reemplazados por comisionados federales.

Conjuntamente con las elecciones presidenciales de noviembre, que consagraron la fórmula Perón-Quijano, con amplia mayoría en los territorios, se eligieron los convencionales constituyentes de las dos nuevas provincias. En ambos casos, al adoptarse el sistema uninominal, la totalidad de los convencionales electos fue peronista. En el Chaco, ocho representaban al sector gremial y siete al sector político.

La Constitución provincial fue sancionada el 21 de diciembre de 1951, tras cinco días de sesiones, en los cuales se aprobó, sin debates, un proyecto en cuya redacción tuvo un papel preponderante el ministro de Asuntos Técnicos, Román Subiza. Esta Constitución se basó en los principios de la Reforma Constitucional de 1949 e introdujo significativas innovaciones en la historia constitucional argentina, las cuales ya se anuncian en el Preámbulo: "Nos los representantes del Pueblo trabajador de la Provincia Presidente Perón...". Su característica más original se encuentra en la conformación del Poder Legislativo, al instituirse los representantes de las asociaciones profesionales. En el ámbito del Poder Judicial se introdujeron el juicio por jurados, los tribunales del trabajo, la indemnización para procesados inocentes y la asistencia a la familia de la víctima y del penado, en el caso de tratarse de obreros. En cuanto al gobierno municipal, el gobernador designaba al intendente de Resistencia, en tanto que para ser candidato a concejal se debía pertenecer a una asociación profesional.

La Constitución de 1951 fue rechazada por radicales y socialistas, quienes la acusaron de corporativista, fascista y anticonstitucional. De allí que estos partidos decidieran abstenerse de participar en las elecciones de autoridades provinciales.

El Poder Ejecutivo Nacional convocó al cuerpo electoral de la provincia recién para el 12 de abril de 1953, con el objeto de elegir autoridades provinciales, senadores y diputados nacionales. Las causas de tal postergación del proceso eleccionario son varias: la difícil situación política del país, la falta de confianza de las autoridades nacionales con respecto al futuro de las nuevas provincias y el fallecimiento de Eva Perón, la más firme impulsora del proceso.

En las elecciones provinciales participaron solamente los candidatos peronistas y comunistas y se impusieron los primeros con el 87% de los votos. En la Cámara de Diputados de la Nación, el radicalismo pidió, sin éxito, que se dejaran sin efecto las elecciones y que se investigara el proceso eleccionario.

El 4 de junio de 1953 asumieron las nuevas autoridades provinciales. El gobernador Felipe Gallardo representaba al sector gremial y el vicegobernador, Deolindo Felipe Bittel, al sector político del partido. El Poder Legislativo quedó constituido el mismo día. Una característica distintiva de este gobierno fue la preeminencia del sector gremial, que se manifestó en la conformación de los tres poderes. El análisis del funcionamiento de la Cámara revela el papel secundario que desempeñó, propio del rol que el peronismo le adjudicaba al Parlamento.

El proceso de organización provincial en el Nordeste se completó con las provincializaciones de Misiones, donde el Movimiento Provincialista había tomado relevancia. Perón ingresó un proyecto el 1º de diciembre de 1953, sancionado pocos días más tarde (Ley 14294). El itinerario seguido luego sería similar al del Chaco. Por su parte, Formosa lograría el rango de provincia, junto con los restantes territorios, por la Ley 14408 (1955), sobre el final del gobierno peronista.

Esta experiencia político-institucional que transformó el cuadro del Nordeste al incorporar los territorios nacionales como provincias concluiría con la revolución de 1955, que derrocó a Perón, dejó sin efecto las nuevas Constituciones y, con la participación del antiperonismo, se propuso "desperonizar" la Argentina. En este nuevo contexto, comenzaría otra etapa en la que el Nordeste recién se definiría como tal.

A modo de cierre

El proceso de provincialización de los territorios nacionales significó el final de una etapa de construcción política en el Nordeste argentino, un espacio marginal, con importantes diferencias internas -geográficas, sociales, políticas y económicas- que con retraso se integró al Estado nacional, excepto el caso de la provincia de Corrientes, que buscó articular los espacios extra provinciales. Al mismo tiempo que se producía ese lento proceso de integración que se consolidaría con el peronismo a mediados del siglo XX, a través de una política nacional de centralización y homogenización, se fue configurando lentamente una identidad regional nordestina que se manifestaría en la segunda mitad del siglo, reforzada por las políticas de planificación regional emprendidas por el gobierno nacional.

Bibliografía

ARIAS BUCCIARELLI, Mario (2011), "Repensar la expansión de la ciudadanía política en los territorios nacionales durante el primer peronismo. Debates y derivaciones teórico-metodológicas", *Iberoamerica Global*, Vol. 4, N° 2, disponible en https://goo.gl/89C3Go.

BECK, Hugo (1994), *Relaciones entre blancos e indios en los territorios nacionales de Chaco y Formosa. 1885-1950*, Resistencia, Instituto de Investigaciones Geohistóricas/Conicet.

BUCHBINDER, Pablo (2004), "Estado Nacional y élites provinciales en el proceso de construcción del sistema federal argentino: el caso de Corrientes en la década de 1860", *Boletín Americanista*, N° 54, pp. 9-34.

BUCHBINDER, Pablo, (2012), "Gente decente y 'paysanos' contra la guerra: dimensiones de la resistencia a la Triple Alianza en la provincia de Corrientes", *Iberoamericana XII* (47), pp. 29-48.

CHIARAMONTE, José Carlos (1991), *Mercaderes del Litoral*, Buenos Aires, Fondo de Cultura Económica.

HARVEY, Ricardo (1999), *Historia Política contemporánea de Corrientes. Del Dr. Benjamín S. González al Dr. Pedro Numa Soto (1925- 1935)*, Buenos Aires, Dunken.

HARVEY, Ricardo (2000), *Historia Política contemporánea de Corrientes. Del Dr. Juan Francisco Torrent al Dr. Blas B. de la Vega (1935- 1946)*, Corrientes, Eudene.

IRIBARNE, Pablo (2011), "Un Estado de desconfianza. Notas sobre la burocracia estatal y los Territorios Nacionales", en Quiroga, H. y Ruffini, M. (dir.), *Estado y Territorios Nacionales. Política y ciudadanía en Río Negro 1912-1930*, Neuquén, Educo, pp. 79-94.

IÑIGO CARRERA, Nicolás (1984), *Indígenas y fronteras. Campañas militares y clase obrera. Chaco, 1870- 1930*, Buenos Aires, Centro Editor de América Latina.

LEONI, María Silvia (2001), "Los Territorios Nacionales", en Academia Nacional de la Historia (ed.), *Nueva Historia de la Nación Argentina*, Buenos Aires, Planeta, tomo 8, pp. 43-76.

LEONI, María Silvia (2012), "Vínculos entre la política nacional, regional y local. La designación de gobernadores en los Territorios Nacionales", en Leoni, María Silvia y Solís Carnicer, María del Mar (comp.), *La política en los espacios subnacionales. Provincias y Territorios en el nordeste argentino (1880-1955)*, Rosario, Prohistoria, pp. 167-184.

LEONI, María Silvia y SOLÍS CARNICER, María del Mar (2015), "Peronismo, diseño institucional y centralización política. Un análisis a partir de dos espacios subnacionales argentinos: Corrientes y Chaco (1946-1955)", *Iberoamericana. América Latina – España – Portugal*, N° 60, diciembre, pp. 61-79.

QUIÑÓNEZ, María Gabriela (2013), "Historias que nunca se escribieron. Las cautivas, la guerra del Paraguay y la historiografía correntina", en Casal, Juan Manuel y Whigham, Thomas L., *Paraguay: investigaciones de historia social y política. III Jornadas Internacionales de Historia del Paraguay*, Asunción, Tiempo de Historia.

RAMÍREZ BRASCHI, Dardo (2004), *Origen de las agrupaciones electorales en la provincia de Corrientes. De Caseros a las presidencias liberales*, Corrientes, Moglia.

RAMÍREZ BRASCHI, Dardo (2014), *La Guerra del Paraguay en la provincia de Corrientes. Impactos políticos, daños y consecuencias en la población civil*, Corrientes Moglia.

RUFFINI, Marta (2007), "La consolidación inconclusa del Estado: los Territorios Nacionales, gobernaciones de provisionalidad permanente y ciudadanía política restringida (1884-1955)", *Revista SAAP*, 3, 1, pp. 81-102.

SCHALLER, Enrique César (1995), *La distribución de la tierra y el poblamiento en la provincia de Corrientes. 1821-1860*, Resistencia, Instituto de Investigaciones Geohistóricas.

SCHALLER, Enrique César (2015), "La formación de la economía correntina", *Res Gesta*, N° 51, 2014-1015.

SCHWEITZER, Alejandro (2004), "¿Uno o varios NEA? Regiones y Territorios en el espacio del Nordeste Argentino", en Panaia, Marta y otros, *Crisis fiscal, mercado de trabajo y nuevas territorialidades en el Nordeste Argentino*, Buenos Aires, La Colmena.

SOLÍS CARNICER, María del Mar (2005), *Liderazgo y política en Corrientes. Juan Ramón Vidal 1883- 1940*, Corrientes, Moglia.

SOLÍS CARNICER, María del Mar (2012), "Diseñando una provincia peronista. Nueva Costitución, nuevo sistema electoral y nuevo sistema de partidos (1946- 1955)", en Leoni, María Silvia y Solís Carnicer, María del Mar (comp.), *La política en los espacios subnacionales. Provincias y territorios en el nordeste argentino (1880- 1955)*, Rosario, Prohistoria, pp 201-220.

SOLÍS CARNICER, María del Mar (2013), "El peronismo en la provincia de Corrientes: orígenes, universo ideológico y construcción partidaria (1943- 1949)", en Macor, Darío y Tcach, César, *La invención del peronismo en el interior del país II*, Santa Fe, UNL.

SOLÍS CARNICER, María del Mar (2015), "Los conservadores argentinos ante el desafío del reformismo y la democratización política. Una lectura desde la provincia de Corrientes (1912-1930)", *Cuadernos de Historia*, N° 42, junio, pp. 61-83.

VALENZUELA, Cristina (2014), "Principales problemáticas y potencialidades de la región Nordeste", *Geograficando*, [S.l.], Vol. 10, N° 2, diciembre, https://goo.gl/jw9yvS.

Gobierno, progreso y representación en los territorios nacionales del sur argentino

Lisandro Gallucci

El 17 de septiembre de 1884, la Cámara de Diputados dio inicio al debate sobre un proyecto de ley elaborado el año anterior por el Poder Ejecutivo, con el que se buscaba establecer la definitiva organización institucional de los territorios nacionales, vastos espacios ubicados tanto al norte como al sur del ámbito comprendido por las catorce provincias hasta entonces existentes. En esa oportunidad, Ramón J. Cárcano, diputado nacional por Córdoba y miembro de la comisión encargada de estudiar el proyecto antes de su tratamiento en el recinto, informaba a los demás legisladores sobre los objetivos que perseguía la iniciativa. Al hacerlo, daba cuenta de la representación que se tenía acerca de esos territorios, como también del destino que el proyecto de ley pretendía fijar para los mismos. "Los territorios que se organicen", expresaba Cárcano,

> son la gestación de nuevas provincias que más tarde han de incorporarse a la vida nacional, con su autonomía y soberanía local [...] Sin entidad política ahora, exclusivamente dependientes del gobierno general, apoyados por la mano poderosa de la Nación, van a fecundar su progreso al calor del trabajo constante, hasta que el crecimiento de su prosperidad permita abandonarlos a sus propias fuerzas, con las cuales completarán su desarrollo.[1]

---

[1] Diario de Sesiones de la Cámara de Diputados de la República Argentina (en adelante DSCD), sesión del 17/9/1884, 1884:I:1.068.

Las palabras de Cárcano no solo expresaban su propia mirada acerca de los territorios, sino que reflejaban la visión general que sobre esos espacios tenían los legisladores. Para casi todos ellos, los territorios no constituían más que vastas extensiones despobladas que, en lo inmediato, no podían ser otra cosa que meras divisiones administrativas colocadas bajo la dependencia directa del gobierno de la nación. Esto aparecía como algo evidente, como también que los territorios carecían de todos los elementos que podían conferirles entidad política, entre los cuales el de la población era considerado el primordial. Contemplados como enormes despoblados y dado su carácter de flamantes invenciones del Estado nacional, los territorios aparecían como meros artificios creados para administrar esas regiones y por lo tanto como divisiones carentes de entidad política propia. De allí que la postura mayoritaria entre los legisladores fue la de colocar a esas nuevas gobernaciones bajo la dependencia directa del Estado nacional. Sin embargo, la imagen de los territorios como desiertos despoblados, que en rigor no difería mucho de la realidad que por entonces mostraban esos espacios, cobraba pleno sentido dentro de una representación más amplia y decididamente optimista acerca del porvenir de la Argentina. Hacia 1884 eran más bien escasas las miradas que podían sustraerse al entusiasmo que en amplios sectores de opinión despertaba, entre otras cosas, la formidable expansión territorial producto de las campañas de conquista desplegadas sobre el Chaco y la Patagonia, que además implicaron la resolución del desafío que los grupos indígenas de esas regiones habían significado para la autoridad del Estado nacional, hasta entonces incapaz de ejercerla sobre esos espacios que reclamaba como parte de su dominio soberano. Ese optimismo hacía que la condición de desierto observada en los territorios fuera concebida como un estadio pasajero que, de manera inevitable, desaparecería conforme las fuerzas del progreso se desplegaran sobre ámbitos que hasta entonces habían permanecido hostiles a ellas. Era dentro de esa imagen venturosa acerca del futuro que cobraba sentido la idea de que los territorios, al "fecundar su progreso", según las palabras de Cárcano, llegarían a ser nuevas provincias casi como producto de una evolución natural.

Un mes después de iniciado el tratamiento del proyecto, el Congreso de la Nación resolvió aprobarlo, con lo que dio sanción a la Ley de Organización de Territorios Nacionales. La Ley 1532, tal fue su número, reflejó aquella convicción optimista acerca del destino de los territorios, especialmente en sus prescripciones respecto de la transformación de estos en nuevas provincias. En efecto, dicha ley solo estableció un único requisito para permitir ese cambio de estatus, y no consistió más que en la cantidad de población, sin contemplar ninguna discriminación de sus integrantes y sin considerar tampoco la muy dispar extensión que se dio a cada uno de los nueve territorios creados mediante la misma normativa.[2] Como estableció la ley en su artículo 4º, que se mantendría vigente sin modificación alguna hasta 1954, cuando un territorio alcanzara la cifra de sesenta mil habitantes comprobados mediante censos oficiales, adquiriría el derecho a que le fuera reconocida la calidad de provincia, medida que según la norma constitucional correspondía tomar al Congreso. La presunción que llevó a los legisladores a adoptar ese criterio demográfico era que haber alcanzado esa cantidad de habitantes, era en sí mismo testimonio de que un territorio inicialmente desierto había logrado los progresos que le proporcionarían la entidad política necesaria para su reconocimiento como una nueva provincia.

---

[2] Por medio de la Ley 1532 se crearon las gobernaciones federales de Misiones, Formosa, Chaco, La Pampa, Neuquén, Río Negro, Chubut, Santa Cruz y Tierra del Fuego. En términos generales, la extensión geográfica de cada uno de esos territorios fue la misma que la de las actuales provincias de los mismos nombres. En 1900, una nueva ley dio lugar a la creación del territorio nacional de Los Andes, disuelto en 1943 a favor de las provincias vecinas de Jujuy, Salta y Catamarca.

No obstante, las cosas no resultaron tan sencillas como invitaba a suponer aquella optimista ecuación, en la que un determinado estatus jurídico-político aparecía como resultado natural de una evolución social progresiva. En las décadas siguientes a su creación, aun cuando no con la misma intensidad, los territorios vieron incrementada su población, experimentaron la puesta en producción de sus suelos y también el surgimiento de formas de gobierno local, con la instalación de los primeros municipios. Pero ya entrado el siglo XX, algunos territorios comenzaron a superar la cantidad de sesenta mil habitantes y sin embargo permanecieron en la misma condición jurídica, esto es, como unidades administrativas sujetas a la dependencia directa del Estado nacional. De hecho, no sería sino hasta la década de 1950, cuando la población de algunos de aquellos se pasaba ya largamente de la cifra mencionada, que comenzaron a tener lugar las conversiones de los mismos en nuevas provincias. ¿Qué razones permiten entender que esa transformación se produjera de forma tan tardía? ¿Por qué la Ley 1532 no fue objeto de una aplicación rigurosa, haciendo que los territorios fueran elevados a la condición de provincias ni bien superaban los sesenta mil habitantes? ¿Qué llevaba a algunos actores a subrayar la urgencia de esa transformación, mientras otros apuntaban en cambio a insistir en la gradualidad con la que debía ser encarada?

Las interpretaciones habituales se han mostrado inclinadas a señalar la existencia de obstáculos que habrían impedido el cumplimiento integral de la Ley 1532, siempre bajo la suposición de que esta debía haber sido aplicada de manera estricta.[3] Por lo general, esos obstáculos han sido identificados en la forma de ciertos intereses turbados por la posible transformación de los territorios en provincias,

---

[3] Sin pretensión de exhaustividad, entre esas producciones es posible mencionar a Arias Bucciarelli (2013), Etchenique (2001 y 2003), Favaro (1996, 2007 y 2013), Favaro y Arias Bucciarelli (1995), Leoni (2004 y 2012), Ruffini (2007, 2008 y 2009) y Zink (2014).

y por consiguiente motivados a postergarla todo lo que fuera posible. Los agentes a los que con mayor frecuencia han sido atribuidos esos intereses son el Estado nacional, las provincias ya existentes y los grandes terratenientes. Ya fuera porque la provincialización de los territorios suponía para aquellos una disminución de recursos fiscales, una pérdida de poder por la incorporación de nuevos participantes al sistema federal o una merma en las ganancias por las mayores cargas impositivas que exigiría la financiación de las futuras provincias, esos agentes habrían tenido motivos de peso para obstruir aquella transformación y, todavía más, habrían sido plenamente eficaces en ese propósito, como lo probaría la demora con que la misma se produjo. Desde este enfoque, la cuestión tan solo radicaría en evaluar cuáles de esos intereses o qué entramados de los mismos se interpusieron exitosamente entre la letra de la ley y su efectivo cumplimiento, manteniendo a los territorios privados del estatus político que debían haber tenido. Se trata sin duda de una perspectiva posible pero que comporta una fuerte carga normativa, no solo porque se sostiene en el supuesto de que la ley no fue aplicada en forma estricta debido a la injerencia de ciertos intereses, sino porque además asume que tendría que haber sido cumplida. Al observar todo el asunto como una anomalía, esas miradas han estado dirigidas a indicar los factores que habrían obstruido la normal aplicación de la ley.

Un camino diferente es el que se propone en este estudio. El principal objetivo de estas páginas consiste en problematizar la historia política de los territorios, lo que significa ir más allá de la convencional pregunta acerca de lo que impidió el cabal cumplimiento de la Ley 1532 o, para decirlo de otro modo, establecer la mirada más acá de los supuestos en los que se ha sostenido ese interrogante. No se trata de llamar la atención sobre algún elemento específico que habría permanecido desatendido por la historiografía previa y que, al llenar un vacío dentro del cuadro compuesto por ella, permitiría resolver el enigma de los territorios.

Más bien, problematizar la historia política de esos espacios implica entre otras cosas hacer de la normativa un problema, renunciar a hacer de ella un prisma a través del cual se observan aparentes anomalías. Esto no significa tanto llevar adelante un análisis del marco jurídico que dio sustento al régimen establecido para los territorios, con el fin de señalar las eventuales deficiencias de técnica legislativa que habrían conspirado contra el cumplimiento de la ley. Más bien supone avanzar en la reconstrucción de los sentidos que diferentes actores elaboraron en torno a la normativa, para lo cual es necesario explorar las representaciones que tenían acerca de los territorios y sus habitantes, pero a la luz de dimensiones que trascendían ampliamente el marco de esos espacios y poblaciones. A partir de tal premisa, en este estudio se busca analizar de qué manera las creencias y experiencias generadas en torno a la idea del progreso de la Argentina incidieron en la trayectoria política de los territorios.

Como pudo observarse en las ya citadas palabras de Cárcano, el futuro que los legisladores de 1884 imaginaban para los territorios era indisociable de una profunda convicción, sustentada en la experiencia de los años inmediatamente anteriores, acerca de que el país no tenía por delante más que una senda firme de constante progreso.[4] Sin embargo, ¿cómo resultó afectada esa concepción progresista con las sucesivas crisis que atravesó la Argentina en las décadas posteriores? Y sobre todo, ¿en qué sentido el deterioro de esa fe en el progreso, que se había creído iba a conducir a los territorios a su destino de provincias, influyó sobre la trayectoria política que conocieron estos espacios?

---

[4] Para comprender la representación que las elites rioplatenses tenían acerca del progreso hacia la década de 1880 y la convicción de las mismas acerca de que la República Argentina estaba sólidamente inserta en ese destino, sigue siendo fundamental el estudio de Halperin Donghi (2005). Una medida de los procesos de acelerada expansión económica de la República Argentina entre finales del siglo XIX y comienzos del XX, puede obtenerse en Cortés Conde (1979).

Con el propósito de ofrecer una respuesta a esos interrogantes -por supuesto, una entre otras posibles-, en las páginas que siguen se proporciona, en primer término, una descripción del orden institucional que en 1884 se estableció para el gobierno de los territorios y que, como ya fue señalado, se mantuvo vigente sin modificaciones por casi setenta años. En una segunda sección se trata de analizar las miradas de quienes, al observar la experiencia de algunos territorios, que parecían dar sólidas y rápidas muestras de progreso, consideraban que el régimen que imperaba sobre estos conspiraba contra la posibilidad de alcanzar aun mayores adelantos y por lo tanto se imponía su reconocimiento inmediato como nuevas provincias. Un tercer apartado está dedicado a explorar otras opiniones, según las cuales los progresos de los territorios no dejaban de ser demasiado lentos y débiles, lo que era achacado a deficiencias de la Ley 1532 que, empero, se entendía podían ser subsanadas mediante reformas puntuales que permitirían a tales espacios salir del estado de abandono y retraso en el que se los observaba. En la última sección, se busca dar cuenta del modo en que el desvanecimiento de la creencia en un progreso lineal y ascendente atravesó las miradas acerca de los territorios, haciendo que otras problemáticas comenzaran a juzgarse cada vez más decisivas para definir el estatus de esos espacios.

Antes de comenzar, es importante señalar dos cuestiones relativas al alcance de este estudio. En primer término, que el periodo analizado se extiende entre 1884 y 1943, dado que las transformaciones políticas acontecidas en el país con posterioridad a esa fecha fueron demasiado profundas, y su adecuado tratamiento implicaría dar a este análisis una extensión mayor a la recomendable. En segundo lugar, que la atención se concentra en los territorios del sur argentino, decisión que sobre todo se debe a las importantes diferencias que los mismos mantenían con los del norte, entre otras cosas manifiesta en la mucha mayor magnitud de la población indígena en estos últimos. Esto no significa que sea imposible realizar observaciones generalizables al conjunto de los territorios -que de hecho se ofrecen-, pero se ha preferido enfocar la mirada en las seis gobernaciones del sur, que quizá como ninguna otra región del país fueron contempladas como la expresión más patente del desierto y por lo tanto imaginadas como un espacio por entero abierto al progreso.

1. Legislar sobre el desierto

Una de las expresiones más claras de la forma en que los espacios del sur argentino eran imaginados hacia 1884 se encuentra en la delimitación que se operó sobre ellos mediante la Ley 1532, que dividió a la Gobernación de la Patagonia en seis nuevos territorios. La demarcación de esas nuevas gobernaciones se hizo siguiendo un criterio primordialmente geométrico, en tanto que los límites asignados a las mismas fueron definidos sobre la base de líneas rectas que seguían paralelos y meridianos, con el ocasional uso de ciertos cursos de agua como lindes. Este trazado resultó posible porque, de acuerdo con la representación dominante, aquellas regiones formaban un vasto desierto, no en el sentido geográfico que el término suele evocar en la actualidad, sino más bien como nombre de un espacio contemplado como carente de población radicada y fija, y en general de todas las formas culturales consideradas propias de la civilización. Esta representación no constituía ninguna invención reciente, sino que su elaboración se remontaba a los tiempos coloniales y recorrió todo el siglo XIX (Dávilo y Gotta, 2000; Torre, 2010), resultando para numerosos observadores una imagen más que apropiada para referirse a esos espacios que, como cabe recordar, hasta la década de 1880 habían permanecido bajo el control exclusivo de los grupos indígenas. De manera que, aun cuando no dejara de advertirse la presencia de estos últimos, nada bastaba para poner en duda la representación de esas regiones como espacios vacíos y por lo tanto disponibles a una racionalización geométrica de sus extensiones como la que se practicó.[5]

Dada la condición de vacuidad atribuida a esos espacios, el régimen institucional que se diseñó para ellos no buscó ser adaptado a ninguna forma social previa, sino que fue concebido como una herramienta que propendería a la emergencia de tales formas. La Ley 1532 fue así considerada como un instrumento que permitiría el progreso futuro de los territorios, unidades administrativas que acababan de ser inventadas y a las que por lo tanto resultaba imposible otorgar inmediata autonomía política. Al mismo tiempo se asumía que en la medida que los territorios avanzaran por aquella senda, obtendrían la calidad de provincia que debían tener para poder incorporarse definitivamente al régimen federal. Así, el régimen establecido para el gobierno de los territorios fue pensado como un modelo transitorio que regiría hasta el reconocimiento de aquellos como nuevas provincias. Esa transformación era comprendida como resultado de un proceso evolutivo a través del cual un territorio adquiría la entidad social y política de la que inicialmente carecía. Las instituciones políticas definidas por la Ley 1532 estaban en consonancia con ese razonamiento y de hecho fueron pensadas como medios de desarrollo de la entidad política de las gobernaciones.[6]

En relación con el gobierno local, dicha ley preveía la formación de municipios en toda localidad que tuviera al menos un millar de vecinos radicados en su ejido. Cuando se diera esa circunstancia, y siempre que se contara con la

---

[5] Acerca de la definición de los límites de los territorios, uno de los puntos de mayor debate durante el tratamiento de la Ley 1532, véase Gallucci (2015).

[6] Para profundizar sobre las concepciones que los legisladores de 1884 tenían acerca de los territorios y su lugar en el orden republicano federal, véase Gallucci (2015) y Gallucci (en prensa). La descripción del régimen de territorios ofrecida en esta sección se apoya en los análisis desarrollados en esos estudios.

aprobación del gobierno del territorio, los vecinos podían formar un Concejo Municipal con facultad para sancionar ordenanzas de orden comunal, incluida también la fijación de impuestos, y hasta disponer del manejo de las tierras fiscales en el ámbito ejidal.[7] Las condiciones que la ley establecía para la participación en las elecciones municipales eran muy amplias: apenas se requería ser varón mayor de edad y estar registrado en el padrón local, para lo que era necesario contar con domicilio legal en la localidad. Esta amplitud no era por supuesto exclusiva de los territorios, dado que la concepción predominante del municipio era aquella que lo entendía como un hecho social -antes que como una institución política que formaba parte del Estado-, del que naturalmente formaban también parte los vecinos extranjeros (Privitellio, 2003; Ternavasio, 1991). Pero más allá de esa diferencia entre los órdenes del vecino y del ciudadano, en los municipios de los territorios existía un margen aun más amplio para la participación en las elecciones comunales, toda vez que ni siquiera era exigida la condición de contribuyente. Por otra parte, los requisitos para ser elegible al cargo de concejal eran igual de amplios y debido a las mismas razones. Cabe añadir, además, que allí donde existiera un municipio, la ley establecía que la justicia de paz sería de carácter electivo y según los mismos criterios que en las elecciones comunales.

Dentro de esa idea de progresivo desarrollo de la entidad política de los territorios, en la que el municipio tenía un lugar fundamental, existía otra institución clave como la legislatura. La ley de 1884 habilitaba su formación en todo

---

[7] La facultad de los municipios de los territorios para manejar las tierras fiscales de sus respectivos ejidos se mantuvo hasta la sanción de la Ley 4167 de 1903, que transfirió esa facultad a las autoridades nacionales. Una de las razones que, al menos según el discurso oficial, impuso la necesidad de tal medida fue que en muchos casos la enajenación de lotes fiscales en el ámbito local se hizo de forma incontrolada y desventajosa para los propios municipios. Sobre las políticas de tierras públicas en los territorios, véase Bandieri y Blanco (2009).

territorio que contara con más de treinta mil habitantes, acreditados mediante censos oficiales, y siempre sujeta a la autorización del gobierno territorial. La institución sería de magnitud variable, puesto que se preveía que estuviera integrada por delegados de los distritos municipales en razón de uno cada dos mil habitantes, o en la proporción mínima de uno cada mil quinientos. Para ser elegible a una de las bancas solo era necesario ser ciudadano mayor de edad, no contar con ningún empleo público y tener al menos un año de radicación en el territorio. Menos restrictivas aun eran las condiciones exigidas para participar en la elección de esos legisladores, dado que bastaba con inscribirse voluntariamente en el registro levantado a tal efecto y al que podían incorporarse todos los ciudadanos mayores de edad. Si se tiene en cuenta que la ley preveía que los concejos municipales fueran renovados por mitades cada año y que las legislaturas lo hicieran por tercios cada año, es posible advertir que los legisladores que la sancionaron pensaban en un ritmo electoral bastante intenso para los habitantes de los territorios, igual o mayor aun al de otros distritos del país. Esta nada despreciable frecuencia respondía a la premisa de que promover la participación electoral de vecinos y ciudadanos era un modo de generar el surgimiento de los asuntos públicos y el involucramiento de la población en los mismos, propendiendo así a que los territorios fueran desarrollando su entidad política.

Pero hasta tanto la adquirieran, la ley determinaba que dichos espacios continuarían bajo el control directo del gobierno nacional. Esto implicaba que el gobierno de cada territorio estaba encabezado por un gobernador que no era electivo, sino designado por las autoridades nacionales. Pese al nombre de su cargo, los gobernadores de los territorios no tenían el carácter de representantes de los espacios y poblaciones que gobernaban, sino que eran funcionarios dependientes del gobierno nacional, pudiendo ser mantenidos en el cargo o removidos del mismo por la sola decisión del último. Dada su condición, esos gobernadores contaban con facultades menos amplias que las de aquellos que, más allá de la similitud en el título, ejercían la representación de esas entidades políticas que eran las provincias. Las atribuciones de los gobernadores de los territorios eran además limitadas debido a la inicial inexistencia de instituciones políticas que pudieran ejercer control sobre sus acciones. No obstante, la normativa preveía que las cosas fueran distintas a partir de la instalación de las legislaturas, a las que otorgaba entre otras facultades la de acusar al gobernador de incumplimiento de sus deberes, siempre que un mínimo de dos tercios de sus miembros se pronunciaran en tal sentido.

Este apretado repaso sobre el régimen institucional diseñado para los territorios permite advertir algunos puntos que resulta oportuno destacar. En primer lugar, que las condiciones para la participación política de la población no eran restrictivas, o al menos no lo eran más que en el resto del país. Cierto es que la normativa no permitía la participación de los ciudadanos de los territorios en las elecciones de las autoridades nacionales, pero esto no se debía a ninguna consideración acerca de aquellos como individuos políticamente incapaces, sino al hecho de que esos espacios no contaban con la calidad de provincia que la Constitución exigía para que se los contemplara como distritos electorales.[8] Es además importante advertir que hacia 1884 esos habitantes no eran imaginados como una población ya existente sino más bien como una que habría de llegar, proveniente de otras regiones del país como también de otras naciones. En segundo término, y en íntima relación con lo anterior,

---

[8] La totalidad de la historiografía política referida a los territorios ha suscrito la idea de que los ciudadanos de esos espacios habrían tenido restringidos o inclusive negados sus derechos políticos, y que la razón última de tal exclusión se encontraría en la imputación de incapacidad política hacia esos mismos sujetos. Según esta interpretación tradicional, la Ley 1532 habría estado inspirada en tal juicio acerca de los habitantes de los territorios. Contra estas ideas, he mostrado el equívoco que existe en atribuir a dicha ley una inspiración restrictiva basada en la incapacidad presuntamente endilgada a esos ciudadanos (Gallucci, en prensa).

resulta fundamental observar que el criterio adoptado en la Ley 1532 para habilitar la instalación de las instituciones consideradas necesarias para el desarrollo de la entidad política de los territorios era puramente demográfico. La cantidad de población, sin ninguna clase de distinción sobre la base de rasgos sociales particulares como la nacionalidad, el género o la edad, entre otros, constituía la única regla contemplada en la normativa para permitir la formación de un municipio, la instauración de una legislatura o inclusive el reconocimiento de un territorio como una nueva provincia. Como ya fue mencionado pero conviene recordar, el único requisito que la ley establecía para permitir dicho cambio era que el territorio contara con una población de más de sesenta mil habitantes.

La adopción de esa regla demográfica podría parecer incoherente con la premisa de que la obtención de la calidad de provincia dependía de que un territorio desarrollara la entidad política necesaria a tal efecto. Sin embargo, para los legisladores que sancionaron la Ley 1532 no existía contradicción alguna entre ambos aspectos. Cierto es que el proyecto original elaborado desde el Poder Ejecutivo había propuesto que, además de esa misma cantidad de población, el territorio contara con los recursos necesarios para cubrir su presupuesto de gastos. Pero si bien algunos legisladores se expresaron a favor de la iniciativa, la mayoría se inclinó por desecharla y dejar el criterio demográfico como único requisito. Una de las principales razones que llevó a tal resultado fue que se prefirió la adopción de una regla fija en lugar de una tan variable como la relativa a la capacidad económica de cada territorio. Decidir si una gobernación contaba o no con los recursos suficientes para obtener autonomía política era una cuestión potencialmente irresoluble, además de políticamente riesgosa por lo que el argumento entrañaba para ciertas provincias que con frecuencia cubrían sus gastos gracias al auxilio del Estado nacional. Pero por sobre todo es necesario tener en cuenta que aquella aparente incongruencia entre la concepción de la calidad provincial como resultado de un proceso evolutivo y el criterio demográfico adoptado por la ley no era percibida como tal debido a la fuerza simbólica que revestía el concepto de progreso. La convicción de que este era el destino hacia el que transitaba la Argentina, y del cual los territorios no podrían sustraerse, llevaba a presumir que para el momento en que uno de esos espacios hubiera superado la cantidad de sesenta mil habitantes, habría también adquirido la entidad política que permitiría su admisión como una nueva provincia. No obstante, en la medida que esa convicción en la inevitabilidad del progreso argentino comenzó a desdibujarse, una duda cada vez más poderosa se instaló entre la idea de la evolución política de los territorios y la fórmula demográfica consagrada en la ley.

2. Los avances del progreso y las aspiraciones provincialistas

Luego del sometimiento de los grupos indígenas del sur argentino y de la sanción de la Ley 1532, el proceso de poblamiento de esos vastos espacios que acababan de ser incorporados al dominio estatal se intensificó de manera significativa. Hasta entonces, los únicos poblados permanentes que existían en esas regiones habían sido unos pocos fuertes sobre el curso del río Negro -el de Carmen de Patagones era el más antiguo e importante de ellos-, y las pequeñas colonias galesas del Chubut, instaladas allí desde mediados de la década de 1860 (Bandieri, 2005). A partir de 1879, el avance de las columnas del Ejército argentino por tierras pampeanas y patagónicas dio lugar a la formación de varias poblaciones, surgidas en torno a los fuertes militares que se levantaron en distintos puntos de esas latitudes. También la concesión de tierras a empresas colonizadoras produjo el surgimiento de nuevas poblaciones, aunque este fenómeno estuvo lejos de tener la importancia que mostró en otras regiones del país. Procedentes tanto de esas otras regiones como del extranjero, los nuevos contingentes demográficos que arribaron a las vastedades del sur argentino se sumaron a los indígenas de esas zonas, que no solo sufrieron su relocalización en lugares distintos a los que tradicionalmente habían ocupado, sino también su inclusión subordinada en las formas culturales consideradas propias de la civilización. Por supuesto, ese proceso de poblamiento no se desplegó con la misma intensidad en toda la extensión de los territorios del sur, resultando algunos más favorecidos que otros, como se podrá ver más adelante. Lo que de momento interesa destacar es que aquellos espacios que por décadas habían sido contemplados como la expresión más cabal del desierto, pasaban a ser vistos como un escenario abierto al progreso, algo que la fundación de localidades y el incremento de la población parecían testimoniar.

El optimismo que en numerosos observadores provocó la conquista de esas vastas tierras se vio además alimentado con su puesta en producción. Si bien no todas ellas experimentaron crecimientos económicos de la misma rapidez y magnitud, el hecho de que tierras hasta entonces consideradas yermas comenzaran a convertirse en fuentes de riquezas despertaba visiones poderosamente entusiastas sobre las posibilidades futuras de esas regiones y por supuesto del país en su conjunto. Enormes espacios a los que se estimaba vírgenes pasaban a ser fraccionados y distribuidos para su transformación en nuevas explotaciones ganaderas y agrícolas, todo lo cual implicó una fuerte expansión del área productiva, como resultaba especialmente visible en la región pampeana, que en cierta medida aparecía como una prolongación de la actividad económica bonaerense. Aun cuando los volúmenes de producción y los niveles de productividad no fueran demasiado asombrosos, el contraste con el pasado inmediato de esas tierras y sobre todo su proyección hacia el futuro hacían que un presente quizá no tan espectacular no bastara para opacar el optimismo que ellas lograban despertar. Fue frecuente que al menos ciertos lugares de esas nuevas tierras fueran objeto de representaciones metonímicas mediante las cuales se buscaba revelar la magnitud de potencialidades que, se entendía, apenas comenzaban a manifestarse. Así, por ejemplo, el río Negro podía ser identificado como el Nilo argentino, y lo mismo ocurría con las regiones lacustres cordilleranas, a las que muchos no vacilaban en calificar como la Suiza argentina (Navarro Floria, 2007b).

Pero además del desarrollo de las producciones agropecuarias y agroindustriales que parecían dar validez a esas imágenes promisorias, había ciertos elementos que tenían un especial significado dentro de esa representación progresista de los territorios y su porvenir. En efecto, el ferrocarril no era solo un moderno medio de transporte, sino que cobraba un sentido iconográfico al ser considerado como expresión misma del progreso que se materializaba al erradicar el desierto con su avance. El trazado de líneas férreas sobre tierras que hasta pocos años atrás habían estado dominadas por los indígenas era visto como una prueba incontestable de la velocidad con la que el progreso parecía extenderse sobre esas regiones y del carácter definitivo de su arribo a ellas. Pero, todavía más, el tren llegaba a ser contemplado como un instrumento de progreso, material pero sobre todo civilizatorio, al promover la integración de las regiones más apartadas a la vida del conjunto de la nación y en definitiva al mundo moderno. Durante los años finales del siglo XIX surgieron numerosas propuestas de trazado de vías férreas sobre diferentes puntos de esas nuevas tierras, aunque solo algunas resultaron formalizadas como proyectos y aun menos fueron las que llegaron a concretarse. El tendido de ferrocarriles sobre regiones cuya escasa población solo podía ofrecer un flujo por lo general modesto de personas y bienes representaba una inversión poco atractiva y que solo podía prosperar por la decisión del gobierno de financiar su construcción. Uno de los ejemplos más claros de esto fue la construcción, entre 1897 y 1899, de una línea ferroviaria entre la localidad bonaerense de

Bahía Blanca y la confluencia de los ríos Limay y Neuquén, empresa que impulsó el Estado nacional ante la posibilidad de un conflicto bélico con Chile que finalmente no se produjo. De todas maneras, la instalación del ferrocarril, posible también por la participación del capital británico, dio lugar al surgimiento de nuevas poblaciones en torno a sus estaciones, al mismo tiempo que estimuló la valorización y dinamización productiva de las tierras que atravesaba.

De todos los territorios meridionales, el de La Pampa fue el que experimentó de manera más temprana e intensa aquellas transformaciones que eran vistas como avances del progreso. Esto no solo se debió a que el sometimiento de los grupos indígenas se produjo allí más tempranamente que en las tierras que se extendían al sur del río Negro, que por algunos años más continuaron siendo escenario de distintas campañas militares. En buena medida por su vecindad con la provincia de Buenos Aires y la continuidad ecológica de al menos parte de sus suelos, el territorio de La Pampa se nutrió de los movimientos demográficos y económicos de aquella poderosa provincia (Di Liscia y Lluch, 2008). Sin contar con ninguna localidad antes de la expedición lanzada por el general Roca en 1879, La Pampa pronto se convirtió en el territorio con más poblaciones -en su mayoría sobre su franja oriental-, y muchas de ellas estuvieron entre las primeras que contaron con su propia municipalidad. La Pampa fue también la gobernación que experimentó el mayor y más intenso crecimiento demográfico de todos los territorios, por lo menos hasta bien entrado el siglo XX. Esto hizo que La Pampa registrara 25.914 habitantes en 1895 y que esa cifra ascendiera a 101.338 para 1914 (Vapñarsky, 1983: 42). Por supuesto que esa población no se distribuía en forma homogénea en toda la extensión del territorio -su mitad oriental permaneció escasamente poblada-, pero nada de eso impedía que La Pampa fuera contemplada como un escenario en el que todas las proyecciones progresistas señaladas más atrás parecían volverse una realidad concreta.

La imagen de La Pampa como un espacio donde el progreso se desplegaba vigorosa y rápidamente se veía también alimentada por el desenvolvimiento económico del territorio. Desde su creación en 1884, este vio aumentar año tras año sus volúmenes de producción ganadera y agrícola (Lluch y Olmos, 2010; Martocci, 2010), lo que no solo fue posible gracias a la aptitud de los suelos sino también porque la privatización de la tierra fue allí más temprana e intensa que en las otras gobernaciones meridionales, donde por varias décadas las tierras fiscales continuaron representando una porción muy importante de sus respectivas superficies (Bandieri y Blanco, 2009). De todas formas, el crecimiento inicial de La Pampa fue en buena medida producto de la expansión económica de la provincia de Buenos Aires, que se vio potenciada con la resolución de la cuestión indígena hacia 1880. Una buena muestra de la forma en que el crecimiento pampeano se encontraba íntimamente ligado al de aquella provincia se encuentra en el tendido de los ferrocarriles: si bien La Pampa fue el único territorio en el que se construyó una red ferroviaria significativa -aunque no abrazaba toda la gobernación-, se trataba en realidad de una prolongación de la que se extendía sobre las tierras bonaerenses. Esta mayor integración de La Pampa con los circuitos demográficos y económicos de las provincias vecinas fue un factor decisivo en su rápido crecimiento.

Todo esto condujo a que La Pampa fuera el primer territorio en alcanzar la cantidad de habitantes que la Ley 1532 exigía para permitir su reconocimiento como nueva provincia. Según algunas estimaciones oficiales, empero no vinculantes porque no derivaban de un censo, hacia finales de 1906 la población total del territorio superaba, si bien ligeramente, la cifra de sesenta mil habitantes. Casi de inmediato surgieron en La Pampa los primeros reclamos por la inmediata provincialización. La primera de esas iniciativas fue la creación del Comité Pro Autonomía de La Pampa, formado hacia finales de 1907 por un grupo de vecinos de la localidad de Santa Rosa, la capital del territorio, con el propósito de gestionar ante los poderes públicos de la Nación el inmediato reconocimiento como provincia. En los años siguientes, tanto en La Pampa como en la Capital Federal, surgieron nuevas asociaciones con el mismo propósito. Es bien conocido que tales iniciativas no tuvieron éxito en su objetivo primordial, dado que la gobernación solo alcanzó el estatus de provincia en la década de 1950 y bajo otro tipo de régimen político. En verdad, esas asociaciones estuvieron lejos de concitar un respaldo unánime en la población pampeana, y hasta llegaron a despertar el rechazo de sectores opuestos a la provincialización, pero también a trabarse en fuertes disputas con otras entidades que perseguían el mismo objetivo. Sin espacio para tratar en detalle las discrepancias entre esos diferentes grupos, en lo que importa reparar es en las argumentaciones desde las cuales exigían el inmediato reconocimiento del territorio como una nueva provincia.

En julio de 1909, el Comité Pro Autonomía elevó un petitorio al presidente de la República, José Figueroa Alcorta, proponiendo que La Pampa fuera elevada el año siguiente a la condición de provincia como parte de las celebraciones por el Centenario de Mayo. Entre las razones esgrimidas, apenas se señalaba que el territorio ya había superado la cantidad de población que la Ley 1532 exigía para permitir ese cambio de estatus. Para los miembros del Comité, el principal motivo que justificaba tal transformación radicaba en los progresos alcanzados por el territorio que, según los propios peticionantes, eran inclusive superiores a los de varias provincias. Como se expresaba en la nota, en un discurso que hacía uso de todas las figuras que componían la imagen convencional del progreso,

> el histórico desierto donde otrora el ejército de la patria sacrificara vidas generosas para entregarlo a la civilización, es hoy una tierra de promisión, donde se hallan cultivadas más de un millón de hectáreas, donde existen 10 millones de cabezas de ganado y, por último, donde se levantan cuarenta

pueblos ligados por el riel que los une con los principales mercados de la República, facilitando así el transporte de su enorme riqueza.⁹

Eran esos progresos los que, para los miembros del Comité, daban sustento a la demanda de que La Pampa fuera reconocida como la decimoquinta provincia argentina. Los mismos argumentos eran empleados en 1914 por Pedro Luro, que durante varios años había sido diputado nacional por Buenos Aires y para esa fecha era un activo protagonista en la campaña por la provincialización de La Pampa, donde era además un importante terrateniente. En una misiva a Victorino de la Plaza, entonces en la Vicepresidencia de la Nación, Luro pasaba lista sobre los distintos rubros que a su entender probaban los títulos del territorio para su plena autonomía. Así, señalaba "1.500.000 hectáreas de cereales, aparte de sus 400.000 hectáreas de alfalfares", "sus rentas por más de 3.000.000 de pesos" y "su capital actual [que] excede de 200.000.000 de pesos"; a lo que añadía que "la inscripción de alumnos en sus escuelas pasa de 14.000 y la extensión de sus líneas férreas con 72 estaciones habilitadas, es superior a las de las provincias de San Luis, Catamarca, La Rioja, Salta, Jujuy y San Juan".¹⁰ Y como si eso fuera poco, entre los 108.477 habitantes que calculaba para La Pampa, resaltaba "la cifra de sus enrolados con 16.500 ciudadanos, [y] la de sus conscriptos bajo banderas con la de 800", lo que significaba "el 'record' en el porcentaje de los ciudadanos que se presentan, comparativamente a las demás provincias".¹¹ Los progresos mostrados por La Pampa eran, según Luro, de todo orden.

---

[9] Petitorio del Comité Pro Autonomía de La Pampa al Presidente de la Nación, Dr. José Figueroa Alcorta, 5 de julio de 1909, cit. en Orizaola Roldán (1933-1934b: 191).
[10] Carta de Pedro O. Luro al Vicepresidente de la Nación, Victorino de la Plaza, 3 de febrero de 1914, cit. en Orizaola Roldán (1933-1934b: 214).
[11] Idem, p. 215.

En los mismos términos fundamentaba el reclamo provincialista el Comité de la Juventud Pro Autonomía, creado en 1918 en la Capital Federal y presidido por el joven radical Alberto J. Grassi. En uno de sus primeros documentos, aparecido en noviembre de ese año con el título de "Manifiesto al pueblo", desde dicho Comité se ofrecía un pormenor de todas las razones que justificaban el reclamo:

> este territorio progresista y moderno, pletórico de riqueza y de hermoso porvenir, cuenta con cerca de 500.000 hectáreas de alfalfares, 2.000.000 de hectáreas de cereales, 14.500.000 hectáreas aptas para la producción, 1.700 kilómetros de líneas férreas, 342.153.782 pesos en valores rurales, 4.000.000 aproximadamente de cabezas de ganado cuyo valor se calcula en 118.300.000 pesos, 1.114 establecimientos que fabrican al año productos por valor de 4.019.747 pesos, campos valuados según el último censo en 164.188.062 pesos, 22 comunas administradas por su población, más de 50 diarios y revistas, oscilan en 6.000.000 de pesos sus rentas, 113 escuelas primarias oficiales con una inscripción de 14.000 alumnos, Escuela Normal y Colegio Nacional; tiene, también, numerosos pueblos importantes; sus colonias han producido cereales que merecieron premios en exposiciones nacionales y extranjeras; asciende a buen número la cantidad de sus hijos que han obtenido diplomas universitarios (130), y de distintas profesiones útiles y, en suma, reúne otros elementos más amplios y fecundos donde se elabora silenciosamente la grandeza nacional".[12]

Sería posible ofrecer incontables ejemplos de la misma argumentación, pero se puede prescindir de tal cosa porque la extensión y detalle de la cita anterior permiten capturar lo esencial del razonamiento de los sectores provincialistas. Como es posible advertir, la cantidad de población estaba lejos de constituir el principal motivo que justificaba el reclamo de estatus provincial para La Pampa. En

---

12 "Manifiesto al pueblo", Comité de la Juventud Pro Autonomía, Capital Federal, noviembre de 1918, cit. en Orizaola Roldán (1933-1934a: 33-34).

cambio, la atención era puesta en otras cantidades, imaginadas como indicadores más fieles de los progresos logrados por el territorio que su mero volumen demográfico. Como se señalaba en 1910 desde las páginas de *La Capital*,

> los hombres que con su trabajo, con su capital y con sus solas iniciativas han sido capaces de llevar al territorio en el estado de progreso en que se encuentra, son capaces también para hacer efectivo el magnífico programa del gobierno propio más completo, ofrecido por la sencilla y trascendental ley de organización de los territorios nacionales.[13]

La idea que subyacía a tal consideración era que la calidad de provincia resultaba de una evolución social que se reflejaba en aquellos distintos indicadores de progreso, pero que de ninguna forma podía derivar de la sola cantidad de población establecida en la Ley de Territorios. Los provincialistas tenían la convicción de que La Pampa había completado aquel proceso evolutivo, como lo entendían demostrado por el exitoso tránsito del territorio por el camino del progreso, que lo había llevado a superar inclusive al que podían exhibir varias provincias. La misma razón los llevaba a no hacer extensivo el reclamo de inmediata autonomía al conjunto de los territorios.

No solo los actores pampeanos entendían las cosas de esa forma. También las autoridades nacionales pensaban en los mismos términos. En 1919, el gobierno de Hipólito Yrigoyen envió al Congreso un proyecto de ley por el que se buscaba producir la inmediata provincialización de La Pampa. En los fundamentos de la propuesta se reconocía que la Ley 1532 permitía el reconocimiento como provincia de todo territorio que contara con más de sesenta mil habitantes. No obstante, se advertía que "otros territorios", además de La Pampa, "han alcanzado también ese número de población pero carecen de las demás condiciones fijadas

---

[13] *La Capital* (Santa Rosa), año XVIII, nº 1529, 12/6/1910.

por la Ley".[14] Más allá de la letra de la ley -que por cierto no fijaba ninguna otra condición-, en lo que reparaba el Poder Ejecutivo era en "la complexión económica de La Pampa, las cifras de su producción, su comercio, la importancia de sus rentas, sus numerosos núcleos de población con personas representativas, sus centros de cultura, y hasta el desenvolvimiento de sus comunas", aspectos que daban a ese Territorio "sitio preferente entre las gobernaciones y constituyen títulos habilitantes para la culminación que pretende, al aspirar a ser investida de los derechos inherentes a la soberanía provincial".[15] En 1921, similares argumentos servían a un grupo de diputados radicales para impulsar un proyecto para hacer de La Pampa una nueva provincia. Cuando debió presentar la iniciativa ante el Congreso, Francisco Riú, uno de sus autores, insistió en que "La Pampa reúne todos los requisitos legales y políticos para que sea declarada provincia: población, capacidad económica y educación cívica",[16] aunque nada decía la ley de los dos últimos. En líneas generales, todos los proyectos formulados en los años siguientes con el propósito de lograr el reconocimiento de La Pampa como provincia insistieron en fundamentar sus propuestas en los indicadores de progreso ofrecidos por el territorio, y no se privaron de resaltar que estos eran muy superiores a los de varias provincias.

Como puede observarse, los razonamientos que los diferentes actores emplearon para reclamar la elevación de La Pampa a la condición de provincia iban mucho más allá de la sola cifra de sesenta mil habitantes que establecía la Ley 1532. Para los legisladores de 1884, aquella cantidad de población llevaba implícito el progreso que un territorio debía alcanzar para adquirir la entidad política que le permitiría ser admitido como una nueva provincia. Pero ya entrado el siglo XX, aquella presunción se había deshecho

---

14 DSCD, sesión del 12/8/1919.
15 DSCD, sesión del 12/8/1919.
16 DSCD, sesión del 31/8/1921.

de manera definitiva, inclusive para quienes reclamaban el cumplimiento de la ley. La cantidad de población era apenas contemplada como un factor más, y no de los más decisivos, entre los que determinaban la posibilidad de que un territorio pudiera ser elevado a la calidad de provincia. Quienes apoyaban la inmediata provincialización de La Pampa no tenían ninguna duda de que el territorio había realizado los progresos suficientes como para merecer otro estatus jurídico. Pero descreían de esto quienes entendían que la entidad política propia de una provincia no era algo que derivara de los progresos materiales, por más espectaculares que estos fuesen. Estas prevenciones ya se encontraban presentes hacia 1913, cuando Indalecio Gómez, entonces ministro del Interior, expresaba durante la Primera Conferencia de Gobernadores de Territorios Nacionales, celebrada en la Capital Federal, que "los territorios han crecido en población y riquezas, pero ninguno de ellos presenta los caracteres de un embrión de provincia, por faltarles, aun á los más adelantados, la capacidad para el gobierno propio".[17] Ya para entonces, determinar cuándo un territorio podía ser convertido en una provincia se había vuelto un verdadero dilema, inclusive para figuras como Gómez, por esos años muy activas en la formulación de respuestas a los diferentes desafíos que planteaba una sociedad argentina en plena transformación.[18]

---

[17] Ministerio del Interior, Dirección General de Territorios Nacionales, *Primera Conferencia de Gobernadores de Territorios Nacionales*, Buenos Aires, Talleres Gráficos de la Penitenciaría Nacional, 1913, p. 20.
[18] En torno a la relación de Gómez con el reformismo de comienzos del siglo XX, véase Zimmermann (1995).

3. Magros progresos, caminos graduales

Las cosas eran diferentes en los territorios que se hallaban al sur del río Colorado. Sobre ellos también se proyectaron representaciones decididamente optimistas acerca de su porvenir. La imposición de la autoridad estatal sobre esos espacios y el consecuente sometimiento de los distintos grupos indígenas que los habitaban condujeron a muchos observadores a creer que la senda del progreso se abriría para esas tierras libre de todo obstáculo. La magnitud de una región tan vasta e inculta como la Patagonia alimentaba esperanzas de la misma proporción respecto de su futuro. Tras escribir para *La Nación* una serie de notas durante su viaje por la Patagonia en 1898, un destacado observador como Roberto Payró decidió republicarlas en forma de libro bajo el título de *La Australia argentina*. En la visión de Payró, la Patagonia podía convertirse en algo muy similar a aquel ascendente país, siempre que el gobierno argentino rectificara su acción, según el escritor hasta entonces consistente "sobre todo, en trabas y limitaciones, cuando en realidad en los territorios lo único que se necesita, la condición ineludible para el progreso, es la amplia libertad" (Payró, 1898: 36). Sin embargo, no escapaba a esa misma mirada el reconocimiento de que faltaba población, el factor primordial para que esos augurios de progreso pudieran concretarse. No dejaba de extrañar a Payró que la Patagonia, "extensión inconmensurable y solitaria, que se ofrece y se abre para que la fecunden", permanecía sin convertirse en el destino de "todo un pueblo de trabajadores" y sin ser atravesada por "las caravanas de *cowboys*, en dirección a ese *far west*, a ese *far south* argentino que las aguarda para entregarles sus riquezas" (Payró, 1898: 443).

Aun más entusiasta era la mirada de Gabriel Carrasco, figura de amplia trayectoria en la vida política y de estrecha relación con los círculos del general Roca, en cuya segunda presidencia colaboró bajo las directivas de Joaquín V. González, entonces ministro del Interior. En 1902, en el marco de un viaje por las tierras de la Patagonia norte, hacia donde había sido enviado por aquella cartera con la misión de realizar una inspección general de las gobernaciones, Carrasco celebraba "el trabajo de la inteligencia, que arrancó estos territorios a sus bárbaros poseedores, para hacer de ellos la herencia del pueblo argentino" (Carrasco, 1902: 8). Pero no obstante la admiración que en él despertaban los progresos que observaba en ciertas zonas, como en el Alto Valle del río Negro, Carrasco reconocía que en muchas otras los adelantos estaban muy lejos de lo deseado. Tal era el caso del territorio de Neuquén, al que encontraba rezagado en el camino del progreso pero sin embargo dotado de grandes riquezas que encerraban un destino muy próspero. Solo se trataba, en opinión de Carrasco, de proveer al territorio de vías de comunicación que lo vincularan más estrechamente con el resto del país: "los caminos atraerán la población, abaratarán la vida [...] Población, riqueza, consolidación de la nacionalidad argentina, todo depende aquí de la solución de ese problema: ¡caminos! ¡comunicaciones!" (Carrasco, 1902: 45). Sin duda una visión de profundo optimismo, en tanto suponía que tan solo se trataba de poner a los territorios en contacto con circuitos y flujos que llevarían el progreso a esos espacios.

Como fuera, la población constituía algo que nadie podía dejar de percibir como una carencia al contemplar la enorme extensión de la Patagonia. Poblar constituyó desde el inicio el principal imperativo respecto de los territorios patagónicos, y permaneció como tal por décadas. Pero la claridad con la que se percibió ese objetivo no fue suficiente para que el poblamiento de esos espacios llegara a colmar las aspiraciones iniciales. Aun cuando la población de dichos territorios fue aumentando, su crecimiento fue siempre juzgado insuficiente frente al que se entendía necesario para el progreso de esas regiones. Hacia 1895, una década después de su creación, los territorios patagónicos registraban en conjunto 29.221 habitantes, mientras que esa cifra se había incrementado a 106.785 hacia 1914

(Vapñarsky, 1983: 42). Pero esa población representaba apenas el 0,75% y el 1,35% del total que la Argentina tenía en 1895 y 1914 respectivamente. Y si se tiene en cuenta la proporción que los territorios patagónicos representaban respecto de la superficie nacional -algo más de dos quintas partes-, se puede apreciar mejor la percepción que se tenía acerca de aquellas regiones como virtualmente deshabitadas.

Varios fueron los factores que hicieron que el poblamiento de los territorios patagónicos fuera mucho menos espectacular de lo que inicialmente se había imaginado. En primer lugar, la lejanía de aquellos respecto de los principales núcleos de población desalentaba fuertemente la llegada de nuevos habitantes, sobre todo en la medida que otros territorios, como el de La Pampa, aparecían en lo inmediato como alternativas más atractivas no solo por su relativa cercanía sino también por su mayor actividad económica. Esto se veía además reforzado por las deficiencias de los territorios patagónicos en materia de vías de transporte y comunicación. No hubo allí redes ferroviarias como la que llegó a existir en La Pampa; los ferrocarriles patagónicos eran líneas que se internaban solitarias en las vastedades de esas tierras, sin cruzarse en ningún punto con los rieles de otras vías (Bandieri, 2005). Esto no impidió que el tren fuera contemplado como un instrumento de progreso, como el Ferrocarril del Sud parecía haberlo demostrado ampliamente al dinamizar el valle del río Negro. Esa imagen acerca de los efectos progresistas del tren llevó en 1908 a Ezequiel Ramos Mexía, entonces ministro de Obras Públicas y Agricultura, a impulsar un programa de fomento para los territorios, dentro del cual se otorgaba al ferrocarril una importancia de primer orden. La Patagonia era contemplada con especial interés por el ministro, que entendía que la integración de aquella a los circuitos productivos nacionales resultaba especialmente relevante para el país (Bandieri, 2009). Pero la ambiciosa empresa solo llegó a completarse en parte. Los territorios patagónicos fueron los únicos en los que se cumplieron algunos de los objetivos inicialmente planteados, aunque solo de manera muy parcial. La única de las líneas férreas que llegó a completarse fue la diseñada para unir las localidades rionegrinas de San Antonio Oeste y San Carlos de Bariloche, aunque las obras recién culminaron en 1934. Las líneas que, con cabecera en las poblaciones patagónicas de Puerto Deseado y Comodoro Rivadavia, debían según el plan original conectarse con la que conducía a Bariloche nunca vieron construidos más que sus primeros tramos. Así, fue en realidad poco lo que la construcción de esos ferrocarriles incentivó respecto del poblamiento general de los territorios patagónicos.

Esto no significa que las medidas adoptadas por las autoridades nacionales no tuvieron ningún efecto sobre dichos espacios. Dentro del mismo programa de fomento animado por Ramos Mexía, en 1908 se dio inicio a la construcción de un sistema de regadío que, a partir de un dique sobre el río Neuquén y a través de una red de canales sobre el Alto Valle del río Negro, tenía la función de controlar el régimen de caudales de este último y además asegurar la provisión de agua para las explotaciones agrícolas de la región. Para 1916 las obras habían sido completadas y desde esa fecha ejercieron un importante estímulo a la actividad económica de la zona, que al combinarse con el ferrocarril que ya atravesaba la región, dio renovado impulso al desarrollo de sus producciones agrícolas y a la radicación de nuevos pobladores (Bandieri y Blanco, 1998). Por otro lado, el descubrimiento de petróleo en ciertos puntos de la Patagonia en la década de 1910 condujo al desarrollo de las primeras explotaciones del recurso y al asentamiento de población en torno a los yacimientos. Esto se vio potenciado a partir de la explotación estatal del petróleo con la creación de Yacimientos Petrolíferos Fiscales y la formación de campamentos que no solo tenían la finalidad de extraer el recurso, sino también la de promover la radicación de población argentina en la Patagonia, a la que las autoridades ya comenzaban a contemplar como una región habitada por una inquietante proporción de extranjeros (Cabral Marques y Crespo, 2006; Mases *et al.*, 1994). Pero de nuevo, aun cuando la explotación petrolífera dio lugar a la formación de nuevas poblaciones o propició el crecimiento de otras aledañas a los principales yacimientos, nada de eso bastó para que perdiera crédito la representación de los territorios patagónicos como espacios insuficientemente poblados. Hacia 1920, pese a las grandes extensiones características de la mayoría de las gobernaciones, solo una había superado los cuarenta mil habitantes, y en conjunto apenas alcanzaban 124.316 pobladores, una cifra inferior a la de ciudades como Córdoba, Rosario y la Capital Federal.[19]

La escasez de población se veía acentuada por la debilidad de los progresos alcanzados por los territorios patagónicos. No obstante el crecimiento experimentado por las producciones agropecuarias desarrolladas en algunas regiones, aquel nunca llegó a tomar las dimensiones inicialmente esperadas, lo que alimentó la imagen de la Patagonia como una tierra de fantásticas potencialidades que sin embargo permanecían inexplotadas. Los gobiernos nacionales fueron así acusados, tanto por los pobladores de los territorios como por observadores externos a estos, de mantener a esas gobernaciones en un estado general de abandono que encontraban expresado en las precariedades de las distintas agencias estatales en esas regiones.[20] Aun cuando es muy probable que la realidad de esas reparticiones no fuera allí demasiado diferente de la que mostraban en otras provincias, ello no restaba verosimilitud a la idea de que los territorios habían sido abandonados a su suerte y que las

---

[19] Según los datos del censo de Territorios Nacionales de 1920, Río Negro era la gobernación patagónica más poblada, con 42.652 habitantes. Luego se encontraban Chubut (30.118), Neuquén (29.784), Santa Cruz (17.925) y Tierra del Fuego (3.837) (Vapñarsky, 1983: 42).

[20] Diversos trabajos han insistido sobre la precariedad que afectaba a las instituciones estatales en los territorios patagónicos (Bohoslavsky, 2010; Carrizo, 2010; Casullo, 2010; Di Liscia y Bohoslavsky, 2005; Rafart, 2008). Otros estudios ofrecen miradas alternativas sobre la cuestión (Gallucci, 2013).

consecuencias de esa desidia eran más graves en las gobernaciones patagónicas, más dependientes de la atención oficial que la más aventajada La Pampa. Si en el umbral del siglo XX todavía se entendía que los obstáculos al progreso de los territorios patagónicos derivaban de un exceso de intervención estatal -como en la mirada de Payró-, unas décadas más tarde, y sobre todo a partir de la Primera Guerra Mundial, que además de ser vivida como una catástrofe civilizatoria dio aliento a las ideas de dirección estatal de la economía, las causas del rezago de aquellas regiones fueron atribuidas con creciente frecuencia a una insuficiente atención por parte del Estado.

La condición de desamparo que se denunciaba en los territorios patagónicos alimentaba también la representación de esos espacios como dominios coloniales del Estado federal, cuyo único interés consistía en mantener sometidas a dichas regiones para servirse de ellas como fuentes de recursos económicos.[21] Como señalaba en 1919 el periódico *Río Negro*, "a un siglo de la declaración de independencia el Poder Federal repite el abandono de la Metrópoli y no comprende que las simples colonias tienen el embrión de los futuros cuerpos políticos con sus peculiares necesidades económicas y sociales".[22] Esas palabras resultan muy reveladoras, no solo de que al menos parte de la prensa y de la opinión pública del territorio suscribía la representación del mismo como otra de las colonias internas del Estado nacional, sino sobre todo de los cambios operados en la forma de entender la transformación de una gobernación en una nueva provincia. Como ya se ha visto, la idea de que los territorios debían adquirir entidad política a través de un proceso de progresiva evolución se remontaba a la creación de aquellas entidades. Lo novedoso radicaba

---

[21] La fuerza simbólica de esa representación llevó inclusive a que algunos historiadores la adoptaran como clave explicativa. Un ejemplo de esto se encuentra en Navarro Floria (2007a y 2009).
[22] *Río Negro* (General Roca), año VIII, n° 405, 7/8/1919.

en que esa evolución había dejado de ser concebida como el resultado natural de la propia dinámica de la sociedad, para ser entendida cada vez más como una gestación que solo podía consumarse bajo el ala protectora del Estado. Como varios años más tarde se señalaba desde el periódico *Neuquén*, "queremos que la ayuda oficial venga pronto a robustecer la acción privada, que por muy noble y tenaz que sea, mueve muy lentamente el engranaje del progreso".[23]

El argumento de que era la desatención hacia los territorios patagónicos lo que retardaba su evolución en nuevas provincias también era esgrimido por observadores externos a esas regiones, quienes atribuían los problemas de estas al abandono gubernamental. En 1922, acerca de los sucesos acontecidos poco antes en el territorio de Santa Cruz, Manuel Carlés, el líder de la Liga Patriótica Argentina advertía que "cualquiera que visite la Patagonia comprueba que, lejos de haber alcanzado la ayuda de alguien, allí se sufren los males de la civilización y no se recibe ninguno de los beneficios del Estado" (Carlés, 1922: 5). En su mirada, la "rebelión en forma terrible" que había tenido lugar en Santa Cruz era un síntoma "del desprecio social que allí [en la Patagonia] se tiene por la autoridad" (Carlés, 1922: 7), a su vez producto del descuido con que el gobierno administraba esas regiones. Ocho años después de esas observaciones sobre "aquel mundo ignorado, si no olvidado" (Carlés, 1922: 5), Juan Vilaseca, un médico que durante varios años ejerció su profesión en la Patagonia, la consideraba "descuidada en su vida administrativa, política y moral", y comentaba que mientras esa situación no se viera modificada, "Patagonia será siempre lo que hasta aquí ha sido, una desheredada en la hermandad nacional" (Vilaseca, 1930: 9). Para Vilaseca, los progresos que la Patagonia podía mostrar para 1930, valiosos aunque insuficientes, se habían logrado contra el formidable obstáculo que significaba un régimen de gobierno retrógrado, una "administración eminentemente

---

23 *Neuquén* (Neuquén), año XVIII, n° 3558, 24/2/1927.

centralizada, [que] hace vivir al Sud la hora de la remota colonia" (Vilaseca, 1930: 33). Si los territorios patagónicos no habían desplegado todo el potencial de progreso que guardaban en sus entrañas, era porque continuaban gobernados bajo un régimen defectuoso y arcaico.

Discursos de este tenor abundaban en la prensa de los territorios patagónicos, que al motivo del abandono estatal adosaba el de la privación de derechos políticos que veía en la situación de sus pobladores, contribuyendo así a la representación de estos últimos como ciudadanos de segunda clase. No interesa evaluar si esa imagen se correspondía o no con la realidad. Más importante resulta advertir que, pese a la recurrencia con la que se apelaba a la figura de los territorios como colonias del Estado nacional o a la de sus habitantes como sujetos excluidos de la ciudadanía política, en ninguno de los territorios patagónicos surgieron movimientos políticos que demandaran la inmediata provincialización de esos espacios. Es cierto que algunos de esos territorios llegaron de manera tardía a la cifra de habitantes que la Ley 1532 requería para tal transformación. Pero aun cuando lo hicieron, ello no dio lugar al surgimiento de iniciativas similares a las que desde comienzos del siglo XX habían aparecido en La Pampa. Las razones de esto no derivan sencillamente de la evolución demográfica de los territorios, sino que deben buscarse en la evaluación que los propios pobladores hacían del estado social de sus gobernaciones. La opinión predominante era que, si había territorios que, como el de La Pampa, se hallaban en condiciones de ser elevados al estatus provincial debido a sus avances en diferentes órdenes de la vida social, los de la Patagonia no habían alcanzado todavía el grado de progreso general que los llevaría a la condición de provincia. A juicio de numerosos observadores, los territorios patagónicos seguían sin haber desarrollado la entidad política necesaria para hacer de ellos nuevas provincias.

Uno de los datos que mejor parecía revelar el apenas incipiente desarrollo de tal entidad política era la escasa cantidad de municipalidades que existían en los territorios patagónicos. Según los datos que ofrecía Isidoro Ruiz Moreno, entonces al frente de la Dirección General de Territorios Nacionales, para 1916 La Pampa contaba con veinte localidades que superaban el millar de habitantes y que por lo tanto podían formar un municipio. En Río Negro, en cambio, solo siete localidades se encontraban en esa condición, mientras que Chubut contaba con cinco en similar situación. Por otro lado, Neuquén, Santa Cruz y Tierra del Fuego contaban con una sola población de más de mil habitantes: Neuquén, Río Gallegos y Ushuaia, las respectivas capitales de cada una de esas gobernaciones (Ruiz Moreno, 1916). A esto es preciso añadir que no siempre que una localidad alcanzaba el millar de habitantes contaba con su municipalidad, con lo que la cantidad de estas era aun menor. Ya fuera por los conflictos suscitados en los concejos, que muchas veces culminaban en su disolución, o porque los gobernadores mostraban recelo para habilitar la instalación de un gobierno local, con frecuencia debido a pedidos de parte del propio vecindario, las municipalidades patagónicas mostraban una vida política que solía resultar desalentadora para quienes, como ocurría desde la prensa lugareña, imaginaban a esas instituciones como un primer peldaño en la evolución política de los territorios.[24]

Lejos de expresar ansiedad por la provincialización, la prensa patagónica expresaba de manera insistente su preocupación por la ausencia de aquello que consideraba indispensable para siquiera pensar en la posibilidad de aquel cambio, esto es, la existencia de una vida política y social que diera a los territorios otra entidad que la de meras divisiones administrativas. Como se advertía en 1919

---

24 Acerca de las prácticas políticas en los municipios patagónicos, es posible consultar Gallucci (2006 y 2008), Ruffini (2004 y 2005) y Vidoz y Carrizo (2007), entre otros.

desde el *Río Negro*, "antes que una redención política que no está madura", lo verdaderamente necesario era "que se formen núcleos más sólidos y numerosos de ciudadanos, cuyo índice cultural y de capacidad para el bienestar material dé la medida [...] para las posibilidades de auto-decisión y auto-gobierno".[25] Una década más tarde, cuando algunas estimaciones veían a Río Negro muy cerca de alcanzar los sesenta mil habitantes, desde la capital territorial señalaba *La Voz del Sud* que era primero necesario "levantar entre los pobladores un movimiento de opinión favorable a la legislatura territorial como medio eficaz para prepararnos convincentemente a la autonomía provincial", que entendía no tardaría mucho en llegar, pero no por la acumulación de población, sino "como una consecuencia lógica del desenvolvimiento y progreso de nuestro Territorio".[26] Para el *Neuquén*, en cambio, demandar la creación de las legislaturas no era un camino viable ya que "el articulado mismo de la ley hace imposible su funcionamiento", por lo que abogaba por "la representación parlamentaria de los Territorios, con antelación a las legislaturas, sin que esto signifique de que seamos contrarios a ellas, pues esto sería renegar de nuestros más preconizados principios democráticos".[27] Pero aun cuando la legislatura era concebida como un instrumento de progreso político, esto no significaba que se la tomara como una institución aplicable a todas las gobernaciones. Como se sugería desde el *Río Negro*,

---

[25] *Río Negro* (General Roca), año VIII, n° 408, 28/8/1919.
[26] *La Voz del Sud* (Viedma), año IV, n° 193, 16/2/1928.
[27] *Neuquén* (Neuquén), año XVIII, n° 3545, 10/2/1927. Cabe agregar que las palabras del periódico neuquino adquirirían pleno sentido a la luz del fracaso del gobierno de Marcelo T. de Alvear en lograr la instalación de legislaturas en los territorios de La Pampa, Misiones, Chaco, Río Negro y Chubut. Esa decisión lo había llevado al inicio de su mandato a emitir dos decretos por los que ordenaba el desarrollo de las acciones necesarias para concretar la formación de tales cuerpos legislativos. Al menos en algunas de esas gobernaciones, se llevó a cabo el empadronamiento de los ciudadanos. Sin embargo, las elecciones nunca se sustanciaron y las legislaturas jamás llegaron a formarse.

era conveniente distinguir entre dos clases de territorios: "aquellos que reúnan requisitos para regirse con legislatura restringida y los otros destinados a depender en absoluto del poder federal hasta que sus progresos integrales permitan su emancipación".[28] El progreso general, no la cantidad de población, era entendido como la clave del desarrollo de un territorio como entidad social y política.

Por otro lado, la representación de los territorios en el Congreso de la Nación constituyó uno de los principales reclamos de la población patagónica, no solo porque se la imaginaba como algo que propendería a la evolución política de las gobernaciones, sino ante todo porque se suponía que el progreso de estas se vería fomentado al contar con medios institucionales para exponer sus necesidades ante los poderes públicos. Pese a la insistencia con que la prensa patagónica volvió sobre ese reclamo, y aun cuando diversos legisladores presentaron ante el Congreso distintos proyectos para satisfacerlo, se trataba de una demanda que iba en contra del orden constitucional vigente, dentro del cual la representación parlamentaria era una atribución exclusiva de las provincias. Para contar con esa representación, tanto como para participar en las elecciones nacionales, los territorios debían primero convertirse en provincias. Pero la opinión prevaleciente en las gobernaciones patagónicas era que a tal resultado solo podía llegarse de forma gradual. Como expresaba Vilaseca en 1930, lo apropiado era "que las conquistas de los derechos se hagan en forma escalonada, sin transiciones bruscas y con el debido acomodamiento al progreso de cada era, contemplando siempre como propósito esencial, la buena administración de todos" (Vilaseca, 1930: 10). Aun cuando no se dejaban de celebrar los progresos alcanzados por los territorios frente al recuerdo de lo que estos eran al inicio de su existencia, se seguía pensando que los obtenidos en las gobernaciones de la Patagonia

---

[28] *Río Negro* (General Roca), año XVII, n° 932, 12/9/1929.

eran todavía insuficientes y que la provincialización seguía lejana, y con ella la factibilidad de la representación en el Congreso de la Nación.

4. Ante un progreso que se desvanece

Todas las certezas en las que por décadas descansaron las presunciones hasta aquí analizadas, se vieron fuertemente conmovidas hacia 1930. La principal de ellas, la creencia en el progreso, concebido como un movimiento ascendente y continuo de mejoramiento social, enfrentó radicales cuestionamientos que llevaron a muchos a cultivar dudas respecto de su validez y a otros tantos a considerarla como una falacia finalmente desenmascarada. La trágica experiencia de la Primera Guerra Mundial ya había significado un duro golpe a esa idea de progreso ilimitado, impacto acaso atemperado en Argentina por la creencia en que la crisis del mundo europeo podía no significar la de esa joven y progresista nación. No fue solo la crisis económica de los tempranos años treinta la que arrojó al país a una creciente incertidumbre acerca de su futuro, sino que también la alimentó la experiencia del gobierno yrigoyenista, contemplado por amplios sectores de opinión como un retroceso en el progreso político de la República (Halperin Donghi, 2000). Estos acontecimientos, entre otros, hicieron que los horizontes hacia los que muchos habían imaginado que el país se acercaba se tornaran cada vez menos nítidos conforme se desvanecía la idea de un progreso constante.

Nada de esto dejó de pesar sobre la forma de pensar la condición de los territorios y la cuestión de su reconocimiento como nuevas provincias. Como en tantas otras cosas, los cambios no fueron absolutos ni repentinos, pero de todas formas resulta posible identificar sus rasgos principales. En escenarios de las características de los territorios, la idea de progreso no pareció perder todo sentido. Si por décadas los ciudadanos de esos espacios se habían quejado del abandono oficial y de las falencias de las reparticiones estatales, durante los años treinta fueron testigos de una importante expansión de las obras públicas, especialmente en la construcción de carreteras y puentes, que desde hacía largo tiempo estaban entre las demandas principales de la población (Bandieri, 2005). Esas y otras obras públicas, como la edificación de un mayor número de escuelas o destacamentos de Policía, fueron percibidas por los habitantes de los territorios como realizaciones que allanaban el camino al progreso de regiones que, se suponía, tenían todavía mucho por recorrer en esa dirección. Pero la importancia que esos adelantos materiales tenían no se agotaba en su carácter de mejoras en el desarrollo de las actividades productivas y, de forma más general, en la vida cotidiana de los pobladores. También se los veía como testimonios del desarrollo de los territorios como entidades sociales, lo que remitía a la cuestión de la posibilidad de su reconocimiento como nuevas provincias.

Como fue expuesto en las páginas previas, la regla demográfica que la Ley 1532 fijaba como única condición para permitir la provincialización de un territorio ya había perdido validez para cuando por primera vez una de las gobernaciones alcanzó la cifra de habitantes requerida. En lugar de una cantidad determinada de población, lo que pasó a considerarse decisivo para determinar la posibilidad de otorgar plena autonomía a esas unidades administrativas era evaluar la medida en que estas habían llegado a adquirir su propia entidad social y política. De allí que entre los reclamos de los provincialistas más radicales y las opiniones más gradualistas que apostaban antes por la instauración de legislaturas o la concesión de representación parlamentaria, había en realidad un punto de acuerdo importante: la cantidad de población no decía por sí misma nada acerca de que un territorio hubiera completado ese desarrollo sociopolítico. Quienes reclamaban la inmediata provincialización entendían que esa evolución se había consumado; quienes abogaban por un camino gradual hacia la plena autonomía juzgaban que ese proceso todavía no había culminado.

Nada de esto representaba una novedad para la década de 1930. Pero si es necesario volver sobre el punto es para advertir que la controversia acerca de si aquella evolución había llegado a completarse o no, permanecía todavía sin resolución. Durante esos años, legisladores de diversos partidos políticos y de distintas provincias formularon proyectos de ley mediante los que proponían la provincialización de diferentes territorios. En términos generales, sus argumentos insistían sobre los progresos alcanzados por las gobernaciones en cuestión, de los que deducían que estas ya habían logrado convertirse en entidades con vida propia. En 1932, al exponer ante el Congreso los fundamentos de un proyecto de ley por el que se proponía la provincialización de varios territorios, Demetrio Buira, diputado nacional por el Partido Socialista, sostenía que

> las tiendas del ejército alejaron al indio, pero los ranchos de nuestros campesinos llevaron el comercio, la industria y el ferrocarril! Lo que ayer, al sancionarse nuestra Constitución en el año 1853, era un desierto donde aún se enseñoreaba la lanza y exigía gastos al tesoro de la Nación para evitar los estragos de los malones, hoy [...] en el año 1932, constituye un emporio de riqueza y sus estadísticas señalan cifras elocuentes su estado y desarrollo económico y social![29]

Pero todos esos proyectos compartieron el mismo destino: ninguno fue aprobado por el Congreso y muchos ni siquiera llegaron a ser debatidos en las cámaras. Múltiples razones podrían señalarse como conducentes a ese resultado, pero lo cierto es que definir cuándo y con base en

---

[29] DSCD, sesión del 6/7/1932.

qué criterios podía entenderse que un territorio estaba en condiciones de ser reconocido como una nueva provincia constituía un dilema de muy difícil resolución.

Pero a la complejidad propia de aquella cuestión, se añadió en la década de 1930 otra dimensión, que en rigor no era por completo nueva, pero que adquirió un peso muy distinto en el clima de ideas de esos años. La preocupación por la identificación de la población con la nación argentina no era ninguna novedad (Bertoni, 2001). De hecho se había vuelto un asunto público de primer orden desde comienzos del siglo XX, debido a la existencia en el país de una gran proporción de población de origen extranjero. Sin embargo, en la década de 1930 la cuestión de la identidad nacional cobró una nueva importancia. Para decirlo de forma general, ya no se trataba exclusivamente de lograr la asimilación de los grupos extranjeros a una identidad argentina, sino además de fortalecer esa identidad colectiva imaginada como reaseguro de la nación contra las amenazas que provenían de un mundo más incierto y convulsionado que el de principios de dicho siglo (Halperin Donghi, 2003). Se trató en realidad de una profunda resignificación conceptual de la idea misma de nación, a la que cada vez con mayor énfasis se otorgó un carácter preconstitucional (Zanatta, 1996). Esto se tradujo en una concepción exclusivista de la nación, según la cual no bastaba con tener la condición legal de ciudadano argentino, sino que lo primordial pasaba por demostrar que se era partícipe efectivo de una cierta esencia o espíritu nacional.

Estos cambios tuvieron gran incidencia en la forma de entender el lugar y la condición de los territorios. Aun cuando en estos la proporción de población nacida en el extranjero había disminuido respecto de comienzos del siglo XX (Torres, 2006), aquella concepción exclusivista de la nación inducía a sospechar acerca de cuán verdadera era la identificación que con ella tenían quienes habían nacido en suelo argentino. Según esas miradas, la población verdaderamente argentina era menor a la cantidad de individuos legalmente argentinos que podían arrojar las estimaciones demográficas. La necesidad de una mayor y más profunda "argentinización" de los territorios fue señalada de manera insistente como una de las tareas más urgentes de los poderes públicos, sobre todo en el caso de las gobernaciones patagónicas, contempladas como un eslabón débil de la nacionalidad.[30] Según reclamaba en 1935 Alberto Baldrich, profesor de la Universidad Nacional del Litoral ligado al nacionalismo antiliberal, era imperioso que las autoridades mostraran una voluntad que "resuelva hacer suya la Patagonia desierta y semi extranjera" (Baldrich, 1935: 8). En consonancia con esas ideas, en algunos territorios las autoridades nacionales apelaron a la instalación de cuarteles militares con el propósito de afianzar la soberanía nacional allí donde la encontraban más vulnerable. Como planteaba en 1939 Juan Isaac Cooke, diputado radical por la provincia de Buenos Aires, "la radicación de unidades militares en los territorios sureños, vincula al ejército en forma eficaz y positiva con la Patagonia, cumpliendo así una acción civilizadora" (Cooke, 1939: 17). Pero más allá de las iniciativas desarrolladas para responder a las presuntas amenazas que enfrentaba la nación, lo que interesa remarcar es que la cuestión de la "argentinización" de la población de los territorios se instaló como otro requisito para determinar la posibilidad de su reconocimiento como nuevas provincias. De esta manera, si los partidarios de la inmediata provincialización de un territorio continuaban insistiendo en los progresos que justificaban ese cambio de estatus, sus argumentos parecían haber perdido peso en un mundo que ya no veía en la idea clásica de progreso, constante y universal, más que una vana ilusión refutada por la premisa de que lo crucial radicaba en la fuerza que cada nación particular era capaz de mostrar. Los territorios se convirtieron en escenarios en los que se denunciaba la existencia de actividades

---

[30] Acerca de las representaciones nacionalistas de la Patagonia como una región vulnerable, véase Bohoslavsky (2009).

"antiargentinas" que llegaron a motivar investigaciones por parte de las autoridades públicas de la nación (Friedmann, 2009). En este nuevo contexto, señalar que la población no estaba suficientemente "argentinizada" se volvió un argumento de peso para sostener que aún no había sido completado el desarrollo de la entidad sociopolítica que permitiría hacer de los territorios nuevas provincias.

La cuestión del progreso, que por décadas había marcado el tono de las discusiones acerca del estatus de los territorios, quedó así opacada por el problema de la efectiva identificación de su población con la nación argentina. Se trataba también de un asunto de muy difícil respuesta como para hacer de él un criterio capaz de determinar de forma inequívoca la posibilidad de reconocer a un territorio como provincia. El énfasis en una idea unívoca y exclusivista de nación fue uno de los rasgos más salientes de la dictadura iniciada en 1943, que tendría profundas y duraderas consecuencias para la sociedad argentina (Rouquié, 1982). La imagen de los territorios como ámbitos insuficientemente "argentinizados" persistió con fuerza durante ese gobierno, que no solo reorganizó los límites de algunas gobernaciones -demostrando que no veía en ellas más que simples expresiones geográficas-, sino que además contó entre sus funcionarios con algunas destacadas figuras del más acérrimo nacionalismo, tales como el propio Baldrich o Genta. En los años posteriores, esa preocupación se tiñó de un fuerte carácter partidario, haciendo que el gobierno peronista concibiera la identificación de la población con su propio partido como una condición, si bien tampoco contemplada en la ley, para avanzar en la provincialización de un determinado territorio. Esa identidad peronista, entendida como la única verdaderamente argentina, se buscó imponer inclusive a través de los nombres otorgados a los dos primeros territorios en ser reconocidos como provincias: Chaco se convirtió así en la provincia Presidente Perón y La Pampa en la provincia Eva Perón. Fue bajo el régimen peronista que los demás territorios, con excepción de Tierra del Fuego, resultaron admitidos como nuevas provincias. Pero dar cuenta de la cuestión de los territorios durante el gobierno peronista excede los objetivos de este capítulo.

Bibliografía

ARIAS BUCCIARELLI, Mario (2013), "La municipalización de lo político. Controversias y debates en el primer Congreso de territorios nacionales", en Arias Bucciarelli, Mario (ed.), *Diez territorios nacionales y catorce provincias. Argentina, 1860/1950*, Buenos Aires, Prometeo, pp. 21-42.
BALDRICH, Alberto (1935), *El problema de nuestros territorios nacionales. Contribución a la marcha de la Argentinidad*, Santa Fe, Instituto Social de la Universidad Nacional del Litoral.
BANDIERI, Susana (2005), *Historia de la Patagonia*, Buenos Aires, Sudamericana.
BANDIERI, Susana (2009), "Pensar una Patagonia con dos océanos: el proyecto de desarrollo de Ezequiel Ramos Mexía", *Quinto sol*, (13), pp. 47-71.
BANDIERI, Susana y BLANCO, Graciela (1998), "Pequeña explotación, cambio productivo y capital británico en el alto valle del Río Negro (1900-1948)", *Quinto Sol*, II (2), pp. 25-63.
BANDIERI, Susana y BLANCO, Graciela (2009), "Política de tierras en los territorios nacionales. Entre la norma y la práctica", en Blanco, Graciela y Banzato, Guillermo (eds.), *La cuestión de la tierra pública en Argentina. A 90 años de la obra de Miguel Angel Cárcano*, Rosario, Prohistoria, pp. 163-199.
BERTONI, Lilia Ana (2001), *Patriotas, cosmopolitas y nacionalistas. La construcción de la nacionalidad argentina a fines del siglo XIX*, Buenos Aires, Fondo de Cultura Económica.

BOHOSLAVSKY, Ernesto (2009), *El complot patagónico. Nación, violencia y conspiracionismo en el sur de Argentina y Chile (siglos XIX y XX)*, Buenos Aires, Prometeo.

BOHOSLAVSKY, Ernesto (2010), "El brazo armado de la improvisación. Aportes para una historia social de los policías patagónicos (1880-1946)", en Bohoslavsky, Ernesto y Soprano, Germán (eds.), *Un Estado con rostro humano. Funcionarios e instituciones estatales en la Argentina (desde 1880 a la actualidad)*, Buenos Aires, Prometeo, pp. 215-242.

CABRAL MARQUES, Daniel y CRESPO, Edda (2006), "Entre el petróleo y el carbón: empresas estatales, trabajadores e identidades sociolaborales en la Patagonia austral (1907-1976)", en Bandieri, Susana; Blanco, Graciela y Varela, Gladys (eds.), *Hecho en Patagonia. La historia en perspectiva regional*, Neuquén, 301-347.

CARLÉS, Manuel (1922), *El culto de la Patagonia. Sucesos de Santa Cruz*, Biblioteca de la Liga Patriótica Argentina.

CARRASCO, Gabriel (1902), *De Buenos Aires al Neuquén. Reseña geográfica, industrial, administrativa*, Buenos Aires, Taller Tipográfico de la Penitenciaría Nacional.

CARRIZO, Gabriel (2010), "'Pobres, peligrosos e incapaces'. La policía del Territorio Nacional del Chubut entre fines del siglo XIX y primeras décadas del siglo XX", en Rafart, Gabriel (ed.), *Historia social y política del delito en la Patagonia*, Neuquén, Educo/Universidad Nacional del Comahue, pp. 295-310.

CASULLO, Fernando (2010), "'El Estado mira al sur'. Administración de justicia en los Territorios Nacionales de Río Negro y del Neuquén (1884-1920)", en Bohoslavsky, Ernesto y Soprano, Germán (eds.), *Un Estado con rostro humano. Funcionarios e instituciones estatales en Argentina (desde 1880 a la actualidad)*, Buenos Aires, Prometeo, pp. 333-358.

COOKE, Juan Isaac (1939), *Hay que 'argentinizar' la Patagonia. Ferrocarriles, irrigación y agua potable. Un proyecto de ley y sus fundamentos*, Buenos Aires, s/d.

CORTÉS CONDE, Roberto (1979), *El progreso argentino. 1880-1914*, Buenos Aires, Sudamericana.

DÁVILO, Beatriz y GOTTA, Claudia (comps.) (eds.) (2000), *Narrativas del desierto. Geografías de la alteridad. Viajes de cronistas, misioneros y exploradores de la Patagonia y el Chaco (siglos XVIII y XIX)*, Rosario, UNR.

DI LISCIA, María Silvia y BOHOSLAVSKY, Ernesto (2005), *Instituciones y formas de control social en América Latina (1890-1940). Una revisión*, Buenos Aires, Prometeo.

DI LISCIA, María Silvia y LLUCH, Andrea (2008), "La población pampeana y sus transformaciones", en Andrea Lluch y Claudia Salomon Tarquini (eds.), *Historia de La Pampa. Sociedad, política, economía. Desde los poblamientos iniciales hasta la provincialización (ca. 8000 AP a 1952)*, Santa Rosa, Universidad Nacional de La Pampa, pp. 115-128.

ETCHENIQUE, Jorge (2001), *Pampa Central. Movimientos provincialistas y sociedad global. Primera parte (1884-1924)*, Santa Rosa, Subsecretaría de Cultura-Gobierno de La Pampa.

ETCHENIQUE, Jorge (2003), *Pampa Central. Movimientos provincialistas y sociedad global. Segunda parte (1925-1952)*, Santa Rosa, Subsecretaría de Cultura-Gobierno de La Pampa.

FAVARO, Orietta (1996), "Realidades contrapuestas a los estados provinciales: Los territorios nacionales, 1884-1955", *Realidad Económica*, (144), pp. 79-96.

FAVARO, Orietta (2007), "Transitando la especificidad de los territorios nacionales: espacios centralizados y ciudadanía restringida", en Martha Ruffini y Ricardo Fredy Masera (eds.), *Horizontes en perspectiva. Contribuciones para la historia de Río Negro, 1884-1955*, Viedma, Fundación Ameghino-Legislatura de Río Negro, pp. 25-38.

FAVARO, Orietta (2013), "¿Estado nacional o Estado nación? La Argentina a dos velocidades: provincias y territorios nacionales", en Mario Arias Bucciarelli (ed.), *Diez territorios nacionales y catorce provincias. Argentina, 1860/1950*, Buenos Aires, Prometeo, pp. 7-20.

FAVARO, Orietta y ARIAS BUCCIARELLI, Mario (1995), "El lento y contradictorio proceso de inclusión de los habitantes de los territorios nacionales a la ciudadanía política: un clivaje de los años 30", *Entrepasados. Revista de Historia*, (9), pp. 7-26.

FRIEDMANN, Germán Claus (2009), "La política guerrera. La investigación de actividades antiargentinas", en Lilia Ana Bertoni y Luciano Privitellio (eds.), *Conflictos en democracia. La vida política argentina entre dos siglos*, Buenos Aires, Siglo XXI, pp. 191-212.

GALLUCCI, Lisandro (2006), "Las prácticas políticas en las afueras del sistema político. Neuquén, 1904-1932", en Susana Bandieri, Graciela Blanco y Gladys Varela (eds.), *Hecho en Patagonia. La historia en perspectiva regional*, Neuquén, Educo/Centro de Estudios Históricos Regionales, pp. 407-432.

GALLUCCI, Lisandro (2008), "La vida política de los instrumentos. Imágenes y prácticas de los sectores subalternos en el Neuquén de la primera mitad del siglo XX", *Quinto Sol*, XII (12), pp. 151-174.

GALLUCCI, Lisandro (2013), "El pueblo, la ley y sus servidores. Sociedad y cultura legal en los Territorios Nacionales (Neuquén, 1900-1940)", en Casullo, Fernando; Gallucci, Lisandro y Perren, Joaquín (eds.), *Los estados del Estado. Instituciones y agentes estatales en la Patagonia. 1880-1940*, Rosario, Prohistoria, pp. 95-145.

GALLUCCI, Lisandro (2015), "Federalismo y representación en el desierto argentino. Los debates parlamentarios en la sanción de la ley de Territorios Nacionales (1884)", *Anuario de Estudios Americanos*, 72 (2), pp. 693-722.

GALLUCCI, Lisandro (en prensa), "El espejismo de la República posible. La cuestión de la ciudadanía política y la organización institucional de los Territorios Nacionales (1884)", *Historia Crítica*.

HALPERIN DONGHI, Tulio (2000), *Biblioteca del Pensamiento Argentino IV. Vida y muerte de la República verdadera (1910-1930)*, Buenos Aires, Ariel.

HALPERIN DONGHI, Tulio (2003), *La Argentina y la tormenta del mundo. Ideas e ideologías entre 1930 y 1945*, Buenos Aires, Siglo XXI.

HALPERIN DONGHI, Tulio (2005), *Una nación para el desierto argentino*, Buenos Aires, Prometeo.

LEONI, María Silvia (2004), "Los municipios y la política en los territorios nacionales. El caso del Chaco (1884-1946)", *Revista Escuela de Historia*, I (3), pp. 1-20, disponible en https://goo.gl/sdbf96.

LEONI, María Silvia (2012), "Vínculos entre la política nacional, regional y local. La designación de gobernadores en los Territorios Nacionales", en Leoni, María Silvia y Solís Carnicer, María del Mar (eds.), *La política en los espacios subnacionales. Provincias y Territorios en el nordeste argentino (1880-1955)*, Rosario, Prohistoria, pp. 167-183.

LLUCH, Andrea y Olmos, Selva (2010), "Producción y redes de comercialización de lanas en La Pampa (1884-1950)", en Lluch, Andrea y Moroni, Marisa (eds.), *Tierra adentro... Instituciones económicas y sociales en los Territorios Nacionales (1884-1951)*, Rosario, Prohistoria, pp. 19-42.

MARTOCCI, Federico (2010), "El azar y la técnica en las pampas del sur. Agricultores, expertos y producción agrícola (1908-1940)", en Lluch, Andrea y Moroni, Marisa (eds.), *Tierra adentro... Instituciones económicas y sociales en los Territorios Nacionales (1884-1951)*, Rosario, Prohistoria, 63-88.

MASES, Enrique *et al.* (1994), *El mundo del trabajo: Neuquén, 1884-1930*, Neuquén, Educo.

NAVARRO FLORIA, Pedro (2007a), "La 'República posible' conquista el 'desierto'. La mirada del reformismo liberal sobre los Territorios del Sur argentino", en Pedro Navarro Floria (ed.), *Paisajes del progreso. La resignificación de la Patagonia Norte, 1880-1916*, Neuquén, Educo, pp. 191-234.

NAVARRO FLORIA, Pedro (2007b), "Paisajes de un progreso incierto. La Norpatagonia en las revistas científicas argentinas (1876-1909)", en Pedro Navarro Floria (ed.), *Paisajes del progreso: la resignificación de la Patagonia norte, 1880-1916*, Neuquén, Universidad Nacional del Comahue – Educo, pp. 13-77.

NAVARRO FLORIA, Pedro (2009), "La mirada del reformismo liberal sobre los Territorios del Sur argentino, 1898-1916", *Quinto sol*, (13), pp. 73-103.

ORIZAOLA ROLDÁN, Ismael (1933-1934a), *Historia del provincialismo de La Pampa. Reconstrucción fidedigna y documental. Antecedentes, hombres y hechos. Cartel de la gesta cívica del noble pueblo pampeano. Treinta años de lucha por la libertad política de un territorio*, II, Buenos Aires, Talleres Gráficos Araujo Hnos.

ORIZAOLA ROLDÁN, Ismael (1933-1934b), *Historia del provincialismo de La Pampa. Reconstrucción fidedigna y documental. Antecedentes, hombres y hechos. Cartel de la gesta cívica del noble pueblo pampeano. Treinta años de lucha por la libertad política de un territorio*, I; Buenos Aires, Talleres Gráficos Araujo Hnos.

PAYRÓ, Roberto J. (1898), *La Australia argentina. Excursión periodística á las costas patagónicas, Tierra del Fuego é Isla de los Estados. Con una carta-prólogo del General Bartolomé Mitre*, Buenos Aires, Imprenta de La Nación.

PRIVITELLIO, Luciano (2003), *Vecinos y ciudadanos. Política y sociedad en la Buenos Aires de entreguerras*, Buenos Aires, Siglo XXI.

RAFART, Gabriel (2008), *Tiempo de violencia en la Patagonia. Bandidos, policías y jueces, 1890-1940*, Buenos Aires, Prometeo.

ROUQUIÉ, Alain (1982), *Poder militar y sociedad política en la Argentina. II-1943/1973*, II, Buenos Aires, Emecé.

RUFFINI, Martha (2004), "Ciudadanía y Territorios Nacionales. El ejercicio del poder político en los Concejos Municipales del territorio Nacional de Río Negro 1886-1908", *Revista Escuela de Historia*, I (3), pp. 1-17, disponible en https://goo.gl/KqxRGT.

RUFFINI, Martha (2005), "Gestando ciudadanía en la cordillera: participación y representación política en la región andina rionegrina (1920-1945)", en Rey, Héctor Daniel (ed.), *La cordillera rionegrina. Economía, Estado y sociedad en la primera mitad del siglo XX*, Viedma, Editorial 2010 Bicentenario, pp. 123-181.

RUFFINI, Martha (2007), *La pervivencia de la República posible en los territorios nacionales. Poder y ciudadanía en Río Negro*, Bernal, UNQ.

RUFFINI, Martha (2008), "Ciudadanía y territorios nacionales: la consolidación inconclusa del Estado argentino", en Villavicencio, Susana y Pacecca, María Inés (eds.), *Perfilar la nación cívica en la Argentina. Figuraciones y marcas en los relatos inaugurales*, Buenos Aires, Editores del Puerto/Instituto Gino Germani (Universidad de Buenos Aires), pp. 131-151.

RUFFINI, Martha (2009), "El proceso formativo y de consolidación del Estado argentino en perspectiva histórica. La exclusión política y sus diferentes itinerarios", en Rajland, Beatriz y Cotarelo, María Celia (eds.), *La Revolución en el Bicentenario. Reflexiones sobre emancipación, clases y grupos subalternos*, Buenos Aires, CLACSO, pp. 169-188.

RUIZ MORENO, Isidoro (1916), *Nociones de geografía histórica, física, económica y política de los Territorios Nacionales*, Buenos Aires, Librería 'La Facultad'.

TERNAVASIO, Marcela (1991), *Municipio y política. Un vínculo histórico conflictivo*, tesis de Maestría (FLACSO).

TORRE, Claudia (2010), *Literatura en tránsito. La narrativa expedicionaria de la Conquista del Desierto*, Buenos Aires, Prometeo.
TORRES, Susana (2006), "Grupos inmigratorios y relaciones identitarias en algunos centros urbanos de la Patagonia", en Bandieri, Susana; Blanco, Graciela y Varela, Gladys (eds.), *Hecho en Patagonia. La historia en perspectiva regional*, Neuquén, Educo/Centro de Estudios Históricos Regionales, pp. 251-278.
VAPÑARSKY, César A. (1983), *Pueblos del norte de la Patagonia. 1779-1957*, General Roca, Editorial de la Patagonia.
VIDOZ, Susana y Carrizo, Gabriel (2007), "Partidos nacionales y vida política en los Territorios Nacionales de Chubut y Santa Cruz (1916-1930)", *Comodoro Rivadavia a través del siglo XX. Nuevas miradas, nuevos actores, nuevas problemáticas*, Comodoro Rivadavia, Municipalidad de Comodoro Rivadavia, pp. 23-43.
VILASECA, Juan (1930), *Patagonia. Los problemas de los territorios sureños*, Buenos Aires, Talleres S. A. Casa J. Peuser.
ZANATTA, Loris (1996), *Del estado liberal a la nación católica. Iglesia y Ejército en los orígenes del peronismo, 1930-1943*, Bernal, UNQ.
ZIMMERMANN, Eduardo (1995), *Los liberales reformistas. La cuestión social en la Argentina. 1890-1916*, Buenos Aires, Sudamericana/Universidad de San Andrés.
ZINK, Mirta (2014), "'Tenemos la pretensión de ser provincias'. Actores y prácticas autonomistas en el Territorio Nacional de La Pampa (1890-1930)", en Mases, Enrique y Zink, Mirta (eds.), *En la vastedad del 'desierto' patagónico... Estado, prácticas y actores sociales (1884-1958)*, Rosario, Prohistoria, pp. 27-59.

Volver a invocar al fantasma: la política en escalas

Marta Bonaudo

Durante la última década, hemos puesto a debate la problemática regional, provincial y de los territorios nacionales (Bonaudo, 2006; 2008a; 2012) no solo con el objetivo de valorizar los aportes específicos de las tramas provinciales o locales/regionales a la configuración de un historia política de dimensiones nacionales sino para reflexionar sobre lo político y la política, intentando captar y dar visibilidad a actores, prácticas, imaginarios, lenguajes que aparecían como desdibujados o colocados detrás de la escena, a fin de escapar de visiones estructuradas y permanentes hacia combinaciones cambiantes, introduciendo a las narrativas en una verdadera dialéctica entre vínculos y sistema. Esta *restitución* de lo político -con las incertidumbres que conlleva- procuró aprehender las dinámicas a través de las cuales los actores desplegaron sus relaciones cotidianas con el poder sin dejar de atender a los cambios o permanencias, los conflictos y las disputas al interior de las tramas institucionales, recuperando el poder como un todo, en sus fines y en sus medios (Barriera, 2002; Ruiz Ibañez, 1995).

Desde tales perspectivas, al dialogar con otras experiencias regionales/provinciales/locales, podemos afirmar que a partir de los estudios de caso emergentes de aquellas, aunque con desbalances y ritmos distintos, hoy se ha pergeñado un panorama de enorme riqueza que ya no es posible dejar de lado a la hora de intentar cualquier tipo de síntesis de alcances nacionales.

En esta ocasión, desde el espacio santafesino, quisiéramos retomar la discusión en torno a las relaciones entre la sociedad y el poder en aquella coyuntura en la que se configuran concomitantemente el Estado-"nación", la sociedad civil, y se reconfiguran los Estados provinciales bajo el paradigma liberal. Paralelamente, observar tales dinámicas desde el ámbito provincial ante la crisis de legitimidad abierta en la década de 1890 y su devenir.

Nuestros presupuestos, encuadrados en una perspectiva social y cultural de la política, nos conducen a mirar la conformación de tales tramas como resultado de un conjunto de transformaciones sociales y culturales que fueron definiendo las actitudes de los actores frente a las instituciones y sus maneras de vivir la política (Pro Ruiz, 2016; Caciagli, 1996). Estos, con su accionar, reconfiguraron los espacios socialmente construidos precedentemente, alterando sus lógicas cotidianas, sus identidades y sus percepciones. En tanto que los marcos regionales se trastocaban, iba desplegándose un complejo proceso de "territorialización" y "desterritorialización" del poder, con miras a configurar una clase dominante de dimensiones nacionales así como un Estado central, diferenciado de las otras arenas o tramas institucionales (Estados/provincia-territorios nacionales) y sociales.

La construcción social y cultural del Estado central implicó, de hecho, una controvertida dinámica de negociación y conflicto entre las élites provinciales al tiempo que se desplegaban acciones concretas de coacción y/o cooptación desde el propio gobierno central.

Un duro diagnóstico, emitido por Justo José de Urquiza ante sus pares en San Nicolás (1852), sintetizaba el punto de partida. No solo se enfrentaban a una profunda crisis política a la caída del rosismo sino que debían buscar soluciones a la atomización del poder, precedentemente caracterizada por la coexistencia de Estados soberanos independientes sujetos solo por pactos interprovinciales (Bragoni y Míguez, 2010). Por ende, el principal desafío al que tenían que responder los representantes de las élites provinciales era el de gestar un gobierno central con capacidades para dirimir jurídica y jurisdiccionalmente su poder, para materializar su presencia y sostenerse económicamente así como para hacer cumplir sus normas. El problema era que para concretar tales metas resultaba imprescindible, en primera instancia, negociar con los poderes locales; en segundo lugar, producir una verdadera transferencia de poder de lo local/regional a lo nacional.

Los desafíos que se le planteaban al gobierno central tenían aires de familia con los dilemas que los gobernantes provinciales debían afrontar. Ello nos conduce a afirmar que la configuración de las dominaciones estaduales central/provinciales fue el resultado de la interacción compleja entre ambas dinámicas. La imposición de la soberanía de la Nación debió confrontar y convivir tanto con provincias autónomas como con nuevos espacios pasibles de representación (territorios nacionales). A partir de un denso juego de alianzas, conflictos y negociaciones fueron redefiniéndose los vínculos entre poderes y gestándose unas tramas institucionales que terminarían dirimiendo las incumbencias diferenciales de los mismos.

El objetivo de este texto no es plantear un estado de la cuestión. En realidad, expresa más bien un intento de volver a reflexionar en torno a ese juego de escalas que interpela a lo político y a la política. En primer lugar, explorar -partiendo del análisis de caso- cómo se expresa en ese dinámico devenir de territorialización y desterritorialización del poder la tensión entre soberanías en pugna (la local/provincial – la provincial/nacional); en segundo lugar, develar -desde las normativas y los armazones legales constitucionales finiseculares, orientadas a dar forma a la producción de la legitimidad política- cómo se objetivaron y tradujeron a través de ellas las disputas por el poder y las asimetrías entre poder central provincial y poderes locales.

Todo esto sin perder la perspectiva de que la experiencia analizada, con sus especificidades, se inscribe en el debate mayor de la construcción política decimonónica.

1. Territorializar y "desterritorializar" el poder

El escenario que los grupos de notabiliares santafesinos afrontaron a la salida de Caseros daba cuenta no solo de una "territorialización" inconclusa, sino también de los límites impuestos al avance del control jurídico y jurisdiccional de las administraciones provinciales por parte de diferentes grupos de poder. Estos -configurados al calor de vínculos parentales y de alianzas- habían sido generadores, en la primera mitad del siglo, de unas tramas institucionales de poder que pretendían readaptar las nuevas formas de dominación y legitimación que imponía el orden republicano (1853). Como en etapas anteriores, apelaron inicialmente a sus capitales sociales -centrados en la pertenencia a grupos amicales en cuyo interior los individuos se reconocían y generaban vínculos de confianza y compromiso- con miras a movilizar sus redes clientelares originarias, impulsando tanto la configuración de la nueva comunidad política como la reconfiguración del propio Estado provincial (1856) (Bourdieu, 1986). Este proceso de integración y participación de los diversos actores involucrados no estuvo exento de conflictos ni de la necesidad de recurrir a salidas negociadas.

Indudablemente, una de las urgencias fue la de territorializar, dar vida a un espacio jurisdiccional organizado políticamente, lo cual implicó dirimir, en primera instancia, lo político de lo administrativo. En tanto los fines de la acción política recaían en los poderes Ejecutivo, Legislativo y Judicial -cuyas estructuras se fueron modificando a través de los diferentes textos constitucionales (1856, 1863, 1872, 1883, 1890, 1900)-, los medios para concretarlos se asignaron a cuerpos y espacios que cumplirían roles administrativos. En segundo lugar, debieron gestar una división político-administrativa que replanteó las relaciones entre poder y espacio. Esto se reflejó claramente en el diseño departamental que reconfiguró las relaciones de poder en el interior provincial, consolidando a ciertos grupos en detrimento de otros. En este proceso, si bien las élites capitalinas lograron imponer su hegemonía hasta más allá del fin de siglo, las resistencias larvadas o explícitas de diversos grupos -particularmente los de las áreas de colonización del centro-oeste y los sureños nucleados alrededor de un polo dinámico, Rosario- obligaron a reajustes y cambios que terminarían socavándola.

La tarea de ordenar institucional y normativamente esa sociedad fue ardua ya que no solo se tenía que integrar el territorio al dominio estatal -desestructurando a las comunidades indígenas y redefiniendo sus límites frente a las otras provincias- sino también crear y sostener una estructura burocrática para la cual no se contaba ni con recursos humanos ni financieros suficientes. Paralelamente, las sucesivas administraciones debieron hacer frente al control de espacios diferentes que adquirían paulatinamente densidad social y política. En consecuencia, decididas a garantizar la presencia del Estado y a subordinar a los grupos de poder local en las jurisdicciones departamentales, aquellas reintrodujeron al interior del orden republicano -como lo había hecho precedentemente la Constitución Gaditana de 1812- las Jefaturas Políticas. Dentro de una estructura gubernamental altamente jerarquizada, con una débil división de poderes y una borrosa frontera entre lo político y lo jurídico, las Jefaturas Políticas -extendidas a lo largo y ancho provincial a partir de la lenta configuración de las divisiones departamentales entre 1854 y 1890- operaron como instancias de mediación desde y hacia el Poder Ejecutivo, con alto nivel de injerencia en la dinámica burocrática y política provincial. Como cabezas visibles de una compleja red administrativa, política y militar, aquellas pretendieron asegurar el control social y político de su espacio para la fracción dominante en cada coyuntura, disputando recurrentemente a los grupos locales opositores dicho control (Bonaudo, 2008b). La consagración constitucional de los municipios en 1872 marcó, sin duda, un momento de inflexión en la lucha por el dominio jerarquizado del espacio al instituir, entre las incumbencias municipales, las funciones electorales, administrativas y de la justicia de paz. Si bien los jefes políticos retuvieron su papel de contralor en última instancia, las dinámicas municipales -limitadas inicialmente a cuatro espacios entre 1872-1883- no solo se fortalecieron en la lucha por el poder local durante las últimas décadas del siglo, sino que obligaron a los gobernadores de turno a acelerar la reestructuración de sus organigramas funcionales y a discutir constitucionalmente, una y otra vez, el lugar del municipio en relación con los otros poderes del Estado. El objetivo final de los gobernantes era no solo recluirlos en la esfera administrativa sino subordinarlos políticamente.

Las disputas políticas tanto en el Estado central como en el provincial no contaron con normativas que las regularan, las cuales supuestamente debían ser generadas por los propios Estados o la sociedad civil. Los grupos notables santafesinos -como los de otras áreas- urgidos por las necesidades de incluir y aglutinar, estimularon aquel sistema precedente de interacciones entre diferentes *círculos* que -conformando un diagrama reticular- les había permitido acceder al control gubernamental en la etapa anterior. Sin embargo, era indudable que la emergencia o consolidación de ciertos poderes locales incrementó la necesidad de competir electoralmente. Si bien muchos de ellos rechazaban la concepción de un *partido-parte*, pretendiendo alejarse de las profundas fracturas provocadas en el pasado por el enfrentamiento entre unitarios y federales, no pudieron prescindir de tales formas de mediación (Bonaudo, 2016). Los clubes -convertidos en núcleos básicos de los partidos- se integraron a otro tipo de gestión que articuló espacial, social e "institucionalmente" a las élites y a los diferentes grupos que adherían a ellos. La envergadura de la organización y su nivel de desarrollo fue altamente variable en el tiempo y en el espacio. A los clubes políticos sumaron su aporte un conjunto de sociedades y círculos -multiplicados en todas las realidades- dispuestos a respaldar los objetivos políticos y eleccionarios de cada partido, potenciando y ampliando las agendas de los mismos a medida que se incorporaban otras voces, otros intereses. En ciertos clubes de base local o provincial pervivió la tradicional apelación a las dimensiones familiares, parentales y/o amicales ya que aún en esta etapa se reivindicaba el valor de los vínculos afectivos para la construcción del consenso. Tanto la red parental, con sus figuras patricias a la cabeza y su estructura jerárquica fuertemente móvil, como los lazos de amistad o compañerismo tejidos en el interior de ámbitos militares, educativos o sociales continuaron potenciando esos universos de vínculos y reciprocidades. En su interior, incluso podían desdibujarse las diferencias de género por cuanto ser *la mujer de* colocó algunas voces femeninas por encima de otras masculinas. Estas estrategias de inclusión integraron a pares pero también a subalternos en una trama clientelar más compleja (Bonaudo, 2003, 2016).

Paralelamente, se configuraron experiencias -a veces diferenciadas generacionalmente- que buscaron ampliar sus bases, asumiéndose como impersonales y principistas y utilizando lenguajes acordes con los códigos cívicos de libertad e igualdad a través de los cuales interpelaban al "ciudadano". Algunas, como el partido Constitucional, gestaron estructuras ejecutivas y deliberativas orgánicas, con principios y valores traducidos en clave programática, desarrollando campañas electorales y "tecnologías" diferenciales de conquista del sufragio (Bonaudo, 1999).

Como cualquier otra formación política, tales tramas se vieron impactadas por la dificultad de conciliar diversos intereses, lo que dio lugar a alianzas y rivalidades que las atravesaron vertical y horizontalmente y que, aunque se resolvieron de manera diferenciada, pusieron en tensión todos los espacios gubernamentales. Asumiendo la forma concreta de constelaciones -de fronteras imprecisas e inestables- con estructuras internas orientadas a resignificar vínculos, apelando a vehículos culturales que fueran más allá de los contactos cara a cara y asumiendo las implicancias económicas de unas prácticas ampliadas, partidos como el del Pueblo, el Liberal o el Constitucional rompieron el aislamiento precedente de los clubes locales, proyectando el horizonte de la política hacia la escala provincial. A su vez, la modificación de los parámetros espaciales en los que desplegaba tal dinámica de poder se complejizó aun más ante la emergencia de esa nueva trama institucional que representaba la organización de un Estado central. Los actores, confrontados por dos fenómenos concomitantes de "desterritorialización", debieron dirimir sus alcances, posibilidades y límites. Sin duda, experimentaron cambios no solo en su concepción precedente de la política -vivenciada casi exclusivamente en clave local/ provincial- sino también en sus percepciones sobre cuáles iban a ser sus relaciones con un poder que se proyectaba "nacionalmente" (Bonaudo, 2016).

Los acuerdos entre los grupos emergentes de la sociedad civil así como los gestados entre las elites locales y aquellas situadas en los gobiernos provinciales/estatales o centrales se resolvieron en el juego cruzado de *influencias legítimas* y *naturalizadas*. La negociación de *influencias* apuntaba indudablemente a la capacidad de movilizar y transferir lealtades, adhesiones, alianzas desde una compleja trama que se integraba a partir de ese momento a la "forma partido". Los compromisos contraídos no siempre fueron el resultado de convicciones profundas de los actores sino consecuencia del juego de intereses grupales al interior de un proyecto global.

Los parlamentos aparecieron, en este plano, como los escenarios paradigmáticos en los que se reflejaba el juego de pactos. Aunque quienes intervenían en las negociaciones como quienes se convertían en potenciales representantes surgían de espacios sociales fuertemente enraizados en el territorio- reconocidos por la comunidad a partir del criterio de distinción-, hubo injerencias continuas de unos poderes sobre otros, que produjeron movimientos desde lo local a lo nacional y viceversa. Ello fue gestando la emergencia de una clase dominante de dimensiones nacionales -resultado de cooptaciones, negociaciones, subordinaciones con las elites provinciales/locales- al tiempo que estimulaba un verdadero proceso de circulación de sus miembros como ratificación de su capacidad de dominio a escala "nacional" (Bonaudo, 2009, 2011, 2016). Dicho proceso de circulación -que se desarrolló no exento de tensiones y confrontaciones- operó como instancia de entrenamiento de los potenciales representantes y generador de verdaderos *cursus honorum* a través de espacios y funciones (Botana, 1986).

2. Legitimidad y representacion

Como lo hemos señalado precedentemente, Santa Fe promulgó entre 1856 y 1900 seis textos constitucionales, situación que da cuenta de la recurrente necesidad de las elites de reformular una y otra vez tanto la arquitectura institucional del Estado como modelar las relaciones de los actores con el poder, a medida que se iban produciendo profundas transformaciones sociales y las agendas iniciales resultaban insuficientes para dar respuesta a las demandas de los nuevos "intereses". En cada debate en torno a la carta orgánica, no solo se dirimían las incumbencias del gobierno "nacional" sobre el provincial -partiendo del texto madre de 1853- sino también el lugar de actores y grupos locales en relación con este último poder. Las normas constitucionales adoptadas en cada coyuntura dieron cuenta de las percepciones de los grupos dominantes provinciales sobre las prácticas políticas y los medios adoptados para garantizar la gobernabilidad y las sucesiones. Pero los debates que las atravesaban también registraron los conflictos que tensaban las relaciones entre lo político y lo administrativo, evidenciando tanto los desacuerdos sobre los modos de hacer política como las pretensiones de dirimir desde otras lógicas las identidades ciudadanas iniciales.

Tales identidades emergían de un nuevo orden social y de un modo diferente de pensar la legitimidad del poder. Dicha legitimidad, asentada en la soberanía del pueblo, colocaba en el centro de las nuevas comunidades políticas la discusión en torno a la o las figuras ciudadanas que se pretendía pergeñar. Al caracterizarlas, no solo se redefinieron las interacciones entre sociedad civil y Estado sino las estrategias de representación que incluían/excluían a diversos actores como miembros de tales comunidades (Rosanvallon, 1994, 2006). Mirada desde la relación local/provincial la figuración del *pueblo*, diseñada por la ingeniería constitucional, se fue modificando y conflictuando.

La provincia vio emerger casi concomitantemente (1856/1872) dos sentidos o imágenes de *pueblo*, el que operaría al interior de la comunidad política provincial y/o nacional y el de los espacios locales. Dos pueblos, dos figuras ciudadanas: la del ciudadano político y la del ciudadano *territorial* o vecino. Mientras que el primero se forjaba a través de los atributos generales (sexo, edad, nacionalidad, residencia), el segundo se definía desde lo patrimonial, gozando del reconocimiento social y compartiendo los criterios generales a excepción del de nacionalidad. Era quien dominaba la escena local en su calidad de *ciudadano contribuyente*, cuya condición se configuraba desde los tributos menores de barrido y limpieza hasta la imposición de patentes y/o la contribución directa, dando cuenta estos últimos de una condición social diferenciada. ¿De dónde devenía tal cesura o diferenciación?

La discursividad liberal decimonónica había disociado tempranamente lo político de lo administrativo, el lugar donde se definían los fines de aquel en el que se gestaban los medios. De acuerdo con tal perspectiva, el espacio local, municipal o comunal –el binomio se modificaba en una u otra dirección de acuerdo con su demografía- era considerado como el de una comunidad prepolítica, cuya esfera de acción e influencia se limitaba al logro de aquellos medios, por ende, a administrar y concretar los fines que habían sido dirimidos por otros poderes, atendiendo a los intereses de sus ciudadanos territoriales (Bonaudo, Cragnolino y Sonzogni, 1990; Ternavasio, 1991, 2006).

La letra de las Constituciones Provinciales y de las Leyes Orgánicas condicionó las prácticas municipales al ámbito administrativo: cálculo presupuestario y cobro de contribuciones directas. Vecindad, tributación y administración aplazaron la ciudadanía y la organización "política" local. La política fue lateralizada por un discurso que eligió como paradigma municipal la administración (Roldan, 2017).

La Constitución Provincial de 1856, siguiendo las pautas nacionales, estableció que el poder municipal se regularía a través de leyes orgánicas que dirimirían su forma, objetivos e incumbencias. La primera experiencia se gestó en Rosario (1858/1860) -núcleo urbano con una larga tradición de lucha por su autonomía (Fradkin, 2010)- y, desde el principio, mostró las dificultades que afrontaban las elites gubernamentales para delimitar dicho espacio. Si bien reconocían la posibilidad de que los grupos de poder locales estuvieran representados en el municipio, recortaban su autonomía al colocar en la presidencia de este al jefe político.

Las tensiones producidas al interior de las nuevas configuraciones entre municipales y jefes políticos, la presión de las fracciones burguesas sureñas y de los grupos de colonos del centro condujeron a modificar la estructura original. La Constitución de 1872 declaró autónomas a las municipalidades para el ejercicio de funciones administrativas, erigiéndolas como jueces únicas de sus elecciones tanto para conformar el poder municipal como su justicia de paz. Se les otorgó, concomitantemente, libertad para establecer impuestos, calcular sus rentas, contratar, enajenar utilidades y contraer empréstitos, aun cuando debieran contar con la autorización de la Legislatura Provincial frente a cierto tipo de préstamos o de montos. Dicha ley orgánica articuló, a su vez, poder, espacio y población ya que estableció la posibilidad de acceder al estatus de municipio a todos aquellos núcleos que aglutinaran a más de 1500 habitantes. Al mismo tiempo, la norma expresó una figuración particular de la concepción del *pueblo* que debía estar representado en ese poder. Para integrar el mismo, no operaba la condición de nacionalidad sino el vínculo con el territorio municipal, la vecindad, y las claves de ingreso a su representación derivaban de condiciones patrimoniales o de contribución. Dicha figuración así como la institucionalización en calidad de municipios de diferentes poblados fueron recurrentemente puestas en tensión. Ello se reflejó incluso en el grado de incertidumbre por el que transitó la relación poder central/poderes locales, obligando a una "sobreproducción normativa" que revelaba las enormes dificultades del primero para imponer su hegemonía sobre los segundos y, más aun, en la coyuntura finisecular (Bonaudo, Cragnolino y Sonzogni, 1990; Roldan, 2017; Bonaudo, 2017).

Las élites gobernantes apelaron a diferentes estrategias, tanto para restringir la generación de nuevas experiencias municipales como para reducir sus atribuciones: alterar la base demográfica requerida para considerar la transformación de una comuna en municipio, incrementándola, como ocurrió con la Ley Orgánica de Municipios de 1883; suprimir la participación electoral de los ciudadanos territoriales extranjeros; acrecentar la centralización tanto a nivel de la representación -anular el carácter electivo de los intendentes- o de las incumbencias de los municipios como lo estableció la Constitución de 1890. Si para los pequeños poblados santafesinos los requisitos demográficos podían representar la pérdida lisa y llana del estatus municipal, para la mayoría de los municipios, la exclusión de los extranjeros como electores daba lugar a un fuerte cercenamiento en el campo de la representación (Bonaudo, Cragnolin y Sonzogni, 1990).[1] Lo paradójico de esta dinámica fue que, en lugar de desestimular la participación de grupos locales, estos la intensificaron y la proyectaron desde lo local a lo nacional en su búsqueda de respuestas. En ese proceso, al interior de un clima de época en el que se pretendía que *el gobierno de las personas* dejara paso *a la administración de las cosas* (Halperin Donghi, 1987; Escalante Gonzalbo, 1994), estos actores -percibiéndose en un lugar diferente en su relación con el poder- no solo discutieron la disociación entre *administración y política* sino que ampliaron el sentido de *lo político*.

La convulsionada década del 90 dio lugar a nuevas agendas de debate. En ellas no solo figuraban las demandas contra las normas constitucionales que ocluían la dinámica municipal y la participación de los extranjeros sino también las políticas fiscales que impactaban fuertemente sobre la producción y el consumo (Bonaudo, Cragnolino y Sonzogni, 1988, 1990; Bonaudo, 2000).[2] Ya en las colonias del centro-oeste, ya en núcleos urbanos como Rosario u otras áreas del sur, distintos actores avanzaron sobre los espacios públicos en construcción, incentivando aquella cultura de la presión, de la movilización con la que tradicionalmente habían acompañado sus demandas. Paralelamente, gestaron formas nuevas de organización -las sociedades de *protección* sectoriales o de *Unidad* regionales-, o bien se vincularon a otras experiencias como el Centro Político de Extranjeros (CPE) o la Unión Cívica (UC), originadas inicialmente en la Ciudad de Buenos Aires (Bonaudo, 2000). A la consigna de la recuperación del voto municipal para los extranjeros se articuló la del rechazo al impuesto al cereal. La fiscalidad -definida y orientada por otros poderes- se introducía en

---

[1] No se debe olvidar que, de acuerdo con los datos censales de 1895, el 43% de la población santafesina era extranjera. Pero también debemos prestar atención al proceso natural de crecimiento de población nativa, incluso al interior de los núcleos extranjeros de primera o segunda generación.

[2] Este planteo ya había aparecido en las discusiones de algunas colonias en la década de los 70.

la lucha política tejiendo una compleja trama entre el rol del *vecino contribuyente* y del *ciudadano*.³ En esta dinámica, la identidad precedente -tanto para el espacio municipal como para su actor central, el ciudadano territorial- comenzaba a mostrar sus límites. Si precedentemente muchos de ellos habían compartido la concepción administrativista dominante del municipio, las experiencias vividas a lo largo de más de treinta años los indujeron a replantearse el rol de meros administradores y a reflexionar sobre sus prácticas e identidades. Aquellos ciudadanos territoriales, sumidos en la crisis de legitimidad, la conflictividad social y los levantamientos radicales de 1890-1893 -este último de fuerte impacto en suelo santafesino-, fueron modificando sus percepciones, dejaron de lado las declaraciones de fuerte contenido *administrativista*, y se introdujeron en un debate que alteraría, sin duda, los equilibrios políticos vigentes. Asumiéndose como *habitantes contribuyentes*, que tenían deberes en la vida comunal, reclamaron por sus *derechos*. Ese reclamo surgía de un cambio de perspectiva en la manera de percibir el espacio municipal, percepción que se expresaba en uno de los tantos periódicos de ese mundo colonial y que concebía al municipio como *la principal entidad política [...] donde nace el derecho y el deber cívico*.⁴

El cambio de concepción sobre el municipio, la reconfiguración de aquel espacio de administración en una entidad política, reactualizó la problemática de la naturali-

---

3   La crisis de 1890 había impactado fuertemente tanto en las finanzas nacionales como provinciales. Por este motivo, la clase dominante pretendió completar la implementación del proyecto fiscal iniciado en los 80 e impulsó un desplazamiento de la fuerte dependencia de las finanzas del Estado del comercio exterior hacia un incremento tributario indirecto bajo la forma de impuestos al consumo; en Santa Fe se introdujeron nuevas contribuciones fiscales sobre mercancías que comenzaban a mostrar su relevancia en el mercado: el cereal, las harinas y el quebracho.
4   *La Unión*, 11/1/1894. Las peticiones planteaban no solo el derecho a definir qué tipo de impuestos deberían cumplimentar sino también hacia dónde debía orientarse lo recaudado en este plano, priorizando la educación y la justicia.

zación que había tenido fuerte impacto a nivel nacional hacia finales de los ochenta (Cibotti, 1991; Gandolfo, 1991; Bertoni, 1992; Bonaudo, 2000; Bonaudo y Mauro, 2015). Resultaba evidente que la búsqueda de la condición de ciudadanos a través de la naturalización era consecuencia de los bloqueos a su capacidad de representación y definición de las agendas de poder así como de los condicionamientos que las políticas fiscales imponían a sus actividades de acumulación. Diversos grupos sintieron la necesidad de insertarse con mayor peso en una estructura institucional orgánica dentro de las pautas del sistema político vigente. De este modo, la naturalización se convirtió en un eslabón más del conflicto por el voto municipal y contra las leyes del cereal. Pero un eslabón que abría nuevos interrogantes y tensiones. El tema de la nacionalización ponía en juego no solo cuestiones de identidad sino aspectos materiales concretos derivados de su pertenencia a otra nación, como eran, incuestionablemente, la cobertura consular o bien la liberación de ciertas obligaciones ciudadanas que se consideraban altamente negativas (la prestación del servicio de armas, por ejemplo). Fue por ello que tanto en los *meetings* de campaña como en los urbanos, los extranjeros encontraron una vía alternativa a la naturalización, la de la adquisición de los derechos políticos sin abandono de la nacionalidad de origen. La propuesta fue incluso adoptada por organizaciones nacionales como el CPE y la ya conformada Unión Cívica Radical (UCR) (Bertoni, 1992; Bonaudo, Cragnolino y Sonzogni, 1990; Bonaudo, 2000; Bonaudo y Mauro, 2015). Estas dos últimas, deseosas de captar la adhesión de los inmigrantes, de convertirse en alguna medida en sus voceros, de mediar entre ellos y los Estados provinciales o el nacional, convergieron en un proyecto común que, si bien no logró plasmarse, fue alimentando vínculos significativos de solidaridad entre sus dirigentes. Tampoco se incorporaron en la Constitución Provincial de 1890 las demandas sobre el acceso a la ciudadanía política por parte de los extranjeros.

Sobre los diez años transcurridos entre 1890 y 1900, continuaron pesando el rechazo a un "modo de hacer política" que había conducido al abuso, a la distorsión de las representaciones, a las pérdidas de legitimidad de los representantes y a la corrupción. A ello se sumaba la recurrente violación de la división de poderes seguida de la frustración de los intentos de autonomía municipal o del reconocimiento de los que se consideraban "verdaderos intereses sociales". No obstante, en torno a 1900 se experimentaba una sensación de tregua que permitía cierto optimismo para afrontar un nuevo proyecto reformista. Este debía, desde la perspectiva de la elite gubernamental, consolidar una sociedad potenciada por el progreso. En esta dirección, posiblemente el mayor desafío residía en que esa sociedad que deseaban *homogeneizar* políticamente se les ofrecía *heterogénea*, cargada de diferencias y diversidades sociales (Bonaudo, 2017). Como en el Estado central y en diversos Estados provinciales, los constituyentes santafesinos se encontraban además ante un fenómeno creciente, el de las *muchedumbres*. Ese fenómeno tenía en esta área del espacio pampeano una especificidad que se convirtió indudablemente en la piedra angular de su heterogeneidad: el peso de la extranjeridad. Del mismo modo que había acaecido en otras realidades de esa *pampa* en construcción (Córdoba, Buenos Aires, el territorio de La Pampa), los extranjeros configuraron un elemento decisivo para pensar la representación política, para poner en acto un amplio imaginario político en torno a las formas y las maneras de traducir, de captar y en definitiva de representar esa diversidad a fin de mantener un horizonte de legitimidad. Prácticamente todos los debates centrales -poderes locales/poderes provinciales, sufragio, ciudadanía- se encontraron atravesados por el interrogante de qué hacer con el extranjero.

El año 1900 puso sobre el tapete nuevamente la cuestión del vínculo entre política y administración. Las elites gubernamentales santafesinas, fuertemente imbuidas del paradigma liberal, habían disociado durante cuarenta años los espacios con "atributos de poder" de aquellos que no los tenían. Pero desde 1890 -como en el plano nacional- enfrentaban una profunda crisis de representación en la que cada vez con mayor fuerza, tanto las voces de las fracciones opositoras como los diversos grupos de poder local se dejaban oír acrecentado los niveles de conflicto. Ello los condujo a la necesidad de redefinir su mirada sobre el municipalismo y el *self government*. Si bien no aceptaron la autonomía que reclamaban aquellos actores sociales y políticos que se estaban consolidando territorialmente, se vieron obligados a imaginar una salida política superadora de las anteriormente propuestas. No pocos de los participantes en aquellos debates habían modificado sus perspectivas al inicio de siglo. Sectores importantes de las fracciones dominantes argumentaron entonces que parte de la "regeneración política" a la que aspiraban con sus proyectos reformistas podía provenir del hecho de reintegrar a los extranjeros al debate de sus propios intereses en el espacio municipal. Esto no solo alejaría el fantasma de la abstención, por lo menos en los espacios locales, sino que brindaría -según sus expectativas- un canal potencial de descompresión de los niveles de interpelación y conflicto en los que aquellos eran activos partícipes. Paralelamente, desde esta óptica, la nueva condición permitiría afianzar sus vínculos con la tierra de recepción, morigerando las actitudes de rechazo y desestimulando las búsquedas de referentes externos como guías de acción.

En consecuencia, si bien no permitieron a los extranjeros convertirse en ciudadanos políticos en el plano provincial o nacional, sí confirmaron su derecho electoral en los espacios municipales. La dinámica finisecular ratificaba la anterior coexistencia de dos *pueblos*, dos identidades ciudadanas. Pese a que la discusión sobre este problema se había proyectado nacionalmente en los noventa, los actores que terminaron hegemonizando la Convención Constituyente provincial de 1900 se escudaron, por una parte, en la incompetencia de los Estados provinciales para conceder derechos de naturalización y, por ende, de ciudadanía; por otra, en la inconstitucionalidad que implicaba la disociación del vínculo entre derecho electoral y territorio que proponía el proyecto opositor. Los grupos que luchaban por la inclusión de los extranjeros partían de la base de que el derecho al sufragio no debía considerarse como una derivación forzosa y necesaria de la nacionalidad sino como una consecuencia ineludible de la organización del Estado y de la sociedad como sociedad política. Más allá de los argumentos en pro de esto, seguramente pesaron en la resolución final no solo los temores a una ampliación no fácilmente controlable del electorado sino también una discursividad que renovaba los miedos derivados de los avances del cosmopolitismo y el imperialismo.

La lógica de consolidar la gobernabilidad provincial primó sobre la de ampliar las bases de la comunidad política (Bonaudo, 2017). Dicha perspectiva también incidió en las respuestas dadas a sus pares opositores. Estos los interpelaban demandando una profunda reconfiguración del mapa representacional y un giro hacia el pluralismo político, si se quería restituir la legitimidad política perdida. Evidentemente, desde el gobierno no estaban dispuestos a dar ese paso, como se reflejó claramente en el debate de cómo y qué representar. Si bien pretendían dar continuidad al criterio poblacional para definir la distribución de los escaños en ambas cámaras -contestes de las transformaciones sociales producidas a lo largo del período y de los desequilibrios en las relaciones interespaciales-, pergeñaron una nueva ingeniería departamental que, en el Senado, no solo terminó favoreciendo la representación de los grupos en el poder sino que ratificó la postergación de las áreas más pobladas y dinámicas del sur. Paralelamente, si bien rechazaron las fórmulas alternativas para representar a las minorías, no lograron desactivar su discusión en la Convención Constituyente. Para diferentes integrantes de ella, fórmulas como las de la representación proporcional podían traducir en la gramática política la heterogeneidad social, evitando los efectos negativos que derivaban de ciertas exclusiones de la representación. Los deseos de producir esta operación -según estas voces- se tornaban más fuertes y urgentes en la medida que consideraban esta estrategia representacional como la única capaz de integrar a la oposición en la dinámica formal del régimen político, neutralizando sus recurrentes apelaciones a la violencia. El ideal de un régimen republicano en el que las minorías tuvieran representación recuperaba paralelamente el papel que jugarían los partidos. No obstante, la mayoría avaló el dictamen que excluía la representación proporcional, mostrando claramente los límites del reformismo liberal finisecular. El camino a la reaparición del conato revolucionario quedaba abierto y, por ende, la profundización de la crisis de legitimidad.

Mirando el recorrido sintéticamente trazado, el caso nos permite dejar atrás las visiones unidireccionales en ese proceso de redefinición del orden político que se desplegó a lo largo de casi cuarenta años y, más aun, los intentos de brindar una perspectiva homogeneizadora de las élites provinciales o locales. Hace posible dilucidar que no solo se alteraron en ese nuevo orden las relaciones internas entre ellas sino también los modos de percepción y concepción del poder de un universo más amplio y heterogéneo de actores que, a través de sus experiencias al interior de una revitalizante cultura de la presión, fueron modificando sus parámetros identitarios. Por ende, la dinámica local/provincial se convierte en un laboratorio imprescindible para observar la política en escalas, para analizar la configuración de sus bases sociales, para captar en su cotidianeidad los diversos modos de producción y reproducción del poder -dirimiendo coyunturas y espacios en juego-, para detectar -detrás de las argumentaciones- cómo las tensiones de esas soberanías en pugna se traducían normativa e institucionalmente y, en definitiva, para dar cuenta de la complejidad y heterogeneidad de las estrategias implícitas en la proyectada configuración de un sistema político de dimensiones nacionales. Esta perspectiva, a su vez, potencia el diálogo con aquellos análisis que -modificando interpretaciones ya clásicas- han intentado recuperar la dialéctica de una gramática de los poderes ("arriba/abajo"; "centro/periferias"), descentrando problemática y espacialmente lo político y la política. Finalmente, nos obliga a ponderar las formas diferenciadas a través de las cuales los actores se apropiaron de los códigos liberales, de sus valores, conceptos, "racionalidades".

Bibliografía

BARRIERA, Darío (2002), "Por el camino de la historia política: hacia una historia política configuracional", *Secuencia*, N° 53, pp. 163-196.

BERTONI, L. A. (1992), "La naturalización de los extranjeros, 1887-1893: ¿derechos políticos o nacionalidad?", *Desarrollo Económico*, N° 125.

BONAUDO, Marta (1999), "De representantes y representados: Santa Fe finisecular (1883-1893)", en Sabato, Hilda (coord.), *Ciudadanía política y formación de las naciones*, México, Fondo de Cultura Económica, pp. 270-294.

BONAUDO, Marta (2000), "Los actores frente a la política: de la movilización social a la participación ciudadana (Santa Fe 1890-1909)", en Brennan, James y Pianetto, Ofelia (comps.), *Region and Nation. The Provinces and Argentina in the Twentieth Century*, New York, St Martin's Press, pp. 1-48.

BONAUDO, Marta (2003), "Revisitando a los ciudadanos de la República Posible. Santa Fe, 1853-1890", *Anuario del IEHS*, N° 18, pp. 213-232.

BONAUDO, Marta (2006), "La *restitución* de lo político. Mirando a los historiadores reflexionar sobre la construcción de la comunidad política en la República Posible (Argentina 1853-1912)", *L'Ordinaire Latino-Americain*, N° 203, pp. 33-57.
BONAUDO, Marta (2008a), "Otra vez la 'fantasmática' historia regional", en Bandieri, Susana; Blanco, Graciela y Blanco, Mónica (comps.), *Las escalas de la Historia comparada II*, Buenos Aires, Miño y Dávila.
BONAUDO, Marta (2008b), "Aires gaditanos en el mundo rioplatense. La experiencia de los jefes políticos y los juicios por jurados en tierras santafesinas (segunda mitad del siglo XIX)", *Revista de Indias*, N° 68, pp. 255-280.
BONAUDO, Marta (2009), "Una reflexión en torno a los mediadores políticos en la segunda mitad del siglo XIX. El partido como problema", en Heinz, Flavio (org.), *Experiencias nacionais, temas transversais: subsídios para uma história comparada da América Latina*, São Leopoldo, Oikos, pp. 56-73.
BONAUDO, Marta (2011), "Estanislao Zeballos: el hombre de acción política que no se haría jamás un profesional", en Fernández, Sandra y Navarro, Fernando (comps.), *Scribere est agere. Estanislao Zeballos en la vorágine de la modernidad argentina*, Rosario, Quinta Pata & Camino, pp. 69-104.
BONAUDO, Marta (2012), "Pasado y presente. Las historias provinciales y territoriales a debate en el marco de la *restitución* de la historia política", en Leoni, María Silvia y Solis Carnicer, María del Mar (comps.), *La política en los espacios subnacionales. Provincias y Territorios en el nordeste argentino (1880-1955)*, Rosario, Prohistoria.
BONAUDO, Marta (2016), "Logias y partidos en la circulación y difusión de la(s) cultura(s) política(s) liberal(es) (1830/50-1890)", en Tabanera, N y Bonaudo, Marta (coords.), *América Latina. De la Independencia a*

la crisis del liberalismo. Volumen V, Zaragoza, Marcial Pons Historia-Prensas de la Universidad de Zaragoza, pp. 133-166.

BONAUDO, Marta (2017), "¿Recrear al elector? Las reformas notabiliares santafesinas de 1890 y 1900 ante la crisis de representación", en Bonaudo, Marta (coord.), *Representaciones de la política. Provincias, territorios y municipios (1860-1955)*, Buenos Aires, Imago Mundi, pp. 25-58.

BONAUDO, Marta; CRAGNOLINO, S. y SONZOGNI, E. (1988), "Discusión en torno a la participación política de los colonos santafesinos. Esperanza y San Carlos (1856-1883)", *Estudios Migratorios Latinoamericanos*, N° 9.

BONAUDO, Marta; CRAGNOLINO, S. y SONZOGNI, E. (1990), "La cuestión de la identidad política de los colonos santafesinos 1880-1898. Estudio de algunas experiencias", en Escuela de Historia, *Anuario N° 14*, Rosario, UNR, pp. 251-276

BONAUDO, Marta y MAURO, D. (2015), "What Should be Done with the Foreigner in Argentina? From 'Object of Desire' to 'Enemie Within'", en Sierra, M. (ed), *Enemies Within: Cultural Hierarchies and Liberal Politcal Models in the Hispanic World*, Newcastle upon Tyne: Cambridge Scholars Publishing, pp. 41-70.

BOTANA, Natalio (1986), *El orden conservador*, Buenos Aires, Hyspamérica.

BOURDIEU, Pierre (1986), "The forms of capital", en Richardson, J. (ed.): *Handbook of Theory and Research for the Sociology of Education*. New York, Greenwood Press, pp. 241-258.

BRAGONI, Beatriz y MIGUEZ, Eduardo (coords.) (2010), *Un nuevo orden político. Provincias y Estado Nacional 1852-1880*, Buenos Aires, Biblos.

CACIAGLI, Mario (1996), *Clientelismo, corrupción y criminalidad organizada*, Madrid, Centro de Estudios Constitucionales.

CIBOTTI, E. (1991), "La élite italiana de Buenos Aires: el proyecto de nacionalización del 90", en Escuela de Historia, *Anuario N° 14*, Rosario, UNR.

ESCALANTE GONZALBO, Fernando (1994), "Sobre el significado político de la corrupción", *Política y Gobierno*, Vol. 1, N° 1.

FRADKIN, Raúl (2010), "Notas para una historia larga: comandantes militares y gobierno local en tiempos de guerra", en Bragoni, Beatriz y Miguez, Eduardo (coords.), *Un nuevo orden político. Provincias y Estado Nacional 1852-1880*, Buenos Aires, Biblos, pp. 293-306.

GANDOLFO, Romolo (1991), "Inmigrantes y política en Argentina: la revolución de 1890 y la campaña a favor de la naturalización automática de residentes extranjeros", *Estudios Migratorios Latinoamericanos*, N° 17.

HALPERÍN DONGUI, Tulio (1987), "1880: un nuevo clima de ideas", en Halperin Donghi, Tulio, *El espejo de la Historia*, Buenos Aires, Sudamericana.

PRO RUIZ, Juan (2016), "La construcción del Estado en España: haciendo historia cultural de lo político", *Almanack*, N° 13, pp.1-30.

ROLDÁN, Diego (2017), "La producción del municipio. Construcción, reforma y disputas en el gobierno de la ciudad de Rosario (1872-1935)", en Bonaudo, Marta (coord.), *Representaciones de la política. Provincias, territorios y municipios (1860-1955)*, Buenos Aires, Imago Mundi, pp. 125-158.

ROSANVALLON, Pierre (1994), *La rivoluzione dell' uguaglianza*, Milan, Anabasi.

ROSANVALLON, Pierre (2006), *El capitalismo utópico: historia de la idea de mercado*, Buenos Aires, Nueva Visión.

RUIZ IBAÑEZ, Javier (1995), "Sobre la crisis de 1590: no historia política sino historia hecha con materiales documentales y procesos de análisis político", en Barrios Guimerans, Carlos (comp.), *Historia a debate: actas del Congreso Internacional "A historia a debate", celebrado el 7-11 de julio de 1993 en Santiago de Compostela*, Vol. 3, Santiago de Compostela, Historia a debate, pp. 217-235.

TERNAVASIO, Marcela (1991), *Municipio y política. Un vínculo conflictivo*, tesis de Maestría, Facultad Latinoamericana de Ciencias Sociales.

TERNAVASIO, Marcela (2006), "Política municipal o municipios apolíticos", en Roldán, Darío (comp.), *Crear la democracia. La Revista Argentina de Ciencias Políticas y el debate en torno a la República Verdadera*, Buenos Aires, Fondo de Cultura Económica, pp. 137-186.

Procesos políticos en clave regional: problemáticas, actores y prácticas del siglo XX jujeño

ADRIANA KINDGARD

Introducción

El recorrido aquí propuesto identifica cuatro problemáticas que resultan claves para entender las formas específicas que asumieron en el espacio jujeño ciertos procesos centrales de la historia política. Así, en el primer apartado se indaga sobre las raíces del poderío azucarero en la provincia norteña y su estrecha relación con las estructuras del Estado, mantenida -con muy breves paréntesis- hasta las vísperas del golpe militar del 4 de junio de 1943, realidad que marcó largamente la dinámica interpartidaria de Jujuy por el alto nivel de confrontación que suscitó, contribuyendo a fijar límites particularmente rígidos al espacio político donde se movían los partidos.

El segundo apartado analiza la recurrente emergencia de fuertes liderazgos que jalonaron el devenir político provincial, realidad especialmente tangible en los momentos constitutivos del peronismo. La inflexibilidad histórica de las relaciones entre partidos derivó, a mediados de los años 40, en la conformación de un peronismo provincial llamativamente homogéneo, a partir de su articulación sobre la base del acendrado caudillismo de Miguel Tanco. Sin chances en un juego político-partidario viciado, cuando no totalmente obstruido, el por largo tiempo principal referente del radicalismo jujeño pareció encontrar en la veta abierta por el peronismo un marco propicio para reintentar el acceso a las esferas donde se dirimían los grandes lineamientos de la política nacional. La impronta del "tanquismo" era todavía reconocible en la orientación de las distintas experiencias de gobierno popular que de la mano de personalismos con fuerte arraigo social se abrieron paso en los intersticios democráticos abiertos en los tiempos autoritarios que jalonaron el siglo.

En tercer lugar, se incursiona en las experiencias colectivas de larga existencia maduradas en torno a los ingenios azucareros que imprimieron aristas particulares a la cuestión social en Jujuy y contribuyeron a dotar de una identidad y un sentido precisos a las disputas materiales y simbólicas configuradas en distintos momentos de la historia política provincial. El recorrido se detiene, por último, en la problemática agraria que, desde los albores de la independencia y proyectándose a los tiempos actuales, ha venido marcando las experiencias políticas entre los habitantes de la Quebrada y Puna jujeñas y perfilando la cuestión indígena en la región. Realidades económico-sociales, formas culturales y étnicas, tradiciones políticas y particulares modos de acción contestataria concurrieron a través del tiempo en la configuración de un contexto peculiar que gravitó en las tierras altas dejando su impronta en los procesos políticos de la provincia.

1. El poderío azucarero y la estructuración de lo político

En la base de la organización nacional alcanzada hacia las décadas finales del siglo XIX se encontraba la alianza, sustentada en las posibilidades abiertas por la integración de la economía argentina al mercado mundial capitalista, a la que habían llegado ciertos grupos de las clases dominantes de las distintas provincias, que habían consolidado su hegemonía regional tras un largo proceso de transformaciones económicas y sociales (Chiaramonte, 1991). Este "pacto oligárquico" tenía entre las élites de las provincias productoras de azúcar uno de sus más firmes sostenes. Es mejor conocido el caso de Tucumán, donde los sectores vinculados a la agroindustria encontraron una vía de expansión complementaria al desarrollo agroexportador amparados en la política proteccionista del gobierno central. Estas medidas favorecerían el afianzamiento de la misma actividad en Jujuy que, hacia finales de la década de 1870, asistió a la transformación de las haciendas azucareras emplazadas en las regiones del oriente, proceso signado por el cambio de propietarios, la incorporación de tecnología industrial y el ingreso de capitales, y que culminaría, tras la llegada del ferrocarril a principios de siglo, en la formación de sociedades anónimas con fuerte capacidad de inversión, siendo paradigmático el caso del ingenio Ledesma.[1]

Los vínculos que integraban a Jujuy a la red interoligárquica de poder se vieron fortalecidos con la figura del senador Domingo T. Pérez, líder del autonomismo local, cuya actuación en el ámbito nacional fue decisiva para la obtención del ramal ferroviario. La unión de Jujuy al puerto de Buenos Aires debilitó el viejo modelo de comercio colonial-mercantil orientado hacia Bolivia y el Pacífico (Langer y Conti, 1991), al tiempo que la pujante agroindustria pasaba a ser, por lejos, la actividad económica más importante de la provincia. Junto a Ledesma, los ingenios "La Esperanza", de la familia inglesa Leach, y "La Mendieta", formado por capitales extrarregionales -como los del empresario naviero Nicolás Mihanovich (h)-, completaban el cuadro del sector azucarero jujeño.

---

[1] En 1830, los hermanos salteños Querubín y Sixto Ovejero establecieron una rústica "fábrica de azúcar" en la localidad de Ledesma. En 1911 el ingenio pasó a pertenecer a Carlos Delcasse y a Enrique Wollmann, vinculados al Banco Francés del Río de la Plata, como Nueva Compañía Azucarera Ledesma, que se convertiría en 1914 en *Ledesma Sugar Estates and Refining Company Limited*.

Al cabo, el poderío económico de los ingenios tendría su correlato en un progresivo avasallamiento de la autonomía estatal bajo la forma inicial de una fortísima dependencia financiera, a la que no lograron sustraerse ni los más contestatarios gobiernos radicales. A la importante gravitación de los impuestos aplicados a la agroindustria en la conformación del presupuesto provincial vino a sumarse la recurrente práctica de contratar empréstitos con las compañías azucareras, convirtiéndolas en acreedoras del Estado.

En los primeros años del siglo XX la amenaza de una nueva fuerza política gravitaba sobre el "orden conservador", cuyos mecanismos de dominación se mantenían aún inalterados. En Jujuy los radicales obtuvieron el gobierno en 1918 pero aunque a partir de entonces se impusieron límites legales al poder de los propietarios de ingenios, adherentes al hegemónico Partido Provincial, estos lograron mantener una abrumadora influencia reflejada en la injerencia en los ámbitos legislativo, judicial y aun policial. Era práctica común que los gobiernos delegaran en los ingenios el pago de sueldos a la policía de las localidades donde estos se emplazaban y que se permitieran sobresueldos en los meses de zafra, en detrimento de una imparcial aplicación de los poderes coercitivos del Estado. Además, las empresas corrían con los gastos de alquiler del local de la comisaría y otorgaban gratuitamente una casa para la familia del comisario, corriente eléctrica, caballos, monturas y forrajes. Del mismo modo, cada ingenio jujeño solía proporcionar las oficinas para el funcionamiento del Registro Civil y los Juzgados de Paz.

Ya en los tempranos años 20 era posible advertir en el espacio político jujeño la gravitación de un rasgo que resultaría cada vez más importante en la definición de posiciones en el sistema de partidos y de fraccionamientos al interior de estos, a saber: la vida política provincial se debatía entre lealtades y oposiciones a la dirigencia azucarera. Su influencia llegaría en la década de 1930 a su punto más álgido.

El impacto de la Gran Depresión había cambiado los datos fundamentales del sistema de libre mercado vigente hasta entonces en el país, dando un protagonismo nuevo al Estado en la regulación de la economía nacional. Entre las medidas adoptadas por el gobierno central se encontraba la unificación de los impuestos internos, importante fuente de recursos de las arcas provinciales, lo que agravaba la vulnerabilidad de las estructuras estatales a las presiones del gran capital. Los azucareros norteños, aprovechando la coyuntura política abierta con el golpe del 6 de setiembre de 1930, utilizaron el expediente de recurrir a los cargos de senadores y diputados nacionales por las provincias donde se emplazaban sus ingenios. Es conocida la actuación en tal sentido del salteño Robustiano Patrón Costas. Por su parte Herminio Arrieta, propietario del ingenio Ledesma y conductor del partido conservador local, fue diputado nacional por Jujuy de 1934 a 1938 y senador entre 1938 y 1943. Arrieta había tenido una importante intervención en el movimiento azucarero nacional. Fue elegido en 1931 vicepresidente del Centro Azucarero Argentino, cargo que desempeñaría simultáneamente a la presidencia del Centro Regional del Norte Argentino, y miembro de la Comisión Directiva de la Bolsa de Comercio de Buenos Aires. En una época en que los términos de la autonomía económica regional quedaban en gran parte definidos por las estrategias implementadas por el gobierno central para paliar los efectos de la crisis y la recesión, es fácil imaginar el interés de estos industriales por hacer sentir su voz en el Congreso, procurando influir en la política estatal en materia impositiva, laboral y de administración de los sistemas de irrigación, aspectos considerados de vital importancia para la maximización de las ganancias del sector. Según información manejada por el Ministerio del Interior del presidente Agustín P. Justo, los directivos de los ingenios Ledesma, La Esperanza y La Mendieta habían suscrito en 1937 un convenio privado, de acuerdo con el cual se dejaba la dirección "política" exclusivamente en manos del principal accionista y administrador del primero.² Figura estelar de los periódicos locales, el "ingeniero" se hacía acreedor -al lado de las nunca escasas alabanzas de la prensa oficialista- de las duras críticas de los órganos opositores, que le endilgaban "el tutelaje deprimente para el gobierno y su partido que ejerce sin control y sin tasa ni medida, hace ya cuatro o cinco años, haciendo gobernadores, ministros, diputados, senadores nacionales y hasta impartiendo órdenes para el nombramiento de empleados subalternos, como un verdadero capataz de estancia".³

Estos procesos se habían dado en paralelo al paulatino retroceso en el posicionamiento político de la élite tradicional de Jujuy, cuya renuencia a invertir en la prometedora agroindustria resulta difícil de discernir. La nueva dirigencia, trascendiendo criterios de apellido o parentesco, había logrado acceder al poder a partir de sus estrechos vínculos con el capital azucarero.

Desplazados los radicales del gobierno jujeño, la Legislatura provincial se convertiría en reducto de las fuerzas conservadoras nucleadas en el recientemente formado Partido Popular al que pertenecían, a partir de 1932, diecisiete de los dieciocho diputados que la integraban. La mayoría de ellos estaban relacionados con las Compañías azucareras a través de una variada gama de funciones: médicos, abogados, gerentes de secciones, contratistas de peones, proveedores de leña y hasta un encargado de las carnicerías del ingenio Ledesma. La eficacia -desde el punto de vista de los intereses azucareros- de esta estructura de poder quedaba evidenciada, de modo particular, en la sanción de leyes favorables a los ingenios, como aquella de 1932 que eximía de todo impuesto provincial al excedente de azúcar elaborado en la provincia que fuera destinado a la exportación. Ciertamente, no solo las leyes sino también

---

2   Archivo General de la Nación, Ministerio del Interior, Caja 55, 18 de marzo de 1937.
3   Diario *El Radical*, Jujuy, 31 de enero de 1938.

resoluciones administrativas y fallos judiciales dejaban traslucir la omnipresencia del poderío azucarero en la región, dato ineludible en análisis que pretendan contemplar, junto a la impronta subjetiva de las prácticas políticas de los actores, los condicionamientos contextuales en los que cabe inscribirlas.

La dimensión coercitiva del aparato político conservador se expresaba de modo privilegiado en la presión ejercida sobre los votantes de los departamentos en donde los ingenios poseían grandes cantidades de tierra, a través de la figura del contratista o "conchabador". En efecto, los arrendatarios indígenas de las tierras altas jujeñas solían ser obligados -si querían conservar sus parcelas- no solo a acudir a los trabajos de la zafra azucarera sino también a votar por el candidato a diputado provincial del Partido Popular. Era este, por ejemplo, el caso de Lázaro Taglioli, uno de los más importantes "conchabadores" del ingenio Ledesma, y de Mamerto Zalazar, contratista y administrador de las grandes propiedades que el ingenio salteño San Martín del Tabacal arrendaba en el departamento de Yavi, en la Puna de Jujuy (Rutledge, 1987).

Desde el inicio de esta etapa de gobiernos llegados al poder de la mano del capital agroindustrial, la asignación del jornal a los obreros que trabajaban por cuenta del Estado provincial se iba a erigir también en importante recurso del aparato político-electoral conservador, en una coyuntura signada por las repercusiones de la crisis internacional y el desempleo. Como ha señalado Halperin Donghi (2004: 175), la defensa del fraude como un mal necesario no anulaba el deseo de hallar una salida "más honorable y menos precaria" al problema planteado por el ascendiente electoral que el radicalismo había logrado retener aun en la adversidad. A partir de su creación en 1933, la Dirección Provincial de Vialidad se convertiría en ámbito especialmente propicio para la distribución de favores desde el Estado y la cuestión de los fondos asignados a ella sería tema recurrente de debate parlamentario. El conservadurismo jujeño de esta etapa "restauradora" no dejaría pasar las oportunidades de explotar una veta popular en sus discursos y acciones; el mismo nombre elegido para la agrupación política que lo nucleaba era prueba de esta intención.

La influencia de los intereses azucareros en las estructuras del poder político provincial encontraba límites nuevos en las administraciones radicales, siempre dispuestas a proclamar la necesidad de liberar al Estado jujeño del "yugo industrial". En medio del distendido clima que la tentativa del presidente Roberto M. Ortiz por volver a una práctica menos viciada del sufragio universal había venido a instalar, el yrigoyenista Raúl Bertrés ganaba las elecciones a gobernador el 3 de marzo de 1940, con el 61% de los votos. Solo en Ledesma (donde se había impedido directamente la propaganda radical) se impuso el Partido Popular, situación que la UCR cuestionó interponiendo denuncias ante el Juzgado Electoral de Jujuy. A lo largo del segundo año de gestión, el gobierno radical vería limitado su accionar al desatarse en la Legislatura una abierta confrontación entre los bloques antagónicos que llevó a que las sesiones de la Cámara del año 1941 jamás pasaron de las instancias preparatorias. Los conservadores habían previsto para su política obstruccionista un solo desenlace posible. El 30 de enero de 1942 el gobierno central disponía la intervención nacional a la provincia. Una vez más, las gestiones radicales dejaban traslucir la falta de correlación entre la ocupación de funciones claves en el sistema de gobierno y la real estructura de poder imperante en la provincia.

El 4 de junio de 1943 otro golpe militar ponía fin a la "restauración conservadora", inaugurando a lo largo del país una etapa de profundos cambios políticos y sociales. La intervención federal a la provincia de Jujuy impuesta por el gobierno promovido al poder no se caracterizaría por la permeabilidad a la influencia de los intereses azucareros.

Inmersos en una coyuntura a todas luces desfavorable, los conservadores jujeños no dudaron en reafirmar su lealtad a Herminio Arrieta, asediado por la política obrerista implementada desde el gobierno. Tras los sucesos del 17 de octubre de 1945 intentarían impulsar, desde el reorganizado Partido Demócrata Nacional, la conformación de un frente común para enfrentar al peronismo que, en el ámbito local, vino a encarnarse en la figura de su viejo y principal adversario: el líder del radicalismo yrigoyenista, Miguel Aníbal Tanco.

En general, el apoyo conservador había jugado un papel importante en el ascenso de Perón al poder (Macor y Tcach, 2003). En Jujuy, a diferencia de lo ocurrido en otras provincias (como Salta, Córdoba, Santa Fe o Buenos Aires) los sectores conservadores se alinearían en bloque en las filas de la oposición, constituyéndose en enemigos acérrimos del peronismo. Uno de los rasgos más llamativos y originales del proceso de conformación del primer peronismo jujeño es, de hecho, esta ausencia de dirigentes conservadores en sus filas, lo que tenía que ver con el contexto social general en el que se inscribía la dinámica política local, cuyo nivel de confrontación contribuyó a fijar límites particularmente rígidos al espacio en el que se movían los partidos, restringiendo las posibilidades para la concertación de alianzas entre estos. Ello derivó en la peculiar homogeneidad al interior del peronismo provincial a raíz de su virtual monopolio por una determinada fracción partidaria, alineada tras un fuerte liderazgo local. Si en otros espacios regionales las alianzas de partidos fueron una opción posible, en las norteñas tierras del azúcar esta alternativa resultó estar vedada de antemano. Aquí los antagonismos políticos tenían un hondo contenido social. La "lucha contra la oligarquía" era más que una consigna electoral.

Tras haber obtenido en los comicios del 24 de febrero de 1946 un contundente triunfo, la gestión peronista en Jujuy orientaría ostensiblemente la maquinaria del Estado no solo hacia el plan de mejoramiento integral de las condiciones laborales del trabajador azucarero, sino también hacia el objetivo de imponer límites al poderío económico del sector. Prueba de ello fue la intransigente política llevada adelante en materia de expropiaciones a los ingenios, que alcanzó a todas las compañías azucareras de la provincia. La otra cara del proceso era el fomento oficial a promisorios sectores económicos del medio local, destacando el impulso a la relativamente reciente actividad tabacalera en el departamento de El Carmen, en los fértiles valles del sur, que estaba reemplazando a las antiguas explotaciones viñateras de la zona.

Marcando un claro parteaguas, el advenimiento del peronismo socavó las bases de la estructura de poder prevaleciente en la provincia desde los albores del siglo XX, sellando la pérdida de hegemonía de las fuerzas conservadoras. Cuando a finales de la década de 1950 los radicales intransigentes jujeños alcanzaron el poder de la mano de Arturo Frondizi, se dispusieron a profundizar esta línea proyectando la instalación de nuevos ingenios con capitales mixtos en los valles subtropicales de la provincia, previendo para ello un vasto plan de movilización de tierras ociosas hacia la producción, programas de colonización e incluso una reforma agraria. Se trató de un programa económico pero también de desarrollo social. Si la imposibilidad de llevarlo a la práctica demostró a nivel económico los límites reales de los sueños desarrollistas, era reflejo también del profundo dilema político de esos tiempos signados por la frágil legitimidad de las soluciones consagradas en las urnas. Cuando en 1973 el peronismo volvió a detentar el gobierno en Jujuy, desempolvó viejos proyectos y, entre ellos, una "Ley General de Expropiaciones" que, habilitando al Estado para enajenar empresas de propiedad privada, apuntaba a amedrentar a las grandes firmas azucareras.

2. Jujuy, tierra de caudillos. La gravitación de los personalismos en la dinámica política

Hacia los tramos finales de lo que se ha dado en llamar el período de la organización nacional, era posible advertir ya en Jujuy los perfiles de la nueva dirigencia política que vino a cerrar el largo ciclo del "gobierno de familia" que, apoyado en una aceitada y eficaz red parental en torno al clan Sánchez de Bustamante, había dirigido los destinos de la provincia entre 1953 y 1975 (Paz, 2006). Tras cruentas luchas facciosas que apelaron al alzamiento armado y a la intervención del poder central, la nueva élite dirigente que finalmente cristalizó lo hizo en el contexto de la formación de la "Liga de Gobernadores", brindando su apoyo a la candidatura presidencial de Julio A. Roca. La figura estelar emergente de este proceso fue Domingo T. Pérez quien, electo senador nacional en 1896, hegemonizó desde ese cargo la escena política provincial durante un cuarto de siglo.

La democratización del sistema político argentino inaugurada con la Ley Sáenz Peña iba a dejar atrás la lógica notabiliar prevaleciente en la provincia. En 1918 Horacio Carrillo asumía la gobernación y daba inicio a la "década radical" (Fleitas, 2010). En la expansión de apoyos populares al radicalismo en Jujuy resultaría clave el liderazgo de Miguel Aníbal Tanco.

En 1921 el por entonces teniente de fragata Miguel Tanco regresaba a su provincia natal por petición del presidente Yrigoyen, a fin de colaborar con el jaqueado gobierno del radical Mateo Córdova, asediado por la oposición que obstruía el funcionamiento del Poder Legislativo local. Ocupando en la ocasión la Jefatura de Policía, cuatro meses después asumía como ministro de Hacienda para finalmente ponerse al frente, el 6 de junio de 1922, del Ministerio de Gobierno. Habiendo solicitado su retiro de la Armada para consagrarse de lleno a las lides políticas, el caudillo yrigoyenista encontraría sobradas ocasiones para conocer los conflictivos términos en los que se planteaba la competencia partidaria en la región. Las alianzas entre alvearistas y conservadores (concertadas en medio de intervenciones federales) y comicios de dudosa transparencia frustraron sus candidaturas a gobernador en 1924 y a diputado nacional, dos años después. Cuando finalmente logró acceder al gobierno de la provincia su gestión se vio interrumpida, a poco andar, por el golpe militar que derrocó al presidente Yrigoyen, el 6 de setiembre de 1930.

Desde el principio de su actuación pública Tanco había demostrado especial interés por modificar la dura realidad económico-social prevaleciente en las tierras altas del norte jujeño, procurando hacerse de firmes apoyos en la región, para lo cual desplegó una paciente actividad de organización de bases sociales y entró en contacto con el campesinado indígena que la habitaba. En 1923, desde su Ministerio, había elaborado un proyecto de ley para subvencionar la adquisición de los latifundios de la Quebrada y Puna a fin de repartir la tierra entre sus ocupantes. En enero de 1930, a días de asumir la gobernación de la provincia, Miguel Tanco convocaba al Poder Legislativo local a sesiones extraordinarias para tratar una serie de proyectos, entre ellos el de "Ley de adquisición por compra o expropiación de tierras para ser cedidas en arriendos a los pobladores que las trabajan", que encontraría pronta sanción. La brevedad de la administración radical, interrumpida a poco andar, no permitió el pasaje de la letra a los hechos.

Tras el golpe militar, Miguel Tanco era procesado y obligado a guardar arresto domiciliario. La temida reacción se canalizaría en el campo político a través del Partido Popular, fruto de la fusión del partido conservador local con una fracción del radicalismo antipersonalista. El 20 de julio de 1931 se producía en Corrientes el levantamiento del teniente coronel Gregorio Pomar, que provocó la deportación de Alvear y permitió a Uriburu poner en marcha los mecanismos tendientes a neutralizar la participación del radicalismo en el nuevo orden que las elecciones convocadas para el 8 de noviembre debían dejar inaugurado. Al encarcelamiento y exilio de autoridades partidarias siguió la proscripción de candidatos que hubieran actuado en el gobierno depuesto, medidas que preanunciaban un tiempo de distorsiones de las reglas que debían regir el juego entre partidos. En una reunión del radicalismo jujeño a principios de setiembre, el tanquista Jorge Villafañe daba cuenta de las severas restricciones impuestas por las autoridades públicas al partido en sus actividades de reorganización: prohibiciones policiales en los departamentos para realizar reuniones políticas, prisiones de los afiliados que concurrían para formar los Comités, amenazas tendientes a impedir la propaganda partidaria, etc.[4] A dos semanas de los comicios el Comité Central de la UCR de Jujuy, presidido por Tanco, decretaba la abstención del partido, adelantándose a idéntica decisión del Comité Nacional que lo haría recién el 31 de octubre de 1931.

Mientras las controvertidas elecciones de noviembre llevaban a Agustín P. Justo a ocupar la primera magistratura nacional, en Jujuy el triunfo del Partido Popular posicionaba firmemente al conservadurismo en las estructuras estatales. Dueños los conservadores de la situación provincial, y apuntalados por la activa participación política del propietario del ingenio Ledesma, el asedio a los militantes yrigoyenistas sería implacable. Los atropellos cometidos contra el electorado radical de Jujuy serían denunciados, hacia finales de la década, al Ministerio del Interior del presidente Roberto M. Ortiz.

Luego del golpe militar de 1943, en Jujuy -como en cada punto del país- fue cada vez más difícil para los sectores populares desconocer la obra de "justicia social" implementada desde el vértice mismo del poder central y, tras ella, a la figura carismática que la encarnaba. Al igual que los obreros industriales de los grandes centros urbanos del área litoral, también los trabajadores de ingenios o los habitantes

---

[4] Juzgado Federal de Jujuy, Secretaría Electoral, exp. N° 75, 3 de setiembre de 1931.

de las tierras altas de la Quebrada y Puna iban a ser receptivos a la prédica de Perón y sensibles al impacto de subas de salarios, leyes laborales, aguinaldo y al reconocimiento político y social dispensado. En Jujuy el movimiento nacional en ciernes encontró tempranamente un acendrado liderazgo local en el cual sustentarse. La figura del viejo caudillo del yrigoyenismo norteño, Miguel Tanco, dotó al proceso de conformación del primer peronismo en la provincia de un referente central. Al decidirse a estrechar filas con Perón, Tanco arrastró tras de sí al elenco de dirigentes que, desde los años 20, venía acompañándolo en su militancia partidaria y su práctica concreta de gobierno. De la mano del peronismo concretó su vieja aspiración de ocupar una banca en el Senado de la Nación. Concluido su primer año de labor, regresaba a Jujuy a fines de diciembre: "Bastó la invitación formulada por el Centro Social y Cultural de la Juventud, para que desde todos los distritos del departamento de la Capital llegasen nutridas delegaciones con el fin de expresar el regocijo que les causaba la llegada del jefe".[5] La magnitud que tuvo en la provincia el apoyo inicial canalizado a través del radicalismo yrigoyenista signó desde un principio ciertos lineamientos de la acción estatal y gravitó en las prácticas de los actores partidarios. Coadyuvó, además, a la cohesión partidaria y a la estabilidad institucional que imprimieron un sello particular a Jujuy, en medio del abanico de situaciones conflictivas planteadas en las demás provincias (Aelo, 2010).

Más allá de los lineamientos trazados desde el poder central por Perón, el peronismo jujeño iba a imprimir un sesgo marcadamente popular a su gestión, al echar mano de un repertorio de políticas sociales que hundían raíces en la larga tradición reivindicativa del radicalismo local. Siendo tal orientación un rasgo generalmente compartido por las gobernaciones de signo yrigoyenista de aquella etapa, la de Jujuy se caracterizó por la centralidad que adquirieron en

---

[5] Diario *La Opinión*, Jujuy, 30 de diciembre de 1946.

la agenda pública las cuestiones vinculadas a la realidad socio-laboral existente en torno del funcionamiento de los grandes complejos azucareros del oriente provincial y a la estructura agraria y las reivindicaciones del campesinado indígena en las tierras altas.

El 16 de setiembre de 1955 un golpe cívico-militar desplazaba a Perón de la presidencia, quedando al frente del gobierno el general Eduardo Lonardi. En las distintas provincias los interventores conformaron juntas consultivas para decidir la asignación de los cargos públicos vacantes. Un nombramiento clave resultó el del ahora jefe del radicalismo jujeño, Horacio Guzmán, al frente del Instituto de Previsión Social de la provincia. Horacio Guzmán había ingresado a la vida política de la mano del tanquismo, ocupando en 1940 (durante el gobierno yrigoyenista de Raúl Bertrés) una banca en la Legislatura provincial. En 1945, en medio de la crisis partidaria suscitada por el acercamiento del líder del radicalismo jujeño a Perón, se puso al frente de la oposición a Tanco, asumiendo la conducción del partido desde la presidencia del Comité Provincial. Ya desde los últimos años del gobierno depuesto, este se había alineado con el sector del partido que respondía a Arturo Frondizi, apoyándolo en las sucesivas instancias que jalonaron su camino hacia la presidencia de la Nación. Tras la escisión partidaria, Guzmán encabezó en Jujuy la llamada Unión Cívica Radical Intransigente (UCRI), siendo miembro del Comité Nacional.

Las elecciones generales del 23 de febrero de 1958, convocadas en un intento –al cabo infructuoso– de reencauzar al país por la senda de la normalidad institucional sin participación del peronismo, proclamaron presidente a Arturo Frondizi, mientras en Jujuy se consagraba la fórmula Horacio Guzmán-Rolando Corte. Aunque allá y aquí nadie puso en duda la medida en que el triunfo se debió al apoyo del voto peronista, la experiencia electoral vino a evidenciar la proyección que había adquirido la figura de Guzmán, apuntalada por su gestión al frente de la institución previsional jujeña. Además del impulso integral a la salud, la educación y la vivienda, lo que daría el sello a su mandato fue el vasto plan de urbanización tendiente a dotar a la ciudad capital de rasgos modernos, que mantuvo en niveles muy altos el empleo en la construcción a lo largo de la provincia. El proyecto incluyó la construcción de viviendas económicas para los sectores populares, ubicadas en antiguos y nuevos barrios de la ciudad, destacándose el barrio obrero "Mariano Moreno" –diseñado y construido íntegramente por el gobierno- con su amplia avenida de acceso.

Una característica del gobierno de Guzmán fue la prosecución y el mantenimiento de buenas relaciones con el movimiento obrero provincial, dando muestras desde un principio de tal voluntad. Destacaba la intensa labor social entre los trabajadores de ingenios, política que -más allá de inscribirse en la línea histórica del yrigoyenismo local- se ligaba en la coyuntura a la intención de granjearse el apoyo de los gremios azucareros, bastiones del peronismo en Jujuy. Las señales dadas por el gobierno al sindicalismo del sector jalonarían la gestión guzmanista en Jujuy: expropiación de terrenos en las zonas azucareras para la construcción de viviendas; decretos que liberaban al tránsito público los caminos de acceso a los lotes de ingenio; giras oficiales a la región. Al cumplirse el primer año de gobierno, la Dirección Provincial de Trabajo tenía destacadas ocho inspectorías en el interior de la provincia para vigilar el cumplimiento de las leyes laborales, habiendo logrado -a través de casi un millar de inspecciones- importantes reajustes de salarios. La medida en que el nuevo caudillo se aprestaba a disputar terrenos abonados ya por sus principales adversarios políticos se evidenció también en las gestiones que, en 1959, derivaron en el traspaso a propiedad del Estado provincial de los latifundios norteños expropiados por Perón una década atrás. El 1º de agosto de 1949, el presidente Perón había firmado el decreto Nº 18.341, por el que expropiaba los latifundios de la Quebrada y la Puna jujeñas, pasando estos a propiedad del Estado Nacional. Tal medida encontraba su más inmediato antecedente en el proyecto de "Expropiación de terrenos de la provincia de Jujuy que pertenecieron a aborígenes", presentado por Miguel Tanco en el Senado de la Nación, el 7 de agosto de 1947.

Hacia fines de 1961 se producía la primera escisión en el seno de la UCRI, gestada al ritmo de las veleidades personalistas del gobernador. Una vez en el gobierno, Guzmán había propugnado la reforma de la Carta Orgánica partidaria a fin de anular las elecciones internas y procuró impulsar la reforma de la Constitución provincial para habilitar su reelección. Fracasado el intento, Guzmán se inclinó por la postulación de su hermano, el senador nacional Benjamín Guzmán, para los comicios del 18 de marzo de 1962, lanzándose a una campaña proselitista que lo puso en el trance de disputar apoyos con un "peso pesado" del peronismo local: José Humberto Martiarena, cabeza del neoperonista Partido Blanco de los Trabajadores. Llegado a las filas del tanquismo jujeño a mediados de 1945, Martiarena había tenido una importante actuación, entre 1946 y 1950, como ministro de Gobierno de Iturbe. Los comicios de abril de 1954 lo consagraron senador nacional, representación que no llegó a asumir por haber sido designado por Perón, a fines de febrero de 1955, interventor federal en la provincia de Tucumán.

Aunque la Justicia Electoral inhabilitó finalmente a la agrupación, el voto peronista se expresó a través de la Democracia Cristiana, que captó así el 50% de los sufragios emitidos, frente al 34% reunido por el guzmanismo. El retroceso sufrido por la intransigencia frondizista fue generalizado. El dato político más significativo era el triunfo de la candidatura del sindicalista Andrés Framini para la gobernación de la provincia de Buenos Aires. Se agitaba el fantasma del retorno al poder del régimen depuesto y esto resultó ser más de lo que las Fuerzas Armadas estaban dispuestas a tolerar. Arturo Frondizi fue obligado a presentar su renuncia, quedando la presidencia a cargo del senador José María Guido, quien se vio presionado a anular las elecciones e intervenir las provincias involucradas.

En esos años la Argentina deambuló, como se ha dicho, por un callejón que parecía no tener salida (Halperin Donghi, 1994). De cara a los comicios del 7 de julio de 1963 se restringió la participación de las agrupaciones peronistas autorizando solo sus candidaturas a cargos legislativos. El PBT -que vio frustrada su intención de consagrar a su líder gobernador de la provincia- captó el 56% de los sufragios triplicando la cifra obtenida por la UCR Intransigente y asegurando su hegemonía en el Poder Legislativo provincial. En la coyuntura, Martiarena recibía el aval directo de Perón, a través de una carta escrita de su puño y letra.

En los intersticios dejados abiertos por las erráticas reglas electorales del régimen, se afianzaba la gravitación de José H. Martiarena sobre el movimiento proscripto. Designado por Perón hacia finales de 1972 para integrar el Consejo Superior del Movimiento, vendría luego, tras el triunfo peronista en los comicios del 11 de marzo de 1973, su elección como presidente del Congreso Nacional del Partido Justicialista, además de su designación como presidente del bloque de senadores nacionales del Frente Justicialista de Liberación (FREJULI). De la mano del veterano caudillo, el peronismo triunfaba en Jujuy en los trascendentales comicios de recuperación democrática del 30 de octubre de 1983, que llevaron a Raúl Alfonsín a la presidencia de la nación.

Durante años, las candidaturas partidarias en Jujuy habían pasado por el tamiz de José H. Martiarena que, desde su recuperada banca de senador, procuró marcar los lineamientos de la gestión del gobernador Carlos Snopek, en medio de las tensiones al interior del partido por los avances de las corrientes renovadoras a lo largo del país (Ferrari y Mellado, 2016). El ciclo de los personalismos y la gravitación de liderazgos históricos llegó a su fin en Jujuy con los años noventa, en el contexto generalizado de crisis de legitimidad y credibilidad de los partidos, exacerbada en la provincia a partir de la sanción de la "Ley de Lemas" (La Ley 4564/91 fue sancionada el 30 de mayo de 1991).

Así ni aun las paradigmáticas movilizaciones sociales que conoció el Jujuy de la época lograron incentivar en la nueva dirigencia la búsqueda de caminos alternativos a los impuestos desde el poder central que permitiesen romper el círculo que hizo girar a la provincia en torno de impopulares políticas de ajuste, crisis financiera e inestabilidad institucional.

3. Conflictividad social e identidades políticas en la región azucarera

Desde los primeros años del siglo XX se había ido conformando un mercado de trabajo para responder a las necesidades estacionales de mano de obra en los ingenios. El espacio chaqueño argentino y boliviano fue tradicionalmente un importante reservorio de trabajadores temporarios para la zafra, pero el peso relativo de nativos de la Quebrada y Puna jujeña y del sur boliviano iría en aumento, al igual que el de los trabajadores provenientes de las provincias vecinas del noroeste, sobre todo de Catamarca (Lagos, 1992). Las condiciones de vida en los campamentos donde se alojaban eran sumamente precarias e insalubres, para no mencionar el cuadro que presentaban las chozas que levantaban los aborígenes traídos de la región chaqueña.

La legislación laboral condensada en el Código Rural de 1915 habilitaba jornadas de labor excesivas y el trabajo nocturno en épocas de zafra. Los conflictos entre empresarios y obreros estaban sujetos al arbitraje de los Comisionados Rurales, no existiendo –hasta la creación del Departamento Provincial del Trabajo en 1930– un organismo encargado de controlar la aplicación de las leyes obreras. Tempranamente, los trabajadores azucareros bregaron por organizarse en sindicatos y fueron receptivos a la prédica de anarquistas y socialistas, participando de movimientos huelguísticos para protestar por sus condiciones laborales y sostener reivindicaciones comunes en la época a las de los obreros de otros puntos del país: salario mínimo, jornada de ocho horas, etc., siendo de destacar, por su intensidad y proporciones, las huelgas de 1918 y 1923 (Teruel y Fleitas, 2004).

El proceso de proletarización de los campesinos de las tierras altas de Jujuy empleados estacionalmente en los ingenios era, hacia la década de 1930, todavía incompleto en virtud de que estos continuaban dependiendo, gran parte del año, de los antiguos modos de vida en sus comunidades de origen. Los requerimientos siempre crecientes de mano de obra llevarían a las compañías a promover su integración forzosa al sistema de plantaciones. Hacia fines de la década de 1920 el ingenio salteño San Martín del Tabacal encontró en la posesión de latifundios en el norte jujeño un eficaz medio de garantizar el trabajo de sus habitantes durante los seis meses de zafra (Rutledge, 1987). Los ingenios de Jujuy asegurarían el reclutamiento de trabajadores a través del sistema del contratista, quien era el encargado de proveer al ingenio un número determinado de braceros. Generalmente, tenían instalados almacenes en poblaciones alejadas de la estación ferroviaria, vendiendo a crédito a los indígenas -a tasas altas de interés-, con lo que lograban endeudarlos y comprometerlos para el trabajo en la próxima zafra. Los abusos a que daba lugar el sistema y la forma brutal en que estos campesinos eran transportados a los ingenios fueron objeto, a lo largo de los años, de numerosas denuncias por parte de políticos y funcionarios. Entre las voces que con tal fin se alzaron destacó la del senador socialista Alfredo Palacios con ocasión de integrar en 1939 una Comisión Senatorial para el estudio de la situación de las provincias pobres.

Los contratistas controlaban la labor de los zafreros, a quienes se les asignaba diariamente una cantidad determinada de surcos a cosechar, ("tarea") que equivalía a unas dos toneladas de caña, la cual debía estar pelada, limpia y despuntada. Hasta el advenimiento del peronismo, la regla seguía siendo el trabajo "por tanto" y la salida y puesta del sol marcaban, en definitiva, la duración de la jornada laboral. Por cierto, eran muy comunes los conflictos suscitados en torno al pesaje de la caña en las básculas de las compañías. Aunque para esa época la mayoría de los pagos se efectuaban ya en moneda nacional, eran frecuentes los descuentos por libretas y las liquidaciones en vales canjeados luego en las proveedurías de los ingenios por mercaderías cuyos precios eran, en general, más elevados que en cualquier otra parte debido al monopolio que las compañías ejercían sobre el comercio de la región.

Aunque los gobiernos radicales procuraron realizar avances en materia laboral, reglamentando para su aplicación en la provincia diversas leyes nacionales y dictando otras, como por ejemplo la obligación del pago de jornales y salarios en moneda nacional, prohibiendo los vales de las proveedurías, la situación de los trabajadores de ingenio solo cambiaría en el contexto abierto tras el golpe militar del 4 de junio de 1943. La cuestión azucarera jujeña mereció desde un principio la atención privilegiada de las autoridades de la intervención. En agosto de 1943 el gobierno provincial dictaba un decreto reglamentario de la ley que fiscalizaba el trabajo de mujeres y niños, al tiempo que notificaba a los establecimientos industriales la prohibición de emplear a menores de 14 años. Se disponía, además, que el traslado de los obreros hasta los sitios de trabajo debía hacerse en coches de segunda clase de los ferrocarriles. Al frente de la flamante Secretaría de Trabajo y Previsión, Juan Domingo Perón proclamaba la "era de la justicia social" y emprendía medidas directas para el mejoramiento de la clase obrera del país, anunciando en sus discursos la atención a las reivindicaciones tradicionales de las organizaciones sindicales. En mayo de 1944 fue Jujuy la primera provincia en recibir una comisión enviada por Perón para estudiar la problemática socio-laboral de la agroindustria en la región, resultando en el establecimiento de nuevas condiciones generales de trabajo y la fijación de salarios para la próxima zafra.

Quizá ninguna de las novedades del período pareció desafiar tan seriamente a la industria del azúcar como la organización de los obreros en entidades representativas de sus intereses, siguiendo el impulso lanzado desde el poder central. En Jujuy, la hostilidad característica de la restauración conservadora hacia cualquier forma de movilización obrera se había manifestado de modo privilegiado en los ataques y persecuciones a los militantes comunistas interesados desde un principio en organizar a los trabajadores azucareros y mineros. Meses antes del golpe militar de junio, la policía provincial había clausurado los locales del recientemente formado Sindicato de Obreros y Empleados de los Ingenios de Jujuy, adherido a la Federación Obrera de la Alimentación (FOA). En la nueva coyuntura, con el patrocinio de la Secretaría de Trabajo y Previsión, entre 1944 y 1945 cada ingenio jujeño asistía a la formación de su correspondiente sindicato, siendo también importante el apoyo de la gran Federación Obrera Tucumana de la Industria Azucarera (FOTIA). A partir de su fundación los gremios azucareros jujeños plantearon a las compañías numerosos reclamos sobre recomposiciones salariales, mejoramiento de las condiciones de labor y prestaciones de servicios sanitarios, respaldados por los informes de los inspectores oficiales.

Los acontecimientos del 17 de octubre de 1945 pusieron de manifiesto la gravitación que había adquirido el movimiento obrero en el escenario político del país. Un mes más tarde quedaba constituido el Partido Laborista, con voluntad de erigirse en representante y defensor de los intereses de la clase trabajadora. Hacia mediados de diciembre se inició el vertiginoso proceso de conformación de los Comités Directivos Departamentales del partido en la mayoría de los departamentos de la provincia de Jujuy. La politización popular desatada se manifestaría en las tierras del azúcar bajo la forma de una ininterrumpida ola de huelgas, cuya intensidad vino a revelar hasta qué punto en algunas provincias la conflictividad social no asumió en los momentos de irrupción del peronismo exclusivamente la forma de la movilización informal a los lugares simbólicos del poder político.

El 20 de diciembre de 1945 el presidente Edelmiro Farrell había firmado el decreto que establecía un aumento general de salarios y creaba el sueldo anual complementario, que debía ser abonado a fines del año en curso, cuestión que daría cauce a uno de los más conflictivos movimientos huelguísticos de la industria azucarera acaecidos en tierra jujeña. La huelga se había iniciado en el ingenio La Esperanza para proseguir luego en Ledesma, donde a los cortes de teléfono, energía eléctrica y agua corriente (en una época en que la temperatura en la región suele acercarse a los 50 C°) siguió el bloqueo a los domicilios del personal jerárquico de la empresa, motivando todo ello el precipitado arribo de Herminio Arrieta, desde la Capital Federal. Los huelguistas paseaban por las calles del pueblo haciendo ostentación de armas largas. La noticia de la sublevación de los indígenas chaqueños apostados en el lote "Siberia" despertaría la alarma de toda la población. La patronal del ingenio terminaría aceptando las exigencias del sindicato pero sería necesaria la actuación conjunta de fuerzas del ejército, de la gendarmería nacional y de la policía de la provincia para restablecer definitivamente el orden en la región azucarera. Durante el despliegue de fuerzas, los obreros movilizados no habían dudado en vivar el nombre de Perón. El potencial electoral de la zona no pasó desapercibido para las fuerzas que reivindicaban para sí la legitimidad de la conducción peronista en la provincia. No llevaría mucho tiempo advertir que se trataba de un indiscutido baluarte laborista.

En las elecciones del 24 de febrero de 1946 se impusieron holgadamente en Jujuy las fuerzas del radicalismo disidente acaudilladas por Miguel Tanco, que habían sostenido a nivel presidencial la candidatura de Perón, pero el Partido Laborista había conseguido un contundente triunfo en el área azucarera. Siguiendo la tendencia del año anterior, a lo largo de 1946 la agitación en los ingenios sería constante, destacándose también los paros en el sector minero, además de las recurrentes huelgas de los madereros y de los trabajadores de la construcción, lo que insertaba a Jujuy en la escena nacional donde los movimientos se habían venido sucediendo sin intermitencias en distintos sectores del campo obrero. La postura del oficialismo jujeño, en sintonía con la línea ya claramente establecida desde el gobierno central, puede inferirse del siguiente editorial de la prensa oficialista: "¿Cuándo se ha visto que los satisfechos hablen de necesidades y de miseria? ¿No estaremos en presencia de una farsa forjada por políticos interesados para agitar a las masas, y a los que no lo son también, inquietando el ambiente público?".[6]

El 14 de octubre de 1949 la poderosa federación obrera tucumana llamó a la huelga por tiempo indeterminado. La decisión fue secundada de inmediato por los ingenios de Jujuy.

Como es conocido, la huelga de la FOTIA fue declarada ilegal, la Federación intervenida y varios dirigentes terminaron detenidos, poniéndose fin al movimiento el 29 de noviembre. Días después los obreros de los ingenios jujeños eran convocados por el gobierno para escuchar en sus respectivos pueblos la solución que se daría al problema azucarero. Junto a la noticia del 60% de aumento en sus salarios, los obreros escucharon las invectivas de Perón contra "los

---

[6] Diario *Jujuy*, Jujuy, 17 de noviembre de 1946.

falsos dirigentes y traidores de la clase trabajadora, que pretendieron confundirla con fines puramente políticos, lanzándose a una huelga inconsulta".[7]

La centralidad que adquirieron en la agenda pública las cuestiones vinculadas a la realidad socio-laboral en torno del funcionamiento de los grandes complejos azucareros del oriente provincial trascendió al peronismo y, tras su derrocamiento, el mejoramiento de las condiciones de trabajo y vida en los ingenios fue una de las banderas del radicalismo intransigente, llegado al poder tras triunfar en las elecciones del 23 de febrero de 1958. Dos semanas antes de iniciar su mandato, el gobernador electo Horacio Guzmán emprendía un recorrido por los lotes del ingenio Ledesma "donde el obrero vive en condiciones infrahumanas, en ranchos miserables y en una promiscuidad vergonzosa".[8] Las declaraciones de Guzmán –que tuvieron por testigos a dirigentes y afiliados del Sindicato de Empleados y Obreros del Azúcar- aludían a los déficits aún existentes en materia de cumplimiento de la legislación laboral y a las precarias condiciones de la vida material de los zafreros. A días de asumir, el primer mandatario gestionaba ante las compañías un aumento masivo de $500 para los obreros azucareros de la provincia. A partir de allí, las señales dadas por el gobierno al sindicalismo del sector jalonarían la gestión guzmanista en Jujuy. Si el repertorio de políticas sociales implementadas, orientadas a la vez a poner coto al poder desplegado por las empresas azucareras en las áreas sometidas a su influencia directa, evocaba notas caras a la reciente experiencia peronista, hundía también sus raíces en la larga tradición reivindicativa del yrigoyenismo jujeño del que unos y otros dirigentes provenían.

La persistencia en el tiempo de la problemática social azucarera volvió a evidenciarse en los tempranos 70, cuando el gobernador peronista Carlos Snopek refería en su

---

[7] Diario *La Opinión*, Jujuy, 3 de diciembre de 1949.
[8] Diario *Pregón*, Jujuy, 15 de abril de 1949.

discurso de asunción la situación en la que recibía la provincia: Jujuy en general, y el área azucarera en particular, padecía las carencias más significativas del país en cuanto a salud, educación y vivienda. En tal contexto, el gobierno provincial se dispuso a desarrollar una intensa labor entre los trabajadores de ingenios, en su gran mayoría peronistas, al tiempo que volcaba el poder fiscalizador del Estado sobre las grandes empresas.

Las medidas de fuerza por reclamos salariales, irregularidades en los pagos y demandas ligadas al proceso de mecanización que por entonces se impulsaba en el ingenio Ledesma, jalonaron los primeros tiempos del gobierno peronista que, desde la Dirección Provincial del Trabajo, buscó resolver los conflictos en beneficio de los intereses de los trabajadores. Sin embargo, las relaciones entre la dirigencia y el movimiento obrero no escaparon de los efectos derivados del avance de los sectores de derecha dentro del movimiento peronista, efectos pronto evidenciados en la escalada de violencia política instrumentada desde el Estado. A principios de octubre de 1974, la presidenta Isabel Perón reclamaba a las distintas fuerzas del Movimiento posicionamientos concretos contra la subversión. El área azucarera fue calificada como "un foco de agitación permanente". En octubre de 1974, la policía provincial detenía en Ledesma al empleado electricista Jorge Weisz y al abogado cordobés Carlos Patrignani, asesor del sindicato del ingenio, quienes, sin recuperar la libertad, pasarían a engrosar la lista de detenidos-desaparecidos de la dictadura militar instaurada en 1976. Desde el altiplano a las regiones azucareras, la tierra jujeña conoció la cara siniestra del "Proceso". En aquellas tuvo lugar, durante la noche del 27 de julio de 1976, el asalto y secuestro de personas en varios hogares de Calilegua y Libertador General San Martín (Ledesma) tras haberse interrumpido el suministro de energía eléctrica. La fecha del llamado "Apagón" se convertiría en los venideros tiempos democráticos en hito articulador de la memoria colectiva.

Tras los años de terror estatal, la transición democrática inaugurada en 1983 estuvo en el Jujuy azucarero jalonada por las consecuencias sociales de la crítica situación económica del país. La excluyente sociedad neoliberal instaurada en los 90 asistió en la provincia norteña a recurrentes movilizaciones y estallidos sociales ante el dramático incremento de la desocupación, conociendo el área azucarera la temprana irrupción del todavía en ciernes movimiento piquetero. El 20 de mayo un importante grupo de desocupados cortaba la ruta 34, a la altura del ingenio Ledesma, suscitando días después similar actitud en la ciudad de San Pedro. La represión entonces dispuesta por el gobierno provincial suscitó la reacción social y la organización de piquetes a lo largo de la provincia. Las organizaciones piqueteras de Jujuy quedaron conformadas en esas jornadas de mayo, registradas profusamente por los medios televisivos y gráficos nacionales. Se tornaba visible en el país la emergencia de nuevos actores sociales en los intersticios abiertos por la crisis de representación de los colectivos políticos y sindicales, en una sociedad de fin de siglo en acelerada transformación.

4. Política y cuestión agraria en las tierras altas

Los habitantes de las tierras altas de Jujuy se agrupaban en comunidades cohesionadas conservando buena parte de las tradiciones propias de las culturas andinas. Como antropólogos e historiadores han resaltado, la significación que para estas poblaciones tenía la posesión de la tierra no derivaba solamente de su valor económico; encerraba un fuerte contenido simbólico ligado a la recreación de lazos de solidaridad que estaban en la base del sentido comunitario de organización social (Isla, 1992). A principios del siglo XX la forma típica de tenencia de la tierra en la región continuaba siendo el arriendo de parcelas pertenecientes a grandes haciendas cuyo origen se remontaba a la colonia.

Sus propietarios -ausentistas en su mayoría- las utilizaban como bienes de renta, viviendo del cobro de los pastajes y arrendamientos que obligaban a pagar a sus ocupantes. El arriendo era una renta sobre la tierra pagada en moneda; el pastaje consistía en una carga monetaria por cabeza de ganado perteneciente a cada familia, que se pagaba anualmente.

El derecho comunal a la tierra venía siendo una reivindicación constante y central en las diversas formas de protesta social en el norte jujeño. A lo largo del siglo XIX los campesinos habían acudido en varias ocasiones a los tribunales esgrimiendo la nulidad de los títulos de propiedad de los terratenientes de la región. Fracasadas las instancias legales se dispusieron incluso a empuñar las armas. Entre 1857 y 1864 están registrados sucesivos levantamientos, siendo la reacción más violenta la que tuvo lugar en 1874 y que culminó en la derrota indígena en los campos de Quera (Paz, 1991).

La integración económica y política al espacio nacional había transformado importantes aspectos de la estructuración social en las tierras altas. Además de acudir regularmente a las minas y de migrar estacionalmente a los ingenios, muchos habitantes diversificaban experiencias trabajando para el gobierno en el ferrocarril, la construcción de rutas y otras obras de infraestructura, sin ser ajenos, por otra parte, a los cambios políticos, como el proceso de "ciudadanización" abierto en 1912. La prédica yrigoyenista no pasaría inadvertida en la región, especialmente cuando incorporó a su repertorio programático las reivindicaciones norteñas sobre el derecho a la tierra, dando pruebas concretas en tal sentido en las breves ocasiones en las que accedió a la gobernación.

Cuando en 1924 una intervención federal depuso de su cargo de gobernador al yrigoyenista Mateo Córdova, se generalizaron los alzamientos de campesinos puneños que al grito de "¡Viva Tanco!" se negaban a pagar los arriendos, y las cárceles se poblaron de radicales detenidos por sedición.

Desde el llano y al frente del Comité Provincial de la UCR, Miguel Tanco reintentaría infructuosamente impulsar la sanción de una ley de expropiación. Días después de que Hipólito Yrigoyen asumiera su segundo mandato presidencial, el 12 de octubre de 1928, se concretaba a instancias del caudillo radical jujeño y con la colaboración de importantes referentes radicales, un depósito de dinero en el Banco Hipotecario Nacional para la compra en remate de las fincas "Rodero" y "Negra Muerta", ubicadas en el departamento de Humahuaca. Las tierras fueron adjudicadas a Ismael Viñas por la suma de $40.000, en remate efectuado el 15 de octubre de 1928. En un escenario político en donde ni la Legislatura local ni el Senado Nacional contaban con mayorías yrigoyenistas que garantizaran la pronta sanción de una ley de expropiación, la compra colectiva de estos latifundios sacados a remate por la entidad bancaria era una alternativa que ponía al resguardo a los campesinos de la eventualidad de futuros desalojos. Como antecedente se encontraba el caso de Yoscaba, en el extremo noroeste de la Puna jujeña, que en 1886 había sido adquirida por varios de sus arrenderos valiéndose de un préstamo del Banco de la Nación, con garantía estatal (Paz, 1992). Sin embargo, tras larga tramitación y sobrevenido ya el golpe del general Uriburu, el Banco Hipotecario no aprobaría la operación y las tierras serían finalmente compradas por el dueño del ingenio salteño San Martín del Tabacal, Robustiano Patrón Costas. Las condiciones de vida en las haciendas quebradeñas y puneñas se vieron ciertamente alteradas –y fuertemente dificultadas– durante la década de 1930. Fue precisamente en la región en la que el ascendiente del caudillo radical adquiría mayores proporciones donde la dimensión coercitiva del aparato político conservador asumiría su forma más cruda y, en un sentido, también más arcaica.

En el nuevo contexto inaugurado en 1943, las medidas impulsadas por Perón crearon expectativas nuevas entre los puneños. A fines de agosto de 1943 un conocido georgista, el abogado y periodista Antonio Manuel Molinari (autor de

El drama de la tierra en la Argentina) había pasado a integrar el Directorio del Consejo Agrario Nacional, del que fue nombrado interventor en mayo de 1945, siendo una de sus primeras medidas el llamado a licitación para adquirir los latifundios norteños, como paso previo a resolver su expropiación. En su edición del 7 de diciembre el periódico *Democracia* (dirigido por el mismo Molinari, junto a Mauricio Birabent y Fernando Estrada) publicaba en primera página: "La Revolución expropiará feudos de Patrón Costas". Ya para entonces Miguel Tanco había inaugurado su colaboración en el semanario oficial del Consejo Agrario: *Hombre de Campo*.

En la coyuntura preelectoral, fue durante un acto organizado por el Laborismo cuando Perón lanzó su consigna "la tierra para quien la trabaje", iniciando poco después su gira por el norte del país. El 30 de diciembre llegaba a Jujuy anunciando en sus discursos su voluntad de expropiar los latifundios de las tierras altas. Más allá de las promesas del líder nacional, el retorno del viejo caudillo jujeño a la primera escena política renovó en los campesinos de las tierras altas las esperanzas frustradas. El 15 de mayo de 1946, un grupo de habitantes de la localidad de Abra Pampa (departamento jujeño de Cochinoca) emprendía la marcha hacia la Capital Federal, sumando en el camino contingentes de otros distritos puneños. Los animaba la expectativa de hallar solución, de manos del flamante presidente electo, a su problemática agraria. En su número del 3 de julio de 1946, la revista *Ahora* consignaba: "Los explotados de la Puna exhiben su tremendo drama. Llegan a Buenos Aires los coyas: quieren tierra [...] Este hecho se proyecta como una afirmación de esperanza sobre la conciencia agraria de todo el país".[9] Yendo la mayoría a pie, la caravana demoraría un par de meses en recorrer los más de dos mil kilómetros de distancia, arribando a Buenos Aires a finales de julio. Al llegar, fueron saludados por el general desde los balcones

---

[9] *Ahora*, Buenos Aires, 3 de julio de 1946.

de la Casa Rosada y conducidos luego hasta el Hotel de Inmigrantes. La prensa porteña les dedicó fotos y grandes espacios editoriales.

En el vínculo que los campesinos indígenas de las tierras altas jujeñas establecieron con Perón, las representaciones sobre el acceso a la propiedad de la tierra constituían, sin duda, un punto nodal. La medida en que en el proceso de conformación de la nueva identidad política en la región continuó gravitando la impronta del tanquismo puede darla el sólido y sostenido apoyo que el nuevo movimiento nacional siguió hallando en la Quebrada y la Puna, pese al adverso desenlace que hubo de encontrar el llamado "Malón de la Paz". El 26 de agosto de 1946 Perón anunciaba la disolución del Consejo Agrario y, tres días después, los indígenas eran expulsados del Hotel de Inmigrantes por fuerzas policiales y obligados a regresar a Jujuy en los ferrocarriles del Estado.

El revés dado por el líder nacional a sus aliados políticos jujeños no provocó claudicaciones en el plan –largamente proyectado– de reforma agraria en el Norte. Los representantes de Jujuy en el Congreso Nacional continuaron bregando por la consecución de apoyos parlamentarios a dicho plan. Al año justo del triste final que hallara el "Malón", el diario *Crónica* daba a conocer la noticia: "El H. Senado de la Nación, a iniciativa del obstinado luchador y valiente conductor de las multitudes jujeñas, don Miguel A. Tanco, ha sancionado la expropiación de las tierras".[10] El 7 de agosto de 1947, Tanco había presentado en el Senado su proyecto de "Expropiación de terrenos de la provincia de Jujuy que pertenecieron a aborígenes", proponiendo que las tierras pasaran al dominio de las comunidades indígenas, no pudiendo venderse, gravarse o transferirse.[11] De que la ley expresaba los anhelos de sus beneficiarios directos daba

---

10 Diario *Crónica*, Jujuy, 8 de agosto de 1947.
11 Congreso Nacional, Diario de Sesiones de la Cámara de Senadores de la Nación, Tomo I, 7 de agosto de 1947.

cuenta la carta que un grupo de pobladores del distrito de Tinate (Cochinoca) dirigía en 1948 al gobernador Alberto Iturbe: "Siguiendo la prédica de don Miguel A. Tanco los pobladores de Tinate quieren vivir en comunidad. Su deseo es que queda en propiedad la casa y terreno cercado que cada uno tiene para habitación, pero queda en uso comunal los terrenos de pastoreo y sus aguadas".[12]

Reivindicador de la enfiteusis rivadaviana y cercano al pensamiento georgista, Tanco era partidario de la permanencia de la tierra en manos del Estado como garantía del acceso a ella -a cambio del pago de un módico arriendo- de quienes la habitaban y trabajaban, evitando con ello los procesos de concentración en los que solía desembocar incluso la enajenación de la tierra en forma de pequeñas propiedades. La estructura de oportunidades políticas en relación con el problema agrario que dejó abierta el peronismo fue, de hecho, evaluada por los campesinos de las tierras altas a la luz de una larga experiencia de lucha, que cobraba sentido en un medio social específico. Sobre la base del ideario tanquista, el 1º de agosto de 1949, el presidente Perón firmaba el Decreto Nº 18.341, por el que expropiaba los latifundios de la Quebrada y la Puna jujeñas, pasando estos a propiedad del Estado nacional.

Diez años después, durante el gobierno de Horacio Guzmán, encontraba sanción en el Congreso el proyecto del senador radical oriundo de Yavi, Juan Mansilla, de transferencia al Estado jujeño de las tierras de Quebrada y Puna expropiadas en 1949, para ser entregadas a sus moradores. El 9 de abril de 1959, Frondizi firmaba el decreto (Nº 4177) que concretaba el traspaso a través del Consejo Agrario Nacional de un total de 1.846.752 hectáreas en los departamentos de Cochinoca, Rinconada, Santa Catalina, Yavi, Humahuaca, Tilcara, Tumbaya y Valle Grande. El gobierno provincial se disponía a entregar las tierras solo a aquellos pobladores "con legítimo derecho", en las zonas en

---

[12] Archivo Histórico de la Provincia de Jujuy, exp. 4005, 9 de junio de 1948.

que las circunstancias de dominio permitieran legalizar la adjudicación. La complejidad de la problemática implicada en la titulación comunitaria del suelo significó que para la inmensa mayoría de los habitantes de las tierras altas jujeñas la búsqueda de la solución definitiva a la cuestión agraria se dilatara en el tiempo.

Un punto clave de inflexión derivó de la aprobación por parte de Argentina en abril de 1992 del Convenio 169 de la OIT sobre "Pueblos Indígenas y Tribales en Países Independientes", junto al reconocimiento en la nueva Constitución Nacional, reformada en 1994, de la existencia étnica y cultural de los pueblos indígenas y sus comunidades, abriendo las puertas a la adjudicación en propiedad comunitaria de las tierras que tradicionalmente venían ocupando (art. 75, inc. 17). El primer efecto de la nueva legislación en Jujuy fue la expropiación a mediados de la década de 1990 de la finca "Tumbaya Grande" (casi 25.000 ha en el departamento quebradeño de Tumbaya) a favor de las familias de arrenderos allí radicadas. Los años noventa asistieron al proceso de organización de numerosas comunidades aborígenes en el territorio provincial, la mayoría en las tierras altas. Pronto, la declaración por la UNESCO de la Quebrada de Humahuaca como "Patrimonio Natural y Cultural de la Humanidad" en el año 2003 iba a incrementar notablemente la afluencia de turistas a la región con la consiguiente irrupción de emprendimientos hoteleros y gastronómicos, precipitando la lucha en pos de la obtención de los títulos de propiedad comunitaria.

De acuerdo con el censo nacional de 2010 existían en Jujuy 52.545 aborígenes. Hacia el año 2014 eran nueve las etnias reconocidas en la provincia (Atacama, Guaraní, Kolla, Kolla Guaraní, Ocloya, Omaguaca, Tilián, Toara y Toba) y 268 las comunidades con personería jurídica (condición indispensable para bregar por los títulos de propiedad), habiendo el Estado provincial otorgado 44 "escrituras públicas de cesión gratuita a título comunitario" que beneficiaron a 13.352 pobladores (Aguilera, 2014).[13] En los albores del siglo XXI garantizar el acceso colectivo a los pastos y aguadas, que está en la base de las economías de subsistencia en las tierras altas, sigue siendo el núcleo de la problemática agraria en la región.

Bibliografía

AELO, Oscar (comp.) (2010), *Las configuraciones provinciales del peronismo. Actores y prácticas políticas, 1945-1955*, Buenos Aires, Instituto Cultural de la Provincia de Buenos Aires.

AGUILERA, Patricia (2014), *Titulación de territorios a comunidades aborígenes de la provincia de Jujuy*, Jujuy, EDIUN-Ju.

CHIARAMONTE, José C. (1991), "La cuestión regional en el proceso de gestación del Estado Nacional argentino", en Chiaramonte, José C., *Mercaderes del Litoral*, Buenos Aires, Fondo de Cultura Económica.

FERRARI, Marcela y MELLADO, Virginia (comps.) (2016), *La Renovación peronista. Organización partidaria, liderazgos y dirigentes, 1983-1991*, Buenos Aires, EDUNTREF.

FLEITAS, María Silvia (2010), "¿Reforma? ¿Revolución? En torno a la lucha política a fines de la década radical en Jujuy", en Tato, María Inés y Castro, Martín O. (comps.), *Del Centenario al peronismo. Dimensiones de la vida política argentina*, Buenos Aires, Imago Mundi.

HALPERIN DONGHI, Tulio (1994), *Argentina en el callejón*, Buenos Aires, Ariel.

---

[13] Se transfirieron a las comunidades 1.179.878 ha de tierra (alrededor del 30% de la superficie del dominio fiscal de la provincia) distribuidas del siguiente modo: 141.916 ha en Cochinoca; 85.870 ha en Yavi; 724.914 ha en Susques; 187.503 ha en Humahuaca; 35.140 ha en Tilcara; 6 ha en Tumbaya y, fuera de las tierras altas, 4.690 ha en el departamento de Santa Bárbara, en los valles subtropicales del oriente jujeño (Aguilera, 2014).

HALPERIN DONGHI, Tulio (2004), *La República imposible (1930-1945)*, Buenos Aires, Ariel.
ISLA, Alejandro (comp.) (1992), *Sociedad y articulación en las tierras altas jujeñas*, Buenos Aires, Proyecto ECIRA, MLAL.
KINDGARD, Adriana (2001), *Alianzas y enfrentamientos en los orígenes del peronismo jujeño*, Jujuy, Universidad Nacional de Jujuy.
KINDGARD, Adriana (2004), "Tradición y conflicto social en los Andes argentinos: en torno al Malón de la Paz de 1946", *Estudios Interdisciplinarios de América Latina y El Caribe (EIAL)*, Vol. 15, N° 1, Ramat Aviv, Universidad de Tel Aviv.
KINDGARD, Adriana (2009), "La política jujeña en los noventa: partidos y actores de poder", en Lagos, Marcelo (dir.), *Jujuy bajo el signo neoliberal. Política, sociedad y cultura en la década de los noventa*, Jujuy, EDIUNJu.
LAGOS, Marcelo (1992), "Conformación del mercado laboral en la etapa de despegue de los ingenios azucareros jujeños (1880-1920)", en Campi, Daniel (comp.), *Estudios sobre la historia de la industria azucarera argentina-II*, Tucumán, UNJu-UNT.
LANGER, Erik y CONTI, Viviana (1991), "Circuitos comerciales tradicionales y cambio económico en los Andes Centromeridionales (1830 1930)", *Desarrollo Económico*, Vol. 31.
MACOR, Darío y TCACH, César (eds) (2003), *La invención del peronismo en el interior del país*, Santa Fe, Universidad Nacional del Litoral.
PAZ, Gustavo L. (1991), "Resistencia y rebelión campesina en la Puna de Jujuy, 1850-1875", *Boletín del Instituto de Historia Argentina y Americana "Dr. E. Ravignani"*, N° 4.
PAZ, Gustavo L. (2006), "La provincia en la Nación, la Nación en la provincia", en Teruel, Ana y Lagos, Marcelo Lagos (dirs.), *Jujuy en la Historia. De la Colonia al siglo XX*, Jujuy, EDIUNJu.

RUTLEDGE, Ian (1987), *Cambio Agrario e Integración. El desarrollo del Capitalismo en Jujuy: 1550-1960*, Proyecto ECIRA, Fac. de Fil. y Letras UBA/MLAL.

TERUEL, Ana y FLEITAS, María Silvia (2004), "Historiando las develaciones de Bialet Massé en torno a los trabajadores y conflictos sociales en los ingenios de Jujuy", *Entrepasados*, N° 26, Buenos Aires.

Sociabilidad y espacio público

Sociabilidad y cultura en la Argentina del Centenario[1]

Una experiencia local

SANDRA FERNÁNDEZ

La sociabilidad es una categoría que ha resultado muy conveniente para aproximarse a varias temáticas en la historiografía argentina. Desde los análisis sobre asociacionismo, hasta los exámenes sobre sociabilidad informal, pasando por los enfoques sobre la sociabilidad política, en los últimos años se ha hecho especial énfasis en ubicarla como centro de numerosas investigaciones. En particular los trabajos relativos a la sociabilidad de matriz cultural no han sido tan prolíficos, sin embargo pueden señalarse varios estudios que vienen marcando una línea de interpretación. Cimentándose sobre el estudio de entidades culturales y educativas, apuestan por una superación del análisis institucional incursionando entre otras, por la perspectiva de redes, vínculos amistosos, identidades políticas, para obtener resultados que han permitido pensar sus incidencias sobre el espacio público de forma más compleja y rica.

Las investigaciones más clásicas sobre instituciones asociativas, es decir el estudio estricto de la entidad, si bien importantes por el caudal de conocimiento que arrojan, tienen un horizonte limitado en lo que se refiere a comprender el fenómeno de la sociabilidad desde la perspectiva del

---

[1] Este capítulo es tributario de diferentes textos que han expuesto la investigación de base desarrollada en el marco de la carrera de investigador científico de CONICET. Algunos de ellos pueden encontrarse en la bibliografía referenciada.

examen de las relaciones sociales. Tales miradas han priorizado a las asociaciones como un universo de análisis en sí mismo. Los resultados brindan escasos ejes de interpretación que permitan comprender las acciones individuales y colectivas de sus organizadores, comisiones directivas y socios, ya que estos son subsumidos en la identidad institucional mayor. Por el contrario, los enfoques que toman en consideración la importancia de los sujetos y las formas de vínculo social en la génesis y gestión asociativa tienden a tener una perspectiva analítica más amplia, dando lugar así, a un conocimiento que excede el mero marco institucional y hace posible acceder a las tramas de relaciones sociales, así como a las interlocuciones que se plantean con el Estado en tanto órgano de regulación y control asociativo.

En sí mismo el concepto sociabilidad, y en especial sus alcances explicativos para variadas formas de interrelación social, ha permitido en estos últimos treinta años profundizar la investigación e introducir nuevos tópicos de análisis. Acuñado por Maurice Agulhon hace casi cincuenta años, su utilización se concentró en su condición de categoría teórica; y por ello pasó a ser una de las herramientas fundamentales para comprender e interpretar la representatividad de los vínculos relacionales entre los sujetos (Navarro, 2006). Jordi Canal (1997) muy bien marca que su uso buscó ordenar interpretaciones muy variadas que iban desde las expresiones de una sociabilidad institucionalizada, en muchos casos instrumentada por el Estado liberal, hasta las formas prerrevolucionarias de vinculación social.

En el año 1966 apareció la primera edición de *La sociabilité méridionale*, el primero de los libros de Agulhon dedicado al tratamiento de la sociabilidad. Allí, el historiador francés marcaba un primer hito no solo alrededor de la conceptualización del término, sino también en torno de su aplicación en la investigación histórica. En ese tiempo el estudio de la sociabilidad francesa tenía un foco prioritario: el período de transición del Antiguo Régimen a la sociedad burguesa. Pero el propio Agulhon y varios de sus continuadores hicieron trascender este recorte, aplicando metodológicamente tal categoría en otros tiempos y espacios, y extendiendo el análisis hacia otros sujetos sociales, como obreros y campesinos. De este modo enriqueció tanto la historia social como la política, al poner en diálogo el plano teórico con el empírico para reforzar y reconfigurar su conceptualización originaria, a partir de su vasta producción historiográfica (Bolufer, 2006: 121-122).

Desde Agulhon, la sociabilidad se refiere a los sistemas de relaciones cuya naturaleza, nivel de sujeción de los miembros, número de integrantes, estabilidad, no se hallan estrictamente pautados, pero que a su vez hacen posible gestar sentimientos de pertenencia-solidaridad. Así, el concepto se iba a distinguir por la amplitud y la ambigüedad haciendo coincidir en él tanto las experiencias de sociabilidad recreadas en asociaciones formales -con estatutos, comisiones directivas, locales fijos de reunión, etc.- como también situaciones de agrupamiento informal, por ejemplo los cafés, las tabernas, los paseos públicos, etc. Las críticas que este concepto fue cosechando sirvieron para que su autor lo reformulara, y así siete años después de haber explicado que la sociabilidad se refería a un sistema de relaciones, ahora lo hacía entendiéndola como una aptitud humana que provoca la asociación voluntaria: la sociabilidad, entendida así como la aptitud de vivir en grupos y consolidarlos mediante la constitución de asociaciones voluntarias (Agulhon, 1994, 2009). Mientras que, en el primer caso, la estructura prevalece, en el segundo lo hacen los sujetos colectivos. Entonces, las preguntas y las fuentes donde pensar la problemática son redefinidas ampliando el arco de temas posibles de abordar y haciendo énfasis en relaciones sociales más difíciles de encontrar en superficie en las fuentes. Lo que Agulhon señala se asienta sobre la premisa de entender la sociabilidad en plural, que no es exclusivamente el resultado de diferentes prácticas y los diversos actores sociales que la movilizan, sino del difuso y opaco límite entre la sociabilidad formal y la informal (Caldo y Fernández, 2008: 81-84).

La sociabilidad instituida y organizada se funda en la igualdad de representación y en valores de solidaridad y bien común, pilares de democracia asociativa interna por donde además es posible idealizar el espacio público. Las perspectivas que combinan el análisis social y el político revelan una práctica asociativa profundamente dúctil a la hora de interactuar con el Estado y con los diferentes grupos sociales a los que pretende representar, instancia que requiere respuestas disímiles en función de las distintas demandas. Esta mirada atiende al sistema de redes que trasciende las metas institucionales primarias fijadas, y afecta sobre lo económico, lo social, lo político y lo gubernamental. Los lazos asociativos anudan a la sociedad misma y se reflejan con múltiples rostros en los intereses sectoriales, en las problemáticas individuales, en los valores, en las sensibilidades frente a lo público y en los diversos sentidos de "lo político" (Bravo y Fernández, 2014: 8-17).

La opacidad de los límites se hace más manifiesta en asociaciones de índole cultural, en donde la retórica en torno de la cultura las hace aparecer como entidades superadoras de diferencias. Se parte del *a priori* de que las expresiones culturales son prácticas universales, capaces de funcionar como elementos integradores del mundo social. Acompañando este supuesto también se trabaja con la idea de que el arte y la cultura no expresan ideología, sino que son componentes de un espacio que sintetiza las aspiraciones de la sociedad toda en una esfera pública única y dinamizada a partir del consenso. La descripción se condice en particular con los referentes asociativos que se gestan durante el cambio finisecular y las primeras décadas del siglo XX, donde el ideal propio de la cultura burguesa funcionó casi hegemónicamente en la configuración de asociaciones con ascendente artístico, cultural, educativo e intelectual, pero que deja en los márgenes de las bibliotecas, centros y espacios populares.

En Argentina, si bien estas manifestaciones tuvieron elementos comunes otorgados por el sustrato de legitimación provisto por la norma liberal propuesta desde el Estado, mantuvieron diferencias a la hora de delinear sus metas y acciones. Sus contextos fueron diferentes y provocaron experiencias que resultaron paradigmáticas. En principio porque estas figuras asociativas se encontraban fuertemente arraigadas en espacios locales, en general urbanos; segundo porque pretendían componer un universo de lo público concentrado en acciones culturales, educativas e intelectuales que transformaran prácticas que estaban por fuera del grupo gestor de las iniciativas; y al fin porque la agenda asociativa era capaz de mostrar las metas de los actores que integraron tales colectivos, así como sus vinculaciones políticas, económicas y sociales.

Para el período que nos ocupa, las asociaciones de tinte cultural resultaron ser la consecuencia de articulaciones previas, ya que en muchos casos sus socios habían consolidado su conocimiento mutuo en entidades como círculos étnicos, clubes políticos, instituciones sociales y deportivas, corporaciones económicas, logias. Su propuesta cultural cristalizó las aspiraciones de grupos liberales ilustrados que proponían acciones destinadas a consolidar ideales civilizatorios al resto de la sociedad. En este camino, estos modelos asociativos intentaban completar o sustituir las acciones del Estado, dándose estrategias amplias que iban desde la directa incidencia en los asuntos públicos acompañando proyectos legislativos hasta la realización de actividades recreativas.

De este modo el estudio de las asociaciones culturales nos permite meditar sobre las formas alternativas en las que los grupos de raíz local se pensaban en la esfera pública, cómo pretendían organizarla y desde dónde la articulaban;

así como también, cómo ejercían su interpelación al Estado, conciliando o confrontando con políticas que podían acompañar o recortar su autonomía.

Asimismo tal estudio lleva considerar también la propuesta metodológica de la historia regional y local, no solo desde la búsqueda de comparación de experiencias, sino desde la magnitud de pensar el acercamiento metodológico y la idea de un contexto que otorga sentido y coherencia a las interpretaciones del fenómeno a estudiar (Fernández, 2015, 2007a; Serna y Pons, 2007; Bandieri, 2007). La espacialidad de las experiencias asociativas, en particular las culturales y educativas, brindan un profundo sentido a la matriz local de tales expresiones, y permite ajustar los niveles de observación resumiendo la tensión entre lo particular y lo general (Fernández, 2006).

La importancia de la articulación entre asociación, espacio público y Estado puede observarse a través del estudio de entidades culturales de forma muy sugestiva. Por ello para ilustrar este fenómeno circunscribiremos el análisis a una asociación que se organiza alrededor de una institución pública municipal, y que reuniendo a un segmento muy importante del grupo dominante, pretende ser un espacio de cristalización cultural, artística, educativa e intelectual en una ciudad como Rosario, paradigma del modelo agroexportador, sin tradición colonial y posindependiente.

Nos detendremos primero en describir el surgimiento de la Asociación Cultural "El Círculo de la Biblioteca", resaltando los aspectos singulares de su gestación, organización y líneas de acción desplegadas; así como su vinculación directa con el Estado municipal, durante la década del Centenario. Segundo, nos interesa resaltar la forma en que la entidad se identificó con un sector ilustrado del grupo dominante local que llevó adelante la experiencia, y la transformó en el tiempo. Tercero, haremos énfasis en mostrar las prácticas que la institución eligió para operar sobre espacio público urbano, para transferir y divulgar un ideario cultural.

1. La meta cultural como organizadora de una asociación

Cuando en abril de 1912 se constituyó definitivamente la Asociación Cultural "El Círculo de la Biblioteca", se abrió un hito en la forma en que la clase dominante rosarina se iba a ubicar en el espectro cultural e intelectual nacional. Era un objetivo central de sus miembros proyectar la ciudad a un plano de civilidad occidental. La humilde urbe de las primeras décadas del siglo XIX, sin pasado colonial, sin fundación, sin elite post-independiente, sin recursos para encaramarse en el andamiaje político, se había convertido, merced a los cambios introducidos por el trunco proyecto de la Confederación y la eficiencia del modelo agroexportador, en una de las ciudades más significativas de la república, si no la más importante después de Buenos Aires.

Para 1910, en Rosario no había museos, no había bibliotecas, no había universidad. La ciudad se movía en la cadencia del flujo mercantil; los embarcaderos se desplegaban por la ribera del Paraná para recibir a los buques de ultramar; kilómetros de líneas férreas la cruzaban sin resguardar su traza urbana, ni preguntarse por la belleza de los suburbios. Santiago Rusiñol (1911: 217-218), en su viaje a Argentina en 1911, la describió "blasfema y áspera", y a sus hombres como construidos al calor del dinero. Pero más allá de las impresiones expuestas en *Un viaje al Plata,* y compartidas por otros viajeros del período, la ciudad había crecido de forma geométrica, y a la par de su población, también sus expectativas urbanas. Entre sus particularidades, Rosario era el hogar de sinnúmero de asociaciones. La esfera liberal había estimulado sistemáticamente estas prácticas amparando desde el Estado la formación de estas instituciones. Merced al impacto de la migración europea habían aparecido muchas asociaciones con un marcado perfil étnico, así como también entidades obreras y de resistencia consolidadas al calor de las huelgas y movimientos sociales de las primeras décadas del siglo XX.

Con el paso de los años las asociaciones con fuerte cariz cultural y educativo fueron adquiriendo más relevancia y visibilidad dentro del espacio público. No solo se vieron surgir entidades con fuerte impronta de clase que apostaban por una idea de cultura hegemónica, sino que además surgieron numerosos ejemplos asociativos que tenían como sustrato los sectores populares urbanos. Bibliotecas populares y centros vecinales se constituyeron como alternativas, en su mayoría barriales, de reunión, lectura e intercambio de bienes culturales (Fernández, 2006, 2007b).

Pero en particular la clase dominante local tenía para 1910 la decisión política de ampliar su arco de acción público, decantando en una idea de cultura ilustrada y burguesa que fuera capaz de ser capilar con la sociedad rosarina en su conjunto. El recurso fundamental que instrumentó fue fijar una línea de actividades que asimilara sus intereses con los de la ciudad toda. La necesidad creciente para las nuevas generaciones de este grupo era construir una esfera pública superadora que se anclara en perspectivas civilizadoras, educativas, culturales, artísticas occidentales. Su significativa ausencia de los planos de intervención política plena a nivel nacional y provincial, limitaba su posibilidad de alimentar un programa gubernamental que beneficiara de forma directa a la ciudad que los cobijaba. Esta aparente deficiencia se suplantó con una activa política asociativa, y en la participación en el Poder Ejecutivo y Legislativo municipal. Ambas facetas, al fin, permitieron la generación de políticas públicas que articularon decisiones gubernamentales con iniciativas asociativas. Por ello no fue casual que a partir de la inauguración oficial de la primera biblioteca pública de la ciudad en 1912, se creara en paralelo una asociación de índole cultural que llevaría el sugestivo nombre de Asociación Cultural "El Círculo de la Biblioteca".

La ordenanza municipal Nº 7 de octubre de 1909 había autorizado la organización de la Biblioteca Argentina, para que finalmente en julio de 1912 fuera inaugurada. En el mismo año, muy poco tiempo después, también sería el reducto de una "poderosa institución cultural" que agruparía "actividades intelectuales y artísticas, antes dispersas o faltas de apoyo eficaz". La situación era original, sus creadores dirían en 1921 que la experiencia era "acaso única en el país", al resultar una biblioteca pública "el punto de cita habitual, familiar, pudiera decirse de los elementos sociales más representativos de la ciudad".[2]

El argumento más importante que se iba a esgrimir era la organización de una institución cultural capaz de reunir actividades intelectuales y artísticas, dispersas y con ausencia de apoyo oficial. De este modo, inmediatamente se organizó una serie de pasos entre los cuales figuraría una nota formal de solicitud a las autoridades de constituir la entidad, solapando actividades y metas con la institución municipal. Refrendaba el pedido Juan Álvarez en su calidad de director de la biblioteca. Juan Alvarez, historiador y jurista, autor entre otras obras del *Ensayo sobre la historia de Santa Fe* (1909), el *Estudio sobre las guerras civiles argentinas* (1914), *Temas de Historia Económica Argentina* (1929) y la *Historia de Rosario* (1943), estaba acompañado por otros miembros de la burguesía local, encabezados por Camilo Muniagurria, un prestigioso médico higienista quien sería posteriormente durante 25 años director de la Biblioteca Argentina, así como director de la Asistencia Pública de Rosario, decano de la Facultad de Medicina, vicerrector de la Universidad del Litoral y presidente del Círculo Médico; y distintos referentes del mundo académico, jurídico, periodístico, comercial (Fernando Schleisinger, Rafael Araya, Juan Siburu, José Piattini López, Julio Bello, Tomás Arias, Raúl Lagos y Luis Ortiz de Guinea).

Para estos sujetos, afianzados en el plano profesional, económico y político, era muy importante dotar "al Rosario" de una cultura singular; que la ciudad se convirtiera en una urbe, que entre Buenos Aires y la "docta" Córdoba

---

[2] *La obra cultural del Círculo*, Establecimientos Gráficos Woelflin, Rosario, 1921, p. 5.

fuera un faro artístico e intelectual. Aspiraciones individuales y colectivas se entretejían para potenciar una matriz de modernidad propia de una ciudad del siglo XX.

Tanto el proceso eleccionario inicial como la denominación que se eligió para bautizar la novel entidad mostraron el vínculo perdurable entre la Biblioteca municipal y la institución cultural. El acto inaugural, desarrollado en la sede del ejecutivo local gracias a la certificación de sus autoridades, refrendó la unión: Asociación Cultural "El Círculo de la Biblioteca". Controlado y rubricado por el propio prosecretario del Poder Ejecutivo catapultó a la presidencia de la institución a Juan Álvarez. Inmediatamente se procedió a elaborar los estatutos donde claramente se dejaría señalada la vocación de la entidad para propender a la cultura intelectual y artística del Rosario.[3] Es así que, *buscando evitar el escollo en que antes naufragaran iniciativas muy loables*, los comisionados pensaron que el éxito de la nueva institución había de radicar, al menos en sus comienzos, sobre estas dos bases: su directa vinculación con una biblioteca municipal y la gestión de un amplio programa de acción cultural.

La biblioteca municipal proveía sus instalaciones, y el aval gubernamental. Ambas instancias eran elementos preciados, el primero por la reducción de costos que representaba, el segundo por el marco de referencia y de legitimidad que otorgaba. La solución que se presentaba era sencilla y eficiente: combinar los recursos genuinamente públicos con las expectativas privadas de imposición cultural. En 1921, durante la conmemoración del aniversario, los fundadores de "El Círculo" dirían:

> la dirección del establecimiento creyó oportuno amenizar el acto con algunos números selectos de música de cámara, y ante el Éxito obtenido por la fiesta –era la primera vez que sin propósitos de lucro se traía de la capital federal un conjunto

---

[3] *La obra cultural del Círculo*, 1921, pp. 11-12; *Actas de "El Círculo de Rosario"*, 1912-1920; *Estatutos de "El Círculo"*, Establecimientos Gráficos Woelflin, Rosario, 1921, art. 1.

musical de importancia– el Dr. Rubén Vila Ortiz lanzó la idea de repetir periódicamente reuniones de tal tipo organizando al efecto una asociación.[4]

La Asociación Cultural "El Círculo de la Biblioteca" se convertía así en un espacio cultural asociativo pero beneficiado con los recursos físicos y funcionales provistos por la municipalidad. La descripción realizada por los propios protagonistas hacía énfasis en este último recurso:

> Supresión de los gastos de local, servicio, luz y calefacción, que habitualmente absorben la mayoría de los recursos en los centros culturales [...] ofrecimiento de mayores ventajas a los asociados que las que pudiera ofrecer cualquiera otra organización de conciertos y conferencias hecha con fines de lucro o por empresarios.[5]

Las metas diseñadas por los estatutos se concretarían en

> Conciertos, conferencias, exposiciones de arte, publicar libros y revistas, crear premios de estímulo, acordar becas y subsidios y organizar certámenes literarios y artísticos, quedando facultada al efecto para hacer todos los gastos que estos festivales demanden [...] adquirir obras de arte las que podrán ser donadas a Instituciones culturales de esta ciudad, así como también aceptar donaciones o legados.[6]

La eficiencia entre la formulación de los objetivos institucionales y la proyección de prácticas vinculadas a la difusión cultural y a la formación educativa hacían que la generación de una nutrida agenda de actividades, así como la adquisición y legado de obras de arte, no fuera vista por "El Círculo" como una forma de acrecentar el patrimonio

---

[4] *La obra cultural del Círculo*, Establecimientos Gráficos Woelflin, Rosario, 1921, p. 6.
[5] *La obra cultural del Círculo*, Establecimientos Gráficos Woelflin, 1921, p. 7.
[6] Estatutos de "El Círculo". Rosario, Establecimientos Gráficos Woelflin, 1921, art. 10.

particular de la entidad, sino por el contrario como una manera de interpelar y nutrir a la sociedad local y generar otras instituciones públicas.

2. Un programa de acción

Desde el momento de su constitución como entidad cultural a fines de 1912, el proyecto de "El Círculo" se consolidó. Su vida cultural se organizó sobre la base del diseño de un profuso plan de actividades que redondeaban las expectativas de los organizadores y que encontró amplia respuesta en un público de pares ávido de este tipo de propuestas en una ciudad que quería encaramarse cada vez al programa cultural nacional. Durante la gestión de la primera comisión directiva se formalizaron doce conciertos y cuatro conferencias, además de inaugurarse el Primer Salón de Bellas Artes, que contó con la presencia del presidente Roque Sáenz Peña. En los años que llegan hasta 1920, se realizaron más de setenta conciertos y audiciones, y alrededor de treinta conferencias y espectáculos de poesía, y se retomó el Primer Salón Rosarino de Bellas Artes. Este sintético panorama habla no solo del perfil de la actividad artística deseada por los promotores de la institución, sino además de los nichos sobre los cuales "El Círculo" quería desarrollar su propuesta, sin abandonar nunca su vinculación con la Municipalidad de Rosario. La música y las artes plásticas ocuparían un lugar relevante. La primera a partir de una dilatada lista de funciones que recorrerían el Salón Blanco de la Biblioteca Argentina y las tablas de distintos teatros rosarinos presentando un sinnúmero de compositores, obras y ejecutantes -argentinos y extranjeros, profesionales y aficionados-. La actividad musical rivalizaba con los teatros comerciales en manos de conocidos personajes de la vida empresarial local. Rouillón, Schiffner, quienes provenían de reconocidas familias de comerciantes importadores-exportadores, eran propietarios de los teatros Colón y el Opera respectivamente. En los años que van entre 1912 y 1921, se registraron 163 reuniones, desde las iniciales cuatro que se organizaron en el primer año de gestión hasta las veintitrés de 1921, con un sostenido y paulatino incremento.

La actividad de la comisión directiva de "El Círculo" fue casi febril planificando audiciones desde abril a diciembre de cada año. El recorrido musical fue bastante heterogéneo en los gustos, géneros e intérpretes. Desde conciertos sinfónicos ejecutados por prestigiosas orquestas nacionales, hasta más modestos recitales de señoritas, pasando por conjuntos de cámara que reunían visitantes extranjeros del Conservatorio Imperial de Leipzig, del Metropolitan House de Nueva York o del Conservatorio Nacional de Bruselas. El repertorio romántico recorría buena parte de los programas, pero no excluía trabajos más contemporáneos, así como obras de compositores nacionales. Tampoco se descartaba el homenaje a los que se consideraban paradigmas del culto estético musical. Así desde la inauguración del monumento a Beethoven en pleno Parque Independencia, hasta festivales como el del Aniversario del Nacimiento de Wagner o el 1° y 2° Concierto Rubinstein, se intentaba abarcar las más dilatadas fronteras en voluntades y gustos musicales.[7]

---

[7] "Reunión 69, 4 de mayo de 1917, obra del escultor Herminio Blotta ofrecido por El Círculo a la ciudad de Rosario. Hablaron en ese acto: el presidente de El círculo, Rubén Vila Ortiz, el intendente municipal Dr. Federico Remonda Mingrand y el presidente de la sociedad artística Diapasón de Buenos Aires, Dr. Enrique Prins"; "Reunión 7, lunes 5 de mayo de 1913, Teatro de la Opera, Conmemoración del primer centenario del nacimiento de Ricardo Wagner. Concierto Sinfónico a cargo de la Sociedad Orquestal Bonaerense bajo la dirección del maestro Ferruccio Cattelani" (Actas...); "Reunión 79, 21 de octubre de 1917, Teatro Colón, Primer Concierto Rubinstein" y "Reunión 80, 22 de octubre de 1917, Teatro Colón, Segundo Concierto Rubinstein", en Actas de "El Círculo de Rosario" 1912-1920, reproducidas en *La obra cultural del Círculo*, Rosario 1912-1921, Talleres Woelflin, Rosario, 1921.

Tan atractivas como las reuniones musicales eran las conferencias de los programas de "El Círculo", que menores en cantidad, eran una muestra de los vínculos con destacados intelectuales del momento. A Ricardo Rojas, Leopoldo Lugones, José Ortega y Gasset, Ramón Menéndez Pidal, Manuel Ugarte, Carlos Ibarguren, José León Pagano, los seguían higienistas como Gregorio Araoz Alfaro, biólogos (Clemente Onelli) e historiadores (Ramón Cárcano), viajeros y periodistas, diplomáticos y hasta un exótico disertante interesado en la cuestión extraterrestre.

Conferencias y disertaciones realizadas por la Asociación Cultural "El Círculo", 1912/20

Reunión	Fecha	Lugar	Actividad
Reunión N° 8	18 de mayo de 1913	Salón Blanco, Biblioteca Argentina	"¿Mono o mona? ¿Hombre o mujer?", conferencia a cargo del Dr. Clemente Onelli, director del Jardín Zoológico de Buenos Aires

Reunión N° 15	28 de septiembre de 1913	Salón Blanco, Biblioteca Argentina	"La preservación de la Infancia. El niño centro de toda acción preventiva. Su formación, su crecimiento, su educación. La madre, la sociedad, el Estado en los diversos períodos de la vida del niño. La preservación moral", conferencia a cargo del Sr. académico de la Facultad de Medicina de Buenos Aires, Dr. Gregorio Araoz Alfaro
Reunión N° 23	14 de julio de 1914	Savoy Hotel	Poesías de Ricardo Rojas leídas por su autor
Reunión N° 24	15 de julio de 1914	Teatro Olimpo	"La bandera", conferencia a cargo del Sr. Ricardo Rojas, presentado por el Sr. Ortiz Grognet
Reunión N° 26	14 de septiembre de 1914	Savoy Hotel	"La mujer en la antigua literatura narrativa española", conferencia a cargo del filólogo español Dr. Ramón Menéndez Pidal

Reunión N° 32	18 de abril de 1915	Biblioteca Argentina	"La vida épica. Estudio general sobre poesía épica. Importancia social de la poesía en todas las épocas", conferencia de Leopoldo Lugones
Reunión N° 49	23 de abril de 1916	Salón Blanco, Biblioteca Argentina	"Significado histórico del quijotismo", conferencia de Leopoldo Lugones, en conmemoración del tercer centenario de la muerte de Miguel de Cervantes
Reunión N° 50	28 de mayo de 1916	Salón Blanco, Biblioteca Argentina	Poesías de Manuel Ugarte, leídas y comentadas por su autor
Reunión N° 63	4 de diciembre de 1916	Salón Blanco, Biblioteca Argentina	Conferencia del catedrático español Don José Ortega y Gasset
Reunión N° 65	31 de diciembre de 1916	Salón Blanco, Biblioteca Argentina	"El tipo conyugal de la mujer en Homero", conferencia de Leopoldo Lugones con lectura de traducciones del verso griego, hechas por el conferenciante

Reunión N° 67	15 de abril de 1917	Salón Blanco, Biblioteca Argentina	"Evolución y significado del Arte Argentino", Conferencia a cargo de José León Pagano, profesor de Historia y Estética en la Academia Nacional de Bellas Artes y miembro honorario de la Real Academia de Florencia
Reunión N° 72	11 de julio de 1917	Salón Blanco, Biblioteca Argentina	Conferencia del Sr. Manuel Gil sobre cuestiones extraterrestres relacionadas con la vida en el universo
Reunión N° 79	21 de octubre de 1917	Teatro Colón	"El pastor de la Pampa. Estudio histórico-sociológico", conferencia a cargo del Dr. Carlos Ibarguren, ex ministro de Justicia e Instrucción Pública de la Nación, catedrático de las Facultades de Derecho y Filosofía y Letras de Buenos Aires

Reunión N° 82	14 de noviembre de 1917	Salón Blanco, Biblioteca Argentina	"El Acuerdo de San Nicolás y la segregación de Buenos Aires", conferencia a cargo del Dr. Ramón Cárcano, presentado por el Dr. Juan Alvarez
Reunión N° 104	18 de agosto de 1919	Salón Blanco, Biblioteca Argentina	"El Tronador", disertación literaria y geográfica con proyecciones luminosas por el periodista don Emilio B. Morales
Reunión N° 107	15 de septiembre de 1919	Salón Blanco, Biblioteca Argentina	"Los elementos básicos del carácter nacional Ruso, en su relación con el problema social", conferencia a cargo de S. E. ministro plenipotenciario de Rusia en nuestro país, don Eugenio Stein

Fuente: Actas de "El Círculo de Rosario" 1912-1920, reproducidas en *La obra cultural del Círculo*, Rosario 1912-1921, Talleres Woelflin, Rosario, 1921.

No obstante fue en los actos dedicados a las artes plásticas donde existió mayor correspondencia entre "El Círculo" y las instancias gubernamentales, anticipando lo que sería la aprobación de políticas culturales en torno de la creación de museos bajo el dominio municipal.

El sábado 30 de agosto de 1913, "El Círculo" inauguró el Primer Salón de Bellas Artes, con la presencia del Sr. presidente de la Nación, Dr. Roque Sáenz Peña. El salón pudo ser organizado con la contribución particular de renombrados socios, que desinteresadamente aportaron los fondos necesarios,[8] además de los recursos obtenidos de las obras del pintor rosarino Augusto S. Olivé. El salón contuvo las expectativas de distintos pintores y escultores de la ciudad, como el mismo Alfredo Guido o Emilia Bertolé, quienes formados en su mayoría en talleres de maestros extranjeros durante la década inicial del siglo XX, pudieron mostrar sus obras por fuera de las galerías de arte de amigos y conocidos. Continuando con esta iniciativa cuatro años más tarde, el 24 de mayo de 1917, se abría el Primer Salón Nacional de Bellas Artes de Rosario, organizado también por decisión de "El Círculo" y con la presencia del director del Museo Nacional de Bellas Artes Dr. Cupertino del Campo.

El éxito de esa primera muestra logró que el entonces intendente municipal, F. Rémonda Mingrand, creara el 19 de julio de 1917 la Comisión Municipal de Bellas Artes, que tuvo por finalidad "la creación de un museo, una academia y demás trabajos que tiendan a fomentar el arraigo y el crecimiento del espíritu". Además desde ese momento la Municipalidad de Rosario tomó a su cargo las ulteriores muestras que estarían supervisadas por la mencionada comisión, y se daría comienzo a la organización del Museo Municipal de Bellas Artes. Tal comisión estaba integrada, entre otros, por Juan B. Castagnino, Emilio Ortíz Grognet, Fermín Lejarza

---

[8] "Ing Augusto Flondrois, Dr. Nicanor De Elia, Dr. Tomas Arsi, Dr. N.R. Amuchástegui, Sr. Agustín Mazza, Sr. Guillermo De la Riestra, Sr. Luis Ortiz De Guinea, Dr. Luis Vila, Dr. Manuel Otero Acevedo, Dr. Pompeyo Layús, Sr. Domingo Benvenuto, Se. Cesar Layus, Dr. Fermín Lejarza, Sr. Rosendo Olivé, Sr. Magín Anglada, Sr. Emilio Ortiz, Sr. Emilio Ortiz Grognet, Sr. Toribio Sánchez, Dr. C.Sarghel, Sr. Juan B. Castagnino, Dr. Rubén Vila Ortiz, Sr. Luis Colombo, Sr. Cornelio Casablanca, Sr. Alejandro Hertz, Dr. Camilo Muniagurria, Sr. J. Vila y Prades", en Actas de "El Círculo de Rosario" 1912-1920, reproducidas en *La obra cultural del Círculo*, Rosario 1912-1921, Talleres Woelflin, Rosario, 1921.

y Nicolás Amuchástegui, quienes conformaban la comisión de artes de "El Círculo", y con su trabajo articulado con la administración pública municipal permitió que finalmente el museo fuese inaugurado el 15 de enero de 1920.

Todas estas actividades tuvieron su correlato solo en dos ejemplos de veladas destinadas al público masivo durante los años que van de 1912 a 1920. La primera se realizó al margen de las reuniones estables de la sociedad el 17 de junio de 1914:

> Entre las reuniones 21 y 22 El Círculo costeó en el teatro Olimpo una función popular, representándose por la Compañía Dramática Serrador-Mari, con la obra "Los leales" de Serafín y Joaquín Alvarez-Quintero. Las localidades se distribuyeron gratuitamente entre los establecimientos de educación y los obreros, reservándose los palcos para las niñas de las escuelas normales.[9]

El espectáculo no se encontraba en directa sintonía con los organizados en el Salón Blanco de la Biblioteca Argentina. La obra de los hermanos Alvarez-Quintero, costumbrista y optimista, gozaba de gran aceptación por parte de la colectividad de origen español, aunque había sido duramente criticada por los autores de la generación del 98. De corte ligero, su elección se justificaba en la meta de presentar una velada más "popular", orientada a un público muy diferente al habitual, representado por obreros y estudiantes. El segundo espectáculo tuvo otro marco y otro fin. Realizado en el predio del Parque Independencia de la Sociedad Rural de Rosario, el 31 de diciembre de 1914, el Gran Concierto Popular al aire libre estuvo a cargo de una formación mixta que reunía a bandas y orquestas locales. Sin embargo quizás la mayor experiencia del período estudiado en torno

---

[9] Actas de "El Círculo de Rosario" 1912-1920, reproducidas en *La obra cultural del Círculo*, Rosario 1912-1921, Talleres Woelflin, Rosario, 1921.

de la constitución de un espacio de cultura burguesa lo significó la decisión de publicar una revista como órgano escrito de la Sociedad a partir del 1° de enero de 1919.

Las veladas y matinés dedicadas a la música fueron amplia mayoría a lo largo del período estudiado. Profundizando esta tendencia se observa que conforme nos acercamos a 1920 las conferencias y disertaciones iban a ir cediendo paso ante la andanada de espectáculos, conciertos sinfónicos, música de cámara, recitales de solistas, tríos y quintetos que poblaron las reuniones de la entidad. La ópera tuvo un lugar destacado, pero nunca rivalizó con las puestas escenográficas de los mayores teatros de la ciudad. Selecciones de repertorios de Bellini, Mascagni, Puccini, Leoncavallo, Bizet, Saint-Saens, Wagner e invariablemente Verdi a manos de solistas y coros figuraron de forma sistemática en sus programas anuales.

El paso a segundo plano de conferencias y charlas aparentemente se relacionó con la aparición de la revista, que de este modo pasó a ser la platea elegida para la difusión de ideas, modelos y comentarios. Justamente la publicación de la *Revista de "El Círculo"* fue el colofón para el cierre de la década del Centenario, y abrió las puertas a los "promisorios" años veinte en la cultura burguesa rosarina. Desde los editoriales de su director Ortiz de Guinea, tanto como de los diferentes escritos, ensayos y reproducciones, la publicación aseguraba el alcance de la acción cultural de la sociedad al plano de la prensa y la estética de la palabra escrita. El público de la revista no se iba a diferenciar del habitual concurrente a las veladas de la asociación. En muchos casos ese mismo público se convertiría en el artífice de notas, comentarios y escritos que la revista transcribiría, así como también en la prensa escrita y en otras revistas ilustradas (Fernández, 2008, 2010).

3. El *círculo* perfecto: la interpretación de la organización y auge de una asociación cultural

La burguesía rosarina se había consolidado al calor de la construcción del mercado interno y durante el proceso de consolidación del Estado nacional. Iniciado el siglo XX los atributos que la habían caracterizado hasta ese entonces se fueron modificando, y la búsqueda de una representación más ligada a aspectos culturales y educativos comenzó a tener más protagonismo. La preocupación constante de estos actores por hacer manifiesta su legitimidad social hacía que la búsqueda de valores por fuera del signo económico y político fuera percibida por ellos -individual y colectivamente- como cada vez más importante para constituir su identidad.

Es por ello que este particular estudio alrededor de la posición de un grupo burgués de principios de siglo XX, en una sociedad caracterizada por su periférica modernidad, pone de relieve la tensión alrededor del discurso burgués en torno de la constitución *del público* y *la cultura* como vehículo de autolegitimación del grupo social. En tal sentido el análisis de una institución paradigmática como "El Círculo" revela la profunda intersección entre lo público y lo privado en el marco de una sociedad con acentuados perfiles liberales, así como las relaciones sociales que se organizan no ya a partir de la familia o de los negocios, sino fundamentalmente desde un espacio asociativo, que al incorporar características relativas al espacio cultural y artístico adquiría visos de universal.

El ejercicio del poder desde lo simbólico al imponer una "cultura" de matriz occidental y burguesa como un elemento integrador de una sociedad dispar y cosmopolita como la de la ciudad de Rosario fue un rasgo identificador del programa de acción de la asociación. En ese camino la intersección propuesta desde las actividades asociativas con la agenda pública cultural fue muy eficiente para proyectar una imagen de la ciudad y sus elementos sociales ilustrados muy diferente a la del siglo XIX. Rosario y sus mecenas se propusieron dialogar con el mundo cultural desde un bastión asociativo que cubría dos frentes, el local y el nacional. La ecuación identitaria daría sus frutos, el rédito sería para el grupo dominante local, que de la mano de su sector ilustrado fue capaz de promover una adecuada integración con los poderes públicos, y a su vez compaginar una imagen que aun con las transformaciones propias del paso del tiempo, continúa hasta la actualidad.

Bibliografía

AGULHON, Maurice (1966), *La sociabilité méridionale, Confréries et associations dans la vie collective en Provence orientale la fin du XVIIIe siècle*, Publications des Annales de la Faculté des lettres, Aix-en-Provence, série Travaux et Mémoires, N° XXXVI.

AGULHON, Maurice (1994), *Historia vagabunda. Etnología y política en la Francia contemporánea*, México, Instituto Mora.

AGULHON, Maurice (2009), *El Círculo Burgués. La sociabilidad en Francia 1810-1848*, Buenos Aires, Siglo XXI.

BANDIERI, Susana (2007), "Nuevas investigaciones, otra historia: la Patagonia en perspectiva regional", en Fernández, Sandra (comp.), *Más allá del territorio. La historia regional y local como problema. Discusiones, balances y proyecciones*, Rosario, Prohistoria.

BOLUFER, Mónica (2006), "Del Salón a la asamblea: sociabilidad, espacio público y ámbito privado (siglos XVII-XVIII)", *Saitabi*, N° 56, pp. 121-122.

BRAVO, María Celia y FERNÁNDEZ, Sandra (2014), *Formando el espacio público: asociacionismos y política. Siglos XIX y XX*, Tucumán, EDIUNT.

CALDO, Paula y FERNÁNDEZ, Sandra (2008), "Sobre el sentido de lo social: asociacionismo y sociabilidad. Un breve balance", en Fernández, Sandra y Videla, Oscar (coords.), *Ciudad oblicua. Aproximaciones a temas e intérpretes de la entreguerra rosarina*, Rosario, La Quinta Pata & Camino, Rosario, pp. 81-84.

CANAL, Jordi (1997), "Maurice Agulhon: historia y compromiso republicano", *Historia Social*, N° 29, pp. 47-72.

FERNÁNDEZ, Sandra (2015), "La perspectiva regional/local en la historiografía social argentina", *Revista Folia Histórica del Nordeste*, N° 24, pp. 189-202.

FERNÁNDEZ, Sandra (2013), "Sociabilidad, arte y cultura. Una experiencia en la Argentina de entreguerra", *História UNISINOS*, Vol. 13, N° 1.

FERNÁNDEZ, Sandra (2010), *La revista "El Círculo" o el arte de papel*, Murcia, EDITUM/Universidad de Murcia-Servicios de Publicaciones.

FERNÁNDEZ, Sandra (2008), "La revista como colección. Imágenes, arte y cultura en una revista cultural ilustrada", en Fernández, Sandra y Videla, Oscar (coords.), *Ciudad oblicua. Aproximaciones a temas e intérpretes de la entreguerra rosarina*, Rosario, La Quinta Pata & Camino.

FERNÁNDEZ, Sandra (2007a), "Los estudios de historia regional y local de la base territorial a la perspectiva teórico-metodológica", en Fernández, Sandra (comp.), *Más allá del territorio. La historia regional y local como problema. Discusiones, balances y proyecciones*, Rosario, Prohistoria.

FERNÁNDEZ, Sandra (2007b), "Poder local y virtud. Legitimación burguesa en el espacio local. Rosario -Argentina- en las primeras décadas del siglo XX", en García Jordán, Pilar (ed.), *Estado, región y poder local en América Latina, siglos XIX-XX*, Barcelona, Publicacions i Edicions Universitat de Barcelona.

FERNÁNDEZ, Sandra (2006), *Sociabilidad, corporaciones e instituciones*, Tomo 7, en Barriera, Darío (dir.), *Nueva Historia de Santa Fe*, Rosario, Prohistoria/La Capital.

FERNÁNDEZ, Sandra (2002), "La arena pública de las ambiciones privadas. Relaciones sociales y asociacionismo en la difusión de la cultura burguesa: Juan Álvarez y El Círculo de Rosario (1912-1920)", *Tierra Firme, revista de historia y ciencias sociales*, N° 78.

MONTINI, Pablo (2012), "Del coleccionismo al mecenazgo: la familia de Juan B. Castagnino en la concreción de su legado, 1925-1942", en Montini, Pablo, *et al.*, *De la Comisión Municipal de Bellas Artes al Museo Castagnino. La institucionalización del arte en Rosario, 1917-1945*, Buenos Aires, Fundación Espigas.

NAVARRO, Javier (2006), "Sociabilidad e historiografía: trayectoria, perspectiva y retos", *Saitabi*, N° 56.

PRINCIPE, Valeria (2012), "Cómo fundar un museo. La construcción de un espacio institucional para el arte", en Montini, Pablo, *et al.*, *De la Comisión Municipal de Bellas Artes al Museo Castagnino: la institucionalización del arte en Rosario, 1917-1945*, Buenos Aires, Fundación Espigas.

RUSIÑOL, Santiago (1911), *Un viaje al Plata*, Madrid, V. Prieto.

SABATO, Hilda (2002), "Estado y sociedad civil, 1860-1920", en Luna, Elba y Cecconi, Elida (coords.), *De las cofradías a las organizaciones de la sociedad civil. Historia de la iniciativa asociativa en Argentina. 1776-1990*, https://goo.gl/YnU6Gb (último acceso: 6/5/2006).

SERNA, Justo y PONS, Anaclet (2007), "Más cerca, más denso. La historia local y sus metáforas", en Fernández, Sandra (comp.), *Más allá del territorio. La historia regional y local como problema. Discusiones, balances y proyecciones*, Rosario, Prohistoria.

VIGNOLI, Marcela (2015), *Sociabilidad y cultura política. La Sociedad Sarmiento de Tucumán, 1880-1914*, Rosario, Prohistoria.

Bibliotecas populares, asociaciones literarias y exaltación patriótica en la conformación de un ambiente de sociabilidad cultural en Tucumán, 1870-1914

MARCELA VIGNOLI

Introducción

El propósito de esta investigación es analizar la configuración de un ambiente de sociabilidad cultural en la provincia de Tucumán entre 1870 y 1914. Este proceso que se dio en torno al establecimiento de bibliotecas populares y asociaciones culturales fue el resultado de la combinación de iniciativas del Estado nacional, de los poderes públicos locales y de inquietudes de la sociedad civil que permitieron que estas gestiones encarnen en proyectos genuinos.

En lo que al interés de la sociedad civil respecta, la prefiguración de este ambiente constituye un aspecto indisociable de dos fenómenos que se venían gestando en las décadas posteriores a Caseros, la expansión del sistema educativo y la llegada de la inmigración masiva. Ambos procesos permitieron la irrupción de actores nuevos que ocuparon un lugar expectante en el espacio público tucumano en tanto estaban dispuestos a intercambiar inquietudes culturales con sectores más acomodados que en algunos casos habían seguido estudios superiores en Córdoba o Buenos Aires.

Después de la segunda mitad del siglo XIX, el establecimiento de instituciones educativas nacionales en Argentina fue potenciado por el fomento de la lectura a través de la creación de bibliotecas con las que el Estado intentó acompañar el proceso de enseñanza, incluso asociándose con emprendimientos que provenían de la sociedad civil. De la mano de diversas leyes -impulsadas durante la presidencia de Domingo F. Sarmiento, a partir de las gestiones de su ministro Justicia e Instrucción Pública, Nicolás Avellaneda-, y acompañadas por un gran entusiasmo social, se fundaron numerosas bibliotecas populares que en muchos casos dieron origen a espacios culturales, lo que provocó un aumento significativo de asociaciones vinculadas a la práctica de lectura y escritura.

No es casual, por lo tanto, que en los orígenes de estas experiencias asociativas estuvieran involucrados jóvenes alumnos o egresados de establecimientos educativos nacionales, así como también universitarios interesados en mejorar sus capacidades intelectuales, a los que se sumaron otros actores -escritores, periodistas, abogados, políticos, médicos, maestros- que compartían inquietudes literarias y culturales en sentido amplio.

Una de las características de este asociacionismo, que ha sido caracterizado tanto por sus contemporáneos como por la historiografía abocada a su estudio como "efímero" y "disperso", fue que entre sus variados intereses -en sus reuniones podían convivir conversaciones sobre literatura y la lectura de autores consagrados, el disfrute de veladas musicales, discusiones sobre filosofía junto con el asombro por los descubrimientos y avances científicos- la evocación patriótica ocupó un lugar relevante y se mantuvo como una constante, llegando en algunas asociaciones a transformarse en el principal motivo que aglutinaba a sus socios.

Un recorrido por nuestra historiografía nos permitirá en una primera parte de este trabajo reflexionar acerca de los estudios sobre asociaciones culturales previos a la irrupción de la categoría de sociabilidad en nuestro medio académico. Luego, analizaremos qué ocurrió una vez que este concepto fue adoptado, ¿cuál fue el grado de inserción que tuvo respecto de nuestro objeto de estudio? ¿Cuáles son los aportes principales que esta categoría hizo a estos trabajos específicos que indagan la cultura? ¿Constituye un campo fructífero en nuestra historiografía actual? Estos son algunos de los interrogantes que intentaremos responder antes de adentrarnos en nuestro caso de estudio.

1. Los estudios sobre asociacionismo y sociabilidad de índole cultural en las investigaciones argentinas

A pesar de la dificultad que los investigadores manifiestan haber encontrado en la tarea de reunir fuentes o ubicar en la prensa registros sobre asociaciones culturales, una serie de investigaciones se han centrado en este tipo de asociacionismo que se expandió con rapidez entre las últimas décadas del siglo XIX y principios del siglo XX.

A mediados de la década de 1960, un seminario organizado por el Departamento de Letras de la Universidad Nacional de la Plata se propuso llevar adelante una tarea exhaustiva de archivo para identificar documentos correspondientes a asociaciones literarias que se fundaron en Buenos Aires entre 1864 y 1900 al calor de instituciones educativas nacionales y en torno de las cuales circularon personalidades destacadas de la cultura porteña junto a jóvenes estudiantes secundarios y universitarios, entre otros actores. La obra explora las siguientes asociaciones: "Círculo literario", "Estímulo literario", "Círculo científico y literario", "Academia Argentina de Ciencias y Letras", "El Ateneo" y "La Siringa", y tuvo como objetivo "registrar su verdadera proyección, tener idea de quiénes concurrían a ellas, de cuáles eran las inquietudes comunes, y de qué personalidades -desde sus tribunas- ejercieron influjo y posterior eco en la vida cultural argentina" (*Sociedades*, 1967: 7). El propósito que pareció guiar esta investigación estuvo vinculado con el análisis del real impacto que tuvo este mundo asociativo en las letras y la cultura argentina, ¿Quiénes lograron trascender? ¿En estos espacios se anticiparon los grandes temas de la literatura argentina? ¿Sirvieron de estímulo para futuros escritores? Antes que evidencia positiva de un mundo cultural en ebullición en el que circulaban diferentes actores con preocupaciones comunes, lo efímero de este asociacionismo parece haber reflejado la ausencia de la profesionalización en las letras.

Este pesimismo respecto de la real "utilidad" de las asociaciones muestra un modo de mirar estos espacios alejado de la experiencia que significó para los sujetos, de la habilidad que tuvieron que adquirir en estos intercambios y de los espacios de interacción que se crearon a partir de la circulación por diferentes asociaciones culturales.

A pesar de no contar con las herramientas conceptuales que desde hace algunas décadas nos permiten analizar las asociaciones bajo otro prisma, la investigación referida tiene el mérito de haber reparado en el fenómeno y, por lo tanto, recortado un objeto de estudio. Incluso aun cuando está muy atenta al recorrido que tuvieron autores consagrados en estos espacios, reconoce una de las cuestiones que para los estudios sobre sociabilidad cultural es central, y es que el estudio de estas asociaciones permite descubrir la trayectoria y contribución de actores desconocidos, pero que en la experiencia fueron centrales para la constitución de estos ambientes.

Por último, es interesante constatar, según estos autores, cuáles eran las geografías provinciales que debían bucear en su propio movimiento asociativo, ya que el estudio no debía agotarse en la Ciudad de Buenos Aires sino completarse "con el registro de entidades semejantes autónomas existentes en Córdoba, Santa fe, Mendoza, etc., a fin de lograr el panorama nacional" (*Sociedades*, 1967: 11).

Posteriormente, el derrotero que siguieron los estudios sobre asociaciones culturales, antes que el concepto acuñado por Maurice Agulhon -la sociabilidad- irrumpiera en las investigaciones argentinas, estuvo guiado por las novedades de la historia política renovada y la nueva historia cultural. Esto permitió entrever cómo las prácticas de lectura y escritura y la formación de una opinión pública habrían contribuido al fortalecimiento de la sociedad civil que integraba estas asociaciones, en el entendimiento de que podían convertirse en vehículos eficaces de comunicación y diálogo con el Estado en una relación no exenta de conflictos.

De este modo, hubo una vuelta al asociacionismo bajo otra mirada. Esto implicó en algunos casos el estudio de nuevos temas hasta el momento no contemplados. Por ejemplo, la expansión de las bibliotecas populares que experimentaron los distintos barrios de la Ciudad de Buenos Aires durante el período de entreguerras. Al respecto, Leandro Gutiérrez y Luis Alberto Romero plantearon en 1989 cómo del conjunto de asociaciones de diverso tipo existentes en estos espacios, las bibliotecas "conformaron uno de los ámbitos específicos en los cuales se reconstituyó la cultura de los sectores populares" (Gutiérrez y Romero, 1989: 37). Atenta a la distinción entre cultura erudita y cultura popular antes que precisar o definir al asociacionismo, esta investigación pionera buscaba mostrar el modo en que se configuró una cultura singular como producto de ese acercamiento entre formas culturales diferentes.

En 2002, a su vez, se publicaba una ambiciosa obra coordinada por Elba Luna y Elida Cecconi que reunía investigaciones sobre la iniciativa asociativa argentina entre 1770 y 1990. Producto de la nueva mirada sobre el asociacionismo, pero también como parte del debate de la situación política pos 2001 en Argentina, se pretendía "incluir el asociativismo en la agenda argentina del pensamiento social" (Luna y Cecconi, 2002: 15). La obra abarcó asociaciones de diverso tipo en una larga duración, y si bien refirió explícitamente a la sociabilidad de carácter religioso, político, del ocio, cultural y a la sociabilidad popular, entre otras, la ausencia de referencias a Maurice Agulhon podría indicar, tal como reflexionaron Paula Caldo y Sandra Fernández, que esta noción fue "utilizada desde el sentido común o confundida con la categoría asociacionismo, a partir de una mezcla teórica muchas veces indigesta; la sociabilidad se tornaba un concepto comodín" (Caldo y Fernández, 2008: 145).

Lo cierto es que a principios de este siglo el concepto comenzaba a ser efectivamente incorporado en los análisis históricos de nuestro medio académico (Myers, 1999; Gayol, 2000; González Bernaldo, 2000). Tal como ocurrió en otras latitudes, su uso poco preciso impuso rápidamente la necesidad de reflexionar sobre él, así como hacer un balance de las investigaciones que lo habían adoptado (Gayol, 2008; Caldo y Fernández, 2008; Bravo y Fernández, 2014; Bruno, 2015: 46). Estas reflexiones coinciden en que la confusión entre sociabilidad y vida asociativa, considerados sinónimos, termina por obturar la comprensión de una dimensión de interacción social. A este balance se sumó la sombría reflexión que hizo Paula Bruno al considerar que los estudios de sociabilidad de índole cultural constituían dentro de la historiografía argentina una "perspectiva exiguamente explorada". En comparación con otros núcleos de interés que venían nutriendo investigaciones con este concepto desde hacía varias décadas -trabajos sobre inmigración, estudios que incorporan este concepto para analizar la vida política, y los estudios de sociabilidad aplicados a la experiencia de los diferentes sectores sociales-, lo cultural no habría interesado a los historiadores del mismo modo.

Si bien es cierto que hubo temas sobre los que el concepto de sociabilidad desplegó todo su potencial como categoría analítica, probablemente fue en el terreno de lo político donde se dio con mayor intensidad. Además este concepto enriqueció las reflexiones sobre las experiencias que los actores con inquietudes culturales obtienen en los encuentros y las capacidades y habilidades de convivencia que desarrollan en esa dimensión de la vida social.

Repasemos estos recorridos historiográficos. Los jóvenes intelectuales provenientes de las universidades nacionales constituyeron una de las preocupaciones de Susana García (2000), interesada por el funcionamiento de redes nacionales e internacionales que permitieron a estos actores interactuar entre sí en el marco de los congresos internacionales que se llevaron a cabo durante la primera década del siglo XX. "Sociabilidad estudiantil" es una expresión que a Pilar González Bernaldo (2000) le permitió explicar un extendido fenómeno que durante las dos últimas décadas del siglo XIX se multiplicó en la Argentina en íntima asociación con establecimientos educativos nacionales. Liliana Bertoni (2001), por su parte, destacó la expansión de "asociaciones patrióticas de la juventud" que tuvo lugar durante la década de 1890, considerando que este fenómeno fue estimulado por la enseñanza de la historia en los colegios secundarios. Hilda Sábato (2004), a su vez, llamó la atención sobre la existencia de asociaciones más efímeras aun, como comisiones y comités con fines específicos, homenajear una figura pública, erigir estatuas y monumentos, o recaudar fondos para alguna causa vinculada al patriotismo. La autora consideró que estos espacios aspiraban no solamente a cumplir con sus objetivos específicos, sino a inscribirse en el movimiento progresivo que suponía el asociacionismo como propuesta general. Por su parte, Sandra Fernández (2002, 2013) ha estudiado la conformación de un ambiente de sociabilidad cultural en la ciudad de Rosario que comienza a prefigurarse hacia 1910 en torno a bibliotecas y asociaciones de la mano de la pujante burguesía rosarina que "toma conciencia de la necesidad de consolidar su lugar social construyendo su perfil cultural en el espacio social que controlaban" (Fernández, 2013: 249).

En el caso del interior de la provincia de Buenos Aires, tanto la Asociación Bernardino Rivadavia (1882) como la Asociación Cultural de Bahía Blanca (1919) constituyeron "escenarios privilegiados en los cuales se construyeron los procesos de estratificación social" (Agesta, 2016: 1). Esto significó, como indica Nieves Agesta (2016), que artistas, intelectuales y profesionales se integraran con la élite local a partir de su incorporación en estos ámbitos de cultura.

Como puede advertirse, el interés de los historiadores e historiadoras por la conformación de ambientes de sociabilidad cultural en el período bajo estudio ha ido creciendo en los últimos años, lo que se puede constatar en bibliografía sobre la temática, *dossiers* dedicados a su reflexión y una serie de investigaciones sobre estas experiencias en otras geografías provinciales (Roldán, 2012; Bruno, 2014; Vignoli, 2015; Betria, 2015; Cernadas, 2016; Agesta, 2016). Probablemente este campo pueda consolidarse y fortalecerse en la medida en que estas investigaciones, que en su mayoría dan cuenta de experiencias masculinas, logren incorporar las prácticas femeninas de sociabilidad cultural que comienzan a aparecer durante este período. Al respecto coincidimos con Gloria Espigado y Nerea Aresti, quienes recientemente plantearon que "sería una estéril simplificación reducir la relación de las mujeres con la cultura a un fenómeno de segregación, ausencia o enajenación" (Espigado y Aresti, 2015: 93-96).

2. Los emprendimientos culturales de alumnos, egresados y maestros de los establecimientos educativos nacionales

La conformación de un grupo de periodistas que a fines de la década de 1860 contribuyeron a crear una incipiente opinión pública, la llegada de profesores y maestros del extranjero y del resto del país que se afincaron en la provincia con la implantación de los establecimientos educativos nacionales en la provincia de Tucumán (El Colegio Nacional en 1865 y la Escuela Normal en 1874), sumado al apoyo presupuestario otorgado por el Estado provincial a la prensa, permitieron la configuración de un ambiente cultural que enriquecieron alumnos, egresados y maestros de esas instituciones educativas con sus emprendimientos culturales (Cerviño, 1988). Estas condiciones locales se conjugaron con iniciativas del Estado nacional para fomentar prácticas de lectura y escritura entre la población a través de la creación y el sostenimiento de bibliotecas populares y salas de lectura. Esto se vio reflejado en la primera convocatoria a la formación de un "club de lectura y cambio de ideas", alentada por la ley nacional de septiembre de 1870 ideada por quien era ministro de Instrucción Pública de la Nación en 1870, Nicolás Avellaneda, que perseguía la formación de asociaciones para el fomento de bibliotecas populares destinadas a "franquear al pueblo las aulas, estableciendo en ellas cursos de lectura". La convocatoria dio excelentes resultados, ya que entre 1870 y 1876 se abrieron alrededor de 200 bibliotecas a lo largo del país. La circular que estaba dirigida a todos los rectores de los Colegios Nacionales encontró eco en Tucumán, donde se reunieron para este fin 48 personas entre profesores, estudiantes, empleados del establecimiento y ciudadanos que acompañaron esa idea (Fierro, 1914: 124-128). La iniciativa también alcanzó a localidades del interior de la provincia en las que se nombraron delegados que se encargarían de formar comisiones para instalar bibliotecas,[1] asimismo se acordaba que la provincia se sumaría a la subvención estatal, y en el caso tucumano resultó elegido el maestro francés Paul Groussac para desempeñar desde 1876 el cargo de presidente de la comisión central de bibliotecas de la provincia.

Quizás inspirados por esta experiencia previa que no llegó a concretar la expansión de bibliotecas que pretendía, a comienzos de la década de 1880 un grupo de estudiantes, maestros y egresados de la Escuela Normal decidieron reunirse y formar una sociedad literaria. La iniciativa partió de Fidel Díaz y de José R. Fierro y logró concretarse luego de una reunión preliminar en junio de 1882. El grupo fundador estaba conformado mayoritariamente por gentes

---

[1] Se conformaron comisiones en Trancas, Lules, Monteros, Medinas, Concepción, Graneros y La Cocha. Archivo Histórico Tucumán (en adelante AHT), Compilación Ordenada, año 1870, f. 190.

sin recursos económicos pero con acceso a la instrucción que buscaron a través de la Asociación canalizar vocaciones literarias. En su mayoría formaba parte del grupo de egresados secundarios cuya condición económica les impedía trasladarse a los centros universitarios del país a continuar sus estudios, razón por la que es posible considerar que en esta creación haya jugado su papel -aunque fuera una idea incipiente- la necesidad de un centro de estudios superiores en la provincia, una demanda de algunos sectores desde el intento fracasado de crear una institución universitaria en 1875.[2]

En aquella sociedad argentina de fines del siglo XIX, el florecer asociativo estudiantil de índole cultural constituyó un motivo de preocupación para el intelectual y político Joaquín V. González, quien le dedicó algunas páginas a las *Sociedades de adolescentes* (González, 1935). Para este observador de su tiempo la creación de estos ámbitos era producto de la falta de respuesta de las instituciones escolares a las demandas de sus alumnos por la exaltación patriótica y el desarrollo de sus aptitudes literarias.

Consideraba que las asociaciones de jóvenes eran consecuencia del estímulo dado por la enseñanza de la historia en las escuelas, aunque se creaban independientes y separadas de las instituciones educativas. Por lo tanto, la escuela había fracasado en esta tarea y quienes integraban esos espacios lo hacían porque "no sienten satisfechas las necesidades de la inteligencia, y buscan afuera y entre ellos mismos la cantidad de enseñanza que en la escuela les falta" (González, 1935: 259-262).

---

[2] En ese año el gobierno provincial había creado la Facultad de Jurisprudencia y Ciencias Políticas, que estaba financiada con fondos nacionales, ya que la construcción del edificio y el pago de los sueldos de los profesores eran solventados por el Ministerio de Justicia, Culto e Instrucción Pública de la Nación. Este apoyo económico es retirado en 1880 y la provincia, incapacitada de solventar el proyecto, derogó a través de la legislatura en 1882 la ley de creación. La educación superior solo era posible en Córdoba y Buenos Aires.

La apropiación de aquel pasado reciente que hacían esos estudiantes al crear centros literarios o patrióticos que llevaban el nombre de alguna personalidad de su tiempo constituía un riesgo que para Joaquín V. González no era otro que el terminar siendo instrumentos de alguna facción política.

En su estudio, Liliana Bertoni (2011) ha demostrado que los espacios analizados estaban muy vinculados con la exaltación patriótica. Entre sus tareas se ocupaban de recordar los aniversarios del prócer inspirador, colocaban placas conmemorativas y realizaban homenajes públicos. Algunos de los centros a los que se refiere fueron el Centro Pro Sarmiento, el Centro José Mármol, el Centro Goyena y el Centro Nicolás Avellaneda.

Conviene detenernos en las circunstancias que acompañaron la elección del nombre de la asociación tucumana, ya que en un principio se llamó "Ateneo de las Provincias", haciendo referencia a la diversidad de origen de los socios fundadores y a la proyección regional que perseguían. En efecto, algunos de sus creadores eran jóvenes que habían llegado a Tucumán con motivo de la obtención de alguna beca para estudiar en la Escuela Normal. De hecho, las primeras reuniones de la asociación se realizaron en un cuarto de la pensión estudiantil en la que residían José Fierro y otros de los fundadores, estudiantes de este establecimiento educativo.

Considerándose herederos de este proyecto, los fundadores dejaron de lado el nombre inicial y lo mudaron por el de "Sociedad Sarmiento", lo que los ubicó bajo la égida de un personaje relevante que resumía las virtudes cívicas y patrióticas, y los posicionaba -pese a sus orígenes humildes- en un lugar expectante en el espacio público.

En efecto, esta Asociación plasmó en sus proyectos una serie de intereses que la acercaban al mundo educativo y la instituían como un potencial espacio de producción de saberes, de enseñanza y de aprendizaje. Considerado como un ámbito en el que encontrarían una suerte de continuidad a sus estudios secundarios, las actividades iniciales estuvieron centradas en la exposición de trabajos o ensayos propios y de autores ya consagrados.

La elección del nuevo nombre encontraba plena justificación en las razones anteriormente citadas. De hecho, los primeros proyectos de la Sociedad adhieren claramente al ideario sarmientino: creación de una biblioteca y edición de dos publicaciones en las que muchas de las ideas educativas del ex presidente eran replicadas en los primeros ensayos de los socios. No obstante, cobijarse bajo esa figura adquiría también un cariz político, más aun en un año electoral como lo era 1882. Todo hace suponer que la idea fue sugerida por José "Pepe" Posse, por entonces director del Colegio Nacional, que ejercía una fuerte ascendencia sobre los jóvenes por su papel de educador y periodista. Miembro de una familia que había sido hegemónica en la provincia en la década de 1860, aspiraba a volver a los primeros planos de la política de la mano de Sarmiento, de quien era dilecto amigo, para lo que consideraba necesario contar con el favor de "centros de opinión" que apoyaran un candidato a gobernador del "partido liberal" (Epistolario, 1947: 389).

Lo cierto es que los jóvenes de la Sociedad Sarmiento consideraron que formaban parte de la "juventud estudiosa" que encontraba en el acceso a la educación un medio de distinción. Las actividades y proyectos que llevaron adelante, como el intercambio literario y la discusión respecto de innovaciones educativas, propuestas de reforma social y otras iniciativas, significaban para estos jóvenes elevar el nivel cultural de la sociedad. Un ejemplo lo constituye la creación de una biblioteca, que se convirtió en pública hacia 1884 y que llegará a ser durante varias décadas la biblioteca más importante de la provincia y el emprendimiento más perdurable de la Asociación. La moción surgió de Emilio Carmona, quien lanzó la idea de fundarla a partir de los escasos recursos con que se contaba:

Casi todos los que nos hayamos aquí reunidos somos pobres de dinero. Y aunque tengamos un gran capital de entusiasmo nos falta el elemento indispensable para llevar a cabo grandes proyectos. Todos tenemos algunos libros que por haberlos leido ó estudiado no nos prestan ya servicios activos yendo a parar a un armario de donde rara vez salen. Pues donemos ese capital muerto para que vaya a formar el fondo común donde se hará productivo.[3]

Unas semanas después se habían recibido doscientos volúmenes. En febrero de 1883 se decidió solicitar a las bibliotecas existentes en la ciudad -la perteneciente al Club Social y la de la Municipalidad- que aportaran sus libros a la que organizaba la Asociación.

En 1886, tuvo un reconocimiento muy importante cuando fue elegida el repositorio de los libros de Juan B. Alberdi. A dos años de su fallecimiento se daba a conocer una cláusula en su testamento mediante la que "hace donación de su Biblioteca para la Biblioteca popular que exista en Tucumán, su ciudad natal",[4] incorporándose estos libros recién en 1895.[5]

La biblioteca no tardó en ser la más importante de la provincia y del norte argentino. Evidentemente, el carácter público colaboró para que recibiera donaciones y aportes del gobierno provincial y nacional, lo que le otorgó un rápido prestigio. Por tal razón, el cargo de director de la biblioteca fue uno de los más estimados, y llegaron a desempeñarlo figuras de la talla intelectual de Juan B. Terán, Miguel Lillo y Ricardo Jaimes Freyre. Asimismo, la consulta de libros y la circulación por el salón de lectura fue

---

[3] Hemeroteca de la Facultad de Filosofía y Letras (en adelante HFFyL), Revista *El Porvenir*, T. I, n° 12, noviembre de 1882, p.89.
[4] AHT, "Sección administrativa", Tomo I, vol. 169, 17 de febrero de 1886, p. 204.
[5] AHT, "Sección administrativa", Tomo V, vol. 215, 31 de mayo de 1895, p. 242.

aumentando significativamente, lo que apuntaló la idea de que era imprescindible contar con un local más amplio y mejor ubicado, que se comenzó a concretar hacia 1904.

Otro de los proyectos de los jóvenes de la "Sarmiento" fue el dictado de conferencias públicas, la organización de concursos científico-literarios y la edición de dos publicaciones periódicas, *El Porvenir* (1882-1883) y *El Tucumán Literario* (en sus dos versiones, semanario entre 1887 y 1888 y quincenario entre 1888 y 1891 y entre 1893-1896).

Además también se interesaron por la educación de los sectores populares a través de la creación de una escuela nocturna para obreros que funcionó durante los primeros años de creación de la Asociación. En efecto, la extensión de la cultura en su versión letrada alcanzó a otros actores que hasta ese momento habían estado en contacto con estas prácticas de un modo tangencial o disperso. Para algunos miembros de la Sociedad Sarmiento había que inculcar hábitos civilizados ("moralizar") en los sectores populares (Campi y Vignoli, 2016).

Mientras estos emprendimientos tenían lugar, a lo largo de la década de 1880, se asistió a la modificación de la membrecía a partir de la incorporación de socios con otro perfil -socio profesional y generacional-, incluyendo a figuras públicas de destacada trayectoria en el medio tucumano, además de los socios honorarios (ex presidentes y otros personajes relevantes de la política nacional o personalidades destacadas en alguna rama del saber).

A su vez, las actividades de la Sociedad Sarmiento fueron un incentivo para el surgimiento de otras asociaciones y espacios creados por socios de la primera con finalidades muy específicas. Por ejemplo en mayo de 1884 se creó una asociación vinculada al conocimiento, "la Sociedad Científica", que integraban socios de la Sarmiento y que estaba estrechamente vinculada al Colegio Nacional. A su vez, a principios de 1885, otros socios dejaron constituida la "Sociedad Amigos de la Educación". En el interior de la provincia se fundó el Centro Patriótico de Concepción (1894), anticipando lo que sería una expansión de asociaciones de índole cultural y bibliotecas populares (ver tabla 1) que permitió a localidades remotas incorporar prácticas culturales como la lectura, la escritura, música y por último la pintura a principios del siglo XX.

Además del vínculo con el conocimiento y la cultura, el rasgo común es que todas estas asociaciones que apelaban formalmente a la participación femenina a través de sus estatutos estaban integradas exclusivamente por varones. En lo que respecta a los registros que han quedado de estas asociaciones, las mujeres habrían estado ausentes de gran parte de este mundo asociativo cultural, por lo menos hasta los primeros años del siglo XX.

Sin embargo las prácticas de sociabilidad encarnan diversos sentidos y el hecho de que las mujeres no fueran registradas en los libros de actas como parte de la membrecía, así como tampoco ocupando cargos en las comisiones directivas o votando en las elecciones, no significa que no hayan estado próximas a ese mundo de sociabilidad. De hecho, si bien Maurice Agulhon propuso distinguir el campo del asociacionismo de formas de sociabilidad más espontáneas, muchos autores han comenzado a matizar lo que pudo en un primer momento aparecer como una oposición entre ambas categorías.

No resulta fácil caracterizar el modo en que las mujeres se acercaron a la Sociedad Sarmiento durante las últimas décadas del siglo XIX. Aunque no formaban parte formal de su membrecía, pudimos constatar que su participación en las actividades de la Asociación era habitual. Por ejemplo, consultaban libros en su biblioteca, dado que la apertura al público decidida en 1884 las incluía, y participaban en charlas y conferencias que la Asociación dictaba regularmente. Cabe destacar que la invitación de la Sociedad se dirigía también a las familias, por lo que la participación de la mujer en los diferentes eventos culturales podría haberse iniciado a partir de su condición de esposa, hermana o hija.

En cuanto a la escritura, algunas maestras habían enviado sus poemas o escritos sobre educación a la sección "Colaboración del bello sexo" que la revista *El Tucumán Literario* publicaba desde 1894, generando hasta polémicas con algunos de los socios. Incluso a mediados de la década de 1890 comenzó a circular una publicación escrita por mujeres que se llamó *La niña tucumana* (Vignoli, 2011).

A principios de siglo también comenzaron a participar como oradoras en veladas literarias. Pero sin duda el cambio más importante se registró en agosto de 1902 cuando la Sociedad Sarmiento decidió abrir su membrecía al sexo femenino, incorporando formalmente a las mujeres en calidad de socias. Las nuevas socias podían participar de las reuniones y asambleas. No obstante, no podían votar ni ser elegidas para los cargos de la comisión directiva ni podían participar de la toma de decisiones. De todos modos, aunque el real alcance de sus posibilidades de participación haya estado restringido a determinadas áreas, no carece de importancia la irrupción de las mujeres en un espacio hasta ese momento reservado al universo masculino.

Por otra parte, el acercamiento a estas prácticas asociativas estaba íntimamente relacionado con su situación laboral y sus aspiraciones para mejorarla. La consulta de libros en una biblioteca, el acceso a charlas y conferencias y a encuentros de lectura tiene que haber significado un atractivo motivo para asociarse a un espacio que ofrecía a sus socios otros importantes servicios culturales (Vignoli, 2015).

3. Las asociaciones culturales y el Estado: la exaltación patriótica y la formación de una conciencia cívica nacional y provincial

A principios de la década de 1890 era ya un espacio cultural legitimado y prestigiado, cuya reputación se afirmó con una serie de estrategias tendientes a la construcción de un imaginario cívico-nacional, con una impronta regional explícita, que recibió reconocimiento y apoyos del Estado provincial y nacional. Estas estrategias se reflejaron en la custodia de monumentos nacionales como la Casa de la Independencia, que durante la década de 1880 era revalorizada por el Estado nacional; en la organización de festejos patrios de las denominadas "peregrinaciones patrióticas de la juventud", y en la creación de un club de fútbol que también aportó a la exaltación patriótica. Esta pauta patriótica desplegada fue la clave del exitoso nexo de comunicación y colaboración que entabló con los poderes públicos, y que, de algún modo, le allanó el camino para convertirse en el espacio casi excluyente de los grandes debates intelectuales y proyectos culturales de la sociedad tucumana en el período considerado.

La labor realizada en este sentido llevó a uno de sus socios a considerar que los objetivos de la Sociedad se habían ampliado o proyectado hacia otros horizontes. Para José Fierro, desde 1892 la Sociedad Sarmiento

> ha tomado otro carácter y durante estos últimos años ha sido una sociedad patriótica. Principió haciendo un llamado al vecindario para el embanderamiento de la ciudad y fue la Sociedad Sarmiento quien inauguró las visitas a la sala de la Independencia.[6]

---

[6] HFFyL, Revista *Tucumán Literario*, 25 de junio de 1896, n° 42, p. 429.

Por su parte, era muy notorio el afán del Estado por articular sus políticas e iniciativas en las esferas de la cultura, la educación y el patriotismo con entidades de la sociedad civil. En este sentido, podríamos afirmar que la década de 1890, principalmente durante las gobernaciones de Benjamín Paz (1894-1895) y Lucas Córdoba (1895-1898; 1901-1904), estuvo signada por un esfuerzo del Estado por fortalecer las manifestaciones culturales.

En 1894 el gobierno de la provincia encomendó a la Sociedad que se hiciera cargo de las diligencias y gestiones para concretar el emplazamiento de la estatua del ilustre tucumano, para lo que se conformó una Comisión del Monumento a Alberdi, que tomó contacto con la artista tucumana Lola Mora para encargarle el trabajo, firmándose un contrato en el que se acordaban las características de la escultura.

Como ya se planteó y confirma el trámite tendiente a instalar la estatua de Alberdi, la complementación de la Sarmiento con el Estado provincial en la organización de eventos conmemorativos era muy sólida y muy difícilmente podía desplazársela del centro de la escena en un proyecto tan importante al sentimiento de los tucumanos. Sin embargo, la gestión del gobernador Lucas Córdoba, baluarte del roquismo a nivel provincial, atravesaba en su segunda gobernación serias complicaciones políticas producto de un ciclo de sobreproducción azucarera que había comenzado en la cosecha de 1895 y de la que todavía no se había salido. Las leyes de regulación azucarera de 1902 y 1903 (bautizadas como "leyes machete" o "leyes guadaña") impulsadas por el Ejecutivo como medio de paliar esta crisis precipitaron un enfrentamiento con un sector de los industriales y el gobierno. A este conflicto se sumó el clima que generaban las futuras elecciones para presidente y gobernador de 1904. El gran impacto que tuvieron dichas medidas en la sociedad local ha sido destacado por María Celia Bravo:

Sus consecuencias políticas no podían dejar de ser relevantes en una provincia donde todo pasaba por el meridiano del azúcar: marcaron el ocaso del roquismo provincial, y por lo tanto la disgregación de la alianza entre industriales y plantadores que el mismo había logrado estructurar en la provincia (Bravo, 2008: 124).

En medio de un clima convulsionado, la renovación de autoridades en la Sociedad Sarmiento adquirió connotaciones políticas y se convirtió en un termómetro que permitió anticipar el virtual alejamiento de Lucas Córdoba de muchos que lo habían apoyado en su gestión.

Como era evidente, las luchas políticas intraelitarias se habían introducido en la Sociedad como consecuencia de la participación en su seno desde comienzos de la década de 1890 de futuros gobernadores, diputados, ministros, abogados miembros de la Corte Suprema de Justicia, etc., de modo que si bien se trataba de un ámbito de sociabilidad cultural no dejaba de estar integrado en la trama de relaciones que conformaba la cultura política local. Por otra parte, las tensiones no resueltas entre nativos e inmigrantes hicieron eclosión en medio de esta disputa. Pocos días antes de las elecciones, Damián P. Garat, de la lista "independiente", respondía a una denuncia sobre discriminación de los socios extranjeros en el seno de la Asociación:

> Se nos acusa, con el propósito de indisponernos con el elemento extranjero a fin de atraer sufragios que no pueden obtenerse por otros medios más lícitos, que hemos hecho exclusiones incalificables y que alimentamos odios atávicos [...]. En la Sarmiento no hay distinciones ni hay nacionales ni extranjeros. Institución puramente intelectual y de biblioteca, allí todos somos uno –ciudadanos de la república universal de las ideas [...]. El que escribe estas líneas ha sido en todo tiempo uno de los más decididos y entusiastas fomentadores de la confraternidad de los nativos con los orientales, con los españoles, con los italianos, con los franceses, con los suizos, con los peruanos, con todos los extranjeros, que han levantado sus tiendas al amparo de nuestras libérrimas leyes [...] los

generosos obreros que, de todos los rumbos del universo, han venido a la Argentina trayéndonos las artes, las industrias, el comercio [...]. Además, para destruir la peregrina invención [...] basta hacer constar que en la lista que sostenemos figuran dos extranjeros: el Sr. Ricardo Jaimes Freyre [...] y el señor Juan M. Maresio, abogado italiano.[7]

El acto eleccionario transcurrió, según la crónica periodística, con normalidad, salvo algún incidente menor, con el triunfo de la lista "independiente", que obtuvo 141 votos frente a los 89 que cosechó la lista "oficialista".[8] Tal como había sido vaticinado por *El Orden*, el grupo perdedor decidió separarse y fundar otra sociedad, que se denominaría "Biblioteca Alberdi". Como era de esperar, el nuevo espacio cultural recibió un decidido apoyo por parte del gobierno provincial en detrimento de la Sociedad Sarmiento: obtuvo con celeridad su personería jurídica y subsidios para la compra de libros.[9]

Un importante número de socios pasó a formar parte de la Biblioteca, personas que desempeñaban cargos en la administración pública, en particular en el área educativa, algunos de los cuales habían sido miembros sumamente activos durante la etapa formativa de la Sociedad Sarmiento. La pregunta obligada en este punto es ¿qué llevó a estos socios, algunos de los cuales eran miembros históricos de la Sarmiento, a crear este otro espacio? Sin duda, la política se convirtió en un factor de peso que dividía profundamente a la sociedad tucumana, tal como lo expresaba la prensa en sus columnas diarias. Como se ha explicado en páginas precedentes, la Asociación había comenzado a ser percibida como un espacio de construcción de poder, de formación de opinión y, por lo tanto, con capacidad de

---

[7] AHT, Periódico *El Orden*, 17 de junio de 1903.
[8] AHT, Periódico *El Orden*, 18 de junio de 1903.
[9] La personería jurídica de la Biblioteca Alberdi fue solicitada el 7 de julio de 1903 y otorgada una semana después. AHT, "Sección administrativa", Tomo V, vol. 291, 7 y 14 de julio de 1903, pp. 65-72; 102-117.

incidir en la política provincial. Sin embargo, aun cuando la nueva asociación, la Biblioteca Alberdi, aparece auspiciada por el gobierno provincial para contrapesar el espacio perdido con el resultado electoral adverso en la Sarmiento y para construir apoyos en medio de una crisis política de gravedad, no podemos considerarla solo como una especie de instrumento político de ocasión. En efecto, el énfasis que se ponía en la declaración de principios de que se trataba de una entidad abierta a "todas las personas que deseen instruirse" tenía algún sentido. Expresaba la aspiración de recuperar un proyecto cultural y educativo que se consideraba que la Sociedad Sarmiento había dejado de cumplir: incorporar efectivamente a los emergentes sectores medios que se alimentaban con los aportes inmigratorios, con el de los extranjeros. Durante sus primeros años las reuniones de la Biblioteca Alberdi se desarrollaron en la "Sociedad Española de Socorros Mutuos", espacio cedido a través de las gestiones realizadas por su presidente, Paulino Rodríguez Marquina, también ex socio de la Sociedad Sarmiento y fundador de la Biblioteca Alberdi.

Al respecto, constituye un dato incontrovertible la casi nula representación de los extranjeros en los órganos directivos de la Sociedad Sarmiento, con la salvedad del poeta e historiador boliviano Ricardo Jaimes Freyre, que se había asimilado plenamente a la élite social e intelectual tucumana de la época. Por el contrario, en el reglamento de la Biblioteca Alberdi se garantizaba la participación de representantes de las colectividades extranjeras más numerosas. Como consta en el libro de actas de la institución:

> se aceptó en principio dar representación a las sociedades extranjeras, por ser estas instituciones compuestas por elementos serios que colaboraban de una manera eficaz para el progreso del país. Art. 11: La comisión directiva se compondrá de un presidente, 1 vice, 1 secretario, un tesorero, un director de biblioteca y 3 vocales, y en el mismo carácter los tres presidentes de las tres sociedades extranjeras de socorros mutuos con personería jurídica que tengan mayor número

de socios y que manifiesten su voluntad de aceptar el cargo. Durarán en el cargo 2 años, todos pueden ser reelectos menos el presidente que debe dejar pasar 1 período.[10]

Esta cláusula, que aseguraba una representación permanente en la Comisión Directiva a las tres comunidades más importantes de extranjeros de la provincia, es de gran trascendencia, pues no dejaba librado al albedrío la participación en cargos de gran importancia simbólica a colectivos que aspiraban no solo a encontrar una vía de progreso económico o realización profesional, sino a obtener un reconocimiento social en pie de igualdad con los argentinos nativos.

Pese al empeño inicial de sus fundadores, la Biblioteca Alberdi no pudo adquirir la dinámica de la Sociedad Sarmiento ni equipararla en oferta en materia cultural, salvo en los servicios prestados por su biblioteca.

4. El auge de la Sociedad Sarmiento y la formación de una emergente élite intelectual en Tucumán

¿Qué rumbo tomó la Sociedad Sarmiento después de la escisión alberdiana? Resulta significativo que a partir de la ruptura fuera liderada durante varios años (de hecho hasta la creación de la Universidad Provincial) por el grupo que dirigía Juan B. Terán, más compacto, más homogéneo y poseedor de un gran prestigio social e intelectual (Martínez Zuccardi, 2012). Podría afirmarse, sin temor a equivocaciones, que ese prestigio y el capital relacional del grupo (en el medio local y en los planos regional y nacional) marcaban una distancia con la Alberdi, que se expresaría de manera inevitable en sus proyectos y proyecciones.

---

[10] Archivo Biblioteca Alberdi (en adelante ABA), Libro de actas, T. I, 30 de junio de 1903, p. 15.

Integraban este grupo dirigente algunas personalidades que habían obtenido títulos superiores en Buenos Aires o Córdoba y que ahora se disponían asumir un rol de liderazgo en la región. Vinculados fuertemente a la política, utilizarán este espacio como una instancia preparatoria para la creación de la Universidad Provincial, proyecto que promovió Juan B. Terán en su condición de diputado provincial en 1909, que se convirtió en ley en 1912 y que se concretó en 1914. En los años previos a 1909 la Sociedad Sarmiento fue el espacio donde se ensayaron muchas de las actividades de la futura casa de altos estudios, demostrando que un proyecto de esta envergadura era viable.

Previamente, uno de los proyectos para promover la educación superior en la provincia fue el de los "cursos libres", propuesto por Julio López Mañán en julio de 1904. Se planeaba el comienzo de los cursos (al que podrían asistir las mujeres) para 1905. Sin embargo, el proyecto tuvo que esperar hasta 1906, año a partir del cual la Sociedad Sarmiento estuvo bajo la presidencia de Juan B. Terán.[11]

La crónica de *El Orden* decía respecto de la concurrencia a la inauguración: "No solo asistió una gran parte de nuestra juventud estudiosa. Asistieron también, numerosos caballeros conocidos y muchas de nuestras educacionistas más inteligentes, atraídas por la feliz iniciativa de la Sarmiento".[12] Por otra parte, las temáticas abordadas en estos encuentros remitían a cuestiones sociales, económicas y culturales de la provincia y de la región; y aunque no formaban parte de la currícula de ninguna carrera ni preparaban para ninguna profesión, evidenciaban que el propósito que animaba a los organizadores era erigir un centro de altos

---

[11] AHT, "Sección administrativa", Tomo VII, vol. 313, 11 de septiembre de 1906, p. 86. Los primeros cursos abarcaron los siguientes tópicos: "Higiene y profilaxia social", "Alcoholismo" y "Paludismo y tuberculosis", a cargo del Dr. Pedro J. García; "La versificación castellana, sus leyes y su historia", a cargo de Ricardo Jaimes Freire; "Conflictos sociales, ambiente e individuo", a cargo del Dr. Ubaldo Benci.
[12] AHT, Periódico *El Orden*, 12 de septiembre de 1906.

estudios que se ocupara de las problemáticas específicas del medio local y regional, tales como las relacionadas con la industria azucarera, tanto de índole técnica como económicas y sociales.

A principios del año siguiente, los cursos libres de la Sociedad Sarmiento habían llamado la atención de la prensa de la Ciudad de Buenos Aires, la que comparando estos cursos con los dictados por otras sociedades del país y con las tradiciones belga e inglesa, reflexionaba sobre la duración y efectividad de estos, para luego evaluar las diferencias que existían entre ellos y los cursos universitarios,

> aquellas sociedades como la asociación sarmiento (de Tucumán), que han procurado hacer palpables las ventajas de la extensión logrando honrosísimos éxitos [...] según los datos que dicha asociación me ha suministrado, comprendieron tan solo 4 conferencias los cursos que [...] dictaron Ubaldo Benci y Jaimes Freyre[...]. Tropezamos con una objeción formulada a menudo a la extensión Universitaria, que no es posible formar alumnos con seis conferencias [...]. La extensión no pretende formar alumnos, su único propósito es elevar el nivel de la vida, creando en todas las clases un interés cada vez mayor por los asuntos que elevan la mente, acrecientan el buen gusto artístico y literario o conducen a la prosperidad y a la educación moral por el trabajo.[13]

En 1907, los cursos libres estuvieron a cargo de Dr. Luis Poviña ("Estudio social sobre la tuberculosis"), el Ingeniero Benjamín Reolín ("Captación de aguas subterráneas"), el Dr. Juan B. Terán ("Historia Americana") y el Ing. Rogelio Costanti ("Desagües de fábricas de azúcar y su purificación"). Durante 1908 se aseguraba desde la prensa que los cursos libres se iniciarían en julio y que contarían con la presencia de destacadas figuras del medio local, aunque se solicitaba que se sumara al dictado un universitario de Buenos Aires. Sin embargo solo se registró un curso

---

[13] AHT, Periódico *El Orden*, 12 de enero de 1907.

libre, el que desde octubre a noviembre dictó el director de la Escuela Normal de Monteros, José M. Monzón, quien abordó en cinco conferencias el tema "Filiación científica del descubrimiento de América". Hubo, sin embargo, una serie de conferencias que adoptaron el formato de cursos libres, como los dictados por el historiador David Peña, que abordó en tres conferencias consecutivas las personalidades de Rivadavia, Dorrego y Alberdi y que llegó a congregar a 400 personas según la prensa de la época. Pero es posible encontrar otros sentidos a la presencia de David Peña, como también a la de otras figuras de la intelectualidad argentina que comenzaron a visitar con asiduidad a Tucumán en un momento en que comenzaba a tomar forma el proyecto universitario. De algún modo esas visitas constituían un apoyo explícito a un movimiento que, poniendo de relevancia a Tucumán como uno de los centros de cultura más importantes del interior, concluía en que la creación de la universidad era un imperativo cuya materialización no podía postergarse. *El Orden* expresaba con insistencia la idea:

> Hemos visto nacer [...] bibliotecas como la Sarmiento que en número de lectores rivaliza con cualquiera de la Capital Federal, institutos genuinamente científicos como el laboratorio de bacteriología y la estación experimental [...] en otros terrenos de la cultura Tucumán ha producido revistas como las de Letras y Ciencias Sociales [...] prácticas como las de los juegos florales bienales y ensayos como los cursos libres y las conferencias patrocinadas por la Sarmiento que revelan la existencia de gentes que estudian y un público que ama esas cosas destituidas de interés inmediato y que a la larga son el capital más productivo para los pueblos.[14]

En octubre de 1909 Juan B. Terán, que ocupaba la vicepresidencia de la Cámara de Diputados tucumana, presentó el proyecto de creación de la Universidad Provincial. *El*

---

[14] AHT, Periódico *El Orden* 19 de julio de 1909.

Orden salía en su apoyo poniendo el acento en las necesidades regionales que una universidad localizada en Tucumán podía servir:

> Tucumán merecería ser el asiento de una Universidad Nacional con inmensas ventajas para sus hijos y para los demás de las provincias del norte. Si se ha estimado conveniente fundar un establecimiento de esa naturaleza en la ciudad de La Plata, lo que quiere decir a las puertas de Buenos Aires, resalta a la vista la justicia y la conveniencia de tener una Universidad en Tucumán [...]. Económica e intelectualmente las demás provincias giran alrededor de esta ciudad. Mucha gente pobre del norte o de aquí mismo no sacrificaría a las exigencias de la vida cara de Buenos Aires, jóvenes preparados, jóvenes de porvenir indiscutible para la patria.[15]

Mientras tanto, continuaban las visitas de personalidades vinculadas al ambiente universitario nacional y a la investigación científica, quienes disertaron sobre diferentes tópicos: el explorador austríaco Max Neumayer se refirió a los "Factores principales del progreso agrícola-ganadero argentino"; el poeta y literato Carlos Alberto Leuman habló sobre los "Hombres y sucesos del año 52"; el doctor Carlos Rodríguez Etchart, de la Universidad Nacional de La Plata, disertó sobre "La fe religiosa y su enseñanza", mientras que Rodolfo Alcides Rivarola, decano de la Facultad de Ciencias Físicas de La Plata y a la vez de la Facultad de Filosofía de la Universidad de Buenos Aires, dio una conferencia sobre "La experimentación en la ciencia y en la vida". Por último, David Peña disertó sobre Nicolás Avellaneda. Sin duda estas visitas, que apuntalaban implícitamente el proyecto de Terán, a veces iban acompañadas de declaraciones más explícitas sobre el asunto, como las efectuadas por David

---

[15] AHT, Periódico *El Orden* 9 de septiembre de 1908.

Peña a *El Orden:* "Hemos hablado con el Ministro Naon de la Universidad de Tucumán. La aplaude decididamente como yo aplaudo su discurso sin oírlo".[16]

Pese a los sólidos apoyos con que contaba el proyecto universitario de Terán y del equipo dirigente de la Sarmiento en el plano local, este tipo de avales de personalidades como la de Peña eran imprescindibles frente a ciertos cuestionamientos a la idea, como la que formulaba el diario *La Nación* de Buenos Aires, contrario a la creación de la Universidad Provincial. En dicha oportunidad Terán defendía el proyecto reivindicando el derecho de las provincias y las regiones a contar con sus propias instituciones de altos estudios:

> Todas las del país han empezado por ser provinciales. La de Buenos Aires fundada por el gobierno de esa provincia. La de Córdoba no puede ser referida a estas ideas dada la época de su fundación pero fue una obra regional.
>
> El señor Ministro de Instrucción Pública ha expresado ese pensamiento exacto de política educacional: La nación no debe fundar universidades, debe fomentarlas, donde se haya demostrado capacidad para tenerlas y sostenerlas. No se puede aceptar en forma alguna la opinión de que el país debe limitarse a las que se dicen históricas. ¿De dónde surgiría esa incapacidad constitucional de las provincias? Son creaciones de este género, concebidas con justicia y mesura las que pueden causar la liberación de las provincias. Causarían la liberación verdadera, la económica, puesto que lo que hace verdaderamente fecundas y progresistas las industrias es el trabajo científico [...]. Hay un interés nacional en que se investigue sabiamente nuestro trabajo agrícola e industrial. No podrá decirse la palabra definitiva y segura sobre

---

[16] AHT, Periódico *El Orden*, 14 de octubre de 1909. David Peña se refería al ministro de Justicia e Instrucción Pública del presidente José Figueroa Alcorta, Rómulo Sebastián Naon.

el porvenir económico del norte sin que se hayan escrutado pacientemente sus problemas. ¿Esperaremos que lo hagan las universidades de Córdoba o de Buenos Aires?[17]

En efecto, la Universidad Provincial no solo significaría un centro de estudios orientado a problemáticas regionales, sino que lograría atenuar la fuga de estudiantes a las Universidades de Córdoba y Buenos Aires. Y tenía, como advirtió María Celia Bravo, "un propósito de carácter político y estratégico [...] destinado a restablecer una suerte de equilibrio político perdido por el crecimiento económico y demográfico del litoral" (Bravo, 2007: 47).

En 1912, en junio, la Cámara de Senadores de la provincia aprobaba el proyecto de creación de la Universidad Provincial, que había permanecido casi dos años y medio sin tratamiento contando con la media sanción de la Cámara de Diputados desde fines de 1909. Al año siguiente el gobernador Ernesto Padilla designó el Consejo Superior, integrado por Juan B. Terán, Miguel Lillo, José I. Aráoz, Guillermo Paterson, Ricardo Jaimes Freire, Arturo Rosenfeld, Miguel P. Díaz, Estergidio de la Vega, Alejandro Uslenghi, José Padilla, Juan Chavanne y José Benito González, todos eran miembros de la Comisión Directiva de la Sociedad Sarmiento. El Consejo Superior eligió rector a Juan B. Terán a fines de 1913.[18] Pocos meses después comenzó el dictado de los primeros cursos de la nueva universidad, que se inauguró oficialmente el 25 de mayo de 1914. El gran proyecto del grupo de dirigentes que se había consolidado al frente de la Sociedad luego de la crisis de 1903, gestado trabajosamente durante diez años, se hacía realidad.

---

[17] AHT, Periódico *El Orden* 9 de noviembre de 1909.
[18] AHT, "Sección administrativa", vol. 376, 27 de diciembre de 1913, p. 330.

Conclusión

A fines del siglo XIX, en la ciudad de Tucumán se conformó un ambiente propicio para la creación de experiencias asociativas desde la sociedad civil con inquietudes culturales. El grupo de jóvenes (muchos de ellos de muy escasos recursos) que logró acceder a la educación pública y que, impulsados por su paso por establecimientos de enseñanza media, diseñaron un proyecto (lo que sería la Sociedad Sarmiento) a través del cual canalizarían sus demandas de conocimiento, constituyeron un espacio de sociabilidad que les permitió intercambiar lecturas, opiniones y experiencias.

La circulación por los salones y la biblioteca de la Sociedad Sarmiento, asociación literaria que había sido creada en 1882 y que se convirtió rápidamente en un actor clave del campo cultural tucumano, permitió un intercambio entre alumnos de la Escuela Normal y del Colegio Nacional, maestros y algunas pocas maestras, periodistas, escritores, abogados, médicos, cañeros, algunos industriales y científicos pioneros.

Para algunos este ámbito significó mucho más, al permitirles contar con un auditorio y quizás, si lo ameritaba, conseguir que su disertación fuera publicitada y difundida a través de la prensa, lo que amplificaba su participación. Para aquellos interesados en las letras y en la divulgación de saberes -escritores, periodistas, maestros, científicos- en un contexto en que todavía ni siquiera en Buenos Aires se podía hablar de profesionalización, constituía una excelente posibilidad para dar a conocer sus poesías, cuentos, narraciones o estudios, y escuchar las impresiones que causaban en el público.

Quien primero advirtió la necesidad de vincular las actividades de la Asociación al medio tucumano fue, sin lugar a dudas, Emilio Carmona. En torno de algunas de sus ideas giró el perfil y el quehacer de la Sociedad durante su primera década de existencia. No solo la creación de la biblioteca, sino el ingreso de nuevos miembros, desvelaron a Carmona durante sus presidencias, en un intento por asegurar la continuidad de esta práctica asociativa.

La Sociedad Sarmiento fue definiendo un perfil asociativo cuando se asumió la misión de cimentar en la población una cultura cívica y patriótica. El empeño puesto en emprendimientos de este tipo respondió a una doble inquietud: por un lado, cimentar en los tucumanos el patriotismo argentino; por otro, poner de relevancia la importancia de la historia de la provincia en el gran relato nacional. En esa tarea de articular los sentimientos de identidad nacional y regional los miembros de la Sociedad fueron, tímidamente, dando forma a la idea de centralidad que en el espacio regional se atribuyó a Tucumán en las primeras décadas del siglo XX.

A principios del siglo XX la política, que ya tenía una injerencia clara y determinante en la Sociedad, impactó con tanta fuerza que se convirtió en un factor que dividió a su membrecía y creó otro espacio asociativo. Cuando el gobernador Lucas A. Córdoba -que transitaba en 1903 por un difícil momento de su gestión como producto del resquebrajamiento del frente social con cuyo apoyo llegó al gobierno- intentó evitar que sus opositores controlaran el importante y prestigioso espacio de la cultura en que se había convertido la Sociedad Sarmiento, convirtió a la entidad en un escenario más del duro conflicto desatado entre el gobierno y la oposición.

Al fracasar en el intento, la Asociación, que en períodos anteriores había estado hegemonizada por figuras vinculadas al roquismo y cercanas al gobernador, se volcó hacia un frente opositor en el que destacaban los industriales azucareros disconformes por varias razones tanto con Lucas Córdoba como con Julio A. Roca.

La división en los planos político e intelectual de que hemos dado cuenta generó varios acontecimientos de singular importancia. En el corto plazo fue más notoria la participación en los cargos directivos de la Sociedad Sarmiento de socios vinculados a la élite azucarera. En ese contexto, hubo un grupo que logró capitalizar esta situación con notable éxito. Se trata del sector que quedó al frente de la Sociedad Sarmiento en torno a Juan B. Terán, quien sintetizó como ninguno la confluencia en un individuo de talento literario, sólida formación intelectual y fortuna personal.

A partir de 1906, como quedó reflejado en este trabajo, la Asociación cobró un gran ímpetu, se constituyó por estos años en una especie de institución que preanunciaba la creación de una casa de estudios superiores en Tucumán, con inevitable proyección a todo el ámbito regional. Fue en esos momentos, en esos años de esplendor, cuando esta elite intelectual tucumana asumió una especie de rol histórico, recuperando y resignificando con fuerza algunas de las ideas que en la Asociación se habían comenzado a bosquejar en la década de 1890.

Lo interesante de esta historia fue que Terán y el grupo de hombres que lo acompañó durante su fructífera gestión, una elite intelectual consolidada y políticamente compacta, pudieron llevar exitosamente a cabo sus proyectos aprovechando un espacio de sociabilidad que había surgido de los sueños, esperanzas y el empeño de un grupo de jóvenes que estaban fuera de la elite socio-económica tradicional, una suerte de sectores medios emergentes.

Tabla 1. Asociaciones culturales y bibliotecas populares en la provincia de Tucumán 1857-1915

ASOCIACIONES / BIBLIOTECAS	FUNDACIÓN	LOCALIDAD
Biblioteca Pública	1857	Ciudad de Tucumán
Biblioteca Colegio Nacional	1868	Ciudad de Tucumán
Club de Lectura	1870	Ciudad de Tucumán
Sociedad Sarmiento	1882	Ciudad de Tucumán

Asociación Amigos de la Educación	1885	Ciudad de Tucumán
Sociedad Científica	1885	Ciudad de Tucumán
Biblioteca del Supremo Tribunal de Justicia	1885	Ciudad de Tucumán
Centro Patriótico	1894	Concepción
Biblioteca Círculo Nicolás Avellaneda	1895	Ciudad de Tucumán
Biblioteca Legislatura	1895	Ciudad de Tucumán
Liga Patriótica	1898	Monteros
Biblioteca y Museo Escolar	1898	Ciudad de Tucumán
Biblioteca Centro Católico	1900	Ciudad de Tucumán
Biblioteca Alberdi	1903	Ciudad de Tucumán
Biblioteca Mitre	1906	Monteros
Biblioteca Casa de Gobierno	1906	Ciudad de Tucumán
Biblioteca del maestro	1908	Ciudad de Tucumán
Biblioteca y Caja Escolar de Amaicha	1907	Tafí
Centro de Estudios "El Despertar"	1909	Ciudad de Tucumán
Biblioteca Popular Nicolás Avellaneda	1911	Lules
Centro Uruguayo	1911	Ciudad de Tucumán
Biblioteca Popular	1912	Aguilares
Biblioteca Popular	1912	Famaillá
Biblioteca Popular Belgrano	1912	Villa Alberdi
Biblioteca Popular 25 de mayo	1913	La Cocha

Biblioteca Popular Belgrano	1913	Ciudad de Tucumán
Biblioteca Popular Mariano Moreno	1913	Ciudad de Tucumán
Biblioteca Municipal	1913	Concepción
Biblioteca Nicolás Avellaneda	1913	Concepción
Biblioteca Popular del Norte Lucas Córdoba	1914	Ciudad de Tucumán
Biblioteca Avellaneda	1914	Concepción
Centro Catalán de Cultura de Tucumán	1914	Ciudad de Tucumán
Biblioteca Lucas A. Córdoba	1915	Tafí Viejo
Biblioteca Sáenz Peña	1915	Alderetes

Fuente: Vignoli, Marcela, *Sociabilidad y cultura política. La Sociedad Sarmiento de Tucumán 1882-1914*, Prohistoria, 2015.

Fuentes

Archivo Biblioteca Alberdi, "Libro de Actas de la Biblioteca Alberdi" (1903-1930), Tucumán.

Archivo Biblioteca Sarmiento, "Libro de Actas de la Sociedad Sarmiento" (1883-1885; 1887-1895; 1919-1931), Tucumán.

Diarios y periódicos

Periódico *El Orden* (Tucumán) 1883-1942

Revistas

Hemeroteca de la Facultad de Filosofía y Letras de la Universidad Nacional de Tucumán, Revista *El Porvenir*, 1883-1884.
Hemeroteca de la Facultad de Filosofía y Letras de la Universidad Nacional de Tucumán, Revista *Tucumán Literario*, 1888-1896.

Bibliografía

AGHULON, Maurice (1992), "La sociabilidad como categoría histórica", en AA. VV., *Formas de sociabilidad en Chile 1840–1940*, Santiago de Chile, Fundación Mario Góngora.
AGESTA, María de las Nieves (2016), *Páginas modernas. Revistas culturales, transformación social y cultura visual en Bahía Blanca, 1902–1927*, Bahía Blanca, EdiUNS.
BERTONI, Lilia Ana (2001), *Patriotas, cosmopolitas y nacionalistas: la construcción de la nacionalidad argentina a fines del siglo XIX*, Buenos Aires, Fondo de Cultura Económica.
BETRIA, Mercedes (2015), Dossier "Sociabilidades, vida cultural y vida política en el siglo XIX argentino", *Historia política*, N° 68.
BRAVO, María Celia (2007), "Elite tucumana, cuestión regional y proyecto universitario para el norte argentino (1907-1929)", *Boletín Americanista*, N° 57.
BRAVO, María Celia (2008), *Campesinos, azúcar y política: cañeros, acción corporativa y vida política en Tucumán (1895–1930)*, Rosario, Prohistoria.
BRAVO, María Celia y FERNÁNDEZ, Sandra (coords.) (2014), *Formando el espacio público: Asociacionismo y política. Siglos XIX y XX*, Tucumán, EDUNT.

BRUNO, Paula (dir.) (2014), *Sociabilidades y vida cultural. Buenos Aires, 1860–1930*, Bernal, UNQ.

BRUNO, Paula (2015), "El Círculo literario: un espacio de sociabilidad en la Buenos Aires de la década de 1860", *Iberoamericana*, XV, N° 59.

CALDO, Paula y FERNÁNDEZ Sandra (2008), "Sobre el sentido de lo social: asociacionismo y sociabilidad. Un breve balance", en Fernández, Sandra y Videla, Oscar (comps.), *Ciudad oblicua. Aproximaciones a temas e intérpretes de la entreguerra rosarina*, Rosario, La Quinta Pata & Camino.

CAMPI, Daniel y VIGNOLI Marcela (2016), "La emergencia de la cuestión social en Tucumán. Un concurso de la Sociedad Sarmiento de 1892", *Nuevos mundos mundos nuevos*.

CECCONI, Elida y LUNA, Elba (2002), *De las cofradías a las organizaciones de la sociedad civil. Historia de la inciativa asociativa en Argentina, 1770–1990*, Buenos Aires, Edilab.

CERNADAS, Mabel *et al.* (2016), *Escenarios de la sociabilidad en el sudoeste bonaerense durante la primera mitad del siglo XX*, Bahía Blanca, EdiUNS.

CERVIÑO, Rodolfo (1988), *Contribución a la historia de la Escuela Normal de Tucumán (1875–1975)*, Tucumán, Facultad de Filosofía y Letras, Universidad Nacional de Tucumán.

ESPIGADO, Gloria y ARESTI, Nerea (2015), "Presentación", Dossier "Espacios de acceso y difusión de la cultura para las mujeres (siglos XVIII, XIX y XX)", *Historia Social*, N° 82.

FERNÁNDEZ, Sandra (2013), "Sociabilidad, arte y cultura. Una experiencia en la Argentina de entreguerras", *História Unisinos*, Vol. 17, N° 3, septiembre/diciembre, pp. 248-256, disponible en https://goo.gl/DyD19s.

FERNANDEZ, Sandra (2002), "La arena pública de las ambiciones privadas: relaciones sociales y asociacionismo en la difusión de la cultura burguesa: Juan Álvarez y El Círculo de Rosario (1912-1920)", *Tierra Firme: Revista de Historia y Ciencias Sociales*.

FIERRO, José (1914), *Documentos históricos de la fundación del Colegio Nacional de Tucumán. Cincuentenario de la enseñanza secundaria*, Tucumán, Imprenta La Argentina.

GARCÍA, Susana (2000), "Embajadores intelectuales. El apoyo del Estado a los congresos de estudiantes americanos a principios del siglo XX", *Estudios Sociales*, N° 19.

GAYOL, Sandra (2008), "Sociabilidad", en Biagini, Hugo y Roig, Arturo (dirs.), *Diccionario del pensamiento alternativo*, Buenos Aires, Universidad Nacional de Lanús/Biblos.

GAYOL, Sandra (2000), *Sociabilidad en Buenos Aires: Hombres, honor y cafés 1860–1910*, Buenos Aires, Del Signo.

GENEVOIS, Danielle (2003), "Por una historia de la sociabilidad femenina: algunas reflexiones", *Hispania*, N° 214.

GONZÁLEZ BERNALDO, Pilar (2000), *Civilidad y política en los orígenes de la nación argentina. Las sociabilidades en Buenos Aires, 1829–1962*, Buenos Aires, Fondo de Cultura Económica.

GONZÁLEZ, Joaquín V. (1935), *Problemas escolares (1894–1899). Obras Completas*. Vol. XIII, La Plata, Edulp.

GUTIÉRREZ, Leandro y ROMERO, Luis Alberto (1989), "Sociedades barriales, bibliotecas populares y cultura de los sectores populares: Buenos Aires, 1920-1945", *Desarrollo Económico*, Vol. 29, N° 113.

MARTÍNEZ ZUCCARDI, Soledad (2012), *En busca de un campo cultural propio. Literatura, vida intelectual y revistas culturales en Tucumán (1904 –1944)*, Buenos Aires, Corregidor.

MUSEO HISTÓRICO SARMIENTO (1947), *Epistolario entre Sarmiento y Posse*, Tomo II, Buenos Aires.

MYERS, Jorge (1999), "Una revolución en las costumbres: las nuevas formas de sociabilidad de la elite porteña, 1800-1860", Devoto, F. y Madero, M. (dirs.), *Historia de la vida privada en la Argentina, Tomo 1: "País antiguo. De la colonia a 1870"*, Buenos Aires, Taurus.

ROLDÁN, Diego (2012), *La invención de las masas. Ciudad, corporalidad y culturas. Rosario, 1910–1945*, Buenos Aires, UNLP.

SÁBATO, Hilda (2004), *La política en las calles. Entre el voto y la movilización, Buenos Aires 1862–1880*, Buenos Aires, UNQ.

UNIVERSIDAD NACIONAL DE LA PLATA (1967), *Sociedades literarias argentinas (1864–1900)*, La Plata, Facultad de Humanidades y Ciencias de la Educación, UNLP.

VIGNOLI, Marcela (2011), "Educadoras, lectoras y socias. La irrupción de las mujeres en un espacio de sociabilidad masculino. La Sociedad Sarmiento de Tucumán (Argentina) entre 1882 y 1902", *Secuencia*, N° 80, pp. 43-62.

VIGNOLI, Marcela (2015), "Trayectoria educativa y prácticas asociativas de una tucumana de entre siglos: Margarita Todd, maestra normal", *Historia y memoria*, N° 11, pp. 123-149.

VIGNOLI, Marcela (2015), *Sociabilidad y cultura política. La Sociedad Sarmiento de Tucumán, 1880–1914*, Rosario, Prohistoria.

La reconfiguración del asociacionismo cañero tucumano durante el primer peronismo

JULIETA BUSTELO

1. Tradición asociativa y mediación estatal

A finales del siglo XIX se constituyó la moderna agroindustria azucarera tucumana que, a diferencia de la de Salta y Jujuy, estuvo compuesta en forma destacada por cañeros, plantadores de caña independientes de los ingenios procesadores de la materia prima. Los cañeros desarrollaron una importante tradición asociativa como modo de defender sus intereses frente a los industriales azucareros y, así, subsistir en el tiempo como sector productivo diferenciado. La formación de esas asociaciones estuvo signada por momentos críticos -como plagas o sobreproducción- que afectaban las ventas de su materia prima y hacían peligrar la existencia del sector.[1]

En 1895 se formó la primera asociación de plantadores, el Centro Cañero, motivada por la primera crisis de sobreproducción azucarera que provocó el abrupto descenso del precio del azúcar y de la caña. Su acción asociativa llevó a que el Estado interviniera dictando leyes para regular la cantidad de producción. El fin de la sobreproducción produjo la desmovilización del gremio, que redundó en la inactividad de esta primera entidad asociativa. El Centro Cañero se reorganizó en 1918 a raíz de la crisis provocada

---

[1] Sobre la tradición asociativa cañera y las medidas de intervención estatal en la agroindustria azucarera, véanse Bravo (2007, 2008a y 2008b) y Campi y Kindgard (1999).

por la plaga del "mosaico" que había llevado a la pérdida de gran parte de la cosecha. El Estado subsidió el replante de variedades de caña Java que por su mayor riqueza sacarina llevó a una nueva sobreproducción y caída de precios. En este contexto un grupo de cañeros se acercó a la Federación Agraria Argentina (FAA) con el fin de conseguir apoyo a sus problemas. Alegando la crisis de sobreproducción, los ingenios todavía no habían fijado el precio de la liquidación de la cosecha de 1926, y los cañeros solo habían recibido adelantos que no les permitían iniciar la nueva cosecha. Dirigentes del Centro Cañero rechazaron el trabajo conjunto con esa entidad por considerarla ajena a la provincia, mientras que la mayor parte de los cañeros de la provincia adhirieron a las propuestas de la FAA. La federación innovó en el repertorio de organización y lucha cañera promoviendo una masiva huelga contra los ingenios que consistió en la no entrega de materia prima. La huelga culminó con la mediación del presidente Marcelo T. de Alvear a través del dictado del Laudo Alvear de 1928.

El laudo, a diferencia de las normativas azucareras previas que estaban destinadas a regular la cantidad de producción, avanzó en la determinación de las relaciones intersectoriales de cañeros e industriales. Hasta ese momento, el precio de la caña entregada a los ingenios se fijaba en función de dos variables: el precio del azúcar en el mercado y el acuerdo entre el cañero y el ingenio, cuya resolución dependía de la capacidad productiva y de negociación del plantador. El laudo, basándose en un amplio estudio que abarcaba desde la producción hasta comercialización, determinó que los costos de la fabricación de una tonelada de caña y de una tonelada de azúcar eran equivalentes. Por lo cual, el precio de la caña correspondía al 50% del valor de venta en el mercado de los azúcares fabricados. Asimismo, el Laudo estableció que, de los subproductos obtenidos de la caña -como la melaza-, la mitad era propiedad de los cañeros, y que podían retirarlos u optar por recibir el importe equivalente a su precio de mercado. La Comisión Arbitral de la

Cámara Gremial de Productores de Azúcar era la entidad encargada de fijar ese precio sobre la base de las planillas de ventas enviadas por los ingenios. Al mismo tiempo, el laudo fijó porcentajes obligatorios de molienda de caña de cañeros por parte de los ingenios, correspondiendo dentro de la molienda total de caña de cada fábrica el 43,42% a los cañeros y el 56,58% a los ingenios. Al obligar a los ingenios a comprar caña de los cañeros se aseguraba la pervivencia del sector, que se reflejó en años posteriores en el aumento de los plantadores pequeños y medianos (Bravo, 2008: 312; Delich, 1970: 41).

La desmovilización cañera consecuencia de las mejoras obtenidas con el Laudo Alvear, sumada a la retirada de la adhesión a la FAA de los cañeros de algunas seccionales, produjo un importante declive de la representación gremial de esta entidad. De esta forma, el Centro Cañero vivió un nuevo auge en la representatividad del gremio cañero. Al mismo tiempo, durante la década de 1930 un amplio sector de plantadores no se enroló en esa entidad ni en ninguna otra, reuniéndose solo esporádicamente frente a determinadas coyunturas críticas para elevar reclamos en conjunto. Este sector se autodenominó "cañeros no agremiados" o Cañeros Independientes y, en 1938, una parte de estos conformó la Unión Agraria Provincial que recuperó los principios asociativos de la FAA.

En las zafras posteriores a 1928, las normativas del Laudo Alvear fueron aplicadas con carácter de ley para la liquidación de la materia, aunque continuaron produciéndose desacuerdos entre industriales y cañeros por los precios establecidos. En estas nuevas instancias el Estado comenzó a tener en cuenta la escala productiva del plantador para la aplicación de impuestos y precios. Así, al poco tiempo de dictado el laudo, debido a que continuaba el contexto de sobreproducción azucarera se dictó una ley provincial tucumana que fijó límites a la producción anual del producto mediante impuestos que intentaban retrotraer los volúmenes de producción al 70% de los azúcares fabricados en 1926. Este límite se aseguró con un alto impuesto al 30% excedente de lo producido por cada cañero, colono e ingenio. En pos de asegurar la rentabilidad y, por lo tanto, la existencia del pequeño productor cañero, se eximió de ese impuesto a quienes no tuvieran un rendimiento en azúcar superior a las 10 ½ toneladas -es decir, quienes poseían propiedades de hasta 4 hectáreas (ha). En el año 1930, cuando nuevamente se suscitó el conflicto intersectorial, el gobernador José Sortheix intervino aplicando precios teóricos diferenciales a la caña en función de la capacidad productiva. En la disputa por los precios de 1940 se dictó el Laudo Castillo que respetó el Laudo Alvear, pero volvió a fijarse el precio de la caña relacionando el valor de referencia del azúcar con la extensión de las propiedades.[2]

Dentro de esta constante conflictividad producida entre cañeros e industriales, en 1938 se proyectó la creación de una Junta Nacional del Azúcar (JNA) que tenía como objetivo ordenar la producción y comercialización de la agroindustria. Este proyecto no prosperó fundamentalmente por el rechazo de los cañeros, ya que sujetaba a la molienda en determinado ingenio y terminaba con la libre comercialización de la materia prima.[3] En 1943 el presidente Ramón Castillo proyectó nuevamente el fin de las disputas intersectoriales anuales a través de la creación de una Comisión Investigadora de la Industria Azucarera que estudiara los costos de la elaboración del azúcar para actualizar la justa distribución para los sectores intervinientes y dictara una ley reguladora nacional de la producción azucarera (*La Gaceta*, 10/4/1943).

---

[2] Sobre la base de 10 kilogramos (kg) de azúcar obtenidos por tonelada de caña, el valor de la materia prima se calculaba a un precio teórico de $3,22 para las plantaciones de 0 a 10 ha, $3 para las de 11 a 20 ha, $2,80 para las de 21 a 60 ha y $2,36 para las mayores de 60 ha (Bravo y Gutiérrez, 2014).
[3] Sobre el intento de creación de la JNA, véase Persello (2006).

En los orígenes del primer peronismo, se disolvió y solicitó el informe de lo relevado a la comisión azucarera que venía actuando.[4] A modo siguiente se conformó una nueva comisión investigadora con el objetivo de recabar información de la agroindustria a nivel nacional a fin de crear un organismo regulador y ordenador -semejante a las existentes juntas reguladoras de cereales- y poder solucionar sus problemas de larga data (*La Gaceta*, 30/7/43). Su informe se plasmó en el Decreto-Ley nacional 678 del 13 de enero de 1945 que por primera vez estableció un ordenamiento integral de la agroindustria azucarera. En este contexto se produjo una reconfiguración del asociacionismo cañero tucumano que significó la fusión de tres de las principales entidades existentes -Centro Cañero, Unión Agraria Provincial y Cañeros Independientes- en la Unión de Cañeros independientes de Tucumán (UCIT), principal representante de los plantadores hasta nuestros días y, en disidencia con la asociación unificadora, la formación de Sindicatos de Cañeros Chicos, que se nuclearon en una Federación Provincial.[5] Esta reconfiguración estuvo signada por elementos presentes en la cultura asociativa previa, como la crisis en los cañaverales y/o disputas intersectoriales por la distribución de los ingresos azucareros. No obstante, presentó algunos factores novedosos, como la existencia de gobiernos que se propusieron una política económica nacionalista que implicaba el desarrollo del mercado interno, la atención a las problemáticas de los diferentes sectores productivos, el impulso a la formación de asociaciones corporativas que los representaran y la

---

4   El 4 de junio de 1943 el gobierno de Castillo fue depuesto por un golpe de Estado ejecutado por la autodenominada "Revolución de 1943", que ubicó en la presidencia a Pedro Ramírez (1943-1944) y Edelmiro Farrell (1944-1946). Consideramos a estos gobiernos como los orígenes del primer peronismo porque desarrollaron varios lineamientos políticos, sociales y económicos que se desplegaron con mayor énfasis a lo largo de los dos gobiernos de Juan D. Perón (1946-1955).
5   Sobre la formación de la UCIT, véase Bustelo (2012).

mediación ante conflictos intersectoriales. Por otra parte, la fundación de la Federación Obrera Tucumana de la Industria del Azúcar (FOTIA) que expresó la constitución de los trabajadores azucareros tucumanos como nuevo actor en la disputa intersectorial.[6]

2. La formación de la UCIT

Desde mediados de 1943 las plantaciones de caña fueron afectadas por la plaga del "carbón", que produjo bajos rendimientos en la nueva zafra y redundaron en la caída del precio de la materia prima fijado en marzo de 1944 sobre la base de las normativas del Laudo Alvear.[7] Nuevamente afloró el conflicto intersectorial cuando los cañeros estuvieron en desacuerdo con el precio de $3,17 los 10 kg de azúcar y reclamaron $3,50. Por separado, la Unión Agraria Provincial y el Centro Cañero propusieron esperar que el precio definitivo fuera estipulado sobre la base del informe que la comisión investigadora azucarera pronto presentaría ante el gobierno nacional. Posteriormente, la Unión Agraria Provincial y los Cañeros Independientes por separado, pidieron el aumento del precio de venta del azúcar para que se elevara el precio de la caña. Mientras que el Centro Cañero sostuvo que a los plantadores les correspondía reclamar el aumento del precio de la caña sobre la base de incrementar el porcentaje del precio de venta del azúcar que les correspondía a los cañeros, y no sobre la base de reclamar el aumento del precio de venta del azúcar (*La Gaceta*, 30/5/1944). El Centro reactualizaba su reclamo de larga data, presentando ante la nueva comisión investigadora, la

---

[6] Sobre la formación de la FOTIA, véase Rubinstein (2006).
[7] El gobierno de la "revolución" designó una Comisión Nacional Consultiva para estudiar la plaga, a partir de su informe se creó la Comisión Nacional de Ayuda a los Plantadores de Caña encargada de otorgar créditos para la renovación de cosechas afectadas.

modificación del Laudo Alvear con relación a que los cañeros por la materia prima entregada debían recibir el 67% del precio de venta del azúcar y no el 50%. Sectores de "cañeros no agremiados" criticaron al Centro Cañero por considerar que se alegaba la representación de los cañeros en su conjunto y que los perjudicaban al negar la necesidad de aumento del precio del azúcar en un contexto de incremento de costes de producción (*La Gaceta*, 21/7/1944). La Unión Agraria Provincial realizó denuncias similares hacia el Centro Cañero: "Se ha escuchado con desgraciada insistencia, la voz del Centro Cañero pretendiendo desautorizarnos y logrando en verdad perjudicar los legítimos intereses de Tucumán" (*La Gaceta*, 21/7/1944).

La existencia de tres asociaciones cañeras operaba como un elemento de división del sector debido a que estas se disputaban tanto la representación cañera como las soluciones propuestas para superar la crisis. La mediación nacional de septiembre de 1944 en la Secretaría de Trabajo y Previsión de la Nación (STyP) encabezada por Perón que debía resolver el conflicto intersectorial actuó como disparador para la unificación gremial. En esta instancia, los cañeros estuvieron representados por sus tres divisiones asociativas, mientras que los otros dos sectores azucareros asistieron representados en forma unificada: el industrial a través del Centro Azucarero Regional (CAR) de Tucumán, y el obrero a través de la recientemente creada FOTIA, de modo que aparecía un nuevo sector en la disputa.

Las distintas asociaciones cañeras empezaron a vislumbrar los perjuicios de no actuar unificadamente en el arbitraje frente a los otros dos sectores que sí lo hacían. Así, de septiembre a diciembre de 1944, en paralelo con el desarrollo de la mediación se desplegó el interés por la unificación gremial. En las asambleas de cada una de las entidades realizadas para informar sobre los avances de las tramitaciones en el arbitraje, se hizo referencia a la necesidad de unirse y al acercamiento que se estaba produciendo entre las asociaciones. En una asamblea de la Unión Agraria

Provincial se informó sobre: "Conversaciones mantenidas en Buenos Aires con miembros del núcleo de Cañeros Independientes en las cuales se coincidió en la necesidad de unir en un solo centro a los plantadores de la provincia" (*La Gaceta*, 15/9/1944). En asambleas de Cañeros Independientes del sur de la provincia realizadas en Aguilares y Monteros se designaron delegados para difundir en varios departamentos la agremiación a esta entidad entre los productores que todavía no estaban agremiados a ninguna de las entidades existentes, y se manifestó el interés de constituirse en un gremio unificado (*La Gaceta*, 6/11/1944). El diario *La Gaceta* señaló: "El dirigente del Centro Cañero, doctor Victorio Conti [...] informado de la iniciativa de los Cañeros Independientes de unificar el gremio, la encontró plausible y agregó que urge reunir a los plantadores bajo una sola dirección para la defensa más eficaz de los intereses gremiales" (*La Gaceta*, 10/11/1944).

Cuando las asociaciones cañeras abordaban la unificación del gremio, afirmaban la necesidad de agremiarse para contar con representantes cañeros legalmente reconocidos por los organismos gubernamentales, como la delegación regional de la STyP. Por ejemplo, el Centro Cañero manifestaba:

> Nos informaron asimismo que en el memorial que obra en poder del coronel Juan D. Perón, se especifican las aspiraciones de todos los cañeros de Tucumán, de agremiarse orgánicamente y contar con los representantes a que tienen derecho dentro de la organización que dirige la Secretaría de Trabajo y Previsión (*La Gaceta*, 3/9/1944).

En consecuencia, la posterior formación de la UCIT -tal como sucedió en el momento de creación de las asociaciones cañeras previas- estuvo enmarcada en la disputa intersectorial producto de los bajos precios de la caña, pero además por la particularidad de un gobierno receptivo a los problemas y demandas de diferentes sectores de la producción e interesado en resolver sus disputas integrándolos en forma corporativa dentro de la órbita estatal. Como lo hacía con el sector obrero, el gobierno alentaba el fortalecimiento gremial y enviaba personal para asesorar en el proceso de agremiación, brindando espacios de representación dentro del aparato estatal.

En medio de esta intensa actividad gremial cañera, en los primeros días del mes de enero de 1945 se dio a conocer el Decreto 678, que entre sus principales normativas estableció el aumento del precio de venta del azúcar, creó el Fondo Especial de Compensación y Asistencia Social, proyectó la formación de una Junta Nacional del Azúcar y dictó el Estatuto de los trabajadores de fábrica y surco de la producción azucarera. Este último elevaba los salarios teniendo en cuenta por primera vez una diversidad de oficios. El aumento del precio del azúcar en $0,06 por kg se destinaba al Fondo de Compensación. Este además estaba formado por la contribución obligatoria de $0,06 por kg de azúcar vendido por ingenios, importadores, comerciantes mayoristas y minoristas y refinerías. El Fondo se destinaba, por un lado, a compensar a cañeros e industriales por el aumento de costes de producción (salarios, fletes, etc.) y, por otro, a obras de ayuda social para los obreros. El decreto establecía los precios definitivos para las zafras de 1943, 1944 y 1945 que aún estaban impagas y determinaba para cañeros e ingenios distintos montos otorgados por el Fondo de Compensación. Así, los cañeros recibirían el importe por la liquidación realizada por el ingenio sobre la base del Laudo Alvear más un monto de compensación decreciente según la cantidad de toneladas de caña entregada. La JNA estaría formada por representantes gubernamentales y de los sectores implicados en la agroindustria azucarera: cañeros, ingenios y obreros.

El desacuerdo de las asociaciones cañeras con varios puntos del decreto aceleró el proceso de unificación. La seccional Monteros del Centro Cañero convocó a la Unión Agraria Provincial y a los Cañeros Independientes a una asamblea para tratar con urgencia la unificación y así cuestionar el decreto con más fuerza (*La Gaceta*, 29/1/1945). En esta se formó una comisión directiva pro unidad del gremio, compuesta por tres miembros de cada una de las tres entidades presentes, para que gestionara la unificación gremial. Posteriormente, se resolvió la no disolución de las tres asociaciones hasta que quedara constituida la nueva entidad, el renunciamiento de las tres entidades cañeras a actuar en forma independiente en gestiones ante el gobierno, el pedido urgente de modificación del decreto en el sentido sostenido por los memoriales de la Unión Agraria Provincial (*La Gaceta*, 7/2/1945) y del Centro Cañero (*La Gaceta*, 23/2/1945), y la redacción de un manifiesto dirigido a los cañeros de la provincia que comunicaba la crítica situación y promocionaba la unión en defensa de los intereses gremiales.

En los memoriales, con argumentos similares el Centro Cañero y la Unión Agraria Provincial manifestaban el desacuerdo con el decreto por los montos de compensación que recibirían los cañeros porque se fijaban porcentualmente sobre la base del tonelaje de caña entregado a los ingenios. Así, los cañeros que entregaban menos caña por tener una baja capacidad productiva recibirían una compensación más alta. Ambas entidades reclamaban una compensación fija de $2,50 por tonelada de caña que no discriminara en función de la escala productiva, fundamentando en que los cañeros grandes tenían menos costes pero los malos rendimientos afectaban a todos por igual. Las entidades cañeras afirmaban que los industriales sí resultaban beneficiados con compensaciones fijas, ya que no tenían en cuenta que quienes poseían mejores tecnologías gozaban de menores costes, por ejemplo en mano de obra. Asimismo, las entidades cañeras rechazaban los precios mínimos y máximos de la tonelada de caña sobre los que se aplicaban las compensaciones. Por otra parte, reclamaban la igualdad de representación de industriales y cañeros en la JNA, dentro de la cual cañeros y obreros contarían con un menor número de representantes que los industriales.

Prosiguiendo con las demandas de reforma del Decreto 678, en los últimos días del mes de mayo el consejo pro unidad gremial acordó comenzar una huelga cañera para hacer efectivos sus reclamos. Los tres principales puntos a reclamar fueron: el aumento de la compensación de 1943 a $2 fijos por tonelada de caña entregada, una compensación fija para la caña de 1944 y la modificación del precio provisorio de la zafra de 1945 en $20 la tonelada de materia prima (*La Gaceta*, 27/5/1945).

La medida de fuerza constó con un alto acatamiento cañero. Al mismo tiempo, el consejo pro unidad solicitó la adhesión a la huelga de diferentes sectores sociales como obreros y comerciantes. Hacia fines de junio, comerciantes del sur de la provincia (Famaillá, Acheral, Monteros, Aguilares y Concepción) y de la Capital, y estudiantes secundarios y universitarios de algunas de esas zonas, pararon en solidaridad con la medida cañera (*La Gaceta*, 25/6/1945, 26/6/1945, 29/6/1945, 30/6/1945). Luego, entre otras asociaciones, el Centro de Comerciantes Minoristas del Norte, el Centro Unión de Almaceneros Minoristas, el Colegio de Abogados, el Círculo de Prensa, y la Asociación de Propietarios de Almacenes y Socorros Mutuos de Tucumán emitieron sus propios comunicados de adhesión con la causa cañera y pidieron una rápida solución al gobierno (*La Gaceta*, 30/6/1945, 1/7/1945). Los trabajadores del azúcar tanto del Sindicato de Obreros de Fábrica y Surco del Ingenio La Trinidad como de la FOTIA pidieron públicamente una resolución al conflicto para que no fueran afectados los trabajadores, pero negaron su adhesión al paro por considerarlo un asunto patronal (*La Gaceta*, 29/6/1945).

A fines de junio, los cañeros aceptaron la mediación del gobernador, pero los industriales la rechazaron por considerar que las demandas de los plantadores eran sobre un decreto dictado por el gobierno nacional y, en consecuencia, era este quien debía intervenir (*La Gaceta*, 28/6/1945). Los ingenios en los que el gobierno provincial participaba de la administración, Marapa y Ñuñorco, ofrecieron pagar a los cañeros un precio provisorio de $16,50 por tonelada de caña, precio que se acercaba más al reclamado por los cañeros. No obstante, el consejo pro unidad decidió que tampoco se les entregaría caña hasta tanto se modificara el precio en todos los ingenios (*La Gaceta*, 30/6/1945). El consejo pro unidad dirigió nuevamente los reclamos al gobierno nacional en la persona de Perón (*La Gaceta*, 1/7/1945).

En este contexto, el gobierno nacional ofreció tres resoluciones que fueron bien recibidas por el gremio, y el consejo pro unidad levantó la huelga. Estas consistieron en que la Secretaría de Industria y Comercio de la Nación giraría inmediatamente el pago de las compensaciones por las cosechas de 1943 y 1944 al precio que fijaba el Decreto 678. Para la zafra de 1944 se estableció que el precio promedio fijado en $3,182 los 10 kg de azúcar se elevaría a $3,284 -que era el precio promedio establecido para la zafra de 1943-. Por último, se fijó un precio provisorio para la zafra de 1945 de $16,50 en vez de $14,50 la tonelada de caña y un anticipo de $2,50 por tonelada en concepto de compensación fija en el momento de la entrega de la caña (*La Gaceta*, 4/7/1945).

Una vez terminada la huelga, el consejo pro unidad reencausó las tratativas para realizar la unidad gremial. Para ello, convocó una asamblea a realizarse el mes siguiente, a modo de dar un tiempo prudencial a las asociaciones que aspiraban a integrar la entidad unificadora a avalar previamente los estatutos redactados. El 9 de septiembre de 1945 quedó constituida la UCIT, que recibió su personería jurídica el 3 de octubre del mismo año. En sus estatutos constitutivos, la UCIT se presentaba como representante y defensora de los intereses económicos de los productores cañeros de la provincia y en especial de los asociados. Sus propósitos excedían la protección económica-productiva, proyectándose el despliegue del cooperativismo y la ayuda mutua y social entre sus afiliados (UCIT, 1945).

3. La pervivencia del Centro Cañero

La dirigencia del Centro Cañero mostró varias reticencias al movimiento de unificación gremial, quizás porque se trataba de la disolución de una histórica asociación cañera. Las seccionales del sur como Monteros y Simoca, en las que el Centro contaba con su mayor número de afiliados, se mantuvieron en todo momento firmes en el camino unificador. Como ya se señaló, la seccional del Centro de Monteros incentivó la unificación gremial convocando a los Cañeros Independientes y a la Unión Agraria Provincial a una asamblea para enfrentar el proclamado Decreto 678. En esa misma reunión, se formó el consejo pro unidad, que encaró la realización de acciones conjuntas (*La Gaceta*, 29/1/1945).

Una primera señal del rechazo del Centro Cañero hacia la unificación gremial podemos encontrarla cuando su dirigencia intentó aceptar una propuesta del interventor federal y levantar la huelga en forma unilateral. Este ofrecimiento consistía en que los cañeros levantaran la huelga para que se iniciara la cosecha de 1945 y confiaran en las gestiones del interventor ante los industriales para obtener una retribución por la tonelada de caña equivalente al 60% del precio de venta del azúcar y no del 50% (*La Gaceta*, 1/7/1945). En asambleas de seccionales del sur del Centro se repudió públicamente la decisión de la dirigencia y se reafirmó la importancia de lo actuado en forma conjunta a través del consejo pro unidad (*La Gaceta*, 2/7/1945). Este repudio permite sostener que las bases del Centro se encontraban movilizadas, tomando decisiones y presionando para que la dirigencia las cumpliera.

Una vez terminada la huelga, los representantes del Centro que componían el consejo pro unidad gremial reencauzaron las tratativas de unificación asociativa. Sin embargo, este proyecto sufrió un nuevo revés cuando la dirigencia del Centro retiró un telegrama del presidente Edelmiro Farrell que convocaba al consejo pro unidad para tratar los problemas del gremio. Posteriormente, estos dirigentes se entrevistaron con Farrell para exponerle los problemas que afectaban al gremio sin notificar al consejo (*La Gaceta*, 18/7/1945). Esta actitud desató el cuestionamiento del consejo, debido a la ruptura del acuerdo según el cual para gestiones gubernamentales las asociaciones que lo componían debían actuar en forma conjunta. Al mismo tiempo, surgieron disidencias al interior del Centro porque su presidente Eudoro Olivera acordó con lo actuado unilateralmente por la asociación en Buenos Aires, mientras que representantes de la entidad en el consejo pro unidad gremial rechazaron tal actitud. Estas diferencias generaron el quiebre al interior de la dirigencia de la asociación. En este contexto, el presidente del Centro intentó sustraer del proyecto unificador del gremio a la entidad que representaba, afirmando que "Las funciones encomendadas a los delegados del Centro Cañero ante el consejo Pro Unidad, han terminado y que debe revocarse el mandato conferido por el Centro a los referidos representantes" (*La Gaceta*, 24/7/1945). Las seccionales del Centro Cañero del sur de la provincia rechazaron el accionar unilateral de la dirigencia, manifestaron su repudio y priorizaron la unidad gremial. En consecuencia, presionaron para la convocatoria a una asamblea con asistencia de representantes de todas las seccionales del Centro, para que evaluara lo actuado por la dirigencia y decidiera si la entidad debía continuar con las tratativas de unidad gremial. La asamblea juzgó negativamente la conducta de la dirigencia y reafirmó el proyecto de unificación. En esta situación, podemos vislumbrar nuevamente la presión de las bases cañeras para el cumplimiento de lo ya decidido:

> Encontrándose en esta asamblea representada la mayoría de las seccionales del Centro Cañero de Tucumán, resuelven dirigirse al consejo directivo pro unidad gremial de cañeros, haciéndole llegar la necesidad de que a la mayor brevedad se constituya la entidad gremial de cañeros de la provincia, con prescindencia de cualquier otro organismo o persona que en cualquier forma obstaculicen la constitución de la entidad única (*La Gaceta*, 7/8/1945).

Pese a esta decisión, la dirigencia del Centro Cañero continuó con su accionar unilateral, realizando reclamos que involucraban a todo el gremio cañero; acompañando las gestiones pro unidad. Por ejemplo, se reunió con el interventor provincial para solicitarle la molienda integral de la caña que había sido rechazada por los ingenios por tener baja pureza sacarina debido a los hielos prematuros (*La Gaceta*, 15/8/1945). Más tarde, los desacuerdos al interior del Centro Cañero acerca de la unificación gremial se plasmaron en la constitución de la UCIT, que produjo el cisma de la histórica entidad cuando parte de su dirigencia siguió manteniendo la existencia de esta y eligió reemplazantes para los miembros del directorio que se integraron a la dirigencia de la UCIT (*La Gaceta*, 12/11/1945). En los meses posteriores, quizás como forma de mantener buenas relaciones con el gobierno y mostrar públicamente la pervivencia de la asociación, el Centro Cañero agradeció al interventor provincial por su injerencia en favor de los productores en la reforma del Decreto 678 y le otorgó un pergamino que lo nombraba presidente honorario de la entidad (*La Gaceta*, 16/11/1945).

4. Los sindicatos de cañeros chicos y su Federación Provincial

En mayo de 1945, en el contexto de desacuerdo de los cañeros con el Decreto 678 y el proceso de unificación gremial, en una asamblea convocada por cañeros de la zona de San Andrés, departamento de Cruz Alta, se constituyó el primer sindicato de cañeros chicos. Así surgió una nueva forma asociativa en la cual los cañeros se agrupaban de acuerdo con el ingenio al que le entregaban su caña. Este tipo de agrupamiento resultaba más pertinente para cañeros chicos que, a diferencia de los medianos y grandes, por su baja capacidad productiva entregaban su materia prima a una única fábrica.[8] Estos pequeños productores se apartaban de la política gremial representada por las asociaciones existentes a través del consejo pro unidad del gremio y se agrupaban en respuesta a sus propios intereses. En este sentido, hacían referencia a la necesidad de defenderse de los terratenientes e ingenios y disentían del proyecto de unidad gremial, porque consideraban que se alegaba una representación que no tenía, al defender intereses diferentes a los de los cañeros chicos. En la asamblea de fundación del sindicato, Tadeo Herrera, vicepresidente de la nueva entidad, señalaba que

> No era posible que solamente el gremio de cañeros no esté representado ante los poderes públicos, a pesar de la desastrosa situación de miseria en que se desenvuelve, porque está explotado por una reducida minoría de llamados dirigentes, que se arrogan la facultad de representarlo de acuerdo con los intereses que les son propios. En su opinión, la facultad que se atribuyen para actuar en nombre del gremio, no les ha sido conferida por los auténticos cañeros [...]. Haciendo un llamado con el fin de que se inscriban en el sindicato y sea posible formar una entidad general que servirá de base para la futura federación de plantadores (*La Gaceta*, 12/5/1945).

Asimismo, sin mencionar el pedido de compensaciones fijas solicitado por el consejo pro unidad, pero en relación con ellas, este dirigente las rechazaba diciendo que "Los hombres de campo que todo lo producen, apenas si les toca en su distribución una mínima parte de la riqueza que determinan con sus afanes y sus esfuerzos, porque son las eternas víctimas. 'El cañero chico -señaló- no se acomoda con el ingenio en la proporción que el grande, que vende su caña a precio fijo'" (*La Gaceta*, 12/5/1945). Con esta afirmación, consideraba que las compensaciones diferenciadas

---

[8] Siguiendo el análisis de Bravo (2008b: 49) definimos como cañeros grandes a los poseedores de más de 20 ha, medianos a los de entre 11 y 20 ha y pequeños a los de entre 0 y 10 ha.

según la escala productiva establecidas por el Decreto 678 eran justas, ya que los cañeros chicos tenían costes de producción más altos que el resto de los sectores.

El consejo pro unidad del gremio, con el pedido de modificación del decreto en relación con el establecimiento de compensaciones fijas, estaba dejando de lado una demanda histórica del gremio obtenida desde finales de la década de 1920: el trato económico diferencial de los pequeños cañeros a través de exenciones de impuestos o de precios escalonados. Esta demanda, contenida en varias regulaciones de la producción como la ley provincial de 1928 dictada luego del Laudo Alvear y el Laudo Castillo de 1940, contemplaba los mayores costes de producción de los pequeños plantadores y, así, protegía la existencia del sector. Por otra parte, a partir de su autodefinición como "auténticos cañeros" y "hombres de campo", los cañeros chicos podrían estar marcando distancia con el resto del gremio en relación con un elemento fundamental: trabajar ellos mismos sus tierras.[9]

A mediados de 1946, los plantadores chicos atravesaron un destacado momento de auge asociativo propiciado por sus acuciantes problemas económicos. Al respecto, alegando el incumplimiento de las fábricas azucareras de la liquidación definitiva de la melaza de 1945 y del adelanto monetario de la cosecha de 1946, se dirigió un telegrama al presidente de la República en nombre de los cañeros chicos de la provincia. Estos solicitaban al Banco Central la entrega de fondos para afrontar el nuevo aumento de salarios de los obreros y el pago del aguinaldo establecido a fines de 1945. Posteriormente, Segundo Correa, presidente del Centro de Cañeros Unidos de Gastona, agrupación cañera preexistente a la UCIT y no enrolada en esta, promovió la firma

---

[9] Este aspecto permite asociarlos con el segmento de plantadores que los estudios realizados desde el marco teórico de la sociología rural (Delich, 1970; Giarracca y Aparicio, 1991) definieron como campesinos cañeros, es decir, quienes explotaban sus tierras fundamentalmente con mano de obra familiar, pudiendo ser ayudados por empleados temporales.

de un petitorio entre los cañeros chicos a ser presentado ante el presidente de la Cámara de Diputados de la Nación, donde se exponían los motivos de penuria económica relacionados con las malas cosechas de los últimos años producto de la plaga del "carbón" de 1943, y el granizo y los hielos prematuros de 1945. El petitorio reclamaba la condonación de deudas de 1943 por el préstamo de renovación de cosechas afectadas por la plaga y una indemnización para los plantadores que hubieran tenido un bajo rendimiento cultural en la cosecha de 1945 (*La Gaceta*, 6/8/1946).

En días posteriores, en Gastona, en una asamblea promovida por el Centro de Cañeros Unidos del lugar y con la asistencia de más de 300 cañeros de la zona, se fundó el Sindicato de Cañeros Chicos de Gastona, que se definió como integrado por plantadores de caña de hasta 1.000 surcos (20 ha). En la reunión se decidió la redacción de un nuevo petitorio a ser enviado a las autoridades nacionales para solicitar la prórroga del vencimiento de la primera cuota de los créditos para renovación de plantaciones (*La Gaceta*, 27/8/1946). Al mismo tiempo, este sindicato "consideró la necesidad de activar la propaganda para la organización de núcleos gremiales en otras zonas de la provincia" (*La Gaceta*, 7/9/1946) y designó una comitiva para tal fin.

Entre la segunda mitad de 1946 y mediados de 1947, se fundaron una gran cantidad de sindicatos de cañeros chicos que acogieron las demandas del petitorio de finales de agosto, entre otros, el Sindicato de Cañeros Chicos de Villa de Leales, Los Guayacanes, Nueva España, Campo La Flor, San Andrés, Domingo Millán, Ranchillo Viejo, Huasa Pampa, Los Bulacio, La Favorina, Alto Verde, El Cevilar, Los Pereyra, La Tala, Los Arroyos, Simoca, Famaillá, Macompa.[10] En paralelo con las fundaciones de los sindicatos se inició el acercamiento entre estas organizaciones para agruparse en pos de una mejor defensa de los intereses del sector. El 27 de octubre de 1946, en una asamblea compuesta por

---

[10] Véase el diario *La Gaceta* entre agosto de 1946 a junio de 1947.

delegados de varios de los sindicatos de cañeros chicos se eligió una comisión directiva provisoria para iniciar el proceso de formación de la Federación Provincial de Sindicatos de Cañeros Chicos. Por otra parte, se elevó nuevamente una nota a la Cámara de Diputados solicitando una ley de condonación de deudas de cañeros de hasta 1.000 surcos, se pidió la solidaridad con la FOTIA en relación con el pedido de un subsidio para el pago de vacaciones, feriados y aguinaldo de 1945 y se convocó a una asamblea general para elegir las autoridades definitivas de la Federación (*La Gaceta*, 28/10/1946). Al mismo tiempo, continuó la campaña para que constituyeran sindicatos de cañeros chicos, por ejemplo en Villa Belgrano, Los Córdoba y Graneros (*La Gaceta*, 10/11/1946 y 17/11/1946).

La Federación Provincial quedó constituida el 24 de noviembre de ese mismo año en una asamblea compuesta por 70 delegados de sindicatos de cañeros chicos de los departamentos de Cruz Alta, Río Chico, Leales, Graneros y Monteros, realizada en el local de la Dirección de Industrias y Fomento Agrícola, organismo estatal que también había apoyado la formación de esta nueva entidad provincial. En diciembre de 1947 en la prensa periódica encontramos el programa de acción de la Federación enunciado a poco más de un año de su conformación.[11] Éste planteaba como objetivos mínimos la defensa y mejora económica de los cañeros chicos en relación con el resto de los segmentos de plantadores. Al mismo tiempo, la Federación se postulaba como la intermediaria del sector de cañeros chicos ante los poderes estatales para la modificación de regulaciones cañeras y se proponía obtener el reconocimiento legal como representativa del sector. Los objetivos máximos que presentaba el programa se referían a la equiparación económica entre los diferentes sectores cañeros a través de

---

[11] Hasta el momento no es posible encontrar documentación directa de la Federación Provincial.

la expropiación y reparto de las tierras de grandes fundos cañeros y a la transformación de ingenios en cooperativas cañeras (*La Gaceta*, 19/12/1947).

A modo de cierre: algunos lineamientos sobre la trayectoria del asociacionismo cañero durante el peronismo

En los inicios del peronismo se produjo una reconfiguración del escenario asociativo cañero que contuvo elementos ya presentes en la formación de asociaciones cañeras previas, como crisis en los cañaverales y/o disputas intersectoriales. Al mismo tiempo, el contexto de reformulación asociativa presentó elementos novedosos: los obreros organizados actuando como un nuevo sector en la disputa por la distribución de las rentas azucareras, la promoción estatal de la corporativización y sindicalización de los sectores sociales para abordar las problemáticas del medio productivo -que redundó en el fortalecimiento de los órganos gremiales de la sociedad-, y el intento de resolución integral de los conflictos de larga data de la agroindustria azucarera a través de la promulgación del Decreto Nacional 678/45.

Frente a un gobierno que propiciaba la integración asociativa o sindical para relacionarse con el Estado, los actores azucareros como el CAR de Tucumán, la FOTIA y los cañeros vislumbraron los beneficios de desenvolverse en forma unificada. Sin embargo, el gremio cañero no obtuvo la unificación asociativa embanderada tras la UCIT debido a que los principios y demandas de esta no contuvieron al amplio espectro social cañero. Tanto el consejo pro unidad del gremio como posteriormente la UCIT solicitaron el incremento del precio de la caña y la supresión de los precios escalonados según la capacidad productiva determinados por el Decreto 678, lo cual dejaba de lado las particularidades de los cañeros chicos y beneficiaba fundamentalmente a medianos y grandes cañeros. El numeroso segmento de cañeros chicos, cuya existencia databa desde los inicios de la agroindustria, y cuya situación económica particular había sido contenida en las regulaciones azucareras previas, consideró que sus intereses no estaban incorporados en la nueva entidad unificadora y encaró la formación de sus propias asociaciones, los Sindicatos de Cañeros Chicos nucleados en la Federación Provincial.

Por otra parte, la frustrada incorporación del Centro Cañero a la UCIT en forma íntegra pudo haber respondido a que, a diferencia de la formación de entidades previas, la nueva asociación surgía de la fusión de entidades precedentes. El Centro, por ser una asociación con larga y destacada existencia, se habría encontrado en la disyuntiva de consentir su disolución. La UCIT y el Centro Cañero desarrollaban una política gremial abocada fundamentalmente a la representación del segmento de medianos y grandes plantadores, por lo cual su enfrentamiento respondía más bien a la disputa por liderazgos que por el sector social cañero al que se proponían representar.

Entonces, como elemento novedoso, durante el peronismo se produjo el quiebre del asociacionismo cañero correspondiente a las diferenciaciones de la escala productiva, cuestión que siempre estuvo latente pero que había sido atenuada por medidas en favor del segmento cañero más pequeño estipuladas en las regulaciones azucareras, como los precios diferenciales por la tonelada de caña o la exención de impuestos. Los intereses contrapuestos entre los distintos segmentos cañeros quedaron plasmados en la formación de los sindicatos de cañeros chicos que expresaban los intereses de un segmento que hasta entonces había mantenido una posición subordinada en lo relativo a la dirección de las demandas de las asociaciones. Este tipo de corporación de carácter más localista tenía la ventaja de atender las problemáticas puntuales de este segmento cañero. Los sindicatos de cañeros chicos y su Federación Provincial disputaron la representatividad gremial al

Centro Cañero y a la UCIT, pero ya no por una cuestión de liderazgos sino de intereses correspondientes a los cañeros ubicados en los lugares más bajos de la escala productiva. La UCIT, recientemente conformada, debido a sus aspiraciones de representar al gremio en su conjunto no tomaba en cuenta los reclamos particulares de cada segmento productivo, lo cual redirigía a los cañeros chicos a su afiliación dentro de los nuevos sindicatos. El nuevo clima político de atención e interacción con los diferentes sectores productivos generado por la "Revolución de 1943" y continuado por el peronismo pudo haber alentado a los cañeros chicos a disputar la dirección de la política gremial al Centro Cañero y a la UCIT, dos asociaciones en las que sus intereses tenían una exigua representación.

En cuanto a la trayectoria asociativa durante el período es posible sostener que la UCIT, gracias al reconocimiento estatal a través del otorgamiento de su personería jurídica y de la intensa labor gremial desarrollada, se destacará en el ejercicio de la representación cañera tanto a nivel provincial como nacional. El Centro Cañero y los sindicatos de cañeros chicos junto a su Federación Provincial, con motivos particulares cada una, a lo largo del período peronista aspirarán a desplegar su propia labor gremial.

La Federación Provincial de Sindicatos de Cañeros Chicos a comienzos de 1947 inició las tratativas para conseguir su personería gremial, la cual no fue obtenida. Posteriormente, solicitó la representación en la Cámara Gremial de Productores de Azúcar, que también le fue negada. A pesar de estas negativas, los sindicatos desde su formación y la Federación Provincial, sin estar reconocidos oficialmente, realizaron tramitaciones en defensa del sector de cañeros chicos en las que tuvieron una positiva recepción por parte de los miembros gubernamentales. La denegación de la personería jurídica por parte del gobierno quizás respondía a que las demandas gremiales de los cañeros chicos tenían un tinte social más disruptivo, que en su programa máximo estaba asociado con la reforma agraria. El gobierno reconoció oficialmente a la UCIT, una asociación que aspiraba a representar a todos los segmentos cañeros, por lo cual realizaba reclamos con características menos radicales.

El Centro Cañero continuó con su acción gremial mediante la presentación de reclamos y participó de mediaciones nacionales. En correspondencia con su histórica labor gremial, continuaba siendo reconocido por las autoridades gubernamentales como representativo de los intereses corporativos cañeros. El Centro Cañero resistía su desaparición como entidad representativa del gremio frente a la preponderancia de una nueva asociación gremial. Como resultado de la menor adhesión de cañeros provinciales al histórico Centro, sus intervenciones públicas resultarán cada vez menos efectivas para la defensa de los intereses de los plantadores. Esta ineficacia redundará en el notable descenso de la labor gremial de la entidad.

Luego del año 1950, el accionar tanto del Centro Cañero como de la Federación Provincial de Sindicatos de Cañeros Chicos decayó notablemente. Más allá de que fueron pocos los años en que pervivió la acción de la Federación Provincial y de los Sindicatos de Cañeros Chicos, la existencia de estas asociaciones debió significar una gran novedad para los plantadores de caña en su conjunto y, en especial, para los cañeros chicos. Por primera vez adquiría voz propia un sector que por tanto tiempo había sido englobado dentro de las demandas de las asociaciones cañeras existentes y despreciado en sus particularidades. Hasta finales del período peronista, la prensa periódica registró el accionar aislado de diversos sindicatos de cañeros chicos que reclamaban la modificación del régimen de la zafra establecido cada año, la falta de vagones para el transporte de la caña o la condonación de nuevas cuotas del crédito para renovación de la caña afectada por la plaga de 1943. Así, es posible afirmar que los cañeros chicos actuaron gremialmente en forma atomizada preponderantemente a partir de demandas impulsadas por los intereses locales de cada sindicato y que les resultó infructuosa la coordinación de acciones conjuntas. Como contrapartida, la UCIT contaba con los aportes monetarios de la cuota de los asociados, obtenidos gracias al otorgamiento de la personería jurídica por el Estado, que le permitían financiar más cómodamente su actividad gremial. Al mismo tiempo, los cañeros que integraban los sindicatos y la Federación Provincial pertenecían a una escala social más baja que los de la UCIT, lo cual los perjudicaba en el momento de afrontar gastos para tramitaciones gremiales. Aunque el gobierno tomó en cuenta varias de las demandas de los cañeros chicos, no los respaldó totalmente, lo que quedó manifiesto en la negación del reconocimiento de la personería jurídica a sus asociaciones.

Más allá del mantenimiento de relaciones cordiales con las tres asociaciones cañeras, el gobierno se inclinaba por la representación corporativa unificada de todos los sectores productivos y, en el caso de los cañeros, elegía a la UCIT para ocupar tal lugar. De esta forma, la UCIT, desde su fundación y a lo largo de los dos gobiernos peronistas, fue la principal entidad asociativa de los plantadores tanto a nivel provincial como nacional y fue reconocida oficialmente por el gobierno para representar al gremio en todas las instancias de mediación nacional realizadas fundamentalmente para abordar el régimen de cada zafra. En contraposición, resultó poco frecuente la participación en estas mediaciones de otras agrupaciones cañeras de Tucumán y, cuando esto sucedió, lo hicieron principalmente a través de petitorios escritos. La UCIT, surgida al calor del corporativismo impulsado por el primer peronismo, se consolidó en el período como la principal asociación cañera del país, carácter que mantiene hasta nuestros días.

Bibliografía

BRAVO, María Celia (2007), "Asociaciones de plantadores de azúcar en conflicto, Tucumán en tiempos de sobreproducción azucarera", *XI Jornadas Interescuelas/Departamentos de Historia*, S. M. de Tucumán.

BRAVO, María Celia (2008a), "Agrarismo y conflicto social en Tucumán en la década de 1920", *Anuario del CEH "Prof. Carlos S. A. Segreti"*, Vol. 8, N° 18, https://goo.gl/sm7oTT.

BRAVO, María Celia (2008b), *Campesinos, azúcar y política: cañeros, acción corporativa y vida política en Tucumán (1895-1930)*, Rosario, Prohistoria.

BRAVO, María Celia y GUTIÉRREZ, Florencia (2014), "La política azucarera argentina: de la concertación sectorial al tutelaje estatal (1928-1949)", *Revista H-industri@*, N° 14, año 8, https://goo.gl/aT86Gg.

BUSTELO, Julieta (2012), "El nuevo asociacionismo de los cañeros tucumanos en los orígenes del peronismo: la formación de la Unión de Cañeros Independientes de Tucumán", *Mundo agrario. Revista de estudios sociales*, N° 25, https://goo.gl/ssy3S5.

CAMPI, Daniel y KINDGARD, Adriana (1999), "La política azucarera argentina en las décadas de 1920 y 1930, y la cuestión de la 'justicia distributiva'", *III Congreso Brasileiro de Historia Económica*, https://goo.gl/gPHuZR.

DELICH, Francisco (1970), *Tierra y conciencia campesina en Tucumán*, Buenos Aires, Signo.

GIARRACA, Norma y APARICIO, Susana (1991), *Los campesinos cañeros: Multiocupación y organización*, Buenos Aires, Cuadernos del Instituto de Investigaciones de la Facultad de Ciencias Sociales (UBA).

RUBINSTEIN, Gustavo (2006), *Los sindicatos azucareros en los orígenes del peronismo tucumano*, San Miguel de Tucumán, UNT.

Fuentes

Diario *La Gaceta* de Tucumán de los años 1943 a 1955.
UCIT (1945), *Estatutos constitutivos de la UCIT*, UCIT: San Miguel de Tucumán.
UCIT: *Actas de la UCIT*: 1945, 1948, 1949, 1952, 1953, 1954 y 1955. (Actas de las asambleas de la comisión directiva y de las asambleas de los delegados departamentales realizadas en la UCIT).

El mundo del trabajo

El género de la historia del trabajo: lecturas y dilemas situados

Buenos Aires, segunda mitad del siglo XIX

VALERIA SILVINA PITA

En el invierno de 1871, a poco de haberse declarado oficialmente el fin de la epidemia de fiebre amarilla que durante seis meses había azotado a Buenos Aires y a sus gentes, María Arseguet, de 18 años, se presentó a la Justicia. Mediante una nota de forma, solicitó en el Juzgado Civil, presidido por el Juez Emilio Agrelo, que se le nombre un curador provisorio, ya que su madre era incapaz de ejercer su custodia con responsabilidad. Un tiempo antes, Catalina Arseguet, su madre, había exigido que la joven saliera del servicio de la casa donde estaba colocada como sirvienta. Sin embargo, María y su patrona desoyeron su pedido. Fue entonces que Catalina se dirigió al Ministerio de Menores para obligar a la patrona de la niña a respetar sus derechos. Según informó el defensor de menores, la joven conchabada y su patrona acudieron también a su Ministerio. Expusieron que los términos en que se había dado la colocación habían sido respetados, ya que mensualmente la madre recibía la mitad del salario que la joven percibía. Desconocían los motivos de su exigencia, entendiendo que sin una justificación era la honorabilidad de ambas la que quedaba mancillada. Por lo tanto, solicitaban que la madre de María diera cuenta de sus razones para retirar a la joven de la casa. Frente a esto, el defensor había decidido colocar a la sirvienta en el Hospital de Mujeres hasta llegar a un acuerdo. Con ayuda de un letrado, María habría dado un paso hacia su emancipación, al buscar con su presentación ante el Juzgado de Agrelo, dejar de depender legalmente de su madre.

A primera vista el caso de María y Catalina Arseguet pareciera informar sobre una disputa entre madre e hija, en la cual el trabajo era un asunto secundario. Sin embargo, el altercado entre ambas mujeres, cuyas huellas, en parte, quedaron registradas en un expediente judicial, puede ser interrogado para reflexionar sobre el trabajo femenino en la ciudad de Buenos Aires en los inicios de la década de 1870.

María Arseguet fue una joven que trabajaba en una casa de familia como sirvienta. Había ingresado en esta porque su madre la había colocado ahí en calidad de conchabada. Recibía por sus prestaciones laborales un salario mensual, que -según quedó declarado- ascendía a unos 200 pesos moneda corriente. Pero del cual solo quedaba en su poder la mitad, siendo la otra remitida a su madre. Las historias del trabajo han dicho poco sobre las experiencias y las trayectorias laborales de muchachas como María. Tampoco se conoce demasiado sobre mujeres como la madre de la joven sirvienta, que dependían del trabajo de sus hijas para su sobrevivencia.

En la segunda mitad del siglo XIX, en la ciudad portuaria de Buenos Aires, mujeres como María y Catalina declararon públicamente que sobrevivían de su trabajo, del trabajo de sus hijos u otro tipo de ayudas. No fue extraño que expusieran las circunstancias de sus vidas ante jueces, abogados, curas, jueces de paz, posibles benefactoras o vecinos notables. Estas trabajadoras son el centro de esta investigación. Sus experiencias laborales permiten complejizar los mapas de interpretación sobre los mundos del trabajo en las primeras décadas de la segunda mitad del siglo XIX, y ayudan así a comprender la convivencia de distintas formas de contratación, de retribución, de valoración del trabajo y la delimitación de lo que los y las contemporáneas entendían por trabajo. Las huellas de los acuerdos laborales de mujeres como María permiten centrar la atención en unas trabajadoras cuyas actividades se encuadraron en los inexplorados mundos de las colocaciones o conchabos. Pero, también, al dar cuenta de mujeres como su madre Catalina -quien sobrevivía del conchabo de su hija, que no tenía domicilio fijo (según se le acusó en la causa), que trabajaba ocasionalmente, es decir que para alcanzar la supervivencia apelaba a distintas estrategias- es posible problematizar la mirada sobre los significados históricos del trabajo en un lapso entendido como constitutivo de las relaciones laborales capitalistas en la región. A la par, al revisar ciertos conceptos a la luz de las experiencias históricas de esas trabajadoras urbanas también la pregunta sobre cómo el género se articuló en ese mercado de trabajo se torna central.

Las siguientes páginas transitan el lapso incluido entre la década de 1850 y la de 1870. En estos años se sentaron cambios políticos, económicos y sociales que alteraron algunas de las características de la ciudad y de su gente al calor de las contiendas y las inseguridades gestadas por la experiencia liberal y los conflictos armados que recorrieron el período analizado. En aquel tiempo, la ciudad portuaria fue la más habitada de la República, con una población que se duplicó en casi dos décadas. En esos veinte años, su gente varió en cantidad, en sus orígenes nacionales y en la distribución entre varones y mujeres. Así, en el punto de partida de esta investigación, Buenos Aires era una ciudad oficialmente habitada casi por el mismo número de mujeres y de varones. El censo municipal de 1855 arrojó que el total de mujeres que tenían radicado su domicilio en la ciudad era de 46.075 y el de los varones ascendía a 46.634. A su vez, el 78% de las mujeres era de origen nativo, a diferencia de los varones cuyo porcentaje rondaba en un 57%. Hacia el fin del período seleccionado, el Primer Censo Nacional de Población, realizado en 1869, arrojó una mayor distancia numérica entre varones y mujeres. Según se registró, la población masculina ascendía a un total de 103.464 personas, mientras que la femenina era de 83.662. La movilización por la Guerra de la Triple

Alianza (1865-1870), las epidemias de cólera (1867-1869) y de fiebre amarilla (1870-1871), y el pujante movimiento transnacional de personas repercutió en Buenos Aires, y el porcentaje de varones nativos descendió hasta un 38%, de igual modo ocurrió con las mujeres, aunque de manera menos pronunciada, estableciéndose en un 65,78%. En esa ciudad, donde la población fue creciendo, y la diversidad de orígenes nacionales la fueron transformando en la más cosmopolita de la Argentina, mujeres como María y Catalina Arseguet y otras trabajadoras pobres, que son el centro de esta comunicación, compartieron la calle, la plaza, el mercado y las moradas, entre otros espacios de reunión, circulación y trabajo con hombres y mujeres que también ganaron su sustento de una variedad de formas.

1. La historia del trabajo y las mujeres

La historiografía social del trabajo ha dado cuenta de la presencia de mujeres en los mundos del trabajo en la segunda mitad del siglo XIX. Una de las principales líneas de indagación se constituyó entre la década de 1980 y la de 1990. El empeño de quienes se dedicaron a las primeras décadas de la segunda mitad del siglo XIX estuvo centrado en conocer cómo se había dado en la región la formación de un mercado de trabajo capitalista libre y unificado. Bajo este interrogante y al asumir que su consolidación había sido uno de los aspectos centrales de un proceso más amplio de construcción de un sistema capitalista en la región, se describió quiénes y cuántos eran los trabajadores que habían sido parte de ese fenómeno extraordinario de expansión. En paralelo, se entendió que habían sido los trabajadores varones, asalariados y libres, quienes por su número y relevancia, definieron los contornos de ese mercado laboral y de las luchas que -avanzado el siglo- se habían librado contra las patronales. La investigación de Hilda Sábato y Luis Alberto Romero

(1992), que fue publicada bajo el título de *Los trabajadores de Buenos Aires. La experiencia del Mercado: 1850-1880*, sentó las bases interpretativas de esta perspectiva, cuyos lineamientos estuvieron en consonancia con una historiografía que al ritmo que se profesionalizaba iba armando un esqueleto hermenéutico renovado que dotaba de historicidad a procesos de largo aliento, con una metodología predominantemente cuantitativa y cuyas dimensiones cualitativas procuraban acompañar los procesos generales sosteniendo la inconveniencia de las excepciones y las eventualidades.

Otro grupo de investigaciones, casi en el mismo lapso, se preguntaron sobre las trabajadoras. Con una perspectiva histórica, desde la sociología y la demografía, se estudiaron algunos de los determinantes de la participación de las mujeres en el mercado laboral a lo largo del tiempo. A partir de los censos nacionales de población, las demógrafas Catalina Wainerman y Zulma Recchini de Lattes desglosaron los determinantes de la participación femenina en el mercado de trabajo como la edad, el estado civil, el nivel educativo, la condición de migración, el asentamiento urbano-rural y las diferencias ocupacionales por sexo. Sus lecturas sobre los registros estadísticos explicaron cómo ciertas decisiones políticas habían afectado la definición y la medición del trabajo femenino a lo largo del tiempo, reproduciendo, a la par, las jerarquías y desigualdades entre los sexos.

Desde esos trabajos iniciales, la información censal ha sido sometida a nuevas observaciones que pusieron de realce ciertas limitaciones para estudiar los mundos del trabajo en el siglo XIX. Los trabajos de Hernán Otero hicieron posible comprender de modo más refinado la relación entre política e información censal. En el Primer Censo Nacional de Población llevado adelante en 1869, quienes lo confeccionaron no solo no incorporaron dimensiones raciales y étnicas sino que tampoco diferenciaron las ocupaciones laborales de acuerdo con el sexo. Las ocupaciones se consignaron como masculinas a excepción de algunas como la costura, el lavado, el planchado, la prostitución y aquellas vinculadas al servicio doméstico, que eran compartidas por varones y mujeres (Otero, 2006: 263). La no incorporación de preguntas relativas a la dimensión racial se habría justificado con argumentos técnicos: la supuesta dificultad de medición de la variable, ya que las categorías (blanco, negro, mulato, pardo) no estaban basadas en aspectos físicos sino negociables, que a lo largo del tiempo se habían adecuado a una serie de características, tales como el estatus legal, las vestimentas, el lugar de residencia, la alimentación, las costumbres, entre otras. Por lo tanto, para los técnicos positivistas, estas caracterizaciones no serían fiables. Pero a la par, su exclusión tenía un componente ideológico, nacido -como explica Otero (2006)- de la convicción de que era inminente la desaparición de los grupos no blancos. Ese minimalismo metodológico no solo fue racista sino que también fue androcéntrico, y el trabajo de las mujeres no fue considerado de modo autónomo o pleno. Al pensar en los casos de María y de Catalina Arseguet, esos primeros registros censales dicen poco. Por ello, esta investigación se nutre de la propuesta de la historiadora Mirta Lobato (2007), quien insistió en la necesidad de cruzar las evidencias censales con otros registros. Con la publicación en el año 2007 de su libro *Historia de las trabajadoras en la Argentina (1869-1960)* Lobato buscó reconstruir la participación de las mujeres en el mundo del trabajo rural y urbano en un largo plazo, desde el primer censo hasta los años 1960. Prestó particular atención a la industria, el comercio, los servicios, el trabajo a domicilio y el doméstico; sectores que estudió de manera desagregada. Sus principales documentos fueron los censos de población y las cédulas preservadas, a los que añadió otras bases de datos estadísticas como los censos municipales, los censos económicos e industriales, y materiales recabados por una serie de agencias estatales. Paralelamente, su examen se amparó en otras evidencias cualitativas, como balances institucionales, prensa diaria, memorias personales, relatos de viajeros. Estos materiales le permitieron observar la incorporación de las mujeres al trabajo asalariado en el contexto de la concentración de capital en las industrias y la diversificación económica urbana. Así, en su relato aparecieron con más nitidez las sirvientas, las cocineras, las maestras y monitoras, las obreras en los talleres y plantas industriales, las empleadas de comercio, en las ocupaciones rurales, y otras asalariadas ocupadas en las industrias nacidas al calor de la expansión del mercado interno. Se puso así de manifiesto la importancia de la presencia de las mujeres en el trabajo asalariado más allá de las dificultades conceptuales para incorporarlas a los mundos del trabajo. María Arseguet halló un lugar en la historiografía como sirvienta. No obstante, el peso de la investigación de Lobato estuvo centrado en el trabajo asalariado y con mayor detalle en el siglo XX, ante lo cual se difuminaron las peculiaridades históricas del servicio doméstico. Tampoco su centro de atención estuvo en desentrañar los mundos del trabajo del conchabo en los que se desempeñó la joven sirvienta.

En los años 1990, se generaron algunos escritos en torno a las prácticas del conchabo que entendieron que estas remitían a un tipo de experiencia y de relación social extraña a una sociedad regulada por un mercado de trabajo libre. La visión de que Buenos Aires era en los inicios de la segunda mitad del siglo XIX una ciudad liberal, republicana y burguesa condujo a asumir que el conchabo u otras formas de trabajo que podía entenderse como coactivo formaban parte de un pasado que había sido desplazado por las relaciones de trabajo libres y asalariadas. Se asoció conchabo a disposiciones contra el vagabundeo y al disciplinamiento laboral, con sus exigencias de documentos o papeletas de trabajo que certificaran que la persona que los portaba estaba asociada a un patrón o sitio de trabajo. Aunque para el interior del país, como para el caso de Tucumán y de la región cuyana, hubo escritos que indicaron la perdurabilidad de formas de conchabo, los alcances de esos estudios fueron acotados.

Una nueva línea de indagación está constituida por un conjunto de producciones que en la actualidad permiten examinar las interpretaciones historiográficas de las décadas pasadas sobre el conchabo y el trabajo coactivo. Al volver sobre este problema intentan vislumbrar una diversidad de experiencias de trabajo en contextos históricos situados y en los términos en que sus contemporáneos lo definieron. A su vez, estas investigaciones incorporan una mirada engenerizada. Las pesquisas sobre el servicio doméstico en la Ciudad de Buenos Aires, por ejemplo, han arrojado luz sobre este enmarañado grupo socio-ocupacional y cómo en el siglo XIX estuvo atravesado por diferentes situaciones laborales y contractuales, entre las cuales estaba el conchabo o la colocación (Allemandi, 2012: 385-415). La investigación de Cecilia Allemandi (2012) pone de relieve justamente que los conceptos pueden ser persistentes a lo largo del tiempo, pero sus usos y sentidos sociales cambian.

En su libro *Sirvientes, criados y nodrizas. Una historia del servicio doméstico en la Ciudad de Buenos Aires...* Allemandi (2012) divisó cómo, en la segunda mitad del siglo XIX, el conchabo tramitó una variedad de significados sociales, y tras su variedad y ambigüedad formó parte del mundo del trabajo. Se llamó de esta forma a los trabajadores y a las trabajadoras que eran apostados en diversos puestos de trabajo por agencias privadas. El negocio de esas agencias era lograr empleo y empleados para quienes se lo solicitaran, percibiendo un porcentaje del salario de los contratados o los conchabados. Este tipo de conchabo no se regulaba por las disposiciones legales o reglamentarias que habían funcionado en las zonas rurales de la provincia de Buenos Aires o en otras regiones del país. Tampoco se retenían documentos o se requerían papeles como sucedía con los peones de campo. La investigación de Marta Aversa (2009) también contribuyó a repensar cómo en el siglo XIX los contemporáneos emplearon el término "conchabo" para dar cuenta de las colocaciones rentadas o no de niños y niñas como sirvientes en casas de familia. A diferencia del caso de

María Arseguet, la documentación que revisó Aversa (2009) informa sobre las colocaciones impulsadas por los defensores de menores y por las administradoras de instituciones de beneficencia. Como sabemos por María, las colocaciones eran practicadas por las familias. Como señala Allemandi (2012), fue un recurso temporal y convenido, representaba una alternativa con la que contaban las familias de las clases trabajadoras para hacer frente a los conflictos familiares y económicos, y a las condiciones citadinas de vida y de trabajo.

La historiografía colonial del trabajo del Río de la Plata se preocupó por conocer acerca de arreglos de colocación y los contratos que estos conllevaron. Se sabe así que los hijos de las familias trabajadoras solían ingresar en los talleres de artesanos a una corta edad, y que dicho ingreso estaba regulado por la firma de un contrato, en el cual se consignaban obligaciones, remuneraciones, condiciones de permanencia, entre otras cuestiones. Igualmente se ha trabajado cómo en esos lugares los muchachos aprendían de otros hombres no solo un oficio sino valores y conductas. Asimismo, las niñas se integraban de manera temprana al mundo del trabajo. Aprendían a trabajar en las calles o en el mercado, en las granjas o las cocinas, fregoteando pisos, vigilando a los chiquillos del patrón o la patrona. Como los niños, las niñas se instruyeron en trabajos y, a su vez, aprendieron a convivir con patrones y otros hombres y mujeres de varios orígenes raciales y estatus legales. Esas distantes experiencias de aprendizaje y trabajo, franqueadas por jerarquías, tensiones, construcciones genéricas y relaciones de poder no quedaron incólumes a lo largo del tiempo. Sin embargo, la institución y sus formas persistieron y fueron resignificadas por otros hombres y mujeres.

La reciente historia del trabajo doméstico con perspectiva de género otorga la posibilidad de examinar persistencias y cambios, que tales dinámicas de trabajo plantearon. Estas investigaciones han permitido sondear cómo a lo largo de la segunda mitad del siglo XIX, niños y niñas, jóvenes y hombres y mujeres adultas de las clases pobres y trabajadoras se vieron involucrados en las relaciones laborales que se gestaron debido a las colocaciones, el conchabo, distintos contratos y arreglos varios. Pero, también, estas nuevas producciones permiten reevaluar la centralidad del servicio doméstico en los mundos del trabajo de aquella época. Sintetizando, al contar con nuevas investigaciones empíricas, es posible redefinir históricamente el complejo universo laboral que fue comprendido en la noción de servicio doméstico. María Arseguet, seguramente, prestó una amplia gama de servicios personales en tareas relacionadas con la reproducción cotidiana de su patrona y su familia, que se llevaban delante de modo continuo, o dicho de otra manera María estaba de modo permanente a disposición de su patrona. Aunque las tareas domésticas fueron tempranamente atribuidas a las mujeres, no sería extraño que en el inicio de la década de 1870, algunas tareas hayan sido compartidas con varones. El trabajo de Allemandi (2012) ilustra al respecto, poniendo de relieve las inserciones diferentes y semejantes entre varones y mujeres del servicio doméstico al interior de las residencias. Así, era habitual que las mujeres se desempeñaran como amas de leche, nodrizas, amas de llave, costureras, niñeras, mientras que los varones ejecutaran trabajos como jardineros, mayordomos, mucamos, mozos y porteros. La asociación entre sirvientes y mujeres ha comenzado a desnaturalizarse como también las asociaciones trabajo libre-asalariado y trabajo coactivo-relación servil.

Justamente, esta desnaturalización permite desarmar ciertos sentidos comunes sobre lo que es trabajo en ese lapso. También facilita el reconocimiento de la existencia de una heterogeneidad poco percibida anteriormente. Es preciso aún profundizar en el conocimiento de este complejo y versátil universo de los servidores domésticos, para inquirir en los lugares en que desplegaban sus tareas, persiguiendo las huellas que dejaron cuando salían de la colocación o quedaban desempleados por los achaques de la vejez, las enfermedades o las acusaciones de los patrones sobre robos o hurtos, entre otras situaciones (Pita, 2014). Ahondar en tales dimensiones permitiría reconocer las experiencias de un importante sector de la clase trabajadora que no surgió en la fábrica o la planta industrial.

Catalina Arseguet formaría también parte de ese amplio universo de servidores domésticos. Según quedó expresado en el expediente judicial, su hija declaró: "tengo grandes quejas contra el mal trato que me ha dado mi madre que vive de su conchabo, sin poder permanecer en ninguna parte de estable" (Arseguet, F: 1). A diferencia del conchabo de su hija, el de Catalina era, mas allá de la sanción moral que podrían portar las palabras de su hija, no estable, o dicho en otras palabras la mujer parecía que iba de colocación en colocación. Indagar sobre esa movilidad permite repensar a un grupo de hombres y de mujeres que fueron aunados bajo la denominación de trabajadores/trabajadoras ocasionales. Al enfocar en Catalina surge a la par otro problema historiográfico de consideración, que es el de las estrategias de supervivencia. Su caso permite divisar un modo de sobrevivir para mujeres desprovistas de figuras de tutela y control masculino, es decir, no solo que carecían de peculio y cuyos trabajos eran pobremente retribuidos, sino que no tenían ni maridos, ni hermanos, ni padres que actuasen públicamente en sus nombres y se hicieran cargo de su sostén.

Desde hace unos años que mi propio trabajo como historiadora se ha centrado en discernir quiénes eran esas mujeres, que han sido mayoritariamente ubicadas en el mundo de la pobreza y excluidas del mundo del trabajo. No obstante, para ellas trabajo y pobreza iban entrelazados. Las notas de pedido de socorros, las demandas de limosnas, los certificados de pobreza, y las solicitudes en los periódicos son evidencias que pueden ser traídas a la historia social del trabajo para indagar en las trayectorias laborales y las estrategias llevadas adelante cuando la edad, la época o el cuerpo impedían a esas mujeres trabajar. Finalmente, este tipo de documentación que informa sobre algunas relaciones laborales y de dependencia, trayectorias de vida, valores asociados al trabajo y a la pobreza, también invitan a rumiar sobre las formas históricas de gestionar beneficios o derechos. Al revisar este tipo de solicitudes, salta a la vista cómo algunas mujeres no dudaron a la hora de demandar notas y certificados a sus patrones. Estos escritos habrían ido fijando identidades en los documentos y papeles públicos, construyendo nexos entre el mundo del trabajo y la pobreza.

A modo de cierre

Traer a la luz algo de las experiencias de trabajo de mujeres como Catalina o María Arseguet conlleva repensar una serie de problemas históricos que hacen a esas décadas del siglo XIX definidas por la historiografía argentina como formativas de las relaciones de trabajo capitalista en la región. En un sentido, este sector de mujeres que trabajaban diaria o alternadamente, poseedoras de redes y lazos sociales dispares y situadas en diversos momentos de sus vidas, trae a la palestra la necesidad de repensar los circuitos de trabajo en un tiempo definido como de gestación de un mercado de trabajo libre, asalariado y unificado. En otro sentido, estas trabajadoras que no se insertaron en circuitos laborales notorios para los historiadores, o dicho sea de otro modo, no estuvieron en las obras públicas, en el puerto, en el comercio agroexportador o en los transportes, traen a un primer plano otros escenarios laborales. Sus presencias ponen de relieve unos circuitos de trabajo engenerizados que se alimentaron en las estancias de convivencia y de dormitorio, comúnmente englobadas bajo el nombre de ámbitos domésticos, asociados más a la reproducción social y no a la producción. Tal consideración lleva a repensar históricamente qué se entiende por lo doméstico en un momento en el cual trabajo y alojamiento, trabajo y habitaciones colectivas, trabajo y familia eran aspectos comunes y compartidos entre los trabajadores y las trabajadoras de Buenos Aires. A la par, tales experiencias de trabajo y de vida permiten observar cómo el género se articuló en un tiempo y lugar, conllevó determinadas características y estuvo envuelto en relaciones específicas e interlocuciones variadas, y finalmente, cómo esas experiencias laborales que antes no habían sido razonadas centralmente por la historiografía, pueden arrojar luz sobre las consideraciones históricas de lo que para hombres y mujeres era trabajo, y en particular un trabajo de mujeres, en aquel periodo plagado de indeterminaciones y profundos cambios. En tal dirección, el género cuestiona las fronteras entre lo público y lo doméstico, lo productivo y lo reproductivo, desnaturalizando los sentidos culturalmente construidos y jerarquizados sobre el trabajo con base en la naturalización de la diferencia sexual.

Vale destacar el esfuerzo metodológico que envuelve recentrar la discusión. El manejo de fondos documentales poco explorados para el mundo del trabajo en el Río de la Plata para estas décadas, como las fuentes del Tribunal Civil y la relectura de documentos conocidos bajo el amparo de novedosas preguntas habilita no solo evidencias sino elucidaciones renovadas. Con este tipo de documentación sería improbable preparar series que permitan establecer estadísticamente cuántas trabajadoras planchaban o cuántas recibían un salario, o establecer porcentajes o tasas de empleo o desempleo. A pesar de estas imposibilidades, este tipo de papeles hace posible rescatar para la historia del trabajo la agencia histórica de esas mujeres trabajadoras pobres, haciendo a su vez posible captar algo de lo complejo de las relaciones sociales del trabajo en el período.

Por otra parte, este ejercicio de revisión de la historia del trabajo ha buscado poner de relieve el camino trazado y algunos de los desafíos presentes que estos generan. También tuvo la intención de poner en perspectiva una serie de producciones significativas que invitan a superar ciertas dicotomías que en un pasado reciente pensaron a la historia del trabajo como una historia de varones. Asimismo, estas investigaciones, que han marcado que las mujeres estuvieron presentes en los mundos del trabajo en el siglo XIX, son una plataforma que invita a realizar nuevas preguntas sobre aspectos y experiencias laborales que antes no habían sido razonadas. De igual forma, al desmontar ciertos axiomas culturalmente construidos sobre el trabajo, la historiografía laboral con mirada de género viabiliza la revisión de marcos conceptuales que han apartado el trabajo de las mujeres del de los hombres, el trabajo de los dependientes del trabajo libre, entre otros, sin recapacitar en sus conexiones a partir de sus experiencias y vivencias. El desmonte de las representaciones naturalizadas en torno a la diferencia sexual en el mundo del trabajo ha arrojado una mirada mucho más compleja de este. Pero, a la par, hace posible la pregunta por otras representaciones naturalizadas, tales como la etnia, la raza, el lugar de nacimiento, la edad, entre otras.

Bibliografía

ALLEMANDI, Cecilia L. (2012), "El servicio doméstico en el marco de las transformaciones de la Ciudad de Buenos Aires, 1869-1914", *Diálogos (Maringá. Online)*, Vol. 16, N° 2, pp. 385-415.

ALLEMANDI, Cecilia L. (2017), *Sirvientes, criados y nodrizas. Una historia del servicio doméstico en la Ciudad de Buenos Aires*, Buenos Aires, Teseo.

BARRANCOS, Dora (2007), *Mujeres en la sociedad argentina. Una historia de cinco siglos*, Buenos Aires, Sudamericana.

BARRANCOS, Dora (2002), *Inclusión/Exclusión. Historia con mujeres*, Buenos Aires, Fondo de Cultura Económica.

BRAVO, María Celia *et al.* (2007), *Historia de luchas, resistencias y representaciones. Mujeres en la Argentina*, Tucumán, Universidad Nacional de Tucumán.

CAMPI, Daniel (1993), "Captación forzada de mano de obra y trabajo asalariado en Tucumán, 1856-1896", *Anuario IEHS*, N° 8, pp. 47-71.

CANDIOTI, Magdalena (2010), "Altaneros y libertinos. Transformaciones de la condición jurídica de los afroporteños en la Buenos Aires revolucionaria (1810-1820)", *Desarrollo Economico. Revista de Ciencias Sociales*, Vol. 50, N° 198, julio-septiembre, pp. 271-295.

CRUZ, Enrique (2008), "Pobreza, pobres y política social en el Río de la Plata", *Boletín del Instituto de Historia Argentina y Americana Dr. Emilio Ravignani*, Tercera serie, N° 30, pp. 101-117.

DEVOTO, Fernando (2003), *Historia de la Inmigración en la Argentina*, Buenos Aires, Sudamericana.

GAYOL, Sandra (1995), *Sociabilidad en Buenos Aires. Hombres de honor y cafés 1862-1910*, Buenos Aires, Del Signo.

HUNEFELDT, Christine (1992), *Lasmanuelos, vida cotidiana de una familia negra en la Lima del S. XIX: una reflexión sobre la esclavitud urbana*, Lima, Instituto de Estudios Peruanos.

LIERNUR, Jorge (1992), "Una ciudad efímera. Consideraciones sobre las características materiales de Buenos Aires en la segunda mitad del siglo XIX", *Estudios Sociales*, año 2, primer trimestre, pp. 103-121.

LOBATO, Mirta (2007), *Historia de las trabajadoras en Argentina (1869-1960)*, Buenos Aires, Edhasa.

MITIDIERI, Gabriela (2017), "¿Labores o trabajo? Mujeres que cosen en Buenos Aires, 1855-1862", mimeo.

PAROLO, María Paula (2006), "Nociones de pobreza y políticas hacia los pobres en Tucumán en la primera mitad del siglo XIX", *Población y Sociedad*, N° 12/13, pp. 137-168.

PITA, Valeria (2009), "Nos termos de suas benfeitoras: encontros entre trabalhadoras e as senhoras da sociedade de beneficência, Buenos Aires, 1852-1870", *Revista Mundos do Trabalho*, Vol. I, N° 2, ANPUH, pp. 41-64.

PITA, Valeria (2012), "De la plaza republicana al hospicio. 1854-1873", en *La casa de las Locas. Una historia social del manicomio de mujeres. Buenos Aires 1852-1890*, Rosario, Prohistoria, pp. 65-116.

REMEDI, Fernando (2012), "Esta descompostura general de la servidumbre. Las trabajadoras del servicio doméstico en la modernización argentina. Córdoba, 1869-1906", *Secuencia. Revista de historia y ciencias sociales*, N° 84, pp. 43-69.

REMEDI, Fernando (2013), "Grupos e identidades sociales en la historia social argentina de las últimas tres décadas. Un abordaje teórico-metodológico", *Trashumante, Revista Americana de Historia Social*, Vol. 1, N° 1, pp. 9-30.

ROMERO, José Luis (2001), *Latinoamérica: las ciudades y las ideas*, Buenos Aires, Siglo XXI.

SABATO, Hilda y ROMERO, Luis Alberto (1992), *Los trabajadores de Buenos Aires. La experiencia del mercado: 1850-1880*, Buenos Aires, Sudamericana.

SALVATORE, Ricardo (1993), "El mercado de trabajo en la campaña bonaerense (1820-1860). Ocho inferencias a partir de narrativas militares", en Bonaudo M. y Pucciarelli A. (comps.), *La problemática agraria. Nuevas aproximaciones. Vol. III*, Buenos Aires, CEAL, pp. 59-92.

SALVATORE, Ricardo (2003), *Wandering Paysanos: State Order and Subaltern Experience in Buenos Aires during the Rosas Era*, Durham, Duke University Press.

STEEDMAN, Carolyn (2012), "At every bloddy level: A Magistrate, a Framework-Knitter, and the law", *Law and History Review*, Vol. 30, N° 2, mayo, pp. 377-422.

VASALLO, Alejandra (2005), "Bordando virtud en la trama de la nación: la creación de mujeres republicanas en Argentina, 1823-1880", mimeo.

VIAL MOREIRA, Luis (2005), *Las experiencias de vida en el mundo del trabajo: los sectores populares del interior argentino (Córdoba, 1861-1914)*, Córdoba, Centro de Estudios Históricos "Profesor Carlos S.A. Segreti".

Las escalas de análisis en la historia de los trabajadores[1]

Perspectivas, debates y reflexiones

SILVIA SIMONASSI

En este artículo nos proponemos presentar algunas reflexiones en torno a uno de los problemas que atraviesa la historia de los trabajadores en Argentina, aquel que tensiona el objeto de estudio a partir de la elección de la escala de análisis. La exploración de las experiencias de los trabajadores en espacios acotados, tanto locales como regionales, así como la desigual atención prestada a su articulación con dinámicas más amplias -tanto nacionales como transnacionales-, convive en la historiografía argentina contemporánea con la persistente práctica de abordar los procesos nacionales a partir de la hegemonía ejercida históricamente por su centro político y económico. Más recientemente, asistimos al auge de las historias global y trasnacional, las cuales plantean un conjunto de desafíos, en tanto han sido edificadas en diálogo crítico con el nacionalismo metodológico, con los enfoques eurocéntricos o las perspectivas comparadas y suponen cierta reformulación/ampliación del propio concepto de trabajador.

---

[1] Parte de las ideas aquí desarrolladas se han beneficiado de los intercambios producidos en el marco del Proyecto PID UNR "Empresarios, trabajadores y comunidades urbanas en Argentina durante el siglo XX", el "Taller Conflicto laboral: problemas teóricos y metodológicos", realizado en el CEIL, Buenos Aires, 2015 y el dictado del seminario "Empresarios, trabajadores y comunidades en la historia social y la antropología. Problemas y perspectivas en un enfoque interdisciplinario", en el Doctorado en Ciencias Sociales de la Universidad Nacional de Jujuy, 2016.

Este convite a repensar los problemas de escala obedece a diversas cuestiones, entre las cuales sobresalen por un lado, las propias limitaciones de una práctica historiográfica centrada en los espacios locales/regionales o las comunidades industriales, que no siempre dialoga con tramas más amplias y que tiende a encontrar especificidades o singularidades allí donde más bien existen variaciones de dinámicas más generales. Por otro lado, responde al auge que en otras latitudes viene ostentando la historia transnacional y global y que en Argentina solo recientemente comienza a ser debatida, respondiendo menos a la insatisfacción ante los resultados de un tipo de producción centrada en espacios acotados, que a las potencialidades de la cual es portadora para pensar otros problemas, propios de la experiencia obrera y sindical y sus relaciones, hasta ahora soslayados en las investigaciones.

Consideramos que una historia de comunidades industriales, local o regional, de la experiencia obrera y sindical y sus relaciones es pertinente y necesaria, siempre y cuando dialogue con esas tramas más generales en las cuales se halla inscripta. Sostenemos que estos enfoques permiten profundizar la indagación de procesos complejos, los cuales resultan inabordables adoptando recortes más amplios. Afirmamos asimismo que estas investigaciones pueden ser enriquecidas a partir de la producción historiográfica sobre otras regiones tanto del propio espacio nacional como de sociedades con similares tramas productivas, sociales y políticas, y que en este sentido, la perspectiva comparativa puede resultar apropiada. Al mismo tiempo, postulamos la pertinencia de avanzar en perspectivas centradas en los flujos e intercambios de ideas, personas, mercancías para construir objetos de análisis e investigación que a su vez dialoguen con las tramas locales en las cuales se inscriben. Es decir que la elección de la escala no depende sino de los temas, problemas y enfoques. No es necesario ni deseable desechar los enfoques más "micro" por parroquianos, ni rebatir la historia transnacional o global como simples "modas". Por el contrario, el cada vez más estridente reclamo por superar y traspasar las fronteras nacionales debería servir para resituar las historias locales y regionales en el necesario diálogo de escalas y para pensar nuevos temas, problemas y colectivos de trabajadores que contribuyan a complejizar el campo de la historia de los trabajadores y a estimular nuevos debates.

Este artículo no constituye un estado de la cuestión, sino que propone un conjunto de reflexiones e hipótesis derivadas de nuestra propia práctica de investigación, centrada en las políticas patronales de gestión de la mano de obra y la experiencia obrera y sindical en el sector industrial del Gran Rosario durante la segunda mitad del siglo XX, así como de algunos trazos del campo de la historia de los trabajadores en Argentina.

En la primera parte, analizamos el estímulo que la historia local/regional representó para los estudios del trabajo. En el segundo apartado, mostramos la relevancia de los estudios centrados en comunidades industriales y *company towns* en el proceso de reducción de escala que transitaron los estudios del trabajo. En la tercera parte, presentamos algunas reflexiones sobre las más actuales tendencias en historia transnacional y global. Al final, presentamos algunas conclusiones.

1. ¿Qué nos dice la historia local y regional sobre las relaciones entre capital y trabajo?

En la historiografía latinoamericana, respecto de problemas diversos, una de las perspectivas de análisis predominantes consistió en el examen de temas y objetos construidos en tramas locales/regionales. Esta tendencia fue destacada por Alan Knight (1998) a finales de la década del noventa, cuando aseveraba que dos cuestiones sobresalían en la historiografía latinoamericana: la historia regional/

local y la historia popular/subalterna. Según Knight (1998), la creciente posibilidad de acceso a los archivos regionales, a repositorios privados y una mejor organización de los archivos nacionales, junto con la proliferación de centros de investigación y programas de posgrado, facilitaron a los historiadores las posibilidades de profundizar, ahondar, complejizar las lecturas prevalecientes, atadas a los marcos nacionales. Esa tendencia "del centro a los márgenes" se complementaba con otra "de arriba hacia abajo", es decir, había estimulado el estudio de los sectores subalternos.

En Argentina, la fecundidad de la historia local/regional ha sido formidable. Diversos temas y problemas, en diferentes momentos históricos, han sido explorados desde esta perspectiva. Historiadores como Susana Bandieri (1995), Marta Bonaudo (2008), Sandra Fernández (2006) y Nidia Areces (2008), por citar algunos de sus referentes más destacados, han desplegado una abundante producción donde se exploran las razones de su auge en nuestro país desde la salida de la dictadura, así como las principales definiciones sobre su delimitación como campo de estudio o bien como perspectiva de análisis.

En todos estos enfoques la región no fue definida a partir de criterios físicos o geográficos, aunque como afirmaba Mario Cerutti (1992) para el caso de los grupos burgueses de Monterrey (México) sobre fines del siglo XIX, en ella pudiera encontrarse su centro fundamental. En estos análisis, el "ámbito regional" representaba un concepto que devenía del mismo objeto de estudio, se trataba de un espacio socialmente construido. En el ámbito regional se realizaban las actividades concretas, se forjaban los intereses cotidianos de los actores, sus identidades y sus autopercepciones.

Si bien buena parte de estas reflexiones resultan históricamente fundadas, o en otros términos, se trata de conceptos elaborados durante y para la investigación de procesos determinados, y en este sentido se han formulado a partir de problemas desplegados durante el período colonial o el siglo XIX, resultan pertinentes para todo el siglo XX. Es que las reservas a extender ese recorte más allá de fines del siglo XIX provenían de la existencia, ya en el siglo siguiente, de un Estado nacional consolidado, que incluso se caracterizó por la implementación de proyectos fuertemente centralizadores, que tendieron a subsumir o invisibilizar las particularidades regionales. Esta situación convivió con una tendencia de la historia académica a difundir bajo la denominación de historias nacionales, investigaciones regionales articuladas alrededor de procesos desenvueltos en las capitales nacionales, como es el caso de Buenos Aires o San Pablo. En efecto, el excesivo centralismo de las historiografías porteña y paulista, que difundieron lecturas regionales -de regiones primordiales y significativas- como historias nacionales a expensas de experiencias y situaciones específicas de las regiones del interior económica, social, política, demográficamente diferentes y diversas, empujó a muchos historiadores a confrontar esas miradas con enfoques que desde la región desafiaban y complejizaban las interpretaciones consagradas sobre diversos y heterogéneos temas y problemas.

En el tramo transitado hasta el momento, las derivas de la historia regional en Argentina han seguido diversas sendas, destinadas a complementar las lecturas de los procesos nacionales desde experiencias regionales/provinciales, o bien a estudiar excepciones a las historias nacionales difundidas desde Buenos Aires, o a mostrar procesos ocurridos en el interior del país, que trasladaban las acciones desde el centro a provincias del interior (Brennan y Pianetto, 2002).

En todos los casos, los objetos así construidos adquieren mayor densidad, son pasibles de abordajes exhaustivos, en sus múltiples dimensiones sociales, económicas, culturales y políticas (Bonaudo, 2008; Fernández, 2006).

De este modo, en nuestra investigación acerca de las prácticas y discursos de los industriales metalúrgicos de Rosario en la década de 1970, el ámbito regional fue considerado una construcción históricamente determinada, delimitada no por características geográficas sino por la trama de prácticas sociales, políticas y económicas construidas por los actores, clases o grupos, estrechamente vinculada al marco nacional y cuyo centro de gravitación fundamental suele encontrarse en un centro urbano significativo. Esas tramas frecuentemente se desplegaban en los límites estrechos del ámbito urbano y por momentos desbordaban hacia la región industrial más amplia del Gran Rosario o el sur de la provincia de Santa Fe (Simonassi, 2004).

Si bien la historia regional reconocía el marco nacional como referencia obligada y necesaria, centrar el foco en esas tramas de vínculos podía conducir a rebasar ese encuadre, como era el caso de los grupos burgueses del norte de México estudiados por Mario Cerutti o los procesos investigados por Susana Bandieri en la Patagonia argentina, que atravesaban las fronteras nacionales para construir un ámbito regional "transnacional".

En el marco de la historia de los trabajadores en Argentina, la perspectiva local/regional permitió abordar desde las principales ciudades del interior (con menor énfasis en los escenarios rurales) las relaciones entre capital y trabajo, los procesos de organización sindical, la conflictividad laboral y las experiencias obreras en sus múltiples dimensiones. Estas investigaciones han permitido complejizar y completar la visión que acerca del mundo del trabajo se tenía cuando las exploraciones permanecían centradas en la Buenos Aires industrial. Trabajos centrados en Rosario (el sur de Santa Fe), San Nicolás y Palpalá (centros siderometalúrgicos), Tandil (el centro de la provincia de Buenos Aires, cementero y metalúrgico), Berisso (industria frigorífica), Comodoro Rivadavia (petróleo), Mendoza (trabajadores vinculados a la viña), Córdoba (trabajadores de sindicatos líderes), Mar del Plata (industria del pescado), Bahía

Blanca (gráficos), entre otros, han permitido enriquecer notablemente nuestros conocimientos sobre las diferentes dimensiones de la experiencia de los trabajadores.[2]

Refiriéndonos en particular a la conflictividad laboral en los años sesenta y primeros setenta, los estudios en clave local/regional han dado frutos en un caso como el cordobés, planteando la paradoja de realizar una operación similar a la de la pretendida historia regional centrada en Buenos Aires. Nos referimos a la asimilación de la historia argentina posterior a 1969, a la radicalidad y combatividad de los trabajadores cordobeses y el papel cumplido en el "Cordobazo", lo cual ha marcado la agenda, por ejemplo, en el caso rosarino, donde los escasos trabajos que han hurgado en la conflictividad de la región han estado centrados en el "Rosariazo" y las experiencias más combativas protagonizadas por el movimiento obrero. Tal es el caso de PASA Petroquímica, donde se desarrolló un proceso de renovación sindical acompañado de un alto nivel de conflictividad. Esta agenda invisibilizó la existencia de corrientes sindicales consolidadas que no seguían los parámetros de combatividad y radicalidad de Córdoba, y tendió a desplazar espacialmente el foco de análisis desde los sitios de más antigua industrialización, donde predominaba un sindicalismo de corte tradicional como la ciudad de Rosario, hacia aquellas regiones nuevas, con industrias dinámicas, correspondientes al denominado cordón norte del Río Paraná, donde un sindicalismo combativo protagonizó acciones de mayor radicalidad (Simonassi, 2015).

---

2 Si bien deberíamos diferenciar períodos y temas, y seguramente el listado no es exhaustivo debido a las limitaciones de espacio, nos referimos a los trabajos de Gabriela Aguila, Laura Badaloni, Salomé Boto, James Brennan, Daniel Cabral Marques, Andrés Carminati, Daniel Dicósimo, Mónica Gordillo, Griselda Lemiez, Mirta Lobato, Agustín Nieto, Laura Rodríguez Agüero, Silvia Simonassi, Julia Soul, Cristina Viano, Verónica Vogelmann, Belén Zapata, entre otros.

La importancia de explorar la dinámica, los rasgos y los ritmos de la conflictividad en el interior se ha revelado particularmente valiosa en otro caso analizado, la "gran" huelga metalúrgica de 1942. La lectura centrada en Buenos Aires, a partir de la cual debido al desarrollo y el desenlace del conflicto, la dirección sindical salió desprestigiada, resultó hasta no hace mucho la versión cristalizada acerca de las razones del debilitamiento y el posterior desplazamiento de la dirección comunista en el gremio metalúrgico. Sin embargo, en diversos sitios del interior del país, los comunistas, una vez sorteada la represión y la cárcel, continuaron dirigiendo sectores del gremio incluso más allá del congreso partidario que los condujo a disolver sus organizaciones. Es el caso de Rosario, donde la huelga no coincidió temporalmente (se produjo en marzo de 1943) y la dirección no emergió del conflicto desprestigiada, tal como sí aconteció en Buenos Aires (Simonassi, 2014).

Por otra parte, el estudio de la conflictividad durante el peronismo ha demostrado la existencia de demandas diferenciales, aun en regiones con similar estructura productiva, donde se podría suponer que las reivindicaciones resultan idénticas a las que delimitan la protesta obrera en Buenos Aires. Tal es el caso de los prolongados y ásperos conflictos que acompañaron las homologaciones de convenios colectivos de trabajo en Rosario a partir de 1947-1948, derivados de la negativa patronal a aceptar la jurisdicción de Buenos Aires en la negociación de salarios y de las presiones ejercidas para radicar las conversaciones en las jurisdicciones locales (Simonassi, 2016).

Por cierto, estos son ejemplos acotados, pero que abonan el argumento central, esto es, la relevancia de los recortes regionales en las investigaciones y las relaciones que se entablan entre lo micro y lo macro, entre las escalas regional/local y nacional. El diálogo, la relación entre ambas, tiende a evitar considerar nuestros objetos de investigación como singulares y específicos. En otros términos, conocer si nuestras investigaciones formuladas en clave regional complejizan una mirada de conjunto, muestran desarrollos divergentes, o desplazan el foco de los procesos ocurridos en Buenos Aires hacia el interior, es posible solo sosteniendo el necesario juego entre escalas.

En rigor, los modos de resolver la relación entre lo micro y lo macro han sido y son diversos (Areces, 2008). En efecto, para el caso de la historia de los trabajadores, además de la perspectiva regional, es preciso analizar la relevancia adquirida por las investigaciones sobre comunidades industriales o *company towns*.

2. Achicando aun más el foco: trabajo y vida en comunidades industriales y *company towns*

El estudio de comunidades posee una amplia tradición en la antropología social y en la sociología del trabajo. En efecto, los estudios holísticos sobre comunidades industriales, al contemplar procesos políticos, sociales y culturales, han permitido "ponderar la dialéctica de la relación proceso de trabajo/sociedad en que se inscribe" (Nash, 2015: 36). Así, se han analizado de manera articulada los procesos de estructuración de las relaciones sociales que ocurren dentro y fuera de las fábricas, en el escenario de los procesos de trabajo y en el de las prácticas sociales cotidianas (Neiburg, 1988). A través de esta perspectiva, ha sido posible aprehender el papel jugado por las divisiones étnicas y raciales, la existencia de valores alternativos a los circulantes en los lugares de trabajo, las formas de escapar al control empresario sobre los procesos de trabajo y las disímiles estrategias diseñadas por las empresas de acuerdo con el mercado en las que se desarrollan, así como las consecuencias de las crisis y los cierres (Nash, 2015). Desde la sociología del trabajo, el estudio de comunidades ha permitido explorar las particulares manifestaciones de la militancia y la organización sindical en sectores y geografías diversas, como la minería chilena, las comunidades portuarias o la comunidad ocupacional de tipógrafos de Nueva York (Di Tella, 1994).

En efecto, los conceptos de comunidad obrera, industrial, ocupacional remiten a la estrecha asociación existente entre fábricas o lugares de trabajo y el espacio donde los trabajadores desarrollan sus actividades extralaborales, el barrio o la ciudad, a su vez inmersas en redes y contextos más amplios, regionales, nacionales o transnacionales.

El concepto de "sistema de fábrica con villa obrera" fue desarrollado por José Leite Lopes en Brasil y retomado en Argentina por Federico Neiburg, a partir de la indagación de sistemas fabriles construidos en industrias que por diferentes razones, se ubicaron en regiones donde no existió un mercado de trabajo previamente conformado, por lo cual fue preciso atraer e inmovilizar la mano de obra a través de la provisión de viviendas. De ello resultó un sistema particular de dominación, donde la empresa "invade y domina" la esfera de la producción y la reproducción de los trabajadores (Neiburg, 1988: 20).

Parte de estos análisis han pensado en términos de paternalismo industrial el conjunto de prácticas que tendieron a atraer, fijar y disciplinar a los trabajadores, tanto en la minería asturiana sobre fines del siglo XIX y las primeras décadas del siguiente, como en la gran industria española de mediados de siglo XX o las comunidades mineras latinoamericanas a lo largo del tiempo (Badaloni y Simonassi, 2013).

En Canadá y EE.UU. los estudios de *company towns* han resultado sumamente fecundos para estudiar las profundas articulaciones entre las dimensiones laborales y extralaborales de las experiencias obreras. Los *company towns* han sido definidos como centros de residencia construidos por las empresas en adyacencias a los lugares de extracción o producción, con el objetivo de garantizar seguridad y armonía social, así como proveer servicios y mercancías para el consumo obrero (Borges y Torres, 2012). Se trata generalmente de una única compañía o un conjunto de ellas, que garantizaron habitación y proveyeron de servicios básicos, educación y actividades destinadas a la recreación, con la finalidad de atraer y fijar la mano de obra en lugares aislados, o de garantizar la paz social y evitar los conflictos abiertos. Adoptando una definición más flexible, se considera que históricamente estos dispositivos no aparecieron en conjunto, no obstante lo cual en diversas situaciones históricas la aparición de algunos de ellos ha permitido su delimitación como *company towns*. Desde esta perspectiva, la clave consistiría en la combinación de una única industria dominante con el control extensivo sobre la vida diaria de los trabajadores (Dinius y Vergara, 2011).

En América Latina, tanto empresas privadas como públicas, mineras, textiles o siderúrgicas, han construido dispositivos que vincularon estrechamente la vida de los trabajadores dentro y fuera del lugar de trabajo. En Argentina en particular, el grueso de las investigaciones ha indagado en el papel jugado por las empresas en la conformación de comunidades en torno a la extracción de petróleo en la Patagonia, o en la actividad siderúrgica en Jujuy, o en las empresas textiles y cementeras de la provincia de Buenos Aires.[3] Estos constituyen casos "clásicos" o "puros", donde el más general modo de abordaje de los vínculos entre fábrica y comunidad advierte acerca de la posibilidad de articular en el análisis, políticas de gestión de la mano de obra dentro del lugar de trabajo y fuera de sus muros -en el tiempo libre de los trabajadores y sus familias- con el accionar de los trabajadores, sus reapropiaciones y las posibles respuestas. Por otro lado, permite interrogarnos acerca de los procesos de territorialización de la fuerza de trabajo en comunidades urbanas totales o parciales, es decir, acerca de la existencia de comunidades enteramente permeadas

---

[3] En este registro se ubican los trabajos de Daniel Cabral Marquez, Salomé Boto, Griselda Lemiez, Federico Neiburg, María Inés Barbero y Mariela Ceva. En parte también los trabajos de Mirta Lobato.

por las relaciones emergentes de las fábricas así como de microespacios inmersos en comunidades urbanas de mayores dimensiones. Esto conduce también a la reflexión acerca de las relaciones con el entorno, los vínculos más o menos intensos entre la comunidad fábrica y la ciudad, provincia, región o Estado nacional (y sus actores), en otros términos, la mayor o menor condición de "aislamiento" que ostentan cada una de ellas. En buena parte de estos análisis, las condiciones estructurales se entrelazan con la agencia humana, advirtiendo acerca de la necesidad de integrar la indagación de las ramas de producción, los procesos de trabajo, la tecnología, las relaciones sociales, la construcción social de los espacios, las historias empresarias y las trayectorias de los colectivos de trabajadores.

No obstante, no en todos los casos encontramos el conjunto de elementos actuando en interacción. A menudo la conformación del mercado de trabajo no fue el resultado del esfuerzo deliberado de los empresarios, ni la política de fijación de la mano de obra consistió en la dotación de vivienda gratuita a los trabajadores aunque sí aparecieran políticas destinadas a facilitar su acceso. No siempre los empresarios optaron por controlar en todos los planos la esfera de la reproducción de la fuerza de trabajo, aunque desplegaran políticas selectivas a tal fin. Por último, las respuestas de los trabajadores dependieron de un conjunto complejo de circunstancias, que generaron experiencias tanto de resistencia, lucha y confrontación, como de acomodación y consenso, y que en todos los casos requieren ser analizadas históricamente.

En el caso de Firmat, una ciudad pequeña situada en el sur de la provincia de Santa Fe, la empresa de maquinaria agrícola Vassalli y su empresario fundador cumplieron un importante papel al expandir su influencia social y política al conjunto de la comunidad. En directa correspondencia con los procesos nacionales, la diversificación económica y la instalación de industrias sobre mediados del siglo pasado transformaron profundamente la fisonomía rural de los pueblos y ciudades de la región pampeana. Firmat daba cuenta de estas mutaciones cuando en la década del cincuenta la instalación de la fábrica de maquinaria agrícola Vassalli aceleró procesos tales como las migraciones de las áreas rurales hacia la ciudad, la expansión de la infraestructura urbana y la aparición de nuevos actores. Tales procesos se inscribieron en una comunidad dotada de una importante tradición de sociabilidad, con centros culturales y educativos de antigua instalación, con organizaciones sindicales y empresarias y una actividad periodística notablemente desarrollada. No obstante, las particulares relaciones sociales que se tramaron en y a partir de la fábrica contribuyeron a modificar buena parte de las tradiciones comunitarias: la impronta de una fábrica identificada con su fundador -Roque Vassalli- se expandió más allá de los muros de la fábrica hasta abarcar al conjunto de la comunidad.

En este caso, la instalación de la fábrica se enmarcó en un proceso más general de transformaciones estructurales de expulsión de población rural que encontraba alicientes particulares en los salarios pagados por la industria y en la obtención de un empleo estable, por lo cual no fue necesario atraer y fijar la mano de obra a partir de la provisión de viviendas y la segregación espacial en el espacio lindante con la fábrica. Se desplegaron un conjunto de prácticas orientadas a otorgar ayudas, premios, facilidades para la construcción de viviendas así como un conjunto de dispositivos de salud, educación y recreación de tipo selectivo, esto es, destinados a premiar o castigar actitudes dentro del trabajo. Pero a estos rasgos, que pueden hallarse en otros casos de industrias e industriales en grandes ciudades, es necesario anexarles dos dimensiones particulares: por un lado la específica ubicación de la planta en una pequeña ciudad, y por otro, la triple condición revestida por el empresario fundador: además de patrón, Roque Vassalli actuó como jefe del Ejecutivo municipal entre 1963 y 1983 y presidente de uno de los principales clubes deportivos de la ciudad a partir de 1955 y por tres décadas.

Desde esa triple condición logró construir, ampliar, reforzar y complejizar los dispositivos de "bienestar" hacia sus trabajadores, aunque en el marco de un universo más amplio de beneficiarios. Así, en calidad de intendente, Vassalli asumió la modernización de la ciudad, implementando mecanismos para la comunicación más fluida con otras ciudades (teléfonos, mejora de los accesos, estación terminal de ómnibus), el fortalecimiento de la salubridad urbana (agua corriente, cloacas, luz, planes de vivienda) y la expansión de sitios de recreación (parques, teatro, cine).

No menos significativo fue su paso por la presidencia de uno de los principales clubes deportivos, desde donde encaró una importante tarea de renovación y ampliación, la instalación de una villa deportiva y la creación de una mutual de ayuda entre socios. Se trataba del club de composición más "popular" que poseía la ciudad, que contrastaba con otro, que reunía a sectores tradicionales. En ese marco, en su condición de hijo de inmigrantes y de nuevo rico, trazó líneas divisorias con los sectores dominantes tradicionales, al tiempo que lograba desapropiar a ese espacio obrero y popular de su carácter de clase.

De modo que desde la empresa se desplegaron políticas que por momentos confluyeron y se confundieron con las ejecutadas desde la intendencia municipal y el club deportivo local, configurando prácticas que abarcaban tanto el tiempo de trabajo como el de ocio, el espacio de la producción y de la reproducción de la fuerza de trabajo. Estuvieron destinadas a disciplinar una mano de obra predominantemente rural para las labores fabriles, desmontar la tradición de lucha propia del campo pampeano en las primeras décadas del siglo y fortalecer las ventajas propias de la radicación en ciudades pequeñas a través de la construcción material y simbólica de una "gran familia" (Simonassi, 2011).

Así, las investigaciones inspiradas en los estudios de comunidades industriales y *company towns* han permitido reflexionar acerca de la complejidad y a la vez la gran diversidad de modos de relación entre capital y trabajo que contribuyen a pensar las formas adquiridas por la experiencia obrera en la Argentina contemporánea. Parte de esta producción se referencia también en la historia local/regional, pues aun en los casos "puros" de *company towns*, las tramas de vínculos desbordan los estrechos marcos del barrio o el poblado para articularse con marcos más amplios.

3. Juego de escalas: la historia global y transnacional en la historia de los trabajadores

Ahora bien, pasadas varias décadas de predominio de estos enfoques, los principales desafíos provienen menos de un retorno a la historia que se pretende nacional, que de enfoques como la historia transnacional o global.

Estas perspectivas combaten, por un lado, con el nacionalismo metodológico presente en los estudios que enfatizan los marcos nacionales de los procesos y que consideran a las fronteras límites o barreras más que espacios a través de los cuales se producen contactos, intercambios, circulaciones. Por otro lado, los enfoques transnacionales tienden a diferenciarse de la historia comparada, con una larga tradición en las ciencias sociales que remite a Durkheim, y en la historia vinculada centralmente a la Escuela de los Annales y a Marc Bloch. La historia comparada fue formulada como un método capaz de conducir al historiador a buscar rasgos o trazas de determinadas sociedades que se encuentren en sociedades vecinas. Pero fue cuestionada ya en los años ochenta por el giro lingüístico y cultural, por su tendencia a homogeneizar, por congelar los casos en determinado momento para su análisis y por considerar las fronteras límites nítidamente delimitadas (Weinstein, 2013).

La historia transnacional se instala así en un terreno de diferenciación donde se subrayan las transferencias, las influencias, las circulaciones, los flujos, las conexiones, la interacción, y ha recibido diversas denominaciones: historia enredada, conectada, cruzada, transnacional. Supone seguir recorridos y trayectorias de sujetos y procesos, considera la circulación de personas, bienes, creencias y publicaciones a través de las fronteras (Bohoslavsky, 2012). Los énfasis se colocan en los procesos de circulación más que en la difusión o divulgación, que tiende a identificar un único punto de origen y un proceso de irradiación. Por el contrario, desde la historia transnacional se acentúa "la constante reformulación de ideas, propuestas y prácticas culturales de un contexto a otro" (Weinstein, 2013: 5). Para esta interpretación el punto exacto de origen sería menos relevante que los "contextos de circulación, implementación y apropiación" en el camino de superar la dicotomía norte moderno/sur tradicional (Weinstein, 2013).

Así, se analizan "campos sociales transnacionales" como combinación prolongada de lazos sociales y simbólicos, sus contenidos, sus posiciones en redes y organizaciones, su constitución por personas y por grupos, y adicionalmente, por normas estatales y extraestatales que enmarcan los flujos globales. Estos campos sociales suponen vínculos de intercambio, de solidaridad, de reciprocidad y la construcción de un conjunto de símbolos y representaciones colectivas (Bohórquez Montoya, 2009). La idea de una "zona de contacto" construida bajo estos parámetros puede representar un lugar físico o geográfico, pero también comunidades de discurso y conocimiento (Weinstein, 2013).

La historia transnacional ha sido vista por algunos como una innovación metodológica, mientras que para otros representa más bien una renovación. Puede pensarse como un "abordaje que complejiza – y no disloca- la historia nacional". Tampoco significa "la muerte de la comparación" sino que puede constituirse en una nueva forma de realizar comparaciones. En tanto que para unos es un enfoque, un abordaje, una perspectiva que puede ser aplicada a temas diversos (Weinstein, 2013), en otros trabajos se la presenta como un campo teórico que remite a la antropología y la sociología (Bohórquez Montoya, 2009). Ha sido considerada uno de los impulsos más interesantes y productivos de los últimos veinte años (Bohoslavsky, 2012). Es más, se ha hablado de un "giro transnacional" para referirse a este enfoque en los estudios históricos (Fink, 2011).

En esta clave se ubican los estudios sobre migraciones transnacionales, en particular entre América Latina y Estados Unidos, que procuran superar una mirada centrada en las condiciones de adaptación de los migrantes a la sociedad de destino, para complejizar los análisis a partir de la consideración de campos sociales que vinculan los países de origen y destino (Bohórquez Montoya, 2009). Una de las áreas más desarrolladas indudablemente es la historia intelectual o de las ideas, a partir de las posibilidades que otorga para estudiar redes intelectuales, circulación de ideas y prácticas de sociabilidad. También el área de los intercambios y las representaciones culturales (cine, literatura, arte, comida, entre otras) y los contactos y colaboraciones entre científicos sociales y expertos (Weinstein, 2013).

En el mundo anglosajón, la historia transnacional del trabajo aparece más consolidada en Australia, Nueva Zelanda y Canadá, mientras que en Gran Bretaña existen publicaciones, encuentros e investigaciones en curso (Neville, Mac Raild y Nolan, 2009).[4] En Estados Unidos diversas investigaciones se ubican en el denominado "giro transnacional" (Fink, 2011). Para León Fink los procesos globales, históricamente concebidos, son fundamentales para la historia del trabajo, ya sea la movilidad del capital y del trabajo, las políticas económicas imperiales o neoimperiales, la movilización internacional del trabajo. Lo transnacional abre nuevos caminos para comprender a través del tiempo y el espacio cambios en los conceptos, las políticas y las prácticas de los Estados, sus interacciones con otros y con sus habitantes, y lo que es más importante, las maneras a través

---

4   Diversos *dossiers* de *Labour History Review*, por caso, abordan este tema a partir de análisis más generales y de caso.

de las cuales las clases populares resisten, reaccionan y usan tanto al Estado nación como a las entidades no estatales para avanzar en sus intereses (Fink, 2011).

En el campo específico de la historia del trabajo, existe otro conjunto de estudios que aparecieron también sobre el final del siglo XX, esta vez en Europa, cuestionando el eurocentrismo y el nacionalismo metodológico y que se propusieron estimular el estudio de asuntos desatendidos por los historiadores del trabajo. Proponían promover la historia de los trabajadores del Sur Global, de los trabajadores preindustriales y de organizaciones diversas como asociaciones de ayuda mutua o cooperativas, al tiempo que propusieron la reescritura de la historia sindical. Así se comenzó a nutrir el campo de la historia global del trabajo.[5] Ha sido definida como una "historia que trata principalmente de describir y explicar las conexiones (interacciones, influencias, transferencias) según se intensifican (o debilitan) entre diferentes regiones del mundo, así como las redes económicas, políticas, sociales y culturales que juegan un papel en estos procesos" (Van der Linden, 2014: 39). Cuestiona de la historia transnacional la imposibilidad de romper con los marcos nacionales desde los cuales partir, al tiempo que considera que los estudios comparativos, la atención a las causas y consecuencias de desarrollos "diferenciados, desiguales y combinados, son parte integrante de este enfoque" (Van der Linden, 2014: 39). Hay también una preocupación por articular escalas de análisis, pues para la historia global son relevantes también las microhistorias, en el sentido de la posibilidad de "escribir la historia global de una pequeña aldea, un lugar de trabajo o una familia" siguiendo las huellas hacia donde ellas nos conduzcan, "cruzando fronteras políticas y geográficas, marcos temporales, territorios y fronteras disciplinares" (Van der Linden, 2014: 39).

---

[5] Sin duda el centro de irradiación de este enfoque ha sido el Instituto Internacional de Historia Social de Ámsterdam.

Por otra parte, la historia global ha propuesto superar una visión estrecha del concepto de trabajo, demasiado asimilado al trabajo asalariado y a ciertos sectores de trabajadores. Al tornarse global, justamente este enfoque requiere incorporar diversas formas encubiertas de trabajo asalariado, lumpenproletarios, trabajadores no libres e incluso, quienes ejecutan la represión y la violencia por cuenta del Estado, como la Policía y los soldados (Van del Linden, 2014). Los trabajos referenciados en la historia global han generado, como en el caso de la historia transnacional, importantes debates y trabajos empíricos que siguen su senda. De modo que también en este caso se habla de "giro global" (Barragán, 2014).

Sin embargo, desde América Latina el debate debería adoptar como punto de partida las limitaciones de la historia regional y los estudios microanalíticos, hegemónicos en el campo de la historia del trabajo. En otros términos, si la historia transnacional y global en Europa y EE.UU. dialoga con perspectivas eurocéntricas, nacional-céntricas y con la historia comparada, menos se ha propuesto discutir con la historia regional, un formato que, como vimos, adquirieron las historiografías de diversos países latinoamericanos. En este sentido reflexiona Ángela Vergara, quien señala que hasta el momento las investigaciones estuvieron mayormente centradas en "fábricas, centros productivos, instituciones o grupos específicos de trabajadores" y en la reconstrucción del "mundo obrero y popular desde abajo", lo cual permitió entender "el complejo entramado de las relaciones laborales, sociales y políticas de la clase trabajadora" (Vergara, 2013: 116). Sin embargo, para estudiar el paternalismo industrial como elemento fundamental de un modelo de producción industrial y gestión empresarial de fuerte influencia en América Latina durante la primera mitad del siglo XX, postula la importancia de adoptar una perspectiva transnacional, como modo de contextualizar y comparar una variedad de experiencias locales a lo largo del continente, atendiendo a los intercambios de ideas y experiencias. En este sentido, Vergara ha reflexionado en torno a las maneras en que las experiencias norteamericanas influyeron en el desarrollo industrial de América Latina, en las formas adquiridas por el traspaso de ideas y prácticas, esto es, cómo circularon, cómo se adoptaron y adaptaron y cuál fue el papel que jugaron las empresas en su divulgación (Vergara, 2013).

Estos enfoques han permitido, como señala Bárbara Weinstein (2013), estudiar desde otro lugar el papel jugado por el capital extranjero, en particular estadounidense, cuestionando la idea de enclave como universo cerrado en sí mismo y siguiendo las huellas de lo transnacional de los procesos que allí se desenvuelven.

En Argentina, este debate es todavía incipiente, se está instalando y se materializa en algunas investigaciones en curso: las exploraciones sobre las agencias internacionales del trabajo, como la OIT-Organización Internacional del Trabajo, o la circulación internacional de ideas sobre racionalización de la producción y cambios en los procesos de trabajo, o el estudio de las redes sindicales transnacionales, muestran el sendero que se está recorriendo. En el caso del estudio de redes sindicales, sobresalen las investigaciones de Mónica Gordillo sobre el activismo transnacional en el Cono Sur y su importancia en épocas dictatoriales, cuando otros canales de acción se ven limitados o anulados. O los trabajos de María Julia Soul acerca de las redes sindicales transnacionales que se construyeron en la última década en la industria siderúrgica, como parte del proceso de organización, desorganización y reorganización de la clase obrera. En definitiva, estos enfoques nos conducen a repensar las relaciones entre escalas y nos interpelan sobre las limitaciones de las historias excesivamente centradas en microespacios o espacios regionales.

Consideraciones finales

En este trabajo nos hemos concentrado en realizar algunas reflexiones sobre algunos de los dilemas de la selección de la escala de análisis en los estudios del trabajo. Hemos afirmado que la historia local/regional es hegemónica en la historiografía argentina sobre el trabajo y los trabajadores y que ello ha permitido recuperar, complejizar y matizar las interpretaciones consagradas sobre diversos aspectos de la historia de los trabajadores y sus relaciones. Mostramos también la pertinencia y la relevancia de las historias que adoptando esta perspectiva, traspongan las fronteras nacionales, siguiendo las huellas del objeto de estudio.

Esta perspectiva, tanto como los trabajos centrados en comunidades industriales, han permitido estudiar en profundidad, con densidad, los procesos y problemas, en estrecha relación con la historia desde abajo. Sin embargo, esos estudios aún no se han integrado en síntesis que permitan capitalizar esos aportes, lo cual constituye una tarea pendiente. Por otra parte, la historia regional se propuso articular escalas, escudriñar los problemas a nivel regional con tramas más amplias y eso no fue siempre posible ni visible. Todavía hace falta más intercambio y diálogo, la superación de un provincianismo, o un parroquianismo que ha dejado encerrados los análisis regionales sin dar lugar a verdaderos análisis comparativos. Sin embargo, es posible aseverar que la historia regional fue federalista, habilitó y legitimó investigaciones desde el interior que realizaron verdaderos aportes a las interpretaciones circulantes y consagradas en diversos temas y problemas. Como afirma Bárbara Weinstein ante el éxito de las perspectivas transnacionales y reconociendo las desigualdades de prestigio y recursos que recorren las universidades americanas y latinoamericanas, "sería lamentable que los trabajos de estos historiadores obtuvieran menos prestigio por estar enfocados principalmente en cuestiones nacionales" (Weinstein, 2013: 12). También Rossana Barragán ha subrayado las jerarquías presentes en el ambiente global académico, aun en las condiciones de la academia latinoamericana, no obstante lo cual afirma que la "historia global en y sobre América Latina irá adquiriendo perfiles propios" (Barragán, 2014: 103).

En nuestro país, en el área de la historia del trabajo, los enfoques de historia transnacional y global por ahora resultan una promesa a futuro, con contadas pero relevantes investigaciones que en Argentina muestran la ampliación de temas y problemas que habilitan estos enfoques. Posiblemente parte de los desafíos de la historia transnacional y global consistan en la necesidad de no perder de vista la agencia humana, así como establecer diálogos con escalas más "micro", comunitarias, locales y regionales.

Es posible concluir que todas estas perspectivas pueden convivir, y sería ansiado que lo hagan, en el campo de los estudios del trabajo en general y en la historia del trabajo en particular. Queda pendiente continuar con los estudios regionales que para el caso que nos ocupa descubra las heterogeneidades, la diversidad de las formas, ritmos y dinámica de la experiencia de los trabajadores en diversas regiones de Argentina, sin olvidar el necesario marco nacional y transnacional en el que se desarrollan. Es deseable que esas exploraciones se ubiquen en clave comparativa con otros procesos y problemas propios de regiones del país o de otros países latinoamericanos. Pero como la historia transnacional no significa historia comparada más allá de las fronteras, también es importante propiciar la construcción de objetos que privilegien desde su propia constitución, las circulaciones y los flujos, los contactos y las conexiones. Como propone la historia global, nuevos temas, producto de una reconsideración de la idea de trabajador a la luz de las particulares configuraciones socio-económicas del Sur global, pueden engrosar la agenda de la historia de los trabajadores.

En todos los casos es posible afirmar que los objetos construidos en nuestras investigaciones, independientemente del recorte espacial, no deberían encorsetarse en los marcos de fronteras políticas, administrativas, geográficas predeterminadas sino que por el contrario deberían transpasarlas, desafiar esos límites, para llegar donde las tramas de vínculos trazadas por los trabajadores nos conduzcan.

Bibliografía

ARECES, Nidia (2008), "Posibilidades y limitaciones de la cuestión regional. Entre la historia colonial y la nacional", en Bandieri, Susana; Blanco, Graciela y Blanco, Mónica, *Las escalas de la historia comparada Tomo 2*, Buenos Aires, Miño y Dávila.
BADALONI, Laura y SIMONASSI, Silvia (2013), "Trabajadores, empresas y comunidades urbanas: reflexiones introductorias", *Avances del CESOR*, Año 10, N° 10.
BANDIERI, Susana (1995), "Acerca del concepto de región y la historia regional: la especificidad de la Norpatagonia", *Revista de Historia*, N° 5.
BARRAGAN, Rossana (2014), "Busco trabajo: reflexiones a propósito de la historia global y la historia global laboral (Perú, Ecuador y Bolivia)", en Barragan, Rossanna y Uriola, Pilar (cords.), *Mundos del trabajo en transformación: entre lo local y lo global*, La Paz, CIDES-UMSA.
BOHORQUEZ MONTOYA, Juan Pablo (2009), "Transnacionalismo e historia transnacional del trabajo: hacia una síntesis teórica", *Papeles políticos*, Vol. 14, N° 1.
BOHOSLAVSKY, Ernesto (2012), "Antivarguismo y antiperonismo (1943-1955): similitudes, diferencias, vínculos", *Anuario de la Escuela de Historia*, N° 24.
BONAUDO, Marta (2008), "Otra vez la *fantasmática* historia regional", en Bandieri, Susana; Blanco, Graciela y Blanco, Mónica, *Las Escalas de la Historia Comparada II*, Buenos Aires, Miño y Dávila.

BORGES, Marcelo y TORRES, Susana (eds.) (2012), *Company Towns. Labor, space and power relations across time and continents*, New York, Palgrave Macmillan.

BRENNAN, James y Ofelia PIANETTO (eds.) (2000), "Introduction", en *Region and Nation. Politics, economy and society in twentieth-century Argentina*, New York, St. Martin's Press.

CERUTTI, Mario (1992), *Burguesía, capitales e industria en el norte de México. Monterrey y su ámbito regional (1850-1910)*, México, Alianza Editorial/Facultad de Filosofía y Letras Universidad Autónoma de Nuevo León.

DI TELLA, Torcuato (comp.) (1994), *Estructuras sindicales. Elementos para un análisis comparativo*, Buenos Aires, Biblos.

DINIUS, Oliver y VERGARA, Ángela (2011), "Company Towns in the Américas: An Introduction", en Dinius, Oliver y Vergara, Angela (eds.), *Company Towns in the Américas. Landscape, power and working-class communities*, Athens, University of Georgia Press.

FERNÁNDEZ, Sandra (2006), "Los estudios de historia regional y local. De la base territorial a la perspectiva teórico-metodológica", en Fernández, Sandra (comp.), *Más allá del territorio. La historia regional y local como problema. Discusiones, balances y proyecciones*, Rosario, Prohistoria.

FINK, Leon (2011), "Preface", en Fink, Leon (ed.), *Workers across the Americas. The transnational turn in labor history*, Oxford, Oxford University Press.

KNIHT, Alan (1998), "Latinoamérica: un balance historiográfico", *Historia y Grafía*, N° 10.

NASH, June (2015), *Hegemonía empresaria en Estados Unidos. Claves para una etnografía de los ciclos industriales en las comunidades urbanas*, Buenos Aires, Antropofagia.

NEVILLE, Kirk; MACRAILD, Donald M. y NOLAN, Melanie (2009), "Introduction: transnacional ideas, activities, and organizations in labour history, 1860s to 1920s", *Labour History Review*, Vol. 74, N° 3.
SIMONASSI, Silvia (2004), *Historias de metal. Industria e industriales metalúrgicos del Gran Rosario, 1973-1983*, tesis de maestría, FLACSO.
SIMONASSI, Silvia (2011), "Labor and Community in Postwar Argentina: The Industry of Agricultural Machinery in Firmat, Santa Fe", en Dinius, Oliver y Vergara, Ángela (eds.), *Company Towns in the Américas. Landscape, power and working-class communities*, Athens, University of Georgia Press.
SIMONASSI, Silvia (2014), "Prácticas asociativas e identidades: el empresariado industrial metalúrgico rosarino, la conflictividad laboral y la organización obrera en la etapa formativa del peronismo", en Bravo, María Celia y Fernández, Sandra, *Formando el espacio público. Asociacionismo y política. Siglos XIX y XX*, San Miguel de Tucumán, EDUNT.
SIMONASSI, Silvia (2015), "La conflictividad obrera en el Gran Rosario durante la década de 1960: rediscusión de las principales hipótesis y propuesta de investigación", ponencia *Jornadas Interescuelas*, Comodoro Rivadavia.
SIMONASSI, Silvia (2016), "Empresarios, conflictividad obrera y negociación colectiva durante el primer peronismo en la ciudad de Rosario", *Nuevo Mundo/Mundos Nuevos, Cuestiones del tiempo presente*, disponible en http://nuevomundo.revues.org/69451.
VAN DER LINDEN, Marcel (2014), "Promesas y desafíos de la Historia Global del Trabajo", en Barragan, Rossanna y Uriola, Pilar (cords.), *Mundos del trabajo en transformación: entre lo local y lo global*, La Paz, CIDES-UMSA.

VERGARA, Ángela (2013), "Paternalismo industrial, empresa extranjera y campamentos mineros en América Latina. Un esfuerzo de historia laboral y transnacional", *Avances del CESOR*, Año X, N° 10, pp. 113-128.

WEINSTEIN, Bárbara (2013), "Pensando la historia más allá de la nación: la historiografía de América Latina y la perspectiva transnacional", *Aletheia*, Vol. 3, N° 6, julio, disponible en https://goo.gl/A2VM3f.

Experiencias *cargadas* de sentido

La izquierda en la clase obrera: inserción, conflictos y recomposición

LAURA PASQUALI

> *"¿Quién es el partido para dar la orden?*
> *No, los sindicatos son de la clase obrera,*
> *la clase obrera decide lo que hace con los sindicatos"*
> (Amor Hernández, Rosario, mayo de 2013)

Indudablemente la clase obrera ha sido una de las protagonistas privilegiadas del siglo XX en Argentina, con una trascendencia signada por el conflicto y la represión pero también por la resistencia, lucha, organización y conquistas. En ese proceso, las izquierdas han contribuido considerablemente al desarrollo de los trabajadores y sus organizaciones, en diálogo y nutriéndose de sus experiencias.

Las investigaciones sobre la clase obrera en Santa Fe muestran ciertas singularidades que responden a una pluralidad de motivos, entre ellos el desarrollo industrial y obrero, la compleja conformación de la población -producto de migraciones internas motivadas por inquietudes laborales, educativas o culturales-, los desarrollos políticos precedentes, la transmisión de experiencias intergeneracionales, la impronta de la militancia de las mujeres, entre otros factores que configuraron un tipo de activismo radicalizado, cuyas experiencias han estado en diálogo con la sociedad que les dio origen.

Nos reconocemos en una tradición que rescata las experiencias de las izquierdas en Argentina en las esferas locales y regionales, especialmente preocupada por su articulación con el ámbito de los trabajadores y sus organizaciones. En esta ocasión nos ocuparemos de las particularidades que adquirió la inserción de la izquierda en la clase obrera en el siglo XX, específicamente entre la primera y segunda etapa de la industrialización basada en la sustitución de importaciones. Proponemos transitar sucintamente la conflictividad obrera durante las primeras décadas para luego profundizar en un caso de los años 70.

1. Transformaciones económicas y resistencia obrera

El diario *La Acción* de Rosario publicó el 10 de septiembre de 1930 la noticia sobre el fusilamiento de tres anarquistas que habían sido apresados mientras imprimían en un mimeógrafo consignas que incitaban a la huelga general, convocaban a resistirse al nuevo gobierno militar y agraviaban al Ejército. Un pelotón de seis soldados los había ejecutado en la costa del río Paraná al pie de la barranca a las 21.30 h, sin indicar los nombres de las víctimas ni el lugar de detención.

Como preanuncia el periódico rosarino pocos días después de iniciado el gobierno militar, en Argentina los años posteriores a la crisis económica desatada en 1929 coincidieron con un golpe de Estado que trajo consigo la restauración conservadora y una ofensiva represiva sobre la clase obrera. Pero las profundas transformaciones producidas por el cambio del patrón de acumulación también dieron impulso a un importante desarrollo para el movimiento obrero y para las izquierdas, en una etapa destacada por su participación en la vida sindical.

Aunque el derrotero industrializador seguido por Argentina se trató de una larga fase iniciada mucho antes, a partir de la crisis económica de los treinta se desarrollaron diversas ramas de la industria liviana que se fortalecieron durante el preludio de la Segunda Guerra Mundial cuando se interrumpió el normal flujo de las importaciones. Todo ello aceleró el ritmo de crecimiento de la producción industrial, y en consonancia con ello esos años dieron lugar a las transformaciones sociales y económicas que explican la aparición del peronismo y las luchas políticas y sindicales de los años 40.

Las principales corrientes políticas e ideológicas dentro del movimiento obrero argentino eran el comunismo, el socialismo y el anarquismo. Desde los años treinta, anarquistas y sindicalistas revolucionarios, partidarios de que las organizaciones de obreros estuviesen al margen de la política, reorientaron sus aspiraciones y concentraron su lucha en mejorar las condiciones laborales de los trabajadores aunque tuviesen que involucrar al Estado. Para los socialistas, los sindicatos eran la forma organizativa de los trabajadores, pero la lucha parlamentaria era fundamental. Por su parte, los comunistas, que cuestionaban las bases del orden social capitalista, tuvieron un desarrollo creciente al orientarse a la construcción de un partido formado y dirigido por trabajadores.

En Santa Fe, si bien los anarquistas mantuvieron el liderazgo en algunos sectores (fundamentalmente entre los portuarios y en el sindicalismo rural), el socialismo y el comunismo lideraron el movimiento obrero hasta 1943 mientras comenzaban a organizarse los obreros de las nuevas industrias. Entre 1935 y 1946, la expansión industrial santafesina se visualiza en el valor de producto industrial que se triplicó y en el número de establecimientos que creció 81,6%; hacia 1946 había en la provincia 11.096 establecimientos industriales, de los cuales 10.278 eran manufactureros (Kofman *et al.*, 2010). En consonancia con ello se incrementó notablemente el número de trabajadores y desde 1935 la composición de la clase obrera ya no fue predominantemente extranjera, sino que atravesó un sostenido período de transformación nutriéndose de importantes contingentes de trabajadores rurales y habitantes de zonas con menor desarrollo urbano que Rosario o Santa Fe.

Esa transición estuvo condicionada por la crisis económica, que fue muy grave para los trabajadores de la provincia sobre todo en la primera mitad de la década, debido a los niveles extremos de desempleo; cuando en julio de 1932 un diario santafesino advertía en su editorial que la desocupación era un caldo de cultivo para el comunismo (*Santa Fe*, 3/7/32), nos decía también que la principal acción antisindical fue el despido de trabajadores, entre ellos muchos dirigentes gremiales. El panorama se agravaba con la reducción de salarios.

El activismo ascendente en el mundo obrero provincial, sobre todo desde 1928, explica en cierto modo la virulencia con que el gobierno militar arremetió sobre las entidades gremiales santafesinas. Clausura de sindicatos, despidos de trabajadores estatales, cesantías de maestras y deportación de extranjeros. Los gremios anarquistas de Villa Cañas, Tostado, Cañada de Gómez, Arequito, Chabás, Puerto General San Martín, Los Quirquinchos sufrieron diariamente la detención y deportación de sus militantes. La Federación Obrera Santafesina (alineada en la Federación Obrera Regional Argentina -F.O.R.A.-) se pronunció respecto a los presos políticos y la desocupación, dos temas caros a los trabajadores en el período.

Pero a pesar de la represión, el movimiento obrero se recompuso y las izquierdas fueron partícipes centrales en ese proceso. Sin embargo, lo que a los fines descriptivos llamamos "izquierda" se presentaba con una pluralidad de voces, usualmente en conflicto unas con otras. Los anarquistas conservaron fuerzas entre los trabajadores portuarios y el mundo del trabajo rural; los comunistas lideraron los sindicatos en las ramas de la construcción, la alimentación, la industria de la madera y la metalúrgica. Se destacaron también entre los trabajadores de empleados de comercio, de la Empresa Municipal Mixta de Transporte, de la empresa de Luz, Fuerza y Gas (Suárez, 2002). Los socialistas tuvieron inserción entre los ferroviarios, empleados de comercio y trabajadores gráficos, y comenzaron a reorganizar los sindicatos agrarios en Barrancas, Arocena, Monje, Irigoyen, Gálvez, Maciel y Díaz (*Trabajo*, mayo a junio de 1934), y en el mismo año desde la Legislatura se propuso la implementación del sábado inglés.[1]

Comunistas y anarquistas disputaban espacios entre los trabajadores ya desde los años veinte y en la década siguiente un escenario de esa rivalidad fue el frigorífico Swift de Rosario; los comunistas comenzaron a insertarse entre los obreros, trabajando sobre un pliego de reivindicaciones, pero los anarquistas no solo rechazaron el documento y el llamado a huelga, sino que también condenaron la actuación del Partido Comunista (PC) en el sector. Mientras tanto, en la capital provincial, los trabajadores nucleados en el Sindicato de Estibadores (donde los anarquistas aún tenían presencia pero los socialistas comenzaban a rivalizar por la orientación del sector) sostuvieron un conflicto durante más de 15 días cuando varias empresas se rehusaron a reconocer al delegado del sindicato. Las condiciones de la huelga no podían ser peores: desgaste provocado por la represión y encarcelamiento de trabajadores, dificultades para sostenerse sin el salario diario, intransigencia patronal, pretendida neutralidad del gobierno provincial[2] e insolvencia de la CGT para intervenir en la solución. La asamblea obrera levantó la medida de fuerza sin éxito en marzo de 1933 (*La Vanguardia*, diario *Santa Fe*).

Como decíamos antes, en la región pampeana sobrevino un crecimiento demográfico que desde inicios del siglo XX intervino en la transformación de la sociedad; en ella, las mujeres no solamente eran numéricamente importantes

---

[1] Waldino Maradona, primer diputado provincial socialista, denunciaba a funcionarios del Departamento de Trabajo provincial por engañar a obreros y patrones, especialmente a los primeros por no proveerles de toda la información legal necesaria (Pasquali, 2008).

[2] Entre 1932 y 1935 gobernó Santa Fe una alianza entre demócratas y socialistas que se sostenía casi exclusivamente en los primeros y que en breve manifestó desacuerdos que llevaron a su ruptura; si bien las desavenencias respondían fundamentalmente a desencuentros políticos, la arena sindical fue escenario de conflictos entre los partidos.

sino que las de clase obrera aumentaron su participación en el mundo del trabajo extradoméstico, perturbando un entramado social que condenaba a las que debían trabajar para contribuir a su sustento y el de sus familias. Como resultado de ese incremento, se amplió su participación en la conflictividad laboral del período.

Socialistas y comunistas incorporaron entre sus demandas los reclamos referidos al trato y la salud de las mujeres. Las comunistas de la tabacalera Maskivker de Rosario triunfaron luego de un conflicto de diez días en mayo de 1934. Reclamaban mejoras salariales, cumplimiento de la jornada de 8 horas, sábado inglés y "más respeto a las obreras", mencionando abusos y lenguaje grosero e hiriente. Aunque la demanda era específica de las mujeres, todos los trabajadores se sumaron a la huelga. Asimismo, este proceso contribuyó a la organización del sector: en el transcurso de la lucha se formó un comité sindical de fábrica y sentaron las bases para la creación del Sindicato de Obreros Tabacaleros (*La Batalla*, 12 de mayo de 1934).

La sostenida lucha obrera por estos derechos se combinó con el nuevo rol que asumía el Estado y en 1936 se reglamentó el seguro para las mujeres en situación de embarazo, incluido en la Ley 11.933, Ley de Maternidad, iniciativa del socialista Alfredo Palacios. Se trataba de un seguro obligatorio, normado también en la Constitución Provincial y que regía para "los establecimientos industriales y comerciales o en sus dependencias de cualquier naturaleza que sean, rurales o urbanas, públicas o privadas, aun cuando tengan carácter profesional o de beneficencia" (*El orden*, 10 de enero de 1937).

La desigualdad salarial también fue considerada en las demandas de los comunistas y socialistas santafesinos, a quienes les preocupaba asimismo que si era más conveniente ocupar obreras que obreros, se desplazara a los varones, sobre todo en labores tradicionalmente asignadas a lo masculino, como las desempeñadas en los frigoríficos (Lobato, 2007).

Entre las tareas económicas a las que las mujeres podían dedicarse, la actividad legitimada socialmente fue la docencia. Tradicionalmente se ha considerado este trabajo como una profesión de las clases medias cuya composición mayoritariamente femenina implicaría que no eran el sostén de la economía familiar y por consiguiente gozaban de ingresos alternativos; asimismo se sostiene que había crédito comercial y bancario para sobrellevar el atraso en el cobro de los salarios. Nuestra investigación muestra una realidad más adversa, por ejemplo, más que al préstamo bancario era común que maestras y maestros recurrieran a prestamistas que adelantaban los sueldos a valores usurarios. Otras veces no tenían crédito para resolver su subsistencia: muchos vivían en pensiones, que dejaron de prestarles el servicio; lo mismo ocurrió con el transporte que llevaba a las maestras a las zonas rurales. Todo ello indica una situación que estaba bastante lejos de ser cómoda o atenuada por otros ingresos. La prensa santafesina divulgaba casi diariamente noticias sobre el atraso del pago a docentes, llegando a adeudarse hasta 8 meses de salario. Esta situación habla claramente de las condiciones socioeconómicas del sector. En las luchas docentes participaron activamente socialistas y comunistas; para los primeros la defensa del sector docente se entronca con una tradición partidaria que otorgaba centralidad a la educación de los trabajadores y de sus hijos, ideas sostenidas además en el parlamento santafesino. También se retrotrae a los años veinte en los que el PS y el PC tuvieron un significativo peso en los Círculos de Maestros rosarinos y santafesinos (Pasquali, 2008).

Aunque no todas fueron derrotas para las obreras, la mayoría de las voces representativas de estas luchas eran masculinas. De acuerdo con la dinámica gremial de estas décadas, la significación cuantitativa de las mujeres en el activismo y la militancia obrera de izquierda no se correspondía con su representación en los órganos de decisión, pues *la política* y *el sindicato* eran territorio de los varones:

ni el poder, ni la violencia, ni la valentía eran asuntos femeninos. En ocasiones la lealtad patriarcal se articulaba para silenciar sus reclamos, su capacidad de movilización y su representatividad. Por ejemplo, cuando se debían renovar las autoridades de la Asociación de Empleados de Comercio de Rosario, la segunda más votada fue una mujer, Francisca Villar, quien sin embargo no obtuvo el cargo que le correspondería... ni ningún otro a pesar de la evidente ascendencia entre sus compañeros y compañeras de trabajo. Como sostiene Amor Hernández en su relato (Pasquali, 2016), este hecho, y toda la vida de la organización, demostró que a pesar de ser un gremio de mujeres, a estas no se les permitía ocupar cargos de relevancia. Es que los varones que se enfrentaban -muchas veces violentamente- en los gremios y en las fábricas, a pesar de eso coincidían en considerar a las mujeres como sujetos influenciables, sin opinión propia ni autonomía en sus decisiones. Y acordaban su exclusión del ámbito de "lo público". En definitiva, casi todo el arco ideológico político de las primeras décadas del siglo XX consideraba que el rol esencial e identitario de las mujeres estaba en el hogar, cuidando de los hijos y acompañando al marido.

Otra evidencia del sostenido crecimiento de la izquierda en la clase obrera fue la larga discusión sobre la Ley de Represión al Comunismo.[3] Las repercusiones de las huelgas lideradas por los comunistas advirtieron claramente sobre el grado de organización que el PC tenía sobre los trabajadores y a fines de 1936 se aprobó la ley bajo el argumento de garantizar el orden político. Poco después, el

---

[3] El diario *Santa Fe* publicó durante un año (entre 1932 y 1933) una encuesta realizada a "los hombres más representativos de las esferas sociales" sobre ese proyecto: "¿Qué opina Ud. de la Ley de Represión al Comunismo?". La prensa provincial daba cuenta del interés causado por este proyecto y este periódico en particular, otorgaba relevancia a las voces de quienes estaban en pugna con él. Dos de las fuerzas políticas más importantes de la provincia, el PDP y el PS, eran abiertamente opositoras a la ley y en el Senado nacional se destacaron las intervenciones de Lisandro de la Torre, en contra del proyecto.

gobernador Manuel Iriondo promovió una Ley Provincial de Defensa Social cuyo objetivo también era la persecución del comunismo, y para su implementación creó una sección especial de la policía encargada de la tarea (Videla *et al.*, 2013). En el discurso de un nacionalismo reaccionario, el anticomunismo cobraba centralidad frente a una clase obrera organizada con una fuerte influencia de las izquierdas revolucionarias.

Hacia fines de la década, la mayoría de los conflictos obreros se presentaban en el sur provincial y en la mayoría de los casos se suscitaban porque la patronal no cumplía el pliego de condiciones e intentaba emplear a trabajadores no sindicalizados para minar la organización obrera. Y por lo general la solución llegaba con la intervención del Departamento Provincial del Trabajo, que resolvía a través de un laudo que obligaba a la patronal a cumplir el pliego de condiciones, y a los trabajadores agremiados y no agremiados a inscribirse para elegir nuevas autoridades de las organizaciones obreras.

Solamente durante 1938 ocurrieron 113 conflictos obreros; en todos intervino el Departamento del Trabajo que resolvió 89 casos, 12 en forma parcial y 12 no se resolvieron. Con estas "soluciones" la intervención del Estado tendía a purgar a las organizaciones obreras de los activistas de izquierda, tendencia que se consolidó en la década siguiente.

2. Transformaciones políticas y resistencia obrera

El proceso iniciado en 1943 significó un cambio decisivo en la historia argentina del siglo XX, con la conformación de un movimiento social y político que fomentó transformaciones profundas y perdurables. La alianza entre el Estado, el movimiento obrero y una fracción nacionalista de la burguesía se gestó a partir de políticas activas desde el Estado pero reafirmadas por las movilizaciones de clase de 1945 (Pons, 2000); sin embargo y como vimos hasta aquí, la obertura de esas relaciones se gestó en la década anterior.

Desde mediados de los años cuarenta, Santa Fe afianzó su carácter industrial con más de diez mil establecimientos industriales y cien mil trabajadores; eso implicó una redistribución de la población en el interior santafesino hacia los núcleos industriales; más del 50% de los obreros del sector se concentraban en el departamento Rosario, preanunciando la configuración que tendría el cordón industrial sobre el río Paraná en los años sesenta (Simonassi, 2006).

Si bien la política sindical estructurada desde la Secretaría de Trabajo y Previsión en 1943 y luego desde la CGT propugnaba la libertad gremial, solo se permitió el funcionamiento de aquellos sindicatos afines al aparato laboral oficialista. Muchos gremialistas santafesinos de izquierda procuraron mantener la independencia de sus organizaciones, pero las intervenciones rápidamente dieron por tierra esos ensayos. La política de Juan Domingo Perón alternó hábilmente la represión a las izquierdas y el estímulo a los sindicatos paralelos para reemplazar a los liderados por socialistas y comunistas.

Aun así, se produjeron importantes huelgas desde 1946 que encontraron eco en las ciudades industrializadas de Santa Fe, a pesar de que el gobierno nacional integraba las direcciones sindicales dentro del aparato político y estatal. Facilitó esta situación el previo estado de conflicto en la CGT que en los albores del golpe de Estado estaba dividida en dos: la CGT 1, socialista, liderada por José Domeneq; y la CGT 2, dirigida por comunistas. Domeneq fue proclive a integrarse a la política oficial, mientras que la CGT 2 fue clausurada a mediados de junio de 1943. La dirigencia obrera resultó muy debilitada de la crisis de la central sindical y eso facilitó la estrategia de Perón de captación de sindicalistas y dirigentes cercanos al socialismo.

En Santa Fe la política de seducción a los gremios se combinaba con la de represión al PS y al PC: se clausuraron sus periódicos y se persiguió a sus dirigentes más destacados con la cárcel o el exilio y no se atendían sus peticiones, mientras que los sindicatos paralelos eran recibidos y se les concedían sus demandas. En muy poco tiempo, el PC perdió el control de todas las organizaciones sindicales que hegemonizaba hasta entonces (Camarero, 2007). Uno de esos casos fue el Swift de Rosario, liderado ahora por dirigentes pro-peronistas; la táctica adoptada por los comunistas fue desarrollar ciertos cuidados respecto de su accionar entre los obreros, evitando ser descubiertos. Como consecuencia de esta estrategia, su activismo se ha diluido en la memoria de los trabajadores del frigorífico rosarino. Algo similar ocurrió en otros sindicatos cuyas dirigencias estaban alineadas con el gobierno.

En términos institucionales, el armado sindical en Santa Fe se había organizado también desde el Partido Laborista sobre una red de sindicatos con representación nacional y en ramas clave de la economía: transportes y comunicaciones (Prol, 2013). Esta estructura fue significativa para la concreción de las reivindicaciones reales que el peronismo aportó a la clase obrera, con resultados prácticos visibles en un estado de seguridad que no había conocido hasta entonces, a pesar de la persistencia de la lucha sindical que llevaba desde hacía más de medio siglo.

Sin embargo, o precisamente porque la clase obrera persiste en garantizar el cumplimiento de los derechos adquiridos y avanza en su profundización, los años peronistas atravesaron múltiples conflictos sindicales. La ausencia de respuesta a las demandas obreras condujo a los trabajadores a recurrir a medidas de fuerza en ocasiones violentas. Para el caso, sobran los ejemplos en Santa Fe. En el ámbito de la construcción, en 1946 se entró en huelga para presionar por el pago del aguinaldo y por condiciones de trabajo. Una de las huelgas de la industria metalúrgica más importantes fue la de Rosario, en 1948, que se sostuvo durante un mes hasta que la patronal aceptó las condiciones de los trabajadores basadas en el convenio colectivo de trabajo nacional. Todas las capitales de provincia atravesaron huelgas de trabajadores municipales. Según Doyon (2006), la más importante del interior fue la de Santa Fe, que terminó con la renuncia del intendente y la intervención del sindicato. Los trabajadores gráficos y los bancarios sostuvieron huelgas no autorizadas en 1948 y los ferroviarios paros periódicos sin apoyo de las dirigencias sindicales, entre 1946 y 1949. En estos casos los dirigentes naturales de esas huelgas no estaban claramente identificados con el gobierno.

Crecientemente, desde 1949 se desataron una serie de conflictos con un carácter mayormente opositor; uno de ellos fue la huelga ferroviaria de 1950 y 1951, cuando los trabajadores ferroviarios, desconociendo al sindicato, eligieron una nueva dirección. En Santa Fe, esa huelga tuvo centro en Rosario y sufrió, como en otras partes del país, la detención y despido de trabajadores; una vez neutralizado el conflicto, se puso en marcha un operativo para "recuperar el control del sindicato" a manos de los trabajadores "leales" (Badaloni, 2006).

Sorteando la situación de hostigamiento, las izquierdas han denunciado esta realidad. La Federación Socialista Santafesina, a través de su periódico *En marcha*, en julio de 1951 reclamaba por la libertad de los presos políticos y sociales. En un breve repaso por la situación laboral en Villa Constitución, San Justo y Reconquista el periódico denunciaba además la carestía de vida y la inflación, concluyendo que el gobierno peronista estaba llevando la provincia a la ruina.

El activismo de las trabajadoras de izquierda durante el peronismo está poco explorado. Las investigaciones sobre las comunistas, por ejemplo, se ocupan centralmente de los debates respecto del sufragio para las mujeres, los embates contra las feministas o las posiciones de las intelectuales. Sin embargo, en una dimensión más molecular, encontramos a las mujeres comunistas participando de la vida sindical. Uno de los casos más conocidos es la "manifestación de guardapolvos blancos" que se hizo en Rosario en repudio a la cesantía de maestras izquierdistas (o sospechadas de tales) en 1945. Socialistas y comunistas participaron en diversas organizaciones por la paz[4] desde principios de los años cuarenta y sus consignas expresaban claramente demandas obreras como la igualdad salarial y una mejor ejecución de la Ley de la Maternidad. Las que estaban organizadas en el PC, dirigentes reconocidas algunas de ellas,[5] se sumaron activamente a sus compañeros ferroviarios que lideraron una marcha para manifestar su oposición al envío de tropas argentinas a la guerra de Corea y que traccionó a los trabajadores peronistas.[6]

Sin embargo, y a pesar de la relevancia numérica de las mujeres en el mundo del trabajo, eso no bastaba para que la integración a la vida gremial fuese plena. Como se desprende de la vasta bibliografía sensible al tema, los varones disponían del tiempo que las mujeres debían destinar a la vida doméstica, además de padecer el estigma que significaba ser mujer y militante. Agravando esa situación, el peronismo, al promover las herramientas de trabajo doméstico (como la de facilitar las máquinas de coser) estimulaba la permanencia de las mujeres en la casa.

A partir del golpe de Estado de 1955 el conjunto de la militancia obrera comenzó una lucha de resistencia por el mantenimiento de las reivindicaciones alcanzadas en el período previo, lo que provocó la intervención de los gremios santafesinos.

---

[4] Las socialistas en *Acción Argentina*, las comunistas en la *Junta de la Victoria*.
[5] María Audano, María severo, María Carrión y Amor Hernández
[6] Aunque como sostiene Badaloni, en la mayoría de estos casos, se trató de reclamos genuinos de una base obrera peronista que coincidieron con la militancia comunista, sin significar una ruptura con el partido de gobierno.

3. El conflicto recorre la provincia

La alianza político-social que derrocó al peronismo en el gobierno reunía a numerosos sectores de las Fuerzas Armadas, a la burguesía agraria y la industrial, a una parte de los sectores medios, partidos políticos y la Iglesia. Las Fuerzas Armadas se adjudicaron la conducción de la alianza y sus primeras acciones estuvieron dirigidas a erradicar al peronismo de la sociedad argentina. Por su parte, el sindicalismo peronista había comenzado a reorganizarse en 1957, y logró el control de un número importante de sindicatos industriales, ahogando la intención del gobierno de normalizar la CGT. En este panorama la resistencia peronista se articuló con una experiencia de militancia clandestina aportada por antiguos anarquistas, trotskistas y comunistas. Más tarde, la clase obrera adquirió nuevas experiencias a partir de una modalidad de lucha -la toma de fábricas- que se generalizó acercándola a orientaciones de izquierda. Desde entonces en la práctica de la clase obrera se condensa una experiencia que, como nunca antes, significó la inserción de las izquierdas en sus filas.

La debilidad del sistema político agudizó la inestabilidad económica, durante los gobiernos radicales entre 1958 y 1966 los conflictos sociales se agudizaron y un nuevo golpe de Estado derrocó al gobierno en 1966.

La década de 1966 a 1976 es quizá una de las más controversiales de la historia argentina reciente, puesto que las transformaciones que tuvieron lugar en el período significaron profundos desafíos para la clase obrera. En Santa Fe se asistió a la emergencia de una realidad compleja donde los conflictos sociales fueron los protagonistas centrales. Especialmente el año 1969 significó un cambio radical, constituyéndose como síntesis del proceso iniciado en 1955 y punto de partida de los aun más convulsionados siete años que restaban antes del golpe de Estado de 1976.

El eje que recorrió la década siguió un arco de confrontación y conflictividad que se manifestó en todos los planos de la vida social, pero particularmente en la respuesta de la clase obrera a la dictadura de la "Revolución Argentina": las políticas cada vez más represivas de la dictadura contra los sindicatos debilitaron al vandorismo, más proclive a la negociación, y potenció el crecimiento del llamado *sindicalismo combativo*.

En el Congreso de la CGT de marzo de 1968 las corrientes opositoras lograron desplazar al vandorismo y a partir de allí existieron dos centrales; el gremialismo santafesino estaba también dividido entre dos CGT: la conducida por Ongaro fue identificada como la *CGT de los Argentinos* (CGT A) y la conducida por Vandor, *CGT Azopardo*. Así, alrededor de estos agrupamientos se fue reuniendo un nuevo grupo de dirigentes gremiales independientes de la burocracia sindical.

Los planes del gobierno militar para Santa Fe a los fines de potenciar el desarrollo económico de la provincia se encuadraban plenamente en el programa del gobierno nacional. En 1968 se sancionó la Ley de Promoción Industrial que generó una serie de condiciones propicias a la inversión de capital: exenciones impositivas, áreas condicionadas, cesión de inmuebles fiscales, créditos, etc. El cambio de fisonomía de la región fue notable; se instalaron fábricas de maquinaria agrícola como John Deere y Massey Ferguson, y petroquímicas como PASA y Duperial.

De norte a sur de la provincia la conflictividad social encarnada por los más variados sectores populares se convirtió en el fenómeno más significativo de la época. En la misma tradición de lucha obrera de la región norte santafesina de los años 1920, hacia 1969 las poblaciones de Villa Guillermina y Villa Ocampo se levantaron para reclamar por la situación de la región luego del cierre del último establecimiento de La Forestal (La Gallareta). En el mismo momento la crisis del azúcar se sintió más profundamente, especialmente después del cierre del ingenio Arno de Villa Ocampo.

Entre mayo y septiembre del mismo año se sucedieron una serie de movilizaciones que culminaron en la más importante coyuntura de confrontación social de los años sesenta: los *rosariazos*, que reunieron a obreros, estudiantes, profesionales, comerciantes e intelectuales y fueron el inicio de un proceso de agudización de la protesta social y la lucha armada que desde entonces y por varios años se desarrolló en la sociedad santafesina. Tan importante fue su impronta que señala un punto de inflexión en el período que va desde 1966 a 1976, echando por tierra muchos de los proyectos de la *Revolución Argentina*.

La zona sur de la provincia de Santa Fe, en especial el cordón industrial del Gran Rosario, fue el destino principal de las inversiones del período, "lo cual lejos de atenuar las desigualdades regionales las acentuó: según el censo de 1960, más del 60% de los establecimientos industriales estaban concentrados en los departamentos del sur" (Simonassi, 2006: 38). Efectivamente, la concentración lo era también en términos de ramas de actividad, ya que el 80% de esos capitales se orientaron a la industria química y petroquímica.

Las técnicas que utilizaban aquellas empresas implicaban un alto rendimiento por obrero ocupado. De hecho, estas no fueron importantes proveedoras de empleo, pero ocupaban mano de obra de carácter altamente calificado y se pagaban altos salarios en relación con el mercado de trabajo en su conjunto. Las más importantes proveedoras de trabajo fueron las pequeñas y medianas empresas de la industria metalúrgica, que concentraban cerca del 80% de la fuerza de trabajo industrial.

El Gran Rosario presentaba un heterogéneo panorama de experiencias militantes tempranas: el desarrollado activismo estudiantil, la capacidad de presión de las comisiones de familiares de presos políticos, la precoz expansión de experiencias guerrilleras y la creciente participación de las mujeres en el activismo político y sindical; todo esto ha conformado un espacio de ebullición en uno de los principales polos de desarrollo económico industrial del país.

De diversas maneras y en diferentes momentos, todas las organizaciones armadas elaboraron y pusieron en práctica estrategias de trabajo dentro del movimiento obrero, pues sus militantes han bebido de las tradiciones, cultura e ideologías de los sectores sociales a que pertenecían. Y también han sostenido un diálogo y vínculo estrechos con la clase obrera.[7] Los movimientos armados revolucionarios fueron una de las múltiples formas de expresión del conflicto y defensa de los sectores populares frente a un régimen dictatorial y violento. La noción de violencia política estaba extendida en buena parte del discurso político de la época; particularmente era muy significativo dentro del amplio abanico de temas que se debatían en el también profuso conjunto de organizaciones, grupos y tendencias de izquierda y del nacionalismo revolucionario, al punto que en algunas de ella no se cuestionaba ya su uso, la pregunta era cuándo y cómo debía ser utilizada.

Las más significativas organizaciones armadas que operaron en la provincia, al igual que en el resto del país, fueron el Partido Revolucionario de los Trabajadores-Ejército Revolucionario del Pueblo (PRT-ERP) y Montoneros. En Santa Fe ambas organizaciones desarrollaron importantes trabajos de masas, frentes legales, organismos sindicales, prensa y organizaciones juveniles y estudiantiles.

En Rosario había un sólido grupo de militantes que provenía de Palabra Obrera, y otros que se incorporaron ante la decisión del PRT de iniciar la lucha armada. El

---

[7] Sostenemos que la guerrilla argentina debe entenderse como resultante social y político del contexto local, y a la vez inmersa en los movimientos sociales revolucionarios a nivel continental y mundial.

PRT-ERP[8] se había desplegado también en otras ciudades santafesinas además de la capital: en Ceres, Rafaela, Villa Constitución, Villa Gobernador Gálvez, entre otras. Una de las características destacables de esta organización fue su política de inserción en la sociedad en la que se desarrollaba.

4. La inserción de la guerrilla en el movimiento obrero

Sostenemos aquí que antes que responder a lineamientos generales del partido a aplicarse en todo el territorio nacional, las acciones de inserción entre los sectores sociales y especialmente la clase obrera dependieron en gran medida de las características de los militantes y de la estructura laboral y social propia de la región; sobre esto, el caso del PRT-ERP nos permite desplegar un mapa en el que se articulan de modo singular los elementos de la estructura socioeconómica con un tipo de activismo gestado de la mano del movimiento social regional. Esta organización pensó y llevó adelante estrategias de inserción especialmente en el movimiento obrero. Cuando hablamos de *inserción* nos referimos al crecimiento sostenido del grupo, en términos cualitativo y cuantitativo; se trata también del despliegue de los vínculos hacia otros ámbitos diferentes a aquellos en los que se originaron; también se encuentra en la diversidad de sectores sociales que formaron el PRT-ERP en Rosario: mujeres, obreros, estudiantes, familiares de militantes, trabajadores. Finalmente, la inserción también se trató del reconocimiento de los militantes en los espacios en los

---

[8] Los orígenes del PRT se encuentran en 1965 en la fusión de dos grupos: el FRIP (Frente Revolucionario Indoamericano Popular), dirigido por los hermanos Santucho y con fuerte incidencia en el Noroeste, y Palabra Obrera, una organización troskista conducida por Nahuel Moreno con desarrollo en Buenos Aires, Córdoba, Tucumán y Rosario, y con trabajo entre estudiantes universitarios y obreros industriales y vínculos con militantes de la resistencia peronista.

cuales se activa: podemos hablar de inserción con independencia de la incorporación efectiva de nuevos miembros al partido. Por ejemplo, como se demuestra en el caso de la fábrica Galizia Bargut, objeto de este apartado, el indicador de inserción no es que algunos obreros se incorporaron al PRT-ERP a partir de una serie de acciones e intervenciones en el conflicto llevado adelante por esos trabajadores, sino el hecho de que esa organización y sus militantes eran conocidos como tales y sus propuestas fueron tomadas por el conjunto de los trabajadores.

En Santa Fe, especialmente en el Gran Rosario, existió una articulación entre la conflictividad obrera y la guerrilla, que puede ser caracterizada y periodizada en función de los cambios que imprimió a la organización la propia dinámica nacional y continental, los reorientaciones en la línea política del partido y las diferencias regionales.

A partir de 1970 el PRT resolvió que la organización iba a priorizar a la clase obrera como eje de su trabajo; seguir la pista del impacto de esta definición implica bucear en las profundidades de las experiencias más moleculares, pues las fuentes periodísticas y policiales, e incluso las propias del PRT, se refieren en mayor medida a quienes activaban en el frente militar (Pozzi, 2001), mientras que militantes de los frentes legales han sido menos considerados; lo mismo ocurrió con la militancia de las mujeres en los frentes obreros (Pasquali, 2005).

Muchos obreros y obreras mencionan haber tomado contacto con la guerrilla durante una huelga o conflicto. Esto ocurrió porque el PRT planeó y llevó adelante una multiplicidad de acciones orientadas a las fábricas y sus trabajadores; algunas se referían a las condiciones de trabajo, otras a demandas salariales, maltrato de los empleadores o la propia organización sindical. La forma de esas acciones se definían contra la patronal; entre ellas atentados a las fábricas o a sus propietarios y secuestros. Pero sin dudas las operaciones con más huella en la clase han sido las intervenciones directas en asambleas, arengas en los transportes públicos a la hora de ingreso a las fábricas, las tomas de fábrica para hacer cumplir exigencias a la patronal y los *repartos*.[9]

Durante los años sesenta en el Gran Rosario, el PRT-ERP orientó sus esfuerzos hacia el frigorífico Swift, donde una cantidad de militantes se proletarizaron. Como vimos antes, los gremios de la carne tuvieron una experiencia sumamente combativa, con una importante injerencia del PC que logró insertarse nuevamente en el Swift luego de que su influencia fuese obturada, reprimida y extirpada por el peronismo desde 1945. Pero la derrota de una huelga muy prolongada en 1962 dio paso nuevamente al fortalecimiento de la burocracia peronista.

Ante el conflicto en John Deere, el PRT apoyó la lucha desde afuera, pues no estaban desarrollados y separados los frentes de militancia. A pesar de eso, dos obreros de la empresa se incorporaron al partido. También ha intervenido en la asamblea sindical de Molinos Río de la Plata (San Lorenzo) para llevar su apoyo a los trabajadores en conflicto (marzo de 1972). Un año después se ocupó la planta industrial INCOMET de Rosario para exigir a los propietarios el cumplimiento del derecho a elegir por asamblea de fábrica a los delegados, garantizar la libertad de afiliación sindical, con los beneficios que otorgan los convenios colectivos de trabajo. Este tipo de acciones han ascendido a más de una veintena en el mismo período. En 1973 fue mayor la cantidad de acciones del PRT-ERP (veinte) que se produjeron

---

[9] Se trataba de acciones que requerían el secuestro de un transporte de mercadería (alimentos, ropa, útiles escolares, frazadas) y el inmediato reparto de los productos en las zonas más pobres de las ciudades o donde los trabajadores estuviesen sosteniendo conflictos. Los repartos también podían ser el resultado de una negociación con importantes empresas, previo secuestro de personal jerárquico o mediando la toma de una fábrica, en la que a cambio del cese del conflicto, se repartieran elementos de necesidad entre las familias obreras o las zonas en que estaba ubicada la empresa. La contribución de los repartos a la concientización de los trabajadores es dudosa pero de hecho son relatados por los obreros (peronistas o de izquierda) con más simpatías que rechazo.

vinculadas a fábricas (intervención en asambleas, volanteadas, atentados a la patronal). Al año siguiente fueron cuarenta las acciones; en este caso, se involucran especialmente las que buscan impactar entre los obreros y trabajadores.

Un caso particular que articula varias formas de acción de la guerrilla en las fábricas es el de la empresa Galizia Bargut de Rosario; se trataba de una fábrica de ventiladores con una producción importante, de hecho se exportaba a países limítrofes, tenía más de una unidad productiva y más de 300 obreros. Hacia fines de 1973 se realizó una breve toma y ocupación de la fábrica, motivada porque los dueños no reconocían en forma correspondiente las horas extras a los obreros. Esto fue posible porque la patronal no permitía la elección de delegados, y los obreros tampoco estaban afiliados al sindicato (la Unión Obrera Metalúrgica, desentendido de la situación). Una unidad del ERP tomó conocimiento de este hecho y ocupó la fábrica, de la cual retiraron las planillas con los datos de los trabajadores y comenzaron a visitarlos personalmente. Sin dudas, la toma de Galizia Bargut en 1973 operó en la radicalización de los obreros (de los cuales tres se incorporaron al PRT-ERP): comenzaron a realizarse asambleas, se eligieron delegados y se produjo la afiliación al sindicato correspondiente, la UOM.

Varios de los obreros eran menores de edad; se trataba de una estrategia permitida y estimulada por ley para el aprendizaje de los oficios, especialmente efectiva en las plantas con producción en serie, donde existía una alta rotación del personal; pero los jóvenes eran un vehículo de propaganda política de la izquierda local (Simonassi, 2007). Esto último también fue fuente de conflictos, puesto que el sindicato se negaba a que los trabajadores menores de edad pudiesen ser elegidos delegados. Y la connivencia entre empresa y sindicato estableció que los obreros díscolos no podrían ingresar a trabajar a la fábrica.

En repudio de este estado de cosas, los trabajadores de Galizia Bargut, cuya comisión interna estaba formada por militantes del PRT-ERP, cortaron la calle y organizaron una olla popular cerca de uno de sus establecimientos, en medio del Boulevard Segui en intersección con España. Mientras se lograba visibilizar el conflicto con la ocupación del espacio público, el periódico del ERP responsabilizó a la patronal por la muerte de un obrero al recibir el telegrama de despido; más adelante informaban que la organización era solidaria con los obreros en conflicto pagándoles una quincena con dinero proveniente del secuestro de Samuelson,[10] "devolviendo así parte de lo que la compañía imperialista ESSO ha robado y continúa robando al pueblo" (*Estrella Roja*, 4/11/1974). En ese contexto es que se produjeron los atentados a Bargut.

En enero de 1974 Roberto Bargut, uno de los propietarios de la empresa, fue objeto de un atentado cuando circulaba en auto; a mediados de septiembre fue atacado su domicilio, y un mes después se reiteró el ataque, en el cual el sujeto fue baleado y su estado de salud era grave. En todos los casos, las acciones fueron asumidas por el ERP (que ya había sido declarado ilegal) y manifestaba que se realizaron en solidaridad con los obreros en conflicto.

Otra de las particularidades del caso es que los propietarios estaban especialmente vinculados a la Policía Federal, y de hecho el mismo Roberto Bargut participó de la represión física a los trabajadores. Así lo relata un trabajador de la empresa: "*me acuerdo que a un delegado el mismo Bargut le agarró una Itaca a uno de la Federal y le pegó en la cara ¡con la culata de la Itaca!*".

La patronal respondió con violencia a ese proceso; sin embargo en ese momento los trabajadores no tenían herramientas para responder a la violencia patronal ni a la represión policial, quizás por eso la acción del ERP tuvo una

---

[10] Víctor E. Samuelson era gerente general de la Refinería Esso S.A.P.A con sede en Campana, secuestrado por el PRT-ERP en diciembre de 1973 y fue liberado pagando un rescate de 14,2 millones de pesos.

consideración tan alta para los trabajadores, como refiere este obrero de la fábrica: *"pienso que fue algo positivo y me puse contento porque, bueno, le estaban doblando el brazo al patrón"*.

Desde mediados de 1973 el proceso de alza en la conflictividad de estos trabajadores fue incrementándose velozmente y en ese transcurso operó la acción de la guerrilla y sus militantes obreros, que después de esa lucha comenzaron a formar una agrupación al interior de la fábrica. Lo que también es notable en los testimonios de quienes participaron del conflicto es la existencia de relaciones intergeneracionales al interior de la fábrica; si bien en este caso fueron los más jóvenes quienes iniciaron la movilización obrera, rápidamente los mayores se sumaron incorporando sus experiencias.

A presar de todo... la izquierda persiste en la clase obrera

La estructura socioeconómica provincial marcó profundamente a la clase obrera y a la militancia de sus trabajadores. Santa Fe combinaba una sociedad agraria con un desarrollo industrial propio, lo que posibilitó la emergencia de numerosos conflictos obreros en ciudades medianas y pueblos pequeños del interior. En consecuencia, la experiencia de la inserción de la izquierda en la clase obrera debe considerarse a partir de la estructura laboral y social propia de la región. Las izquierdas lideraron conflictos con tal legitimidad que los trabajadores tomaron sus proyectos como propios y a partir de su intervención se radicalizaron, se amplió la participación en asambleas y hubo más adhesiones a las huelgas. Lo expuesto hasta aquí demuestra que, contrariamente a las tesis que sostienen que la izquierda ha sido ajena a las tradiciones populares argentinas, esta ha surgido del seno de la clase obrera y sus militantes fueron reconocidos entre los trabajadores. La voluntad militante fue tal que entre 1930 y 1976 la izquierda se recompuso una y otra vez de la persecución, de la represión estatal y del embate de la burocracia sindical.

Bibliografía

BADALONI, Laura (2006), "Políticas de bienestar y control de la movilización social. 1943-1955", en Videla, Oscar (dir.), *El siglo XX. Problemas Sociales, Políticas de Estado y Economías Regionales (1912-1976)*, Tomo 9 de Barriera, Darío (dir.), *Nueva Historia de Santa Fe*, Rosario, Prohistoria/La Capital.

CAMARERO, Hernán (2007), *A la conquista de la clase obrera. Los comunistas y el mundo del trabajo en la Argentina, 1920-1935*, Buenos Aires, Siglo XXI.

DOYON, Louise (2006), *Perón y los trabajadores. Los orígenes del sindicalismo peronista, 1943-1955*, Buenos Aires, Siglo XXI.

KOFMAN, Marco; LANCIOTTI, Norma y PEREZ BARREDA, Natalia (2010), "La industrialización en la provincia de Santa Fe: condiciones iniciales, factores de crecimiento y cambios estructurales, 1887-1946", en *Decimoquintas Jornadas "Investigaciones en la Facultad" de Ciencias Económicas y Estadística*, Rosario, UNR.

LOBATO, Mirta Zaida (2007), *Historia de las trabajadoras en la Argentina (1869-1960)*, Buenos Aires, Edhasa.

MARTÍN, Ma. Pía y PASQUALI, Laura (dirs.) (en prensa), *Género, memoria e identidad: Historias de las trabajadoras de la carne del Swift Rosario (1930-1944)*, Rosario, ISHIR-Conicet/IES "Olga Cossettini".

PASQUALI, Laura (2006), "La provincia en conflicto: transformaciones económicas, fracaso político y resistencia social. 1966-1976", en Videla, Oscar (dir.), *El siglo XX.*

Problemas sociales, políticas de Estado y economías regionales (1912-1976), Tomo 9 de Barriera, Darío (dir.), *Nueva Historia de Santa Fe*, Rosario, Prohistoria/La Capital.

PASQUALI, Laura (2008), "En defensa del gremio docente y oposición al gobierno provincial: el Partido Socialista en los años 30", en Fernández, Sandra y Videla, Oscar (comp.), *Ciudad oblicua. Aproximaciones a temas e intérpretes de la entreguerra rosarina*, Rosario, La Quinta Pata & Camino.

PASQUALI, Laura (2010), "*Éramos jóvenes, pero también obreros*. Políticas y experiencias de inserción del PRT-ERP en el Gran Rosario", en Pasquali, Laura y Videla, Oscar (comps.), *El contenido de los conflictos. Formas de la lucha sociopolítica en la historia argentina reciente. 1966-1996*, Rosario, Quinta Pata & Camino.

PASQUALI, Laura (2012), *Voces desobedientes: el activismo de las mujeres en la escena política. Gritos y susurros: Separatas de historia sociocultural rosarina*, Buenos Aires, Consejo Nacional Investigaciones Científicas Técnicas – CONICET.

PASQUALI, Laura (2016), "La militancia sindical femenina desde el antifascismo al comunismo"; "Entrevista a Amor Hernández", en Pasquali, Laura (dir.), *Mujeres y política en escenarios de conflicto del siglo XX*, Rosario, ISHIR – Instituto de Investigaciones Socio Históricas Regionales del CONICET.

PONS, Adriana (2000), "Los avatares del populismo (1943-1955)", en Pla, Alberto (coord.), *Rosario en la Historia (de 1930 a nuestros días)*, Tomo 2, Rosario, UNR.

POZZI, Pablo (2001), *Por las sendas argentinas, El PRT/ERP, la guerrilla marxista argentina*, Buenos Aires, Eudeba.

PROL, Mercedes (2013), "El Partido Peronista en Santa Fe y el movimiento obrero. Relaciones de poder, acuerdos y conflictos, 1946-1955", *Revista de Historia Regional*, N° 31.

SIMONASSI, Silvia (2006), "Perfil industrial y dinámica social en la Provincia de Santa Fe, 1943-1976", en Aguila, Gabriela (comp.), *De los cordones industriales al eje de integración Mercosur (1940-2005)*, Tomo 11 de Barriera, Darío (dir.), *Nueva Historia de Santa Fe*, Rosario, Prohistoria/La Capital.

SIMONASSI, Silvia (2007), "Conflictividad laboral y políticas disciplinarias en la industria metalúrgica de la ciudad de Rosario 1973-1976", *Anuario IEHS*, N° 22.

SUÁREZ, Pablo Ernesto (2002), *Buscando al Fascismo. Los comunistas rosarinos y el fascismo. 1928-1935*, Seminario Regional, Escuela de Historia, Facultad de Humanidades y Artes, Universidad Nacional de Rosario.

VIDELA, Oscar; MENOTTI, Paulo y DIZ, Diego (2013), "Los comunistas en el sureste santafesino durante el peronismo a través de unas fuentes policiales", *Revista Izquierdas*, N° 17.

Para este artículo se ha consultado prensa periódica tales como *El Orden, Santa Fe* y *El Litoral* (de Santa Fe), *La Acción, Democracia, La Capital , El Censor* y *Tribuna* (de Rosario); *El Defensor* y *La Semana* (Villa Constitución), *La Nota* (Cañada de Gómez), *El correo de Firmat* (Firmat); prensa partidaria y sindical: *Trabajo; La Vanguardia, La Hora, Renovación, Sarmiento "Revista Quincenal, Pedagógica, Literaria y de Actualidades, Defensora del Progreso de la Enseñanza Pública", El Empleado. Órgano de los Empleados de Comercio, Izquierda. Crítica y acción socialista; El Combate. Ideas, verdades y conceptos, Semanario de la CGT de los Argentinos, Estrella Roja*; publicaciones empresariales como *Swiftlandia*.

Peronismo y trabajadores en la Patagonia

Sindicatos, partido y justicia laboral en las décadas de 1940 y 1950

GABRIEL RAFART

Introducción: la ruptura peronista

La Patagonia, durante las décadas del 40 y 50 del siglo XX, vivió decisivas transformaciones. Hablamos de un tiempo de rupturas en su historia iniciada en la trama política e institucional impuesta con la creación de los Territorios Nacionales en los últimos decenios del siglo XIX. Esa trama tuvo pretensiones de producir una nueva sociedad y aportar al proyecto estatal conservador y liberal. En cambio, más de medio siglo después, se inicia el proceso que desembocara en la transformación más importante del siglo XX cuando sus sociedades ingresen definitivamente a la unidad federal nacional con iguales derechos políticos. Ello coincidió con el segundo proceso relevante de la historia regional: la expansión de los derechos sociales para su mundo de trabajadores. Ambos constituyen un mismo momento y coinciden con la emergencia y desarrollo del primer peronismo y los años que siguieron luego de su derrocamiento.

Coincidimos con Enrique Mases que la mayor parte de los trabajos escritos sobre el mundo de los trabajadores en la región patagónica, sus experiencias de clase, preferencias políticas y culturales de los años cuarenta y cincuenta, destacan la "idea de ruptura en la nueva identidad política de los trabajadores y en la invención de una tradición, una simbología y unas prácticas políticas y sindicales que los sitúa en las antípodas de las tradiciones del pasado, encarnadas por anarquistas socialistas, sindicalistas y comunistas" (Mases, 2011)

Ciertamente, durante los años del primer peronismo se puso en marcha un proceso singular que llevó a la transformación de su mundo de trabajadores del sur del país. Su inclusión dentro de una nueva construcción ciudadana será decisiva. Este cambio permitió que trabajadores del campo, pueblos y ciudades sumaran al menú de derechos sociales otros antes solo disponibles para quienes vivían en las provincias, entre ellos el sufragio para la elección de autoridades nacionales. Más adelante este derecho se amplió con la designación por voto popular de gobernadores y legisladores provinciales. Junto a ello se generaron nuevas relaciones de poder que se fueron dando en el cruce de un novedoso Estado social intervencionista y las demandas contenidas de muchos contingentes obreros. Ello se tradujo en un nuevo "mundo judiciable" que comenzó a canalizar la "justicia del trabajo". Además se reconfiguro el viejo y precario aparato administrativo de intervención, incluidos aquellas estructuras que antes habían promovido la criminalización del trabajador. Si bien el Estado Nacional no logra erigir Tribunales de Trabajo en los territorios nacionales promueve el sentido práctico y operativo de "justicia del trabajo". Ello era parte de la puesta en cuestión del esquema liberal dominante en el ámbito del derecho. Entraba en un conflicto más amplio que reflejaba las tensiones entre las clases.[1]

---

[1] El decreto nacional N° 32.347 del 30 de noviembre de 1944 creó la justicia laboral con la instauración de los Tribunales del Trabajo de la Capital Federal. Juan Manuel Palacio afirma que con la creación de esos Tribunales de Trabajo nace "un nuevo y complejo entramado legal y burocrático, inaugura una política de intervención y regulación de las relaciones sociales que rompe esos moldes consuetudinarios locales. En segundo lugar, porque al hacerlo disloca acuerdos básicos entre las clases, operando en ese sentido como un revulsivo que viene a alterar todo el orden económico y social preexis-

Este tiempo fue decisivo en la conformación de las clases trabajadoras afincadas en la Patagonia. Fue un proceso diferente respecto a lo ocurrido en otras regiones del país, particularmente en los grandes centros urbanos que vivieron el avance de la industrialización sustitutiva y con ello la ampliación de sus contingentes obreros que contaban además con sus identidades políticas. También respecto a "qué clases" tenían frente a sí. En estos mundos las clases trabajadoras disponían de sus tradiciones y experiencias y, en cierta medida, estaban "hechas" antes del arribo del peronismo. En cambio, el conjunto de trabajadores de la región patagónica afronto su desarrollo material y experiencia colectiva en el marco de un proceso de creciente diferenciación social y cultural.

Referimos a un sentido de ruptura para los trabajadores patagónicos que, desde inicios del siglo XX, se mostró poco diferenciado como parte de los sectores subalternos. Muchos vivían en un contexto de aislamiento, de dispersión territorial y alta heterogeneidad cultural e identitaria por la presencia de criollos, grupos indígenas, inmigrantes europeos y migrantes chilenos, a pesar del cambio que significo el creciente proceso de "nacionalización" de la fuerza de trabajo. De allí que se constituyeran nuevas experiencias y fueron transformadas otras.

Asimismo se puso en marcha un proceso singular que culmina con la movilización gremial y la politización ampliada de los trabajadores. Se destaca entonces una politización cualitativamente distinta respecto al pasado del territorio, debido a que no solo permitirá el ejercicio extendido de los derechos ciudadanos dentro de una comunidad política de alcance mayor, posibilitará la expresión de relaciones de poder que se fueron construyendo desde la conflictividad social. Siempre dentro de una concepción de

---

tente". Palacio, Juan Manuel (2013) *Jueces y justicia en los primeros gobiernos peronistas: continuidades y rupturas en el ámbito rural*, http://redesperonismo.com.ar/archivos/CD1/EPP/palacio.pdf

comunidad organicista donde la política como sostienen Darío Macor y Cesar Tcach conducía a rechazar las instancias de control y no soportaba mecanismo de rendición de cuentas (Macor y Tcach, 2013)

Muchos de estos cambios se completaron al final de la década del cincuenta, cuando el peronismo es desalojado del poder por el golpe cruento de septiembre de 1955. Si bien el trienio 55-58 estuvo determinado por la reacción más radicalizada del antiperonismo, sus resultados finales fueron parte de ese tiempo de inflexión. Ello se vio en la emergencia de una ciudadanía con plenos derechos políticos después de la efectiva provincialización de los territorios nacionales. Aquí observamos un elemento de continuidad respecto a los años precedentes. Lo mismo respecto al sostenimiento de gran parte del menú de derechos sociales surgidos durante esos años. También ocurrirá con el capitulo menos institucionalizado de la constitución de un foro dentro de la judicatura destinado a la defensa de los derechos laborales.

Ocurrió algo similar en el desarrollo de la historia "moderna" del mundo gremial y de los partidos políticos de la región, algunos ligados a los trabajadores. Para el campo gremial se consolidan los sindicatos surgidos durante la etapa peronista, junto a entidades de segundo y tercer grado que los reúnen a escala provincial y nacional. Estos actores se transforman en piezas fundamentales del desarrollo gremial y político de la región al convertirse en parte del doble proceso de "integración y resistencia" que marca los años 1955-1973 (James, 1995). En cuando al campo político, el avance del peronismo partidario en sus pretensiones de representar a los trabajadores y sus entidades choca con los proyectos de "despolitización" que el antiperonismo gobernante después de 1955 propone para la vida sindical. Aún así la cultura política del peronismo persistió. Sus disputas por "participar o no participar", "integrarse o resistir", entre tantas dieron lugar a nuevos líderes y actores que intentaran institucionalizarse. Resultado de ello una familia peronista más numerosa. Entre sus nuevas criaturas cuentan los neoperonismos. Todos esos actores resultaron centrales para la conformación tanto de un sistema de partidos para las nuevas provincias, como de una estatalidad particular, igual que expresiones singulares de ciudadanización sesgada por una cultura política de sesgo "parroquial".

1. Sindicatos y conflictos en tiempos peronistas

Durante la década del cuarenta del siglo XX continuaron muchas de las formas de acción colectiva de los trabajadores patagónicos. Otras fueron novedad por la emergencia de un nuevo mundo sindical y el impacto del peronismo en el poder. Se pasó de una débil e intermitente organización gremial a una más sólida y duradera, junto a la inmediata adhesión al peronismo como estructura de dominio político sobre la vida sindical. Paralelamente hubo un marcado debilitamiento de las anteriores identidades política-sindicales. Solo algunos contingentes de trabajadores, mayormente del ámbito de las explotaciones petrolíferas, pudieron distinguirse por la presencia del sindicalismo de pretensiones autonomistas.

Muchas de esas entidades, no siempre de manera coordinada, pero con el reconocimiento de las delegaciones locales de Secretaria de Trabajo y Previsión, dejaron significativas huellas en el mundo del trabajo. Efectivamente hubo un proceso de movilización que resulto de la activa presencia de esas oficinas. Por ejemplo entre 1944 y 1946, con la ampliación de la nueva legislación laboral sobre mejoras en los ingresos y condiciones de trabajo, se dio un corto pero decisivo periodo de agitación en los distintos ámbitos de trabajo. Asimismo el alejamiento del poder de Perón el 9 de octubre de 1945 y las jornadas del 17 de ese mismo mes extendió el estado de reclamos frente al temor de que se interrumpieran las conquistas obtenidas. En la región hubo expresiones favorables a la movilización obrera. También hubieron definiciones contrarias, sobre todo entre trabajadores del petróleo influenciados por sectores que veían en Perón solo engaño y manipulación. El estado de movilización se extendió durante los primeros meses del año 1946, al tiempo que se desarrollaba la campaña electoral por la presidencia del país, aun cuando en la región estaba vedada participación en los comicios. Fue un período de alta conflictividad que se agudizo por la férrea resistencia patronal a cumplir, entre otras medidas, el Decreto Ley número 33.302 que favorecía a los obreros con un sueldo anual complementario. Hubo empresarios que eligieron el camino de la negativa abierta y desafiante con medidas de lockout. Otros fueron más cautos señalando dificultades de orden práctico por hacer cumplir esas normativas.

En general estos conflictos se dirimieron a favor de los obreros, luego de intensas negociaciones y de un posicionamiento negativo de las patronales. Como parte de cierta continuidad con los tiempos precedentes no pocos jefes policiales creían ver en esas disputas gremiales acciones disolventes, promovidas por los comunistas o, como preferían señalar, por "los elementos obreros menos afectos al trabajo". El comportamiento de las autoridades policiales responsables del "Orden Social y Político" no fue muy diferente al de algunos delegados de la STyP que en ocasiones consideraron desmedidas las exigencias de los trabajadores. Los reclamos variaron desde pedidos de aumento de salarios, mejores condiciones de trabajo, cumplimiento de la jornada laboral de ocho horas, descanso dominical, hasta demandas, como en el caso de los empleados y obreros comunales, por hacer efectiva la estabilidad laboral. Se hicieron eco de esas exigencias trabajadores de distintas actividades ligados a la fruticultura del Alto Valle de Río Negro. También los obreros de aserraderos afincados mayormente en las zonas cordilleranas y aquellos dedicados a la extracción de minerales de la zona norte patagónica. Lo mismo que en la zona de la Gobernación Militar de

Comodoro Rivadavia. Los trabajadores de la construcción encargados de levantar un nuevo puente sobre el río Negro generaron varios conflictos durante ese período.

Ya con la llegada de Perón a la presidencia las demandas de reconocimiento de la nueva legislación laboral genero nuevos conflictos entre embaladores, trabajadores de bodegas, comercio, gastronomía, servicios de hoteles, de los puertos y la pesquería, entre otros. Los trabajadores de la fruticultura contaron nuevamente entre los más activos. Los obreros del petróleo coinciden pero con una conflictividad distintiva.

En el plano de las organizaciones obreras los hechos posteriores a junio de 1943, promovieron el nacimiento de entidades gremiales y la transformación de las existentes. Ocurrió en el mundo obrero presente en las ciudades y en los pueblos, como aquellos que se extendían en la zona del Alto Valle del Río Negro y en las ciudades de la costa atlántica patagónica. En ellos emergió una importante red de entidades sindicales, fundamentalmente a partir del año 1945. Surgieron algunos sindicatos por rama y actividad, aunque predominaron las organizaciones de carácter indiferenciadas que proponían reunir al mayor número de trabajadores por localidad. De allí la creación de las asociaciones obreras de oficios varios locales. Distinta fue la situación en los territorios de Neuquén y los más alejados de las capitales territoriales de Santa Cruz y Chubut. Aún bajo una cultura urbana más precaria en estos escenarios hubo avances en el proceso de sindicalización, de la misma manera que primaron las estructuras que reunían trabajadores de distintos oficios. Algunas de esas organizaciones se habían constituido hacia los años treinta y fueron impulsadas por socialistas y comunistas. En 1946 un dirigente exponía las ventajas de ese modelo sindical frente al que buscaba reunir trabajadores de una actividad:

> La función básica de organización de estas instituciones, es justamente de unir estos dispersos obreros para una acción común, enseñar a los novicios para hacer de cada uno de ellos un ferviente y disciplinado sindicalista. Una vez llegado a constituir un núcleo bastante poderoso de un solo gremio, dentro del sindicato de Oficios Varios, podrá sin temor al fracaso, desprenderse, pero sin perder el necesario contacto con el sindicato madre, el cual con el tiempo puede llegar a ejercer las funciones de Federación local, o departamental, o regional.[2]

Este modelo sindical declinó entrada la década del cincuenta. Para este segundo momento empiezan a tener cada vez más peso las asociaciones por rama de actividad. Hubo un proceso de diferenciación creciente que si bien fue producto del incremento de la fuerza laboral también se debió a la necesidad de los sindicatos de alcance nacional de contar con filiales en los espacios territorianos. De allí que fueran fundadas delegaciones y en algunos casos gremios locales como el que reunió a madereros, obreros y empleados vitivinícolas, empleados de comercio, de la industria química, de vialidad, salud, empacadores, de la alimentación, textiles, hotelería, entre otros. Junto a ellos se constituyó en cada territorio nacional una delegación regional de la Confederación General del Trabajo. Algunos de esos sindicatos fueron impulsados por dirigentes provenientes de tradiciones que compitieron con el peronismo y otros que habiendo revistado en el comunismo abrazaron esta identidad, como el caso del sindicato de trabajadores de los aserraderos.

En cierta medida este proceso de transformación de la vida sindical había comenzado antes de que Perón accediera a la presidencia del país. Coincidió con la renovación de dirigentes en sintonía con el nuevo verbo ofrecido por el movimiento creado por Juan Perón. La principal tarea de

---

[2] Las palabras pertenecen a Gaspar Muntwyler, secretario general del sindicato "Unión y Fuerza" de Neuquén. *El Territorio*. Neuquén, 17 de agosto de 1946, pp. 1 y 2.

estas organizaciones fue contrarrestar el accionar opositor en el ámbito sindical, fundamentalmente de los comunistas. Un ejemplo de ello es lo ocurrido con los agremiados al Sindicato de Obreros y Empleados de YPF, que además contaba con tensiones de otro orden. Según lo destaca Gabriel Carrizo, abrazaron la causa del nacionalismo petrolero y "promovían una 'conciencia sindical pura', es decir, sin la presencia de ideologías partidarias en el interior del sindicato" (Carrizo, 2015). El historiador citado, junto a Daniel Cabral Marques, señala cómo esa impronta debía afrontar la importancia del "legado mosconiano" en tanto el peronismo continúo con la política antisindical ejercida por la empresa petrolera. Aun así el mundo sindical petrolero también será afectado por la construcción de una entidad ligada al peronismo.

En general la nueva dirigencia gremial ofreció un discurso que destacaba la necesidad de integrar en un proyecto común al Estado, los empresarios y los sindicatos frente al discurso de confrontación de clase de los comunistas. Si bien ese proceso de "peronización" de la fuerza sindical convino aspectos de consenso, también se dio con fuertes medidas restrictivas. En el mundo de los trabajadores petroleros nació un nuevo sindicalismo hacia 1946. Un dirigente del sector, reflexionando sobre el lugar del sindicalismo en YPF, decía:

> no olvidemos que hasta hace dos años el gremio de Y.P.F. era un mito, sin embargo desde que está el actual gobierno hemos escalado y ganado posiciones que jamás lo hubiéramos conseguido con gobiernos que nos tenían divididos, por ese mismo motivo tenemos una deuda de honor con el actual gobierno y debemos tener confianza en él.[3]

---

3 Palabras de un delegado en la Asamblea Extraordinaria de la Asociación Obreros y Empleados del Estado. En *Comentarios Cutral Có*. 14 de junio de 1945, p. 3

El Sindicato Único de Petroleros del Estado (SUPE) no solo se propuso defender los beneficios para los trabajadores del sector, también sumó la causa del nacionalismo petrolero. Ese nacionalismo afectará las formas ideológicas de otros mundos del trabajo. Cabral Marques destaca esa experiencia para el conjunto de emprendimientos extractivos:

> En el juego de relaciones obrero-patronales que se formalizaron al interior de estas compañías, resultó significativa desde muy temprano la presencia de un conjunto de símbolos que legitimaban los principios de autoridad y que asimilaban las posiciones de dominación en el cumplimiento de las normas establecidas con el "servicio a la patria", el ejercicio de la "soberanía nacional" y la salvaguarda del "interés común" (Cabral Marques, 2005: 31).

En mayor medida fue en Comodoro Rivadavia donde la disputa gremial vivió una permanente tensión entre las posiciones de autonomía de parte de la vieja dirigencia frente a los que cierran filas detrás del peronismo. La vieja guardia gremial de los petroleros fue descabezada y para principios de la década de 1950 el sindicalismo del sector se alineó con la CGT oficialista. Durante ese tiempo los dirigentes no adherentes al peronismo promovieron varios conflictos que afectaron el funcionamiento de yacimientos cercanos a Comodoro Rivadavia, igual a lo ocurrido en los pozos de explotación del área Plaza Huincul, en Neuquén. Efectivamente entre los años 1948 y 1953 se sucedieron varias medidas de fuerza entre los trabajadores del sector convocadas por la Unión Petrolera, sindicato que seguía en manos de los comunistas. Estas acciones fueron vigiladas por las autoridades policiales y reprimidas con el encarcelamiento de sus dirigentes y la movilización de contingentes del Ejército y la Marina que ocuparon las proximidades de los establecimientos obreros en conflicto. También ocurrió frente al movimiento huelguístico que comprometió las bases de ferroviarios y que se extendió entre noviembre de 1950 y agosto de 1951. Esa huelga paralizó la circulación de productos frutícolas del Alto Valle de Río Negro con destino al puerto de Bahía Blanca. Recuérdese que el mismo Perón frente a ese prolongado conflicto pronunció un duro discurso amenazando que quienes no volvieran al trabajo serían movilizados y sometidos a la justicia militar. Otro conflicto reprimido fue la huelga de empacadores y obreros rurales de la fruticultura de 1953.

Por otra parte, los sectores de trabajadores rurales fueron interpelados con éxito por el mensaje del primer peronismo, y construyeron un sólido vínculo en condiciones de perdurar aun después de su derrocamiento en septiembre de 1955. Nuevas formas organizativas se dieron para atender tanto a sus demandas laborales como para canalizar la participación política. Efectivamente, un amplio movimiento de organización de esos trabajadores permitió construir novedosas formas de representación. Un ejemplo de ello ocurrió en Junín de los Andes, en el área de la cordillera de Neuquén, cuando en junio de 1946 se fundó el "Sindicato Obreros Oficios Varios 4 de Junio". Al poco tiempo contaba con numerosos afiliados, en su mayor parte peones de campo, y muy tempranamente establece su afiliación a la CGT. Según sus dirigentes, las razones fundamentales de la creación de esa entidad tenían que ver con que la revolución peronista había llegado a estos espacios de la mano del Estatuto del Peón, igual que los aguinaldos, aumentos de salarios, organización sindical, etc. A los pocos años la creación de un sindicato nacional -FATRE, Federación Argentina de Trabajadores Rurales y Estibadores- afín al peronismo fue absorbiendo trabajadores del sector, iniciándose el fin de estas experiencias locales que reunían en un mismo gremio peones rurales y empleados de diversas actividades.

Asimismo, arrendatarios, "fiscaleros" y hasta las agrupaciones indígenas canalizaron sus demandas como "trabajadores". El objetivo era acceder al menú de políticas socio-laborales implementadas en la época. Otros se movilizaron solo para reclamar la mediación gubernamental que evitara el desalojo de sus posiciones de ocupantes precarios. Sumaban peticiones que exigían el cumplimiento de lo expresado por el gobierno nacional en su discurso a partir de la premisa de que "la tierra es para quien la trabaja". Muchos recibirán la titularidad de los predios que vienen ocupando desde muchos años. Incluso hubo llamados a la expropiación de extensos dominios a manos de propietarios absentistas.

La puesta en escena de ese conjunto de trabajadores rurales no dejó de ser socialmente conflictiva. Precisamente, fueron muchos propietarios de grandes establecimientos quienes no lograron ocultar su malestar. Sostenían que la movilización de "trabajadores limpios e inocentes" fue impulsada por odios y rencores, que la paz de las estancias se había puesto en riesgo. A pesar de ello la resistencia patronal no impidió el nuevo protagonismo de los peones. Estos también se incorporaron a la política formal, y su participación se volcó a la promoción de la figura de Perón y su entidad partidaria. La contundencia con que el peronismo ganó en los ámbitos rurales durante las elecciones de 1951 y 1954 revelaba el alcance de esta identificación.

Respecto de los grupos indígenas hubo sustanciales modificaciones en la tónica de las políticas imperantes hasta esos tiempos. Como sostiene Enrique Mases, la primera de ellas fue la inclusión de la "cuestión indígena" directamente en el campo de lo social y laboral. La decisión de poblar el interior del país, racionalizar las explotaciones rurales, subdividir la tierra, estabilizar la población rural sobre la base de la propiedad de aquella y llevar mayor bienestar a los trabajadores agrarios se materializa incorporando a la órbita de la STyP a la Comisión Honoraria de Reducciones de Indios.

Sin lugar a dudas la irrupción del peronismo en el mundo rural de la Patagonia supuso cambios profundos en términos de relaciones sociales y económicas entre los distintos actores que allí moraban. Estos cambios, además, se extendieron al campo de la justicia, pero a diferencia de lo que sucedió en las provincias donde surgieron nuevas y específicas instituciones abocadas a las justicia laboral -entre ellos los Tribunales del Trabajo-, en los territorios nacionales estas agencias no lograron materializarse, por lo que son los mismos actores institucionales de la etapa anterior y otros de reciente conformación los que proceden a una administración informal de justicia laboral en los territorios.

Finalmente el tiempo peronista dejó su huella en los flamantes sindicatos surgidos a partir de una nueva concepción y con dirigentes recientes que, si bien en muchos casos adoptan como propio el discurso oficial, hicieron lo mismo respecto a cuáles eran los intereses propios de la clase trabajadora y las formas de organización y autonomía para lograr sus metas. Asimismo se empezó a construir un gremialismo que fue tensionado por los conflictos nacionales sin perder su tónica regional. Se dejó atrás una época caracterizada por la precariedad, debilidad y actitud defensiva de los trabajadores.

2. Estado, partido y justicia laboral peronista

Antes de la llegada del peronismo la actividad política de los partidos, a excepción de los escasos núcleos socialistas, comunistas y anarquistas, subordinaba sus expectativas dentro de una sociedad indiferenciada que pensaba la acción colectiva en el viejo molde de las formas liberales-conservadores. Para ello fue decisivo el tránsito de un tipo de actuación política planteada como participación en la administración de asuntos exclusivamente municipales a otra, de mayores perspectivas. Ocurrió a partir de los años 1944-1946, cuando el Estado planeó la integración de los trabajadores a una comunidad de intereses de mayores alcances. Con ello se impuso un nuevo universo de sentidos, identidades y pertenencias desde una fórmula estatal que se propuso protectora de los intereses de los trabajadores y sectores populares, pero también agente transformador respecto de las relaciones sociales y de poder establecidas. Desde "abajo", los sectores populares fueron parte activa de este proceso disruptivo al generar sus propias dinámicas de acercamiento y distanciamiento en relación con el Estado y el mundo político que propone el peronismo.

Este proceso construyó un amplio consenso hacia la figura de Juan Perón entre los pobladores patagónicos, expresado electoralmente en los comicios de 1951 donde el promedio de votación a su favor para los cuatro distritos patagónicos fue superior al setenta por ciento. Ello se debió a la capacidad que tuvo su gobierno y las administraciones territorianas patagónicas en canalizar y agregar con éxito las distintas expectativas del conjunto de los sectores populares. Una burocracia con expectativas semicorporativas, la nueva organización partidaria que propuso el peronismo, junto a la emergencia de distintivas entidades gremiales, fueron las encargadas de promover ese consenso. Todas estas estructuras procuraron responder a las más variadas y urgentes necesidades del mundo laboral, tanto urbano como rural de la región. Una búsqueda del consenso que tuvo como contracara formas "blandas" de coacción y de abierta represión que no siempre resultaron selectivas, sobre todo hacia los años cincuenta.

Desde las diversas delegaciones de la Secretaría de Trabajo y Previsión y del Instituto de Previsión Social, además de los destacamentos de Gendarmería nacional y de las Policías de cada territorio, junto a activos cuadros militares y los gobiernos territorianos, incluyendo la administración de justicia, hubo denodados esfuerzos por expandir el programa transformador del peronismo. Además, la Fundación Eva Perón, entidades educativas y de salud, asociaciones de Boy Scouts, de reservistas, establecimientos eclesiásticos y su amplia red asociaciativa, clubes deportivos, entre otros, se hicieron eco de las políticas sociales peronistas.

La expansión de medios radiales y prensa escrita, bajo un estricto control ideológico, permitió que el mensaje peronista arribara a todos los lugares de la región.

Se sumaban a esa trama institucional empresas estatales, imbuidas de la novedosa filosofía social e integracionista. Por ejemplo Yacimiento Petrolífero Fiscales, que se adaptó rápidamente a los cambios exigidos. Ocurrió también con la Dirección Nacional de Combustibles Sólidos -antecesora de Yacimientos Carboníferos Fiscales-, que tomó a su cargo los antiguos emprendimientos mineros de combustibles sólidos del norte de la Patagonia y más adelante expandió la explotación carbonífera a Río Turbio.

Por otra parte el nacimiento de una organización partidaria favorable al gobierno de Perón contuvo y por momentos anuló las activas y siempre perseguidas trayectorias partidarias y organizativas de los comunistas. Lo mismo que sus expresiones gremiales. La consolidación del Partido Peronista como partido político, que se proponía canalizar intereses del mundo laboral para cada espacio patagónico, resultó una efectiva novedad al permitir que se agregaran intereses antes locales y sectoriales en una estructura mayor.

Asimismo, en los distritos donde se desarrolló ese peronismo partidario hubo un proceso de creciente sindicalización. Hubo intentos en asegurar el perfil laboralista y autónomo para la organización partidaria. Esa corriente sindicalista buscó sin resultados decisivos imponer la pureza de sus principios en oposición a sectores que expresaban tradiciones mayormente conservadoras o sin trayectoria política. Frente a esas disputas internas, el peronismo con su inestable estructura organizativa, ofreció a los trabajadores y a los sindicatos otro canal desde donde generar demandas e integrarse a una sociedad política en cambio. Una vez que Perón accede a la presidencia, los peronistas y sus organizaciones sindicales procuraron incidir en la elección de los nuevos gobernadores, de los jefes comunales igual que para otros puestos de la administración territoriana. Fueron varios los gobernadores que recibieron esos apoyos y fueron ungidos en el cargo. Las simpatías resultaron mayores para quienes contaban con una biografía dentro del sindicalismo. Fue el caso de Emilio Berenguer, que había integrado el gremialismo ferroviario, designado primero gobernador de Neuquén en el año 1946 y luego en 1949 de Río Negro.

Berenguer adhirió tempranamente al proyecto peronista proviniendo de las filas del poderoso sindicalismo ferroviario de Bahía Blanca. Con buena llegada al ministro del Interior Ángel Borlenghi, se mantuvo como una pieza decisiva del poder peronista en los territorios de Neuquén y Río Negro. Aun más, fue el único gobernador de los territorios nacionales patagónicos que completó tres períodos, mientras Santa Cruz y Chubut no contaron varios recambios. Fue una figura compleja pero central en el apoyo hacia los sectores obreros de la región. Efectivamente, desde la Sección Orden Político y Gremial de la Policía del territorio de Río Negro se confeccionó un documento -hacia el año 1954- donde se traza la labor de Berenguer basada, según sus autores, entre otros aspectos, en un exceso de personalismo, en condiciones de hacer valer su voluntad desmedida y desafiante. Se lo señalaba inclusive como protector de actividades comunistas durante su gestión en Neuquén, junto a un trato benevolente hacia los trabajadores petroleros en huelga. De allí que se lo considere hombre de "ideas extremistas" "que nada tienen que ver con la doctrina peronista", ya que en público habla de que los trabajadores "no tienen patria". Confirmaba esta apreciación que muchas de sus acciones y discursos fueran levantados por la prensa comunista y socialista, además de manifestar un trato distante hacia policías, curas y militares.[4] Si bien la presencia de estos informes de inteligencia de las Policías revelaba las contradicciones de la etapa donde se vigila y persigue por igual a los comunistas y a figuras relevantes del gobierno

---

[4] AGN, Archivo Intermedio, Comisión Provincial de Investigaciones. Expediente: 102.574.

peronista, destaca la versatilidad de muchos dirigentes que proviniendo del campo gremial mantienen su doble lealtad a Perón y al mundo sindical.

Con el propósito de diferenciarse hubo grupos sindicales que en algunas localidades constituyeron delegaciones del Partido Laborista decididos a disputar la defensa cerrada del proyecto encabezado por Perón. Estos, frente a la convocatoria a elecciones locales a realizarse en el año 1947 -finalmente suspendida-, se propusieron desalojar del poder municipal a los elementos que consideraban hostiles y reemplazarlos por hombres identificados como leales desde el primer momento al peronismo. Desde este sector se pretendía nominar a aquellos candidatos que no hubiesen adquirido compromisos dentro del mundo de la "politiquería" de los tiempos previos al golpe de junio de 1943. Buscaban representar a los sectores movilizados durante los últimos meses de 1945 y principios de 1946. Esa tensión delineó dos campos diferenciados donde importaba la identidad política pero también social, de "clase". Los primeros organizadores de las sedes partidarias realzaban este "clivaje".[5] Ese desarrollo no fue igual en todos los espacios, como lo atestigua el dominio del laborismo neuquino de sectores de la elite comercial y notables pueblerinos, además de ganaderos y estancieros (Lvovich, 2013).

La nueva construcción política ligada al peronismo tuvo un doble rostro, el gremial y el partidario. Uno revelaba la presencia del clivaje de clase y el otro prometía elementos que procuraba ampliar el mundo de lo social a lo popular. Coincidían en su proyección favorable a la integración social. No cabe duda de que la presencia de ese componente laborista en las estructuras partidarias hizo posible el inicio de un proceso tendiente a imaginar una

---

5 Por ejemplo cuando se constituye el Partido Peronista en Los Menucos (Río Negro) se reconocía que sus miembros eran "todos obreros y empleados de reconocidas convicciones peronistas". Nueva Era, Viedma, 8 de marzo de 1947, p. 9.

comunidad de clase, ya no segmentada, sino integrada en esfera nacional. La política centralizadora y la disponibilidad de recursos de las administraciones territoriales se volcaron enteramente por mantener en vigencia esa fórmula que ciertamente parecía cerrada pero dejaba abierta a otras experiencias.

Durante el período hubo esfuerzos en la integración partidaria de la mujer trabajadora. Más de treinta sedes del Partido Femenino se inauguraron en toda la Patagonia. Estas fueron el centro para movilizar al colectivo femenino en vista de las elecciones nacionales de 1951, y además allí se desarrollaron otras actividades: guardería, programas de capacitación, dictado de cursos gratuitos de corte y confección, lencería, dactilografía, dibujo y aplicación de inyecciones y bailes folclóricos, entre otras. Sin duda la extensión del Partido Femenino Peronista y la Fundación Eva Perón realizaron un aporte decisivo para una politización novedosa de las mujeres que explica en gran parte el amplio apoyo hacia la formula Perón-Quijano en las elecciones de 1951.[6]

Este proceso, en términos de "feminización" de una parte del campo político, promovió la presencia destacada de varias mujeres en lugares relevantes de las políticas sociales, entre ellas las delegadas censistas. Su labor fue muy amplia, desde la inauguración de locales del Partido Femenino hasta la entrega de mercancías provistas por la Fundación Eva Perón. Sin embargo, esos clivajes de clase-genero se dieron de manera desigual entre los diversos contingentes de trabajadores de los distintos territoritos. Por momentos resultó una experiencia bloqueada con las sucesivas intervenciones al partido -también hacia su rama femenina- decididas desde la conducción nacional. Aun así, durante los años cincuenta en que el impulso laborista

---

[6] Esa movilización quedó reflejada en la prensa regional. "Resultó extraordinario el acto Peronista femenino en Roca. Más de 4500 ciudadanas asistieron a la inauguración del consultorio médico externo Eva Perón y la escuela de capacitación Juan Perón". *Nueva Era*, Viedma-Carmen de Patagones, 2 de junio de 1951, p. 2.

encontró sus límites, se mantuvo el incipiente proceso de movilización de las mujeres dentro del mundo político y sindical del peronismo. Un ejemplo de ello es la importancia creciente que fueron logrando en mujeres en algunas actividades donde había una fuerte feminización de las tareas, como ocurriera entre trabajadoras ligadas al ámbito de la fruticultura y los servicios de hotelería.

Asimismo durante estos años continuaron las transformaciones del mercado de trabajo como parte de la expansión de actividades extractivas y el mayor desarrollo en la infraestructura material de la región. Permitiendo a su vez que, con el trazado de nuevos caminos y la construcción de puentes y aeroclubes, además de la expansión de la red radiofónica, los pobladores en general y los trabajadores en particular pudieran hacer más "cercanas" las oficinas destinadas a las políticas sociales además de permitir una mayor circulación del mensaje político y cultural que llegaba desde el Estado nacional. Con la creación de nuevos establecimientos educativos y la emergencia de otros en "artes y oficios" se ampliaron las oportunidades formativas y culturales para la clase trabajadora.

Con respecto a las condiciones de trabajo hubo otros cambios significativos, entre ellos mejoras en los procesos de trabajo que lograron que muchas actividades fueran menos inseguras. Ocurrió mayormente entre los obreros viales, de la construcción, de los aserraderos, petroleros y mineros. El caso de los mineros del carbón resultó un claro ejemplo de las dificultades por mejorar su seguridad y protección. En la minería sufrían un atraso tecnológico y los modos de contratación incrementaban los niveles de explotación. Los accidentes fueron moneda corriente en esos lugares. Entre 1943 y 1951 se ocurrieron varios siniestros con una cifra importante de muertos y heridos. Sucedieron en un contexto de cambios importantes en la legislación laboral, particularmente sobre accidentes laborales.

Efectivamente, las regulaciones estatales llegaron al mundo de trabajadores patagónicos junto a la expansión de la figura de los convenios laborales. En algunos casos estos se convalidan por primera vez recién cuando la experiencia del primer peronismo está llegando a su fin. Tal el caso del "Convenio sobre condiciones generales de trabajo y salarios de la minería" firmado entre la cámara empresarial del sector y la Unión Minera Argentina en 1954. El sindicato también era de reciente conformación. Asimismo cambiaron aspectos decisivos de la judicialización de eventos en los que estaban involucrados trabajadores siniestrados. Hasta entonces la ley y los funcionarios judiciales, además de los empleadores y las "aseguradoras", entendían que la mayor parte de los siniestros eran resultado de un tipo de trabajador incapaz de salvaguardar su vida. El juicio era tanto moral como penal. Se estigmatizaba la vida del obrero desde su debilidad moral. Era el trabajador quien debía demostrar la existencia de la culpa o dolo de su empleador para fundar su reclamo, lo que tornaba sumamente dificultosa la prueba y, en consecuencia, el éxito de la demanda. La legislación terminaba complejizando los procedimientos, otorgando un poder discrecional a funcionarios que abordaban los siniestros de la misma manera que una acción delictiva cualquiera.

En este punto hubo un cambio de época. La impronta de las políticas inauguradas por el gobierno militar nacido el 4 de junio de 1943 se hizo sentir en el mundo de los trabajadores. Su impacto residió no tanto en la disminución de la cantidad de accidentes -sobre todo luctuosos- ocurridos en los lugares de trabajo, como en el caso de la minería, sino en las iniciativas de prevención, seguimiento, un adecuado registro estadístico y, por sobre todo, en la desarrollo de acciones para recuperación de la vida de los obreros accidentados. Además, en las sanciones a los patrones. Como contracara, las obligaciones del Estado se incrementaron notoriamente. Junto a ello un conjunto de actores de la trama judicial se puso en movimiento, ya no en el viejo sentido penal.

Parte de estos cambios se observan en la manera de tramitación en los juzgados. En las primeras décadas del siglo XX el trámite era de una sencillez asombrosa aun cuando el accidente hubiera arrojado muertos. En los años del peronismo los sumarios contaron con mayores requerimientos y pericias, incluyendo desde especialistas en el tipo de explotación hasta médicos forenses. También se llevaron adelante inspecciones oculares, llevadas a cabo por áreas ministeriales con competencia en la industria.

Además se constituyeron comisiones especiales del Congreso Nacional, como la constituida desde el Senado para conocer lo ocurrido en el caso de uno de los accidentes más trágicos del norte patagónico, en un establecimiento de Auca Mahuida en el año 1947. El siniestro provocó quince trabajadores muertos. Asimismo las oficinas judiciales asumieron un rol más activo involucrando desde otro lugar a la instrucción policial.

Otro aspecto de ruptura fue la conformación de un campo de litigiosidad que favoreció a los trabajadores frente al poder del patrón. Nuevas y viejas estructuras afrontaron las tareas de control y sanción, contando con un poder muy amplio en términos de jurisdicción. Nos referimos al nacimiento de un fuero laboral "informal" que generó nuevos escenarios de disputa para dirimir el poder del capital y el trabajo. Si bien la mayor parte de esos entramados burocráticos aplicaron como "primera instancia", también lo hicieron como única y exclusiva en su carácter jurisdiccional. Ello se debió a que no siempre se contaba con otros niveles de la burocracia judicial, cuando no a las dificultades materiales o la carencia de abogados especialistas en materia laboral. Fueron los juzgados letrados de Neuquén, Río Negro, Chubut y Santa Cruz que oficiaron de tribunales "multifueros". A pesar de la falta de ese fuero especial, durante los años cincuenta se observa que las intervenciones de los jueces y auxiliares asumieron informalmente ese "derecho laboral". Ello fue notorio sobre todo frente a la intervención judicial en situaciones como accidentes de trabajo, pedido de indemnización por despidos, cumplimiento de jornadas laborales o pago de salarios.

Sin duda hubo un conjunto de dispositivos -algunos distantes del objeto "justicia laboral"- que por sus temáticas conexas se ubicaron en una suerte de zona gris o de cierta lógica paraestatal. Ello fue posible por una idea central para los territorios nacionales: igual que en otros ámbitos estos espacios eran verdaderos laboratorios de ensayo para pensar y vivir la revolución peronista en su batalla de hacer justicia dentro del mundo del trabajo.

La ausencia de un fuero laboral "institucionalizado" en los territorios patagónicos muestra la capacidad del peronismo de construir una trama de reemplazo. De alguna manera constituyó un "sistema" con muchas agencias de la burocracia ya existentes y otras nuevas. Cuenta con las delegaciones territoriales de la Secretaría de Trabajo y Previsión, las Policías territoriales y la Gendarmería nacional. También las comisiones especiales, provenientes algunas del ámbito legislativo nacional. De alguna manera sus intervenciones fueron canalizadas por funcionarios de los Juzgados Letrados. Todas ellas desarrollaron nuevas formas de intervención y una adecuación a la cultura legal que propone el peronismo. Esta suponía otorgar la palabra al trabajador, y si había una judicialización, ya no sería propia de una lógica de la criminalización.

3. Después del peronismo... Sindicatos y peronismos

Hasta mediados de la década de 1940 la dinámica política y social de los territorios nacionales dentro de la construcción estatal argentina se destacó por procesos divergentes respecto a lo ocurrido en los restantes espacios federales.

Esta fórmula se modificó drásticamente con la llegada de Perón al poder. Entre 1943-1955 la lógica estatal peronista desarrolló, en general, un mismo ritmo para las transformaciones sociales, tanto en las provincias como en los territorios. El peronismo en el poder se propuso afrontar "los retrasos" relativos en cuanto a la construcción de una misma comunidad estatal. Para el mundo de trabajadores patagónicos esa convergencia fue decisiva y marcó una ruptura en su historia.

Como señala Gabriel Carrizo, "la experiencia del Estado" peronista en los territorios nacionales, igual que en la escena nacional, representó una ruptura con el pasado muy profunda, que se revela en las prácticas de los diferentes actores con respecto a la ley, las nuevas normas y en el uso de las nuevas instancias administrativas (Carrizo, 2016).

Si bien esa experiencia fue alterada en los tiempos inmediatos al derrocamiento del peronismo, hubo una serie de continuidades. Por ejemplo, después de 1955 los gobiernos que surgieron en las nuevas provincias asumieron el paradigma del constitucionalismo social que en gran medida asumió como propio el campo de los derechos sociales y laborales. Esos derechos se sumaron al cuerpo de las cuatro constituciones provinciales que se dictaron durante el año 1958 en Neuquén, Río Negro, Santa Cruz y Chubut. La constitución de un fuero especial con sus tribunales laborales se logró con el progresivo desarrollo de las nuevas judicaturas provinciales.

Asimismo los años 1956-1958 se presentaron como bisagra para el sistema político de las provincias nuevas. Si antes con el nacimiento al peronismo como un conjunto de estructuras de alcance mayor se estableció el primer partido de neto corte nacional-provincial, los años que siguieron resultaron un momento equivalente para sus opositores. La cruzada antiperonista dio oportunidad para que las distintas partes y vertientes del arco no peronista pudieran avanzar sobre la totalidad de cada territorio provincial patagónico y por ende proyectarse por primera vez como un actor en condiciones de competir con los peronistas.

Aun con lo anterior la implantación y persistencia de una cultura peronista de provincias señala el fracaso del proyecto desperonizador. Por si fuera poco esa cultura logró sostener muchas de las estructuras erigidas en el período anterior y por sobre todo ampliarlas, para constituir una suerte de peronismo "federal" que a su vez dio a luz "peronismos paralelos" (Melón Pirro, 2009). Muchas de esas experiencias resultaron exitosas como sucedió con los neoperonismos. En síntesis, para los peronistas el período 55-58 abre una etapa que permitió la emergencia de un sistema de partidos peronistas imbricado al mundo sindical.

Finalmente hay que destacar que el mundo sindical surgido durante la etapa peronista se mantuvo en pie a pesar del proceso de persecución hacia sus dirigentes. Muchos jefes sindicales fueron desalojados de sus gremios, otros encarcelados y los sindicatos intervenidos. Aun así ese mundo gremial conservará su importancia. La impronta regional productiva hizo que sindicatos que reñían a los trabajadores de la fruta o petroleros continuaran con su protagonismo. Estos gremios no siempre tuvieron el sello peronista. En cambio otros gremios locales -mineros, madereros, gastronómicos, etc.-, algunos siendo filiales con escasos adherentes, tuvieron un rol en el campo partidario peronista. Muchos de sus jefes sindicales evitaron participar en la rutinización organizativa que diera lugar a la "partidización" del peronismo. Aun con ello fueron parte de la construcción de esa suerte de partido sindical de facto que fue el peronismo durante los siguientes treinta años (Steven Levistky, 2005).

Bibliografía

BONA, Aixa y VILABOA, Juan (coords.) (2007), *Las formas de la política en la Patagonia. El primer peronismo en los Territorios Nacionales*, Buenos Aires, Biblos.

CABRAL MARQUES, Daniel A. y CRESPO, Edda Lía (2005), "Entre el petróleo y el carbón: Empresas estatales, trabajadores e identidades sociolaborales en la Patagonia Austral (1907-1976)", disponible en https://goo.gl/HE4R4L.

CARRIZO, Gabriel (2016), *Petróleo, peronismo y sindicalización. Historia de los trabajadores de UPF en la Patagonia, 1945-1955*, Buenos Aires, Prometeo.

LEVITSKY, Steven (2005), *La transformación del justicialismo. Del partido sindical al partido clientelista, 1983-1999*, Buenos Aires, Siglo XXI.

MACKINNON, Moira (2002), *Los años formativos del partido peronista*, Buenos Aires, Instituto Di Tella/Siglo XXI

MACOR, Darío y TCACH, Cesar (eds.) (2013), *La invención del peronismo en el interior del país I y II*, Santa Fe, UNL.

MASES, Enrique y GALLUCCI, Lisandro (eds.) (2007), *Historia de los trabajadores en la Patagonia*, Neuquén, Educo.

MASES, Enrique (comp.) (2011), *Trabajadores y trabajadoras en la Argentina. Aportes para una Historia social*, Neuquén, GEHiSo.

MASES, Enrique y otros (1998), *El mundo del trabajo en Neuquén 1930-1970*, Neuquén, Educo.

MELON PIRRO, Julio (2009), *El peronismo después del peronismo. Resistencia, sindicalismo y política luego del 55*, Buenos Aires, Siglo XXI.

MIRALLES, Glenda (2004), *Entre la casa y el galpón, ¿hay lugar para el Sindicato?*, General Roca, Publifadecs.

PALACIO, Juan Manuel (2013), *Jueces y justicia en los primeros gobiernos peronistas: continuidades y rupturas en el ámbito rural*, disponible en https://goo.gl/s2ghxC.

RAFART, Gabriel y MASES, Enrique (dirs.) (2003), *El peronismo, entre los territorios y la Nación: su historia en Río Negro y Neuquén 1943-1958*, Neuquén, Educo.

RUFFINI, Martha (2016), *Tiempos antiperonistas en la Patagonia argentina. La acción de las Comisiones Investigadoras durante la "Revolución Libertador*, disponible en https://goo.gl/bJ5LFE.

Empresas, industria y servicios

La industria harinera pampeana durante la gran expansión agraria, 1880-1914

Avances historiográficos y agenda pendiente

Juan Luis Martirén

Tres visiones de época

El despegue de la industria harinera moderna (1888)
"Hasta 1860 el pan que se comía en Santa Fe, era elaborado casi en su totalidad con harinas de otras provincias y hasta de Chile y California! En 1887, la producción de trigo en esta Provincia ha subido a cuatrocientos setenta y siete millones de kilogramos y existen 3 molinos a sangre, 4 a agua y 63 a vapor, con una fuerza de 1.664 caballos" (Provincia de Santa Fe [Carrasco], 1888: 109).

La crisis de las exportaciones al Brasil (1893)
"Escriben de Esperanza [Santa Fe] que varios molinos dejarán de funcionar a consecuencia de la poca salida que tienen las harinas, encontrándose un motivo poderoso en los fuertes derechos que se cobra a los productos brasileros [...]. Nuestras predicciones empiezan a cumplirse desgraciadamente [...]. Pero no hay que insistir tanto en lo que ya se ha dicho hasta la saciedad: el hecho real y positivo es que, debido al abandono que de tan importante asunto ha hecho el gobierno argentino, el gremio de los molineros está sufriendo perjuicios enormes paralizándose una industria en la cual hay invertidas ingentes sumas de dinero y que era considerada como una de las más importantes fuentes de riqueza con que cuenta el país" (La Agricultura, 1893).

La visión de los tecnócratas (1901)
"Lo que perturba de la 'cuestión harinera' es, sin duda alguna, el carácter angustioso que se le está dando desde el año 1894, presentando esta industria como derrumbándose de su apogeo, cuando, de lo que se ha de tratar, en realidad, es de considerarla una de las fases de su evolución natural […]. El capital invertido en la industria molinera representa más de 38 millones de pesos moneda nacional. El trabajo anual de los molinos en ejercicio activo, eleva su elaboración a 621.166 toneladas de harina, pero, si trabajaran continuamente, como para ello están preparados, producirían sin violencia alrededor de 1.120.000 toneladas de harina; y si de éstas se deducen 450.000 toneladas que son necesarias para el consumo interno, quedaría un sobrante para exportar de 663.750 toneladas" (Lahitte, 1901, 39).

El proceso de expansión económica experimentado por las provincias pampeanas durante las últimas décadas del siglo XIX y principios del XX comprendió transformaciones de gran magnitud en la estructura productiva. En ese contexto, la consolidación del ciclo de especialización cerealera, iniciado a gran escala en la provincia de Santa Fe, trajo consigo alteraciones de grandes dimensiones: un aumento exponencial de los cultivos de cereales en tierras mayormente yermas tan solo unos años antes, un fuerte aumento de las estructuras demográficas, de las inversiones en maquinaria e infraestructura, una modernización de las instituciones financieras y de los circuitos de comercialización y, sobre todo, la emergencia de importantes molinos harineros. Dentro de ese cuadro, la industria de molienda de trigo fue uno de los rubros con mayor expansión.

Si desde el temprano siglo XIX el país había sido dependiente de la oferta de harinas extranjeras, esta situación había comenzado a cambiar desde el momento en que la triticultura se asentaba sobre todo en la campaña santafesina. El surgimiento de modernos molinos en las colonias de aquella provincia, más la llegada de crecientes *stocks* de trigo a los principales centros de consumo, permitió que para finales de la década de 1870 el país alcanzara el autoabastecimiento de este producto. La producción triguera impulsó paralelamente el establecimiento de importantes establecimientos de molienda que, a pesar de algunos vaivenes atravesados durante el período, fueron en constante aumento. Si comparamos los datos de los censos de 1895 y 1914, el valor de la producción en la industria harinera arrojó tasas de crecimiento relativo similares a la de los ingenios azucareros y las bodegas vitivinícolas, dos de las principales agroindustrias del país en ese momento (Martiren y Rayes, 2016).

Sin embargo, tanto en los estudios especializados y testimonios de época, como en buena parte de la historiografía posterior, el tratamiento de la evolución de la industria harinera argentina -y particularmente pampeana- tuvo escasa repercusión en relación con la importancia que mostró este rubro en el contingente industrial de la época. Más aun, lo que actualmente sabemos sobre el tema durante su proceso de emergencia y expansión -más allá de sólidos estudios sectoriales- es relativamente poco en ese sentido. De este modo, la falta de análisis más profundos ha llevado a los investigadores a sobredimensionar aspectos conocidos o a tomar acríticamente fuentes cualitativas de los actores involucrados. Por dar un ejemplo, recientemente se pudo determinar que la mayoría de los estudios tendieron a dar una importancia desmedida a la crisis que atravesó el sector entre la década de 1890 y la Primera Guerra Mundial (Kornblihtt, 2010; Martiren y Rayes, 2016). Los acápites que preludian este primer apartado presentan un interesante resumen sobre la problemática experimentada por el sector, y cómo los escasos estudios historiográficos posteriores siguieron en general una línea interpretativa asociada a la crisis, sin considerar los disensos de época (como puede verse en la opinión de Emilio Lahitte, un técnico agrícola de gran prestigio), o bien, sin ahondar en análisis más profundos que indagaran acerca de los ciclos de productividad, el componente de precios, la carga de mano de obra o las características del emergente mercado de consumo de ese momento.

Teniendo en cuenta este panorama, el presente capítulo busca realizar una revisión historiográfica sobre la industria harinera durante su despegue y consolidación, entre finales del siglo XIX y principios del XX. En consecuencia, se revisarán los textos de la época, dando cuenta de las diferentes posturas de los actores sectoriales, de los tecnócratas y de los académicos. Luego analizaremos los trabajos clásicos sobre el tema -surgidos desde mediados del siglo pasado- que siguen un derrotero similar a las posturas pesimistas del período y finalmente daremos cuenta de los avances generados en las últimas décadas por los estudios históricos. Por último, expondremos algunas cuestiones metodológicas derivadas del propio trabajo de campo y haremos hincapié en los problemas que aún resta resolver para tener un conocimiento más profundo sobre el funcionamiento de la industria harinera de entonces.

1. Las visiones de época: del optimismo a la crisis

Como toda actividad que transita un sendero de crecimiento desde niveles extremadamente bajos, el grado de expansión de la industria de molienda fue considerable desde mediados de la década de 1870. El cambio técnico que se estaba dando en la agricultura pampeana, motorizado por las colonias santafesinas, también había llegado a los establecimientos de molienda, cuyos productos comenzaban de a poco a inundar los mercados de consumo. En este marco, la creciente instalación de modernos molinos harineros en las colonias no pasó desapercibida en los testimonios de época. Gabriel Carrasco, estadígrafo y publicista rosarino, fue uno de los primeros en dar cuenta de este fenómeno. Desde luego, su tarea tenía como trasfondo dar publicidad y promover el proceso de colonización agrícola provincial; no obstante ello, en su producción literaria y estadística dejó ricos datos y explicaciones sobre los molinos santafesinos y su producción -algo inédito en relación con sus vecinas pampeanas-, sobre los cuales sólo tenemos datos fiables y relativamente extendidos en el tiempo a partir de 1894.

> En 1852, me ha contado la tradición, que en la actual rica ciudad de Rosario solo se amasaban diariamente unas cuantas arrobas de harina. En la campaña, este alimento era casi absolutamente desconocido. La harina venía de Francia, de Alemania, de California, hasta de Australia!
> ¡No se vaya que hay fideos!
> ¿Quién recuerda, ahora, en la República Argentina, aquel antiguo modismo, con que se quería explicar en la campaña, la esplendidez de una comida, en que hasta fideos había?
> [...] Vino la colonización; empezó a brotar el trigo, y el pan dio comienzo a la gran conquista de la Pampa, treinta años antes de que Alsina o Roca soñaran con ella.
> El pan empezó a hacer suya la tierra.
> [...] Ahora la conquista se ha completado. La harina es tan barata que ha dado impulso a la formación de nuevas industrias... (Carrasco, 1896: 130-131).

Estas frases de Carrasco no son sino un pequeño ejemplo que evidencia las bases del cambio cualitativo que experimentó no solo ese sector, sino también el mercado de consumo. El desarrollo de la agricultura triguera y el abasto a los centros de demanda nacionales habían impulsado la creación de una industria procesadora que iría en constante desarrollo hasta fines de siglo. El cambio empezó a notarse en los primeros años de la década de 1870, cuando comenzaron a proliferar los molinos a vapor en dicho núcleo productivo. Asimismo, desde la década de 1880 esa tecnología se expandiría hacia todos los nichos de producción triguera pampeanos. Esto se debía a la necesidad de alcanzar ciertos estándares de calidad para cubrir mercados más exigentes, que solo podían alcanzarse con sistemas de molienda avanzados. Así, iría dándose un reemplazo paulatino de los tradicionales sistemas de piedras por otros más modernos, en especial los nuevos de cilindros y con tracción a vapor. Sobre el período, es por lejos Santa Fe la que ha quedado mejor documentada.[1]

De este modo, ya a inicios de los años 90 la producción de harinas entró en constante ascenso y, salvo algunas intermitencias estacionales, no detuvo su crecimiento tanto en términos productivos como de capitalización. Es por ello que desde esa década, y a tono con el impulso adquirido, vieron la luz distintos trabajos estadísticos y técnicos. Entre varios, se destacó la publicación de Alois Fliess (1891), quien presentó uno de los primeros diagnósticos sobre la industria molinera a nivel nacional (aunque algo parcial, por no contar con datos de todos los molinos existentes). Si bien la obra no es específica sobre el sector, contiene cifras y copiosos análisis sobre la molienda de la temporada 1890/91 para todo el país, recabados del 45% de los molinos existentes. El análisis de Fliess deja en claro el aumento que ya estaba experimentando la provincia de Buenos Aires, que para ese entonces había comenzado un período de expansión productiva que la posicionaría como el principal centro de molienda del país, superando la primacía que Santa Fe había alcanzado en la década de 1870. La receta triguera santafesina ya había superado los límites provinciales, y se había expandido a gran escala sobre Córdoba y Buenos Aires. Al mismo tiempo, había crecido la infraestructura ferroviaria, que permitió costos decrecientes en los fletes y por tanto dinamizó el funcionamiento de los circuitos mercantiles del trigo (Djenderedjian, Bearzotti y Martiren, 2010). Esto abrió el camino tanto a la consolidación de la agricultura pampeana cuanto a un proceso de concentración de molinos en torno a los grandes centros de abasto. En términos generales, la postura de Fliess seguía la línea de Carrasco, aunque lo interesante en este caso es que su

---

[1] Carrasco publicó numerosas obras sobre la colonización santafesina en las décadas de 1880 y 1890. Al respecto, ver Martiren (2016).

evidencia pretendía ser de carácter nacional.[2] Y, más aun, de acuerdo con sus cálculos la harinera era en ese momento [1891] "la industria más importante de la República" (Fliess, 1891: 412).[3]

Para mediados de la década, las publicaciones comenzarían a incrementarse a partir de la confección del Censo Nacional de 1895, que incluyó una sección industrial con información minuciosa. No obstante, antes de ello se destacó un trabajo de Carlos Salas -secretario general de Estadísticas de la provincia de Buenos Aires- en el que realizó un relevamiento sobre la molinería en aquella provincia (Salas, 1895). En efecto, se trata de un sólido estudio en términos estadísticos, aunque lo sustancial es que su redacción coincide con las primeras trabas surgidas en Brasil a las harinas argentinas, por lo que sus conclusiones resultan el primer antecedente de la visión pesimista sobre la industria.[4]

Si bien el trabajo de Salas se publicó en 1895, sus resultados contienen datos de la campaña 1893/94. La siguiente temporada de molienda (1894-95) fue analizada por el censo nacional, lo que implicó el primer diagnóstico general sobre el sector para el siglo XIX. Los datos presentados dan cuenta de un panorama en términos productivos similar

---

[2] Según sus palabras: "Esta industria ha sido siempre muy próspera y no creo exagerar si avalúo su utilidad anual de cuatro a cinco millones de pesos oro. Esta mi opinión puede estar confirmada por el hecho de que toda esta industria, que tiene invertido como treinta millones de pesos oro en sus establecimientos y que para su desenvolvimiento necesita otro capital de quince a veinte millones, ha ido formándose paulatinamente, capitalizando sus utilidades hasta llegar a la altura actual. A más, desde diez años no ha habido quiebra ni suspensión de pagos de un solo molinero" (Fliess, 1891: p. 417).

[3] Vale destacar que los análisis sobre la industria también fueron frecuentes en forma de pequeños artículos publicados en boletines de agencias estatales desde inicios de la década de 1889. Si bien no contaban con estadísticas inéditas, sí ponían énfasis en el papel de las exposiciones internacionales como medio para ganar nuevos mercados, sobre todo europeos. A modo de ejemplo, ver República Argentina (1892).

[4] "Una de las industrias de la República más perjudicada es la molinera, y el estado ruinoso en que se encuentra esta me ha movido a preparar este trabajo..." (Salas, 1895: 16).

al arrojado por Fliess; esto es, un claro predominio de la actividad en la región pampeana, ya que más del 90% de la harina se producía en 1895 en la ciudad y provincia de Buenos Aires, Santa Fe, Entre Ríos y Córdoba (República Argentina, 1898: CXXII). Sin embargo, y a tono con las apreciaciones de Salas, el diagnóstico de los editores del censo quedó marcado por la coyuntura, es decir, las trabas al comercio impuestas por Brasil y por ende la sobreproducción en el mercado interno, que se hicieron sentir con fuerza en 1894.[5] Pero a la vez presentaba otra agenda de problemas a resolver: el costo de las cadenas de comercialización, de los precios de los fletes terrestres y marítimos, y el limitado abanico de mercados a los que las harinas argentinas estaban accediendo, en comparación con sus trigos. Por último, hacía hincapié en el desaprovechamiento de la gran capacidad ociosa que, a su criterio, evidenciaba el sector (República Argentina, 1898: CXXV y CXXVII).

El diagnóstico arrojado por el censo de 1895 tuvo su correlato en una destacada investigación sobre agricultura, ganadería e industrias derivadas, solicitada por la Cámara de Diputados de la Nación en 1896, y que sería editada recién en 1898 (RA, Cámara de Diputados, 1898a y 1898b). Si bien la obra es extensa y no específica sobre la industria harinera –ya que trabaja con datos del censo y de Salas–, contiene cálculos sobre rendimientos, consumos y capacidad productiva, y su conclusión principal vuelve a insistir con el problema de la capacidad ociosa: "La crisis molinera consiste en exceso de capacidad de producción, en la falta de mercados para el consumo de la producción que ese

---

[5] "La industria de la molinería pasa actualmente en la República por una grave crisis a consecuencia de diversas causas que conviene estudiar aunque sea tan ligeramente como la índole de este trabajo lo permite. Desde luego siendo nuestra producción superior al consumo interno, hay que buscar en la exportación el destino del remanente. Pero los países que podrían ser nuestros consumidores, deseando proteger su propia industria han impuesto fuertes derechos a la importación, ya del trigo, ya principalmente de la harina" (República Argentina, 1898: CXXVII).

exceso de capacidad puede dar" (RA, Cámara de Diputados, 1898a: 239). Para ese mismo momento se destaca también una publicación sobre la economía agrícola entrerriana, que contiene datos sobre su molinería (Lahitte, 1899).

Con el cambio de siglo, surgieron numerosos trabajos sobre esta industria, agrupados en dos secciones: por un lado, los llevados a cabo por los técnicos agrícolas, y por otro lado, los encargados por actores del sector empresarial, cuyas opiniones se nuclearon en la revista *La Molinería Argentina*. A pesar de que continuaron publicándose estudios generales sobre economía agrícola que trataban el tema de la molinería, las evidencias más sólidas provenían de los análisis técnicos (Lix Klett, 1900; Miatello, 1901). Desde ese momento, y hasta el final del período estudiado, las principales publicaciones de las oficinas estadísticas y ministeriales tuvieron a la industria harinera como una de sus primeras preocupaciones. Lahitte fue, en este sentido, uno de los principales ensayistas. En 1901 publicó un completo informe sobre la cuestión harinera, y tomó una firme posición sobre la salud de la industria (como bien puede notarse en una de las citas que preludia este trabajo). En dicho informe Lahitte ponía sobre la mesa esta sobre-dimensión del problema de las exportaciones. Allí debatía con el sector empresario con argumentos técnicos y datos empíricos.[6] No solo remarcaba el significativo desarrollo de la industria en términos de capitalización, sino que subrayaba una cuestión fundamental: el principal factor del cual dependía esta industria era el creciente consumo interno (Lahitte, 1901: 19).

Posteriormente, los trabajos sobre el sector comenzarían a abundar, sobre todo desde 1906, cuando la Dirección de Estadística Agrícola y Economía Rural diera inicio a la divulgación de datos sobre la producción agropecuaria y

---

[6] Es de destacar que además de las publicaciones surgidas de *La Molinería Argentina*, un importante resumen de la visión pesimista del sector empresario corresponde a Ángel Artal. Ver Artal, 1900.

agroindustrial, entre las cuales incluía a la industria harinera. Gracias a ello, contamos actualmente con datos fiables y relativamente completos sobre capacidad de molienda, producción y número de molinos desde esa fecha para todo el país, que se suman a los que existían para 1895 (República Argentina, Ministerio de Agricultura, 1906 en adelante). Esta información sería complementada en gran medida por el Censo Nacional de 1914.

Superada la escasez crónica de estadísticas específicas, varios autores se volcaron a escribir sobre el sector. Entre ellos, se destacó nuevamente Lahitte, encargado de confeccionar los diagnósticos para los censos de 1908 y 1914.[7] Con posturas similares a las de su informe de 1901, volvió a insistir en el fuerte auge que había experimentado el sector desde 1880 y a partir de sus cálculos comparativos de ambos censos, concluyó que el desarrollo de la molinería había sido notorio en términos relativos (Lahitte, 1908 y 1917).

En resumen, en las interpretaciones de época sobre la industria harinera no primó una perspectiva pesimista o una imagen de crecimiento exponencial y consiguiente crisis, sino que en general, los datos presentados dieron cuenta de un desarrollo sustantivo, más allá de los problemas coyunturales y de la inevitable comparación con el comercio de cereales al exterior.

2. La industria harinera en la historiografía

Luego de los debates sobre la salud del sector en el cambio de siglo, los primeros estudios académicos sobre el período fueron en su mayoría interpretaciones generales sobre el devenir industrial o la economía argentina. Por mencionar

---

[7] Otras obras interesantes sobre el sector son Girola, 1910: 423-29, y Artuso, 1917.

algunos casos emblemáticos, tanto las obras sobre historia económica argentina de Ricardo Ortiz (1955), la historia industrial de Dorfman (1942), o bien el trabajo sobre la expansión agraria en las pampas de Scobie (1964), dedican escasas páginas al desarrollo harinero y siempre con un argumento simple: el crecimiento frenado por las trabas a las importaciones del Brasil.[8] El escaso interés o tratamiento sobre el sector en estas obras clásicas de la historiografía económica argentina es sin dudas singular (Kornblihtt, 2010; Martiren y Rayes, 2016). Se destaca en la obra de Scobie una mínima problematización teniendo en cuenta el auge molinero bonaerense, aunque tampoco realiza un estudio más detallado sobre la industria de molienda. Algo similar ocurre con la notable obra de Ezequiel Gallo (1983) sobre la colonización en Santa Fe. Ambos autores remarcan la significativa dimensión de los establecimientos de molienda; no obstante hacen hincapié en una cuestión fundamental, el aprovechamiento del costo de oportunidad de la Ciudad de Buenos Aires, que ganaría progresivamente peso gracias a la instalación de grandes molinos harineros. Otro libro clásico sobre el desarrollo económico del período –*La Formación de la Argentina Moderna*-, de Cortés Conde y Gallo, tampoco ubica a la molinería como un sector destacado. Si bien se trata de un abreviado análisis sobre la economía argentina entre 1870 y 1914, es llamativo que no se mencione al sector como uno de los principales protagonistas del desarrollo económico. Más aun, al referirse a las industrias alimenticias destinadas al mercado interno, los autores mencionan en dos oportunidades solo al vino y al azúcar (Cortés Conde y Gallo, 1972: 76-80). Vale traer a colación este aspecto, ya que en escasos trabajos se ha

---

8 La segunda edición de Dorfman es de 1970, realizada por Solar. La tercera es de Hyspamérica, de 1986. La obra de Ortiz fue publicada en 1955 por Raigal y luego aparecieron las ediciones de Pampa y Cielo (1964) y Plus Ultra (1974). Quizá la excepción sea, al menos para el caso santafesino, la obra estadística de Hotschewer (1953), quien utiliza datos censales y de obras de época.

resaltado la notoria importancia que la industria harinera ha tenido sobre el mercado interno. En este punto es de destacar que durante todo el período analizado las exportaciones de harinas no superaron en promedio el 15% del total de la producción; es decir, se trataba de un producto fundamental de la canasta de consumo del país, al igual que el vino y el azúcar.

Por lo demás, en forma contemporánea a estos trabajos, se destacó un estudio específico realizado por Ovidio Giménez (1961). En su carácter de profesor universitario y directivo de la empresa Molinos Río de la Plata, Giménez presentó una obra de altísima calidad para la época. Se trató de un trabajo de largo aliento, con un marco temporal muy extenso (inicia su relato desde los orígenes de la molienda en la Antigüedad, para luego focalizarse en la evolución de la industria harinera en Argentina desde el siglo XVI). Para el período que nos interesa, Giménez presentó un planteo algo rígido y descriptivo, aunque con evidencia estadística sólida en términos generales.[9] Lo valioso de su estudio es que complementaba lo cuantitativo con varias fuentes cualitativas referidas a los problemas en el comercio exterior, con lo cual ofreció una visión poco sesgada o atada a los reclamos sectoriales. Esto le permitió presentar un panorama adecuado sobre el estado de la industria, que sin dudas sentó un precedente para los estudios posteriores.

---

[9] Es importante resaltar que el trabajo de Giménez fue el primer estudio académico en publicar cifras de producción de harinas anteriores a 1906, que luego han sido reproducidas por trabajos posteriores. Es altamente probable que Giménez haya tomado esos datos de la Dirección de Comercios e Industrias, y que también fueron publicados en el número 47 de los Anales de la Sociedad Rural Argentina, en 1914. Sin embargo, debe remarcarse que estos datos son solo estimaciones muy generales sobre la producción, por lo que se trata de una evidencia algo frágil para analizar la producción de harinas durante todo el período. Esto no ha sido advertido, por ejemplo, por una de las principales recopilaciones estadísticas históricas de la última década, que en el apartado sobre harinas ha tomado estas cifras acríticamente. Ver Ferreres (2010).

La industria harinera también ha sido evaluada en trabajos clásicos que pusieron el foco en las exportaciones argentinas. Se destacan en este punto las obras de Vázquez Presedo y de Girbal de Blacha, quienes analizaron las trabas a las exportaciones en el período. El primero realizó un completo estudio sobre el comercio exterior, y en ese contexto presentó algunas cifras sobre las ventas de harina al exterior. Por su parte, Girbal analizó las exportaciones harineras a Brasil a partir de distintas fuentes cualitativas (prensa, informes sectoriales, documentos diplomáticos), que daban cuenta de las dificultades en el comercio exterior (Girbal de Blacha, 1982: 244-266).

Con la renovación historiográfica iniciada a mediados de los 80, los estudios sobre la industria harinera han tenido un mayor desarrollo. Empero, más allá de que buena parte de estos ha generado importantes avances, en general los aportes han estado limitados a regiones o temáticas específicas. Uno de los primeros trabajos de la renovación historiográfica es un estudio de caso realizado por Jorge Schvarzer (1989). En su análisis del grupo Bunge y Born, el autor dedica interés al desarrollo de Molinos Río de la Plata, una de las empresas más importantes de molienda de inicios del siglo XX. Si bien no se trata de un estudio de *Business History*, Schvarzer toma a la empresa como herramienta para analizar un proceso particular, el ciclo de concentración que el sector harinero fue generando desde el cambio de siglo, en el cual "Molinos" tendría un peso fundamental.[10]

En la década de 1990, se publicaron interesantes trabajos regionales que dieron cuenta pormenorizadamente del funcionamiento de la industria harinera entre la segunda mitad del siglo XIX y principios del XX. Para el caso cordobés se publicó el trabajo de Vera de Flachs y Riquelme de Lobos (1993), que analiza el desenvolvimiento de la industria desde mediados del siglo XIX hasta la gran transformación en el cambio de siglo, cuando Córdoba ya

---

[10] Ver también Rocchi (1994).

había logrado sólidos niveles de producción cerealera en los departamentos orientales de dicha provincia. No solo dan cuenta allí del grado de crecimiento logrado en las postrimerías del siglo XIX, sino de las dificultades experimentadas por la creciente competencia que se generó con el auge de la molinería bonaerense.[11]

Dos trabajos de Richard Jorba sobre el cultivo del trigo y la producción de harinas en Mendoza, publicados en 1998, también aportan interesantes elementos sobre el desarrollo de la industria molinera en regiones extrapampenas. Traemos a colación este caso por ser de particular utilidad, en tanto Mendoza había sido una tradicional productora de harinas desde el período colonial y tuvo que readaptarse en el contexto de la gran expansión agroexportadora. El autor utiliza para ello datos de las dispersas estadísticas provinciales para mostrar cómo la provincia tuvo un período de auge en la producción de harinas, que iría perdiendo lugar progresivamente, hasta incluso entrar en crisis a fines de siglo por la competencia de harinas pampeanas y el vuelco hacia actividades más asociadas a la particular dotación de factores provincial (Richard Jorba, 1998). Otro trabajo interesante sobre las harinas en Mendoza es el estudio de caso del Molino Correa, realizado por Luis Coria (1997). Allí el autor analiza las vicisitudes y el funcionamiento del mercado del trigo en Mendoza desde la década de 1860. A pesar de tratarse de un caso específico, es una referencia a tener en cuenta para los estudios sobre industria harinera.

En 1999, la tesis de maestría de Sandra Fernández reflotó los estudios sobre la industria harinera santafesina, llamativamente descuidados dada la importancia relativa que el sector había alcanzado. Allí dedica un capítulo

---

[11] Vale destacar que existe una versión previa de este trabajo, publicado en la revista *Investigaciones y Ensayos* (Academia Nacional de la Historia), en 1978. Por lo demás, dicho estudio complementa un trabajo pionero, aunque muy descriptivo, de Grenon sobre la molienda en Córdoba, editado en 1972.

entero -que publicaría en parte en forma de artículo al año siguiente- al proceso de emergencia y modernización de la industria de molienda de trigo en Santa Fe (Fernández, 1999; 2000). El trabajo de Fernández es realmente sólido y tal vez sea el más completo que existe sobre la industria harinera en general del período, más allá de que se encuentre limitado al territorio santafesino. Vale agregar, al mismo tiempo, que los ejercicios que la autora realiza para analizar el cambio tecnológico son inéditos. Para ello, además de utilizar estadística provincial y nacional (en este último caso utiliza los datos del Ministerio de Agricultura y de la Dirección Nacional de Economía Rural), efectúa un cruce de las fichas manuscritas de los censos de industrias de Santa Fe de los años 1887 (de carácter provincial) y 1895. Esto le permite mostrar el peso que tuvo el cambio técnico y cómo fue modelándose la capacidad instalada santafesina a los cambios en el mercado. Asimismo, utiliza el estudio de caso del grupo Wildermuth para tratar de entender las estrategias empresarias en ese ciclo de auge nacional de la industria, en la cual dicha provincia iba perdiendo peso relativo. Todo ello es complementado con estadísticas muy completas sobre capitalización, capacidad instalada y ociosa, disparidades regionales, volumen de ventas, entre otras cuestiones.

Ese mismo año se publicó, para el caso cordobés, un artículo de Ángela González Aguirre (2000) sobre el grupo Minetti y su rol en la industria harinera entre 1867 y 1920. Mediante una estrategia similar a la de Schvarzer, Coria o Fernández, la autora utiliza un estudio de caso para analizar el crecimiento del sector durante el ciclo de especialización cerealera en secano en Córdoba. Se trata de un caso sugestivo, ya que resulta útil para dar cuenta del proceso de expansión del modelo de producción y comercialización de la campaña santafesina a la cordobesa. Indaga así sobre el derrotero del grupo Minetti, derivado de una familia piamontesa inicialmente instalada en las colonias de Santa Fe que se trasladó hacia Córdoba a fines de siglo. El trabajo muestra el clásico ejemplo de movilidad social ascendente en las colonias agrícolas pampeanas: luego de un proceso inicial de acumulación de capital, los integrantes de la familia se nutren de financiamiento derivado de redes étnicas, y expanden sus actividades hacia el oeste santafesino y luego al este cordobés mediante el establecimiento de negocios vinculados a la comercialización de cereales y molinos harineros. El trabajo muestra no solo las interesantes estrategias empresariales, que buscaban el control vertical y horizontal de la producción (mediante la comercialización de trigo y la molienda), sino también la operatoria para cubrir la demanda en el interior del país.

Para la provincia de Buenos Aires, se publicó en 2009 un estudio de Amanda Caggiano sobre el desarrollo de la molinería en Chivilcoy. Se trata de un recorrido histórico sobre la industria de molienda en general y en particular sobre dicho espacio. Por un lado, se nutre de variadas estadísticas censales, municipales y judiciales, mediante las cuales busca analizar la evolución de la industria local e identificar a los protagonistas. Por otro, realiza una interpretación de la tecnología de molienda a partir de las piezas específicas (piedras de molienda) existentes en el Museo Histórico de Chivilcoy. Sobre esa base, busca explicar el funcionamiento de las viejas atahonas que funcionaban en la Guardia de Luján, y de los primeros molinos que surgieron luego de la fundación del pueblo a mediados de la década de 1850 (Caggiano, 2009).

Una interpretación más general sobre el devenir de la molinería en la segunda mitad del siglo XIX puede encontrarse en la obra sobre el desarrollo agrario pampeano de Djenderedjian, Bearzotti y Martiren (2010). Este libro realiza un abordaje integral sobre el proceso de consolidación del capitalismo agrario a partir del análisis de la expansión de la agricultura en la región pampeana. Cuenta con un vasto andamiaje documental y entre los variados temas que analiza, se encuentra el del despegue de la industria molinera. Si bien no trabaja específicamente el tema, sí indaga sobre los factores de crecimiento del sector en cada provincia, aunque cierra su análisis al finalizar el siglo XIX.

Ese mismo año se destaca la publicación de un artículo de Juan Kornblihtt (2010) sobre el desarrollo de la industria harinera a principios del siglo XX y las respuestas de los distintos actores ante las trabas a las exportaciones. Este trabajo renueva con mucha solidez los estudios sobre el sector harinero del período. Es un análisis general de la problemática del sector en relación con el comercio exterior y, sobre todo, con el proceso de concentración del capital que estaba dándose desde el cambio de siglo debido al establecimiento de grandes molinos enfocados en cubrir los centros de demanda más destacados. El trabajo presenta un relevamiento empírico abundante, cita y analiza las impresiones de la época, tanto en publicaciones sectoriales y técnicas, como en los debates parlamentarios.

En 2012 y 2015 surgieron tres novedosos trabajos sobre la industria harinera en Santa Fe. El primero, de Frid y Lanciotti (2012), forma parte de una compilación sobre la evolución de la industria provincial en los siglos XIX y XX. Al igual que en la referida obra de Djenderedjian, Bearzotti y Martiren, las autoras no realizan un estudio específico sobre el tema, sino una interpretación general de la industria harinera en Santa Fe y la crisis que experimentó el sector hacia 1914. En 2015 surgieron dos ensayos que buscaron estudiar los mecanismos de comercialización de las harinas santafesinas durante la segunda mitad del siglo XIX (Martiren, 2015; Moyano y Martiren, 2015). Más allá de que ambos presentaron resultados preliminares, buscaron evidenciar variables clave antes descuidadas, como los agentes de intermediación, los mecanismos de comercialización, los precios del producto, la aparición de marcas y la convergencia de mercados regionales.

Por último, en el año 2016 se publicó un artículo de Martiren y Rayes sobre el comercio exterior de harinas entre 1880 y 1914 que también buscó, al igual que el de

Kornblihtt, revisitar los análisis clásicos sobre la industria harinera. Cuestiona, en tal sentido, las interpretaciones que acríticamente tomaron las versiones de crisis acuñadas en publicaciones sectoriales de época, sin considerar el estado de la industria en el mediano plazo. El trabajo buscó demostrar que, incluso con sus crisis coyunturales, el sector tuvo un crecimiento sustantivo durante el período, y expuso cómo la expansión del mercado interno había sido clave para ello (Martiren y Rayes, 2016).

En síntesis, pese al desarrollo de una buena cantidad de estudios relativos a la industria harinera, sobre todo en las últimas tres décadas, existen aún numerosos vacíos a cubrir. A continuación, se expondrá la agenda de problemas sobre el sector en el cambio de siglo que debería ser trabajada a futuro por la historiografía, además de presentar las dificultades metodológicas que pudieran surgir.

3. Desde la experiencia de investigación: los problemas de la etapa preestadística

Existe una dificultad común para todo investigador que pretenda trabajar historia económica anterior a 1900: la ausencia de estadísticas seriadas. Ante este panorama debe apelarse a la creatividad, a la perseverancia, al trabajo arduo e incluso –frecuentemente- a la suerte para paliar el problema. Y, desde luego, las evidencias presentadas solo serán parciales o servirán como ejemplo para interpretar problemas mayores.

Este cuadro de situación es común a quienes han estudiado (o procuren hacerlo) la industria harinera entre mediados del siglo XIX y principios del XX. Es de destacar que existen estadísticas publicadas de la cuales ya hemos dado cuenta, aunque estas no permiten más que presentar un panorama general sobre el desempeño del sector en ese marco amplio de desarrollo económico. Y si bien han servido de base para todos los estudios que hemos mencionado -algunos de ellos sólidos y que han generado importantes aportes al conocimiento del *boom* de la industria harinera moderna en Argentina-, las incógnitas son aún mayúsculas, más si se tiene en cuenta el peso relativo que alcanzó el sector en ese período. Vale en este punto destacar algunas de las más importantes.

En primer lugar, no contamos con datos fiables sobre niveles de producción de harinas entre 1880 y 1914. Más allá de que algunos trabajos hayan utilizado los datos de la Dirección de Comercio e Industrias, que presentan estimaciones de molienda desde 1891, no puede afirmarse que esta evidencia sea un dato consistente al respecto.[12] Existen, sí, datos de 1895 y luego, en forma seriada desde 1906 en adelante. El vacío es manifiesto, en tanto se desconocen los niveles de producción de harinas en momentos clave del período: la emergencia en los años 1870, la primera expansión en los años 80, el impacto de la crisis de 1890, los ciclos de crecimiento y recesión en dicha década, y luego el momento de desarrollo sostenido en el primer lustro del siglo XX. Si bien pueden hacerse estimaciones con base en la cantidad de trigo producido o mediante los niveles de exportaciones, los datos no pasan de ser débiles en términos estadísticos.

---

[12] Traemos a colación en este punto las críticas vertidas en el resumen sobre industria harinera del Censo de 1895: "la estadística argentina, siguiendo de lejos los progresos de la industria, no pudo presentar estudios que comprendieran el conjunto de todos los establecimientos molineros del país; solamente las provincias más adelantadas a este respecto, Santa Fe en 1887 y Buenos Aires en 1893 han podido publicar documentos estadísticos fehacientes respecto a su industria molinera. Hay que llegar a la formación del Censo Nacional de 1895 para que entre los múltiples ramos que comprende la investigación se encuentre el estudio numérico de la industria molinera presentado de un modo casi completo en cuanto al número, aunque adoleciendo de sensibles vacíos por lo que a determinados datos se refiere (República Argentina, 1898: CXXVI).

En segundo lugar, se conoce poco sobre las características de la industria a nivel provincial. La falta de estadísticas locales, más las lagunas mencionadas anteriormente, no permiten entender en profundidad cómo fue el proceso de emergencia de la molinería moderna. Pese a que ha sido probado que Santa Fe tuvo un rol preponderante en el momento de auge inicial de la molinería moderna, no está claro cuándo ni por qué perdió su posición en relación con Buenos Aires. Dicho de otra manera: aún restan preguntas por responder acerca de los motivos por los que se produjo un proceso de concentración en la Ciudad de Buenos Aires, que fue desplazando de a poco el peso que otrora habían tenido los modernos molinos santafesinos. Desde luego existen hipótesis al respecto, aunque con escaso soporte estadístico.

El tercer problema es la falta de información acerca del mundo del trabajo en la industria harinera. Lo poco que sabemos al respecto surge de algunos análisis de época y de los aportes de Fernández en su estudio sobre los molinos santafesinos. De todos modos, esto es solo una parte de una temática que se vuelve difícil de abordar. No se han hallado, por lo menos hasta el momento, libros de cuentas y jornales de molinos que abran la puerta a la elaboración de series de salarios. Los datos existentes en estadísticas seriadas son generales y estacionales, lo que tampoco permite pensar mejor variables clave del mundo del trabajo, tales como niveles de vida de sus operarios, productividad laboral, *skill premium* y *gender gap*, entre otras cuestiones.

El cuarto problema con el que nos encontramos es la falta de información sobre la estructura de los mecanismos de comercialización. Mucho se ha escrito ya sobre el proceso de concentración de la comercialización de los cereales en grandes empresas o grupos durante la gran expansión de finales del siglo XIX. Si bien los aportes son sugerentes, el mismo peso de los monopolios ha invisibilizado a actores fundamentales: los pequeños y medianos consignatarios de frutos del país que ejercieron un rol central en el desarrollo de circuitos de comercialización de las campañas a los centros de abasto durante ese proceso, y que actuaban sobre una amplia panoplia de productos. En los últimos años han aparecido trabajos que mostraron el accionar de estos actores en mercados tan diversos como las harinas, el trigo, el azúcar, el vino y la carne (Lluch, 2015). Más allá de estos avances, poco conocemos sobre la cadena de comercialización de las harinas, el costo de la intermediación en distintas provincias, el costo de los transportes, entre otras cuestiones relacionadas (Martiren, 2015). Ello se debe, como dijimos, a la dificultad para hallar fuentes privadas de molinos o bien de casas comerciales que puedan brindar pistas sobre este problema.

Por último, y en línea con lo anterior, es lamentable que aún no tengamos información básica sobre el funcionamiento del mercado de harinas. Por una parte, solo contamos con series anuales de precios sobre este producto para Buenos Aires (Álvarez, 1929) y en menor medida para Córdoba (Converso, 2001) y Santa Fe (Moyano y Martiren, 2015). La elaboración de precios para otras provincias (tanto las productoras a gran escala de la región pampeana como las consumidoras del interior) podría brindar nuevas herramientas para el análisis del ciclo de emergencia, sobreproducción y retracción de la industria (un avance parcial en Moyano y Martiren, 2015). Por otro, tampoco existen datos clave sobre el mercado de consumo: qué harinas se producían, cuáles tenían más salida, cómo fue cambiando su tipología y, algo más importante aun, cuándo fue la emergencia de las marcas. La relación de estas variables con la conformación del mercado de consumo es todavía una incógnita que, claro está, es difícil abordar por la escasez de fuentes.

A modo de cierre: entre los avances historiográficos y la agenda pendiente

Que la industria harinera fue uno de los principales componentes del gran crecimiento que experimentó la actividad industrial argentina entre 1880 y 1914 es una hipótesis difícil de desestimar. Más allá de la escasez de cifras al respecto, al menos en cuanto a capacidad instalada y capitalización, las inversiones del sector crecieron en términos relativos a la par de las otras grandes industrias agrícolas, como la azucarera, la vitivinícola y los frigoríficos.

Sin embargo, y tal como se expuso en los apartados de este trabajo, el nivel de conocimiento acerca de esta temática es bajo en relación con la producción historiográfica sobre las otras ramas industriales. El tratamiento del sector no ha tenido gran interés en este sentido; es de destacar que hasta la publicación de Giménez en 1961, no existía producción historiográfica al respecto, salvo el escaso y poco profundo tratamiento en obras más generales. La renovación historiográfica de las últimas tres décadas cambió en cierto sentido esta tendencia; aun sin haberse repetido un estudio integral sobre el sector a nivel nacional, surgieron interesantes publicaciones que dieron cuenta del aumento de la industria harinera en algunas provincias durante este período. Los estudios de caso se revelaron, en este punto, como una eficaz herramienta ante la escasez de fuentes. Otros, que combinaron este tipo de análisis con estadísticas censales, lograron presentar resultados sugerentes, que podrían disparar nuevas investigaciones a nivel regional o incluso nacional.

Lo importante en este punto es que estos nuevos trabajos lograron matizar e incluso complejizar el peso monopólico que tenía el comercio exterior para explicar los vaivenes de esta industria. Si bien las trabas a las exportaciones, que generaron ciclos de sobreproducción -comunes también a otras agroindustrias del período- resultaron un escollo importante en ciertos momentos, no por ello se volvieron un mal crónico.

Estos avances historiográficos nos permiten contar actualmente con un panorama algo más completo sobre la industria harinera del período. No obstante, existe una agenda de temas sobre los cuales aún sabemos poco, muchos de los cuales fueron expuestos en el apartado anterior. La existencia de estas lagunas obedece tanto a problemas de fuentes, como a modas historiográficas. La escasez de documentación ha sido, sin dudas, un obstáculo importante para analizar cuestiones centrales, tales como la productividad factorial y regional, el mercado de trabajo, las condiciones de vida de los operarios, los circuitos de comercialización, el costo de transporte, entre otras cuestiones. Pero al mismo tiempo, los avances historiográficos han permitido nuevas preguntas o bien instalado nuevos temas para investigar. Así, cuestiones clave en esa industria, como el desarrollo de un mercado nacional de productos, la aparición de las marcas en tanto estrategias para llegar al creciente mercado de consumo, o el rol de los agentes de intermediación, solo por mencionar algunas, se han vuelto de gran interés en el último lustro.

En síntesis, existe una frondosa agenda de problemas y temas pendientes sobre la industria harinera, que bien puede complementar lo ya conocido, como también cambiar algunas interpretaciones de lo que ya conocemos.

Bibliografía

ÁLVAREZ, Juan (1929), *Temas de historia económica argentina*, Buenos Aires, El Ateneo.
ANALESDE LA SOCIEDAD RURAL ARGENTINA, año XLVIII, N° 47, "La industria harinera", pp. 329-330.

ARTAL, Ángel (1900), *La industria harinera en la República Argentina. Trabajo presentado al Congreso Industrial Argentino*, Publicación acordada por la Sociedad Nacional de Fabricantes de Harina, Buenos Aires, Tip. La Vasconia.

ARTUSO, Francisco (1917), *La industria molinera argentina. Producción, consumo y exportación del trigo y su harina*, tesis presentada para optar al título de Doctor en Ciencias Económicas, Universidad de Buenos Aires.

CAGGIANO, María Amanda (2009), "Construcción de la identidad molinera durante el siglo XIX. Siguiendo las huellas en Chivilcoy", en Caggiano, A. (comp.), *El área pampeana. Su abordaje a partir de estudios interdisciplinarios*, Chivilcoy, Centro de Estudios en Ciencias Sociales y Naturales de Chivilcoy, disponible en https://goo.gl/hd31Tm.

CARRASCO, Gabriel (1888), *La Provincia de Santa Fe. Revista de su estado actual y de los progresos realizados*. Buenos Aires, Imprenta de Pablo Coni e Hijos.

CARRASCO G. (1895), *Intereses nacionales de la República Argentina*, Buenos Aires, Imp. J. Peuser.

CONVERSO, Félix (2001), *Un mercado en expansión. Córdoba, 1870-1914*, Córdoba, Centro de Estudios "Prof. C. S. A. Segreti".

CORIA, Luis (1997), "El Molino Correas. Los mercados del trigo y la harina en el siglo XIX ", *Anales de la Asociación Argentina de Economía Política*, Bahía Blanca, N° 32, pp. 339-365.

CORTÉS CONDE, Roberto y GALLO, Ezequiel (1967), *La formación de la Argentina moderna*. Buenos Aires, Paidós.

DE LA FUENTE, Diego G.; CARRASCO, Gabriel y MARTÍNEZ, Alberto B. (dirs.) (1898), *Segundo censo de la República Argentina. Mayo 10 de 1895*, Buenos Aires, Taller Tipográfico de la Penitenciaría Nacional.

DJENDEREDJIAN, J.; BEARZOTTI, S. y MARTIREN, J. (2010), *Historia del capitalismo agrario pampeano. Expansión agrícola y colonización en la segunda mitad del siglo XIX*, Tomo VI, Buenos Aires, Teseo.

DORFMAN, Adolfo (1942), *Historia de la industria argentina*, Buenos Aires, Escuela de Estudios Argentinos.

FERNÁNDEZ, Sandra (1999), *Burgueses y empresarios. La ciudad de Rosario y el espacio rural en el cambio de siglo, 1880-1914*, tesis de Maestría en Ciencias Sociales, FLACSO, Buenos Aires, mimeo.

FERNÁNDEZ, Sandra (2000), "La industria molinera en Santa Fe, modernización y cambio tecnológico en un ámbito regional pampeano. Un estudio de caso en el cambio de siglo (XIX-XX)", *Cuadernos de Historia. Serie Ec. y Soc.*, N° 3, pp. 77-112.

FERRERES, Orlando (dir.) (2010), *Dos siglos de economía argentina*, Buenos Aires, El Ateneo.

FLIESS, Alois (1891), *La producción agrícola de la provincia de Santa-Fé. Informe*, Buenos Aires, Imprenta de "La Nación".

FRID, Carina y LANCIOTTI, Norma (coords.) (2012), *De la expansión agraria al desarrollo industrial. La economía de Santa Fe entre 1850 y 1970*, Rosario, Prohistoria.

GALLO, Ezequiel (1983), *La Pampa Gringa*, Sudamericana, Buenos Aires.

GIMÉNEZ, Ovidio (1961), *Del trigo y su molienda*, Buenos Aires, Tall. Gráf. Kraft.

GIRBAL DE BLACHA, Noemí (1982), "El comercio exterior argentino de productos agrícolas y el mercado sudamericano (1900-1914)", *Investigaciones y Ensayos*, N° 32, pp. 243-290.

GIROLA, Carlos (1910), "Trigos y harinas de la Argentina", *Revista Zootécnica*, año I, N° 17, abril, pp. 423-29.

GONZÁLEZ AGUIRRE, Ángela (2000), "Grupos de poder en la región cordobesa. La familia Minetti, su actividad en la industria molinera, 1867-1920", *Travesía*, 5/6, pp. 233-248.

GRENON, Pedro (1972), *El trigo y su molienda en Córdoba*, Córdoba, s/ed.

HOTSCHEWER, C. (1953), *Evolución de la agricultura en la provincia de Santa Fe*, Santa Fe, Imp. de la Provincia.

KORNBLIHTT, Juan (2007) *Monopolio, competencia y desarrollo. La industria harinera argentina (1870-1920)*, tesis de Licenciatura en Historia, FFyL, Universidad de Buenos Aires.

KORNBLIHTT, Juan (2010), "Los empresarios molineros argentinos ante los límites a las exportaciones harineras a principios del siglo XX", *H-industri@*, N° 6 (4), pp. 1-23.

LA AGRICULTURA [semanario], año I, N° 21, Buenos Aires, 25 de mayo de 1893, "La industria molinera".

LAHITTE, Emilio (1909), "La industria harinera", Vol. 3, Apartados especiales, en República Argentina, *Censo Agropecuario Nacional*, 3 vols., Buenos Aires, Talleres de Publicaciones de la Oficina Meteorológica Nacional.

LAHITTE, Emilio (1917), "La industria harinera", en Republica Argentina, *Tercer Censo Nacional, Tomo VII, Censo de las Industrias*, Buenos Aires, Tall. Gráf. De L. Rosso.

LIX KLETT, Carlos (1900), *Estudios sobre producción, comercio, finanzas e intereses generales de la República Argentina, Tomo I*, Buenos Aires, Est. Tip. de Tailhade y Rosselli, pp. 407-413.

LLUCH, Andrea (ed.) (2015), *Las manos visibles del mercado. Intermediarios y consumidores en la Argentina*, Rosario/Santa Rosa, Prohistoria/UNLPAM.

MARTIREN, Juan Luis (2015), "Del molino a las plazas de consumo. Las cadenas de comercialización de harinas durante la segunda mitad del siglo XIX en la provincia de Santa Fe", en Lluch, Andrea (ed.) (2015), *Las manos visibles del mercado. Intermediarios y consumidores en la Argentina*, Rosario/Santa Rosa, Prohistoria/UNLPAM, pp. 23-46.

MARTIREN, Juan Luis (2016), *La transformación farmer. Colonización agrícola y crecimiento económico en la provincia de Santa Fe durante la segunda mitad del siglo XIX*, Buenos Aires, Prometeo/AAHE.

MARTIREN, J. y RAYES, A. (2016), "La industria argentina de harina de trigo en el cambio de siglo. Límites y alcances, 1880-1914", *H-industri@*, N° 18 (10), pp. 1-27.

MIATELLO, Hugo (1901), *Industrias agrícolas y ganaderas en la República Argentina*, Buenos Aires, Taller tipográfico de la Penitenciaría Nacional.

MOYANO, Daniel y MARTIREN, J. (2015), "Construyendo mercados en el interior argentino. Producción, comercialización y precios de azúcares y harinas en Tucumán y Santa Fe (1880-1900)", en *XV Jornadas Interescuelas/ Departamentos De Historia*, Comodoro Rivadavia.

ORTIZ, Ricardo (1955), *Historia económica de la Argentina, 1850-1930*, Buenos Aires, Raigal.

REPÚBLICA ARGENTINA, DIRECCIÓN DE TIERRAS, INMIGRACIÓN Y AGRICULTURA (1892), Boletín Nacional de Agricultura, "Industria harinera", Tomo XVI, año 1892, Buenos Aires, Imp. De la DNTA, pp. 530 y ss.

REPÚBLICA ARGENTINA, CÁMARA DE DIPUTADOS DE LA NACIÓN (1898a), *Investigación parlamentaria sobre agricultura, ganadería, industrias derivadas y colonización, Anexo B, Provincia de Buenos Aires, Informe de Francisco Seguí*, Buenos Aires, Taller Tipográfico de la Penitenciaría Nacional, 498 pp.

REPÚBLICA ARGENTINA, CÁMARA DE DIPUTADOS DE LA NACIÓN (1898b), *Investigación parlamentaria sobre agricultura, ganadería, industrias derivadas y colonización, Anexo C, Santa Fe, Chaco y Formosa, Informe de Florencio Molinas*, Buenos Aires, Taller Tipográfico de la Penitenciaría Nacional, 371 pp.

REPÚBLICA ARGENTINA, MINISTERIO DE AGRICULTURA [LAHITTE, Emilio] (1899), "Economía Rural. Entre Ríos", Buenos Aires, Imprenta 'Santa Fe', pp. 59-61.

REPÚBLICA ARGENTINA, MINISTERIO DE AGRICULTURA, BOLETÍN DE AGRICULTURA Y GANADERÍA (1901), año I, N° 9, "La Cuestión Molinera. Informe presentado al Ministro de Agricultura", por Emilio Lahitte, p. 39.

REPÚBLICA ARGENTINA, MINISTERIO DE AGRICULTURA. Dirección de Estadística Agrícola y Economía Rural (1906 en adelante), *Estadística Agrícola*, Buenos Aires, Tall. De Publicaciones de la Of. Meteorológica Argentina.

RICHARD JORBA, Rodolfo (1998a), "El trigo y la industria molinera en Mendoza (Argentina) en la segunda mitad del siglo XIX. Cambios económico-espaciales y comportamientos empresariales", *Relaciones*, Vol. XIX, N° 74, pp. 267-294.

RICHARD JORBA, Rodolfo (1998b), Poder, economía y espacio en Mendoza, 1850-1900. Del comercio ganadero a la agroindustria vitivinícola, Mendoza, Editorial de la FFyL de la Universidad Nacional de Cuyo, Cap. III, pp. 115-142.

ROCCHI, F. (1994), "Economía y ciudad, 1880-1920", *Entrepasados*, N° 7, pp. 43-66.

SALAS, Carlos (1895), *La industria harinera en la Provincia. Memoria presentada al Exmo. Sr. Ministro de Gobierno*, La Plata, Tall. De Publicaciones del Museo.

SCHVARZER, Jorge (1989), *Bunge y Born: Crecimiento y diversificación de un grupo económico*, Buenos Aires, CISEA-GEL.

SCOBIE, J. (1968), *Revolución en las pampas. Historia social del trigo argentino, 1860-1910*, Buenos Aires, Solar/Hachette.

VÁZQUEZ PRESEDO, V. (1979), *El caso argentino. Migración de factores, comercio exterior y desarrollo, 1875-1914*, Buenos Aires, EUDEBA.

VERA DE FLACHS, C. y RIQUELME DE LOBOS, N. (1993), *La industria molinera de Córdoba: su papel en el contexto nacional, 1860-1914*, Córdoba, Junta Provincial de Historia de Córdoba.

Apuntes para una historia del comercio y la comercialización en Argentina

Actores, prácticas y regulaciones (1895-1930)

ANDREA LLUCH

Introducción

Desde mediados del siglo XIX se produjeron una serie de cambios que revolucionaron tanto la producción de bienes como las tareas de distribución a escala global. Mediante la explotación de innovaciones tecnológicas en transporte, comunicaciones, producción en escala y publicidad, las grandes empresas internacionales fueron construyendo paulatinamente un mercado global para bienes primarios y de consumo. El mercado masivo fue el resultado de un complejo proceso, y las decisiones empresariales fueron, a su vez, clave en su promoción y crecimiento (Chandler, 1990). ¿Qué ocurrió en la Argentina? Sabemos que desde fines del siglo XIX los volúmenes de exportación e importación experimentaron un notable incremento y se complejizaron a pasos agigantados los modos de producir, comprar y vender (Fernández y Lluch, 2008; Rocchi, 1998). En este proceso fue central el avance de una cultura capitalista de consumo, que tuvo sus propios límites y características.[1]

---

[1] Un aporte pionero de síntesis se encuentra en Barbero y Rocchi (2004). Para una síntesis más detallada sobre las discusiones teóricas e historiográficas sobre procesos de comercialización e intermediación en Argentina, ver Lluch (2015).

Este capítulo propone, como punto de partida, que si bien existen numerosos trabajos sobre el proceso de industrialización y sobre comerciantes (minoristas y mayoristas), aún son escasos los estudios que analizan al comercio en conjunto como sector económico, y menos todavía, las particularidades de los procesos de intermediación. Nos referimos con ello a que no abundan los trabajos específicos sobre las cambiantes fisonomías de la distribución comercial y de las cadenas de comercialización, las tareas de promoción-*marketing* y el papel de las marcas comerciales en la Argentina desde una perspectiva histórica.

El escaso interés por estas temáticas no es ciertamente privativo de nuestro país. Este rasgo, en parte, se explica por la creencia en que el sistema de distribución es una actividad estéril e improductiva. Los estudios sobre *retailing* para contextos como Canadá, Europa y Estados Unidos señalan idéntica tendencia. Sin embargo, desde los años noventa a la fecha, en esas latitudes los temas asociados con la comercialización han concitado un creciente interés. Una mayor propensión al dialogo interdisciplinario fue forjando una revisión de los múltiples aspectos asociados a la creación de sociedades de consumo masivo. En este proceso se combinaron estudios que pusieron el foco en los factores económico-empresariales y tecnológicos del *mass marketing*, mientras que otros análisis ponderaron los aspectos políticos y culturales del comercio y el consumo.

Desde este diagnóstico de escasa atención sobre la comercialización se esboza aquí la propuesta de la necesidad de ahondar en los rasgos del sector comercial y de la comercialización en la historiografía argentina. Con este espíritu, esta contribución sintetiza algunas ideas generales sobre los principales actores involucrados en la comercialización de bienes, y reflexiona brevemente sobre las marcas comerciales y los intentos regulatorios de la competencia desde fines del siglo XIX y hasta 1930, rescatando a la par la importancia de los enfoques regionales.

Las reflexiones presentadas también buscan plantear una posible agenda de investigación sobre el comercio, basándose en aquellas propuestas teóricas que se alejan de visiones impersonales de los mercados para enfatizar el rol de agentes, prácticas y arreglos que, no sin tensiones, ineficiencias e inequidades, fueron conformando históricamente los intercambios y por ende, las pautas del vender y comprar (Casson, 1997; Casson y Lee, 2011).

1. Los comerciantes mayoristas

Los indicadores de crecimiento económico en la Argentina entre 1880 y 1914 son claros en cuanto a la magnitud de la transformación experimentada. El incremento del mercado interno fue tan meteórico como el de las exportaciones. Durante el medio siglo que antecedió a la Gran Depresión, las importaciones representaron, en promedio, alrededor de la cuarta parte del producto bruto interno de la Argentina. Esta considerable proporción se incrementó hasta un tercio en las etapas en que se produjo una fuerte introducción de maquinarias, bienes de capital e insumos vinculados con la expansión agropecuaria, de los transportes y de la urbanización. Articulando esta expansión se encontraba un abigarrado y heterogéneo sector empresarial dedicado a las actividades comerciales y a la intermediación. El siguiente gráfico revela la enorme expansión de este sector entre 1895 y 1914, tanto en cantidad de comercios, como por el capital invertido y la fuerza laboral empleada. También destaca el alto peso de los extranjeros en el desarrollo de la actividad comercial.

Gráfico 1. Indicadores del incremento comercial entre 1895 y 1914

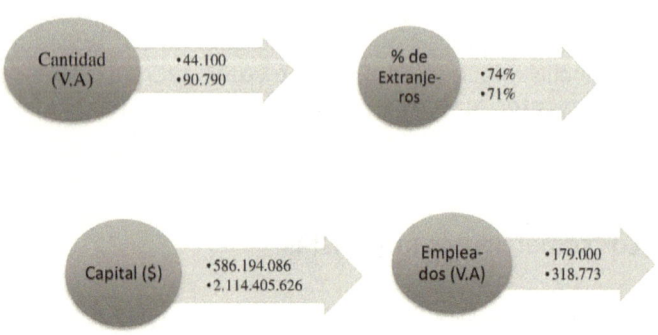

Fuente: elaboración propia basada en Argentina (1898), Segundo Censo de la República Argentina, mayo 10 de 1895, Buenos Aires, Taller Tip. de la Penitenciaria Nacional. Argentina (1919), Tercer Censo Nacional, levantado el 1 de junio de 1914, ordenado por la Ley N° 9108, Buenos Aires, Talleres gráficos de L. J. Rosso.

Como señalamos en la introducción, la historiografía argentina ha subestimado la importancia del sector comercial, ilustrado con el hecho de que no cuenta con estudios históricos generales, y en términos comparativos con la proliferación de estudios sectoriales para el agro o la industria. Para mensurar su importancia no solo es necesario considerar su aporte dentro del PBI sino también la cuantía de los capitales invertidos. Para fundamentar esta última afirmación, los gráficos 2 y 3 presentan datos provenientes de un censo de sociedades anónimas del año 1930, e ilustran cómo dentro de este formato organizacional, el sector comercial era preponderante por sobre las industrias primarias, los servicios y las sociedades fabriles por su número, y sobre la segunda, por los capitales invertidos:

Gráfico 2. Sociedades anónimas (nacionales). Cantidad por sectores, Argentina (1930)

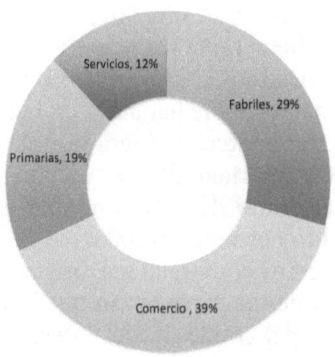

Gráfico 3. Sociedades anónimas por sectores y valor capitales, Argentina (1930)

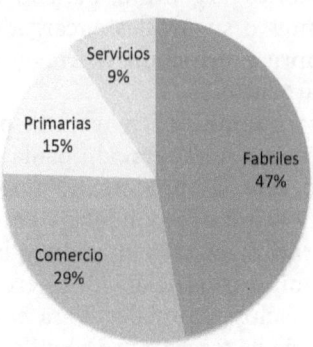

Fuente: elaboración propia basada en información del Ministerio de Justicia e Instrucción Pública, Inspección General de Sociedades Anónimas Nacionales. Año 1930.

Estos datos alientan entonces la afirmación de que el sector mercantil constituía un importante actor empresarial en la Argentina, inclusive dentro del gran capital corporativo. Por supuesto, en su interior convivían actores muy diferentes en perfiles, tamaños y actividades. En relación con el sector dedicado a la importación, nexo con el mercado internacional, este fue ganando en heterogeneidad en cuanto a sus participantes, ya fuera por el volumen de sus negocios, por la regularidad de sus vínculos con el mercado externo o por el grado de autonomía de su actividad, tal como ha planteado Fernández (2004).

El peso del sector comercial mayorista y su localización en la Ciudad de Buenos Aires harán que buena parte de las transformaciones del comercio del interior, en especial en zonas rurales o en ciudades intermedias, se adecúe a complementar el rol de la capital del país como centro por excelencia de servicios (administrativos, financieros y comerciales). El protagonismo de la Ciudad de Buenos Aires se fue acentuando en la medida en que importadores por cuenta propia y representantes de firmas exportadoras ampliaron su intervención en la distribución mayorista y minorista en zonas del interior argentino, para lo que contaron, a su vez, con agentes o sucursales encargados de recolectar órdenes de compra y distribuir ofertas y productos en la vasta geografía argentina.

La poderosa comunidad mayorista porteña cumplió un papel entonces en la integración paulatina del mercado nacional (siendo este un proceso no lineal ni finalizado en 1930). El acceso a correspondencia entre comerciantes mayoristas del rubro de alimentación y bienes genéricos con sus clientes minoristas delata los intereses por ampliarse a distintos espacios regionales. Para ello, era necesario coordinar una serie de tareas que, imbuidas por los cánones de la época, se estandarizaron detrás de ciertas fórmulas y del vocabulario del "atender sus gratas órdenes", cristalizadas luego mediante pedidos y envíos de mercaderías, anuncios de remesas, cotizaciones de precios y cobranzas, ofrecimientos de novedades y mercaderías, confección de presupuestos, informes de existencias, y el financiamiento a corto y mediano plazo.

En tal sentido, el ejercicio cotidiano del comerciante debe ser colocado en un entramado mayor por donde circulaba información, productos y crédito. Sobre este último tema, vale indicar que fueron los mayoristas quienes otorgaron una buena parte de la habilitación crediticia a los minoristas en zonas rurales. Las condiciones del crédito comercial variaban en función del plazo. Si la compra del minorista era de contado, que en realidad implicaba un plazo de 30 días, los descuentos detectados fueron del 5% en su mayoría, algunos del 6% y excepcionalmente del 10%, donde también podían sumarse bonificaciones (en productos o en descuentos). Estos porcentajes se relacionaban con estrategias de promoción y estaban atados a disponibilidades específicas. Ello no quita considerar que las condiciones de venta y de habilitación crediticia por parte de los mayoristas fueron cambiantes y dúctiles durante todo el período bajo estudio.

La flexibilidad en el manejo de los surtidos, por ejemplo, fue una respuesta ante una disponibilidad de *stock* afectada por coyunturas económicas (tipo de cambio, crisis económicas, aumento de precios); sociales (huelgas); comerciales (disponibilidad, cierre de fábricas) o, simplemente, por "práctica". Nuevamente, las cartas comerciales detectan la capacidad de amoldarse a las cambiantes circunstancias del mercado por parte de estos actores, y en especial frente al proceso sustitutivo de importaciones en los artículos de consumo luego de 1914. Así, los mayoristas dedicados a estos rubros enviaron circulares y cartas a miles de localidades de la Argentina para buscar el reemplazo de productos importados por nacionales, o productos "hechos" por nuevos.[2]

Los mayoristas utilizaban también otras estrategias para imponer determinados productos, ya que además de la promoción, apelaban a los envíos gratuitos, cajas de bonificación, tentadoras condiciones y plazos, datos que coinciden con los brindados por Fernández (2004) en torno a los recursos esgrimidos por importadores españoles para consolidar sus ventas. Estas prácticas también ilustran cómo los proveedores debían diversificar la oferta para atender distintos tipos de perfiles comerciales. En los productos estandarizados, como el azúcar o la yerba, era habitual que se cotizaran distintas calidades y precios, aunque en otros productos observamos idéntico comportamiento. Por ejemplo, Juan Posse y Cía., distribuidora de La Popular, fábrica de tabacos y cigarrillos, enviaba el listado de precios corrientes para cada renglón con diferencias de precios que variaban en un 100% entre las distintas marcas. La insistencia y las presiones dan cuenta de la ardua tarea que implicaba mantener un lugar en el mercado de bienes genéricos, renglones con alta competencia en la Argentina de principios del siglo XX.

---

[2] De acuerdo con las cifras brindadas por Dorfman (1970) en la composición porcentual de las importaciones argentinas, los artículos de consumo en 1889 representaban un 67%, en 1900 el 42%, en 1913 la mitad, y en la década del 20 les correspondía una tercera parte del total. Dorfman (1970) también indica que de acuerdo con las cifras del censo de 1914, la producción nacional en su conjunto contribuía con un 70% al consumo interno. Este porcentaje se elevaba al 90% en los alimentos, aunque este autor, al considerar que estas estadísticas están viciadas, propone la cifra de un 88,5% para los alimentos y de un 49% para la rama textil.

2. Los comerciantes minoristas

Un rasgo característico del sector minorista en este período fue su elevada tasa de crecimiento. Los censos nacionales -con sus limitaciones- permiten analizar algunas de sus principales transformaciones. El primer censo nacional (1869) empadronó la población por su ocupación pero no dio cuenta del número de establecimientos comerciales existentes. Habrá que esperar hasta 1895 para contar con estadísticas generales sobre el comercio, empadronado como un anexo al censo de población. En esta oportunidad, los censistas entregaron junto a la planilla censal un boletín "que debía ser llenado por el propietario del establecimiento". Las categorías utilizadas fueron 9, concentrando unas 50 nomenclaturas. La primera instancia nucleó a los establecimientos dedicados a la alimentación y alojamiento. Dentro de ella, el 60% se correspondió con la rama de almacenes de comestibles y bebidas, por mayor y menor, y alcanzó un total de 18.425 comercios. No se realizó una distinción entre actividad mayorista y minorista, aunque esta última era claramente predominante (medida por el número de comercios). El peso del rubro alimenticio, como era esperable, fue muy significativo pues representó el 42% del total de establecimientos censados.

La distribución espacial fue contundente en cuanto al impacto diferencial de estos procesos. Más del 50% de los comercios se repartían entre Ciudad de Buenos Aires y la provincia homónima. El índice de comercios por 1.000 habitantes se ubicó en seis. Lógicamente, la Ciudad de Buenos Aires predominaba con un índice de 19, muy lejos del promedio nacional. Le seguían ciudades intermedias que concentraban funciones comerciales y *hinterlands* productivos como Mendoza, Santa Fe y San Juan (entre 12 y 13). El resto de los territorios y provincias fluctuaron entre índices de 10 y 4, lo que demuestra una vez más la necesidad de incorporar una visión regional sobre estos temas (cuadro 1).

Casi veinte años después, los datos vertidos en el Censo de Comercio de 1914 delatan el incremento de los establecimientos censados en términos absolutos así como también la diversificación del sector mercantil. Para 1914 había disminuido la brecha entre los distritos. En un extremo, en la Capital Federal el índice de establecimientos comerciales por cada 1.000 habitantes fue de 17,6 -excluimos a Santa Cruz por la fuerte presencia de boliches que distorsionan estos datos- mientras que en el otro extremo se ubicaron Santiago del Estero y Chaco con índices de 6. En cuanto al índice de almacenes por menor y habitantes por 1.000 se redujo la diferencia entre las provincias y territorios, en un arco que fluctuó desde el 6,5 de San Luis al 2 de Tierra del Fuego. La media nacional rondó en torno a los 3,3/4 comercios por cada 1000 habitantes (cuadro 1).

Cuadro 1. Índices de comercios y almacenes por habitantes, 1895 y 1914

	Comercios por hab.		Almacenes por hab.*	
	1895	1914	1895	1914
Andes		14.8		6.4
Buenos Aires	12	10.8	5.5	3.6
Capital Federal	19	17.6	5.7	3.8
Catamarca	6	7.8	2.9	2.2
Chaco	7	6.5		3.4
Chubut	12	13.1		5.1
Córdoba	8	8.8	4.0	3.1
Corrientes	5	6.9	2.3	3.7
Entre Ríos	10	12.1	4.6	4.6

Formosa	8	7.2		4.2
Jujuy	4	7	1.7	2.2
La Pampa	6	11	3.2	3.3
La Rioja	5	8.1	2.8	4.7
Mendoza	13	10.1	7.1	5.5
Misiones	5	9.4		5.3
Neuquén	4	7.1		5.8
Río Negro	10	11		4.7
Salta	6	8.6	2.6	3.8
San Juan	13	10.7	8.8	5.7
San Luis	6	10.2	2.9	6.5
Santa Cruz	12	28.6		6.4
Santa Fe	13	12.1	5.2	3.4
Santiago del Estero	4	6.3		3.3
Tierra del Fuego	7	7.2		2.0
Tucumán	7	7.7	3.7	3.6

Fuentes: ver gráfico 1. Nota: la fuerte presencia comercial con índice de 12 para algunos territorios nacionales como Santa Cruz, Chubut o Tierra del Fuego se explicaría por la baja densidad poblacional y la sobrerrepresentación de comercios sindicados como "boliches y cantinas".

A modo de ejercicio, y considerando que no estamos en presencia de una realidad objetiva sino de una modelización en torno a las esferas de lo comercial, es interesante observar que de las 9 categorías y 50 nomenclaturas de los cuadros demostrativos de 1895, en 1914 se utilizaron 14 categorías y 107 clasificaciones.

Cuadro 2. Categorías censales dentro del rubro comercio, 1895 y 1914

1895		1914	
Denominación	Ítem	Denominación	Ítem
I- ALIMENTACIÓN Y ALOJAMIENTO	11	I- ALIMENTACIÓN Y ALOJAMIENTO	12
II- VESTIDO Y TOCADOR	6	II- VESTIDO Y TOCADOR	12
III- CONSTRUCCIONES	4	III- CONSTRUCCIONES	9
IV- HIGIENE Y MEDICINA	5	IV- MEDICINA E HIGIENE	5
V- LOCOMOCIÓN Y TRANSPORTE	5	V- LOCOMOCIÓN Y TRANSPORTE	10
VI- COMISIÓN Y CAMBIOS	8	VI- BANCOS Y SEGUROS	2
		VII- CAMBIO Y LOTERIA	2
		VIII- CONSIGNACIÓN, COM Y REMATE	10
VII- LETRAS Y ARTES	2	IX- EDUCACIÓN Y ENSEÑANZA	4
		X- ARTE Y ORNATO	7
VIII- ORNATO Y RECREO	4	XI- RECREO Y SPORT	7

		XII- PUBLICIDAD	5
		XIII- HABITACIÓN Y MOBILIARIO	9
IX- MIXTAS Y DIVERSAS	5	XIV- DIVERSAS	13
	50		107

Fuentes: ver gráfico 1.

Como se desprende del cuadro 1, junto a los rubros tradicionales –los que experimentaron un incremento menor en términos proporcionales– aparecían objetivados ya en 1914, una serie de espacios inéditos que revelan cambios en los hábitos de comercialización y consumo. Nuevas esferas de distribución se erigieron, afectando las técnicas de venta y los métodos de organización de la actividad mayorista y minorista. La aparición de marcas (sobre la cual volveremos más adelante), la publicidad realizada por los productores y la determinación de los precios de venta al por menor, según sistemas de estabilización de estos, fueron ampliamente introducidos en algunos sectores comerciales. Tales cambios se objetivaron especialmente en la Ciudad de Buenos Aires por la enorme concentración y capacidad adquisitiva del mercado porteño. Dichos rasgos permitieron que algunos comercios alcanzaran gran tamaño y que otros agentes e industrias buscaran eliminar a los intermediarios o alteraran sus prácticas de ventas al por mayor y al menudeo.

En los grandes centros urbanos se detectan una serie de factores causantes de estos cambios, tales como el aumento de la población y la riqueza, las innovaciones tecnológicas (tranvías, ascensores) y el desarrollo de nuevas técnicas de venta (vidrieras, publicidad). En estos espacios surgieron nuevos tipos de minoristas, quienes se concentraron en un limitado número de productos, explotando alternativamente economías de escala. Ello fue posible porque en el ámbito organizativo contaban con una elevada rotación de los factores de producción (rotación del *stock*) para reducir los precios a un nivel lo bastante bajo para que el cliente prefiriera pagar al contado más que confiar en el crédito que otorgaban los detallistas existentes (Chandler, 1990). Al mismo tiempo, no solo se detectan nuevos actores sino que comenzaron a expandirse nuevas técnicas de venta, de exposición y de publicidad que sustituyeron rápidamente los viejos hábitos, como el precio a fijar y el regateo, al menos en las grandes ciudades.

Una materialización concreta de las nuevas tendencias fue el surgimiento de casas de ventas minoristas de mayor tamaño e innovadoras -en especial por sus métodos de venta y crédito- para la época, tales como Gath & Chaves. Esta empresa fue controlada por capital nacional hasta 1912, pero luego fue adquirida por capitales británicos (Gravil, 1975). Desde sus orígenes, Gath & Chaves buscó imitar el modelo de las tiendas francesas más importantes ofreciendo artículos de lujo, y se convirtió en la más grande de su género en Argentina. Sus grandes edificios, fuertes campañas publicitarias y su producción directa la colocaron en posición de liderar algunos rubros. En los años veinte, Gath & Chaves abrió sucursales en Rosario, Paraná, Córdoba, Mendoza, Tucumán, Mercedes y La Plata. Otra gran casa, "A la Ciudad de Londres", se expandió hacia Córdoba. En Rosario se organizó "Tiendas La Favorita", la cual también instaló sucursales en Santa Fe, Tucumán, Córdoba, Paraná, San Nicolás, Mendoza, San Juan, Río Cuarto y Santiago del Estero. En otras áreas del interior del país también surgieron casas que imitaban a las grandes tiendas de la Ciudad de Buenos Aires.

Sin embargo, estas innovaciones no habrían logrado desplazar al clásico comerciante o tendero. Se habría registrado así una transición más pausada y menos abrupta en términos comparativos con otros contextos. Esta conclusión se apoya en el rechazo de aplicar una mirada evolutiva para el estudio de los sistemas de comercialización. Si generalmente los mismos han sido estudiados solo privilegiando lo nuevo, lo innovador, una mirada más atenta y micro sobre estos cambios enseña sobre la imposibilidad de identificar un modelo unívoco de transformación en las unidades minoristas, en particular en espacios regionales. Entonces... ¿qué otras características tenía este sector?

1. La representatividad del sector comercial dentro del mundo empresario local, y la preponderancia de los almaceneros como principales representantes del comercio minorista. Baste señalar que aun en la economía de la Ciudad de Buenos Aires, en el año 1913, los minoristas dedicados a la venta de comestibles y bebidas -y frente a otras 165 categorías comerciales- representaban en orden de importancia, los primeros por el número de establecimientos[3] y capitales, los segundos por el número de personal empleado y los cuartos por el monto de ventas.
2. Como señalamos al momento de medir el crecimiento del sector comercial en Argentina, en el rubro minorista se confirma la preeminencia de extranjeros como propietarios (y empleados). En 1895 casi el 75% de los propietarios de los

---

[3] Frente a los 6.038 locales de ventas de comestibles y bebidas por menor, continuaban las peluquerías (1.932), las carnicerías (1.563), las tiendas y mercerías (1.530), los hoteles, restaurantes y fondas (1.323), y las confiterías, cafés y billares (1.105). El resto de los comercios no superaba el millar.

"almacenes de comestibles y bebidas por mayor y menor" -rubro que concentraba por sí solo el 42% del total de comercios censados- eran extranjeros.
3. La alta heterogeneidad al interior del sector minorista, registrándose una paulatina pero contundente diversificación de perfiles comerciales durante el periodo de estudio. Hemos visto cómo coexistieron grandes empresas dedicadas al sector minorista con empresas de muy reducido tamaño (e incluso informalidad, así como la continuidad del comercio ambulante en zonas rurales).
4. El impacto diferencial en lo espacial, con claras diferenciaciones entre áreas urbanas y algunas zonas del interior argentino, motivadas por factores tales como el nivel de ingresos diferenciales, el acceso y disponibilidad de tecnología (transporte en especial), el grado de urbanización y los cambios productivos en cada zona.
5. En áreas rurales (y no tan rurales), el modelo minorista predominante fue el almacén de ramos generales, caracterizado por una multiplicidad de funciones y una enorme oferta de productos en venta (Lluch, 2004). De hecho, el gráfico 4 muestra que los almacenes de ramos generales ocupaban puestos centrales en el sector empresario de las mayores provincias argentinas entre 1914 y 1917, medidos por capitales, número de establecimientos, empleados y volumen de ventas.

Gráfico 4 (1914-1917)

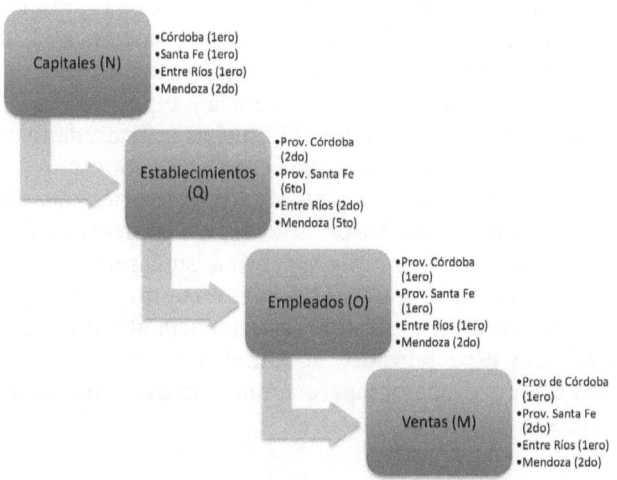

La clave de la expansión de estos agentes estuvo asociada a su función primordial de facilitadores de crédito, no solo de insumos productivos sino también de bienes de consumo básicos, como alimentación y vestido. Sobre la financiación, como expusimos previamente, una de las principales vías de habilitación de los almacenes de ramos generales provenía de los comerciantes mayoristas. El modelo típico podría ser descripto como la compra a plazo por medio de la firmas de pagarés, obteniendo así uno de los apoyos para la ampliación del fiado. Sin embargo, la escala de operación era central al momento de evaluar las vías de financiamiento de estas empresas. Y en especial para evaluar cómo estas triangulaban su capacidad de habilitación mediante el crédito comercial, los bancos y las casas cerealeras o consignatarias de frutos del país. Las contabilidades comerciales de almacenes de ramos generales dan cuenta de que efectivamente fueron estas tres vías las que utilizaban en función de sus necesidades, posibilidades, objetivos e intereses, y también de su inserción espacial. Pero, y más allá de las diferencias, las evidencias encontradas ratifican la centralidad del crédito comercial para desentrañar la fisonomía del minorista (y en particular de los almaceneros de ramos generales), ya que es una de las claves para interpretar su quehacer, existencia y supervivencia.

Sobre este sector han llovido muchas críticas, dado que era un actor central y de enorme peso en las economías provinciales (desde Buenos Aires hasta los territorios nacionales, como hemos visto). Y a pesar de las transformaciones en la fisonomía de la economía argentina, su carácter polivalente se mantuvo por muchas décadas en tanto solo después de los años treinta se observó la tendencia al surgimiento de detallistas especializados en ámbitos rurales, lo que no implicó tampoco que desaparecieran sino que comenzaran a mudar sus perfiles comerciales.

3. Los canales de comercialización[4]

Para avanzar en el estudio del comercio en la Argentina, y como señalamos en la introducción, es necesario enfocarse en los canales de comercialización. Este nivel permite integrar una vez más los avances en las investigaciones sobre los canales mayoristas con los de distribución minorista.[5] En un trabajo previo analizamos las relaciones entre minoristas y mayoristas/importadores, iluminando la

---

[4] Un canal de distribución se define como el conjunto de firmas e individuos que tienen derechos, o ayudan en la transferencia de derechos, del bien o servicio particular a medida que pasa del productor al consumidor.

[5] Véanse los trabajos de Juan Luis Martirén, Daniel Moyano, Fernando Gómez e Ignacio Zubizarreta, Patricia Olguín, Glenda Miralles y Evangelina Tumini para ilustrar con detalles las diferentes modalidad y prácticas que caracterizaban los canales de comercialización de bienes como harina, azúcar, leche, vino, frutas y cereales en distintos momentos en Argentina, en Lluch (2015).

expansión del mercado, las innovaciones, las supervivencias y las particularidades de los sistemas de comercialización de manufacturas -nacionales e importadas-. Este estudio y otros más recientes destacan la importancia de considerar las diferencias para cada tipo de bien, incluso dentro de los denominados genéricos, y cómo intervenían otros factores para explicar las características de la distribución de bienes y las relaciones entre los distintos eslabones hasta llegar a los consumidores.

Si nos enfocamos en las generalidades, advertimos que en los procesos de comercialización de bienes genéricos (bajos precios unitarios, compras en pequeñas cantidades, artículos no perecederos, sin requerimientos técnicos) los distintos agentes comerciales debieron encontrar el punto justo entre la adaptación y la negociación, entre la promoción y la aceptación de riesgos (para evitar el fracaso y ganar posiciones en sus respectivos mercados). Alrededor de estos intercambios se tejían una serie de preocupaciones, temores y conflictos en tanto en el camino para obtener ganancias era vital desarrollar y generar habilidades para reducir los costos asociados al intercambio, así como especializarse para sortear las complejidades que surgían en el tránsito desde las fábricas o puertos hasta los consumidores. Alrededor de las políticas comerciales en las cadenas de comercialización se detecta cómo precio, calidad, condiciones y disponibilidad conformaron un cuarteto en delicado equilibrio y dentro del cual podía abrirse cierto margen para mejorar la posición relativa de cada agente y manejar los intersticios de un mundo comercial que estaba cambiando. Las transformaciones y sus retos influyeron para que mayoristas y minoristas se diversificaran, innovaran y se adaptaran.

En el estudio de la comercialización de estos bienes se descubre un mundo comercial plagado de conflictos y también de períodos de competencia. Debido al ya mencionado interés de las casas mayoristas por expandir sus radios de acción, emplearon a viajantes que se ocupaban de visitar a los potenciales compradores asentados en el interior argentino. La presencia de dichos agentes incluso provocó -en función de la "colisión de intereses"- un conflicto entre los viajantes de comercio y los gobiernos de las provincias, por el pago de patentes.[6] Otro método utilizado para penetrar los mercados interiores, registrado para espacios como La Pampa desde 1905, fue la distribución de catálogos (para promover las llamadas ventas directas). A través de los catálogos los clientes ordenaban y recibían los productos por correo, imitando modelos americanos que impusieron el lema "satisfacción garantizada o le devolvemos su dinero".

Un panorama distinto surge si la atención se concentra en los canales de venta de los llamados bienes complejos. Nos referimos a la venta de productos tales como automóviles y maquinaria agrícola (Lluch, 2010a) pero también combustibles, repuestos, neumáticos, entre otros. Simplificando este proceso, se advierte la compleja lógica desplegada al momento de la creación de fuerzas de venta de estos bienes, y cómo el esquema organizativo y la estrategia fue variable no solo en función del tipo de bien sino también de las tácticas de cada empresa para operar en un mercado con fuertes tensiones por los altos niveles de crecimiento pero también, de fracasos comerciales (Lluch, 2010b). Los "nuevos productos" -tales como automóviles, artículos eléctricos y de oficina, máquinas de coser o artículos fotográficos, entre otros- exigieron entonces que se renovaran y/o adoptaran los métodos de distribución y de compras utilizados previamente. En estos renglones, las grandes empresas fabricantes abrieron sucursales en Buenos Aires y desde esta ciudad -aunque también algunas abrieron oficinas regionales en Rosario, Córdoba o Bahía Blanca- se

---

[6] En tal sentido, no habría sido casual que los territorios nacionales fueran las zonas más aptas para la proliferación de viajantes. Por caso, el valor de la patente anual en el territorio de La Pampa era de $100 mientras que ascendía a $400 en las provincias de Buenos Aires, Santa Fe y Córdoba, a los $600 en las de Entre Ríos, Tucumán, Salta y Mendoza, y a $200 en las de San Juan, Jujuy y La Rioja.

generaban relaciones con los agentes locales y distribuidores rurales, complementándose además con el contacto a través de viajantes.

La necesidad de construir redes propias de comercialización, o bien de mantener un estrecho control sobre las empresas importadoras, se vinculaba además con que su producción (y venta) estaba asociada con bienes que reunían alguna de las siguientes características:

1. Distribución compleja.
2. Diseño especial (su instalación requería conocimientos específicos).
3. Precio elevado por unidad.
4. Servicios post-venta.
5. Competencia.

Por lo tanto, en lugar de integrarse plenamente en la venta al menudeo, surgió una forma intermedia, el distribuidor -con tempranos modelos al estilo de franquicias- o agente, lo que generó formas de distribución exclusiva o selectiva (Williamson, 1989). En este proceso, la representación de marcas -asociadas a calidad- jugó un rol destacado. Dichos cambios, por supuesto, implicaron el surgimiento de nuevos agentes, la desaparición de otros y la adaptación de los existentes en cada uno de los distintos niveles de las cadenas y redes de comercialización. Indagaciones previas permitirían manifestar que dentro de la comercialización de bienes "complejos", fueron los agentes mayoristas quienes en mayor grado vieron afectada su capacidad de expansión. En este caso, las empresas fabricantes e importadoras se organizaron para reemplazarlos y establecer un contacto directo con los minoristas. En los ámbitos rurales, los comerciantes minoristas -y en particular los almacenes de ramos generales- fueron los primeros agentes en condiciones de aprovechar las oportunidades de negocios, de modo que se formaron relaciones con las grandes empresas.

4. Las marcas comerciales

Desde la perspectiva jurídica, las marcas son signos que permiten distinguir un producto o servicio de otros del mismo género. La capacidad de introducir una "diferenciación" las hacen poderosos dispositivos económicos (Ramello, 2006). Las marcas desempeñan asimismo un rol activo en la conformación y alcances de determinadas conductas económicas, entre ellas, en las pautas de consumo.

Este proceso se consolidó durante la segunda mitad de siglo XIX. En esta época, la mayoría de los países europeos, Estados Unidos, Canadá y los países de América Latina establecieron sistemas de registros de marcas a nivel nacional. En 1874 comenzó a estudiarse en la Argentina un proyecto de ley de marcas que fue finalmente sancionado en agosto de 1876 (Ley 787). Esta norma consagró por primera vez un cuerpo regulatorio orgánico, y estableció como requisito para la adquisición de derechos sobre una marca, el registro y el examen previo. Desde sus inicios, la legislación local consideró la marca como una propiedad, entendiendo por ella todos los bienes susceptibles de valor y no solo los objetos corporales (de allí que se la considere una propiedad inmaterial).

La ley de 1876 resultó insuficiente -debido al enorme incremento del registro de marcas y de deficiencias para evitar falsificaciones y abusos-, por lo que se sancionó una nueva reglamentación en 1900 (Ley 3.975). Esta ley en su artículo 1 estipulaba:

> las marcas de fábrica son aquellas denominaciones de los objetos o los nombres de las personas bajo una forma particular, los emblemas, los monogramas, los grabados o estampados, etc. Y cualquier otro signo con que se quiera distinguir los artefactos de una fábrica, los objetos de un comercio o los productos de la tierra y de las industrias agrícolas.

Desde el inicio del derecho marcario argentino, una marca es entonces prácticamente todo tipo de signo (símbolo, emblema, palabra, etc.) con la cual se logre distinguir un producto (o un servicio) (Breuer Moreno, 1946). Por esta nueva ley se amplió el derecho de marcas, que incorporó las marcas de agricultura, junto a las de fábrica y de comercio. El diseño de la Ley 3.975 (1900) denotó la influencia de la tradición europea, si bien en forma ecléctica. Para algunos juristas, la ley argentina fue un ejemplo extremo del denominado sistema atributivo, lo que implicaba que solo el registro creaba la marca (versus el sistema declarativo de uso en países como los Estados Unidos).

Con posterioridad a 1900, la legislación sobre marcas fue enmendada pero no sustancialmente revisada, y reformas parciales se introdujeron en 1907, 1912 y 1923 (Ley 11.275 de Identificación de Mercaderías). Esto no implica que no existieron otros debates o intentos de reformas, sino más bien que ninguno de ellos prosperó. Por tanto, a pesar de haber sido objeto de críticas y de la existencia de numerosos proyectos de reforma, la Ley 3.975 solo fue reemplazada por la ley de marcas y designaciones N° 22.362, el 26 de diciembre de 1980.

En cuanto a la importancia económica de este proceso, el gráfico 5 condensa la evolución del desarrollo del registro y concesión de marcas entre 1876 y 1930. La Argentina tenía uno de los registros más altos per cápita en las Américas (después de Estados Unidos). No obstante, las altas tasas de registro de marcas -a la altura de algunos países industriales europeos- también podrían vincularse con la relativa facilidad para obtener registros que no necesariamente eran usados, junto a la falta de caducidad por el no uso de esas mismas marcas (provocando cierta "inflación marcaria").

Marcas concedidas (Argentina)

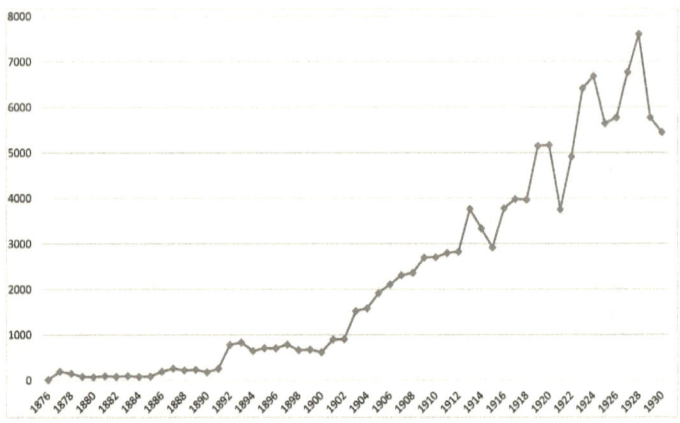

Fuente: elaboración propia a partir de las Memorias de la Sección de Marcas y Patentes, incluidas en la Memoria Anual del Ministerio del Interior, diversos años.

Desde la historia empresarial se ha postulado que solo a finales del siglo XIX y principios del XX las marcas recibieron por primera vez protección jurídica como activos intangibles, y fueron, a su vez, un factor central en el surgimiento de la gran empresa moderna (Da Silva Lopes y Duguid, 2010). Otros factores que consolidaron su papel como promotor del consumo fueron los cambios tecnológicos en la fabricación de bienes, la urbanización y el incremento en los niveles de ingresos. Así, desde mediados del siglo XIX en los países industrializados el uso de una marca se ha asociado con mecanismos de comercialización articulados para orientar las preferencias de los consumidores. Desde los estudios históricos más clásicos se considera que es difícil imaginar la producción-distribución en masa sin la existencia de las marcas.

Si bien ya vimos cómo surgió la legislación, postulamos que la aparición de las marcas comerciales fue algo gradual y variable en la Argentina, aun dentro de los denominados productos genéricos. Lo cual no implica desconocer que ya desde finales de los años veinte del siglo pasado estas ocupaban un lugar relevante en las estrategias de comercialización y en la definición de pautas de consumo incluso en zonas rurales, aunque todavía subsistían las ventas de productos sueltos y no identificados. Al respecto, la imposición de las marcas en el rubro de alimentos y bebidas no habría estado tan solo asociada con la publicidad y con los cambios en modos de distribución sino también con la denominada "revolución de los envases". Finalmente, es importante señalar que cuando se estudian las prácticas concretas de los comerciantes se descubren los diferentes usos que los comerciantes-fabricantes hicieron de las marcas comerciales, complejizando así la mirada estática y ahistórica sobre la "modernidad" de estos dispositivos legales y económicos (Lluch, 2013).

Al respecto, si bien los cambios en los sistemas de comercialización y el uso progresivo de marcas por parte de productores y comerciantes fueron expandiendo progresivamente la oferta de productos disponibles (en un proceso que algunos analistas denominan "proliferación de marcas"), la explosiva creación de marcas comerciales no debe asociarse únicamente a prácticas "modernas" (e idénticas para todos los contextos). Nos referimos a que se ha detectado lo extendido de ventas de productos con etiquetas privadas, las que no habrían sido acompañadas de campañas de publicidad ni pretendían crear un nuevo nexo entre "demanda y oferta". Estas evidencias permiten discutir así las interpretaciones más clásicas (basadas en el ejemplo norteamericano) donde las marcas comerciales se asociaron a las estrategias de las grandes empresas modernas integradas verticalmente. Por lo tanto, la importancia de desagregar los canales de comercialización permite no solo explicar el cuándo, sino también cómo las marcas fueron usadas en forma heterogénea por diferentes actores económicos, y en diferentes espacios regionales.

5. Regulaciones: monopolios y delitos económicos

Un nivel que también proponemos considerar en una futura agenda de investigación se refiere a la regulación de la actividad comercial, y en especial sobre la competencia. Este tema ha colocado sistemáticamente -y coloca- a los comerciantes bajo el escrutinio público. Los intentos de regulación han abarcado distintos frentes pero sobre dos de ellos nos interesa llamar la atención aquí: el abuso de poder económico, y las denuncias por carestía y precios altos de los bienes. Sin dudas, este tema ameritaría un capítulo aparte, pero creemos que es importante incluir unas breves referencias vinculadas con los intentos de regulación de los llamados monopolios, *trusts*, carteles. También nos interesa alertar sobre las diferentes doctrinas y actitudes hacia los monopolios y otros abusos de poder desde una visión de largo plazo, así como las profundas contradicciones y límites de la acción estatal, un rasgo que está lejos de ser una particularidad local.

Tempranamente se encuentran antecedentes de propuestas para reprimir abusos económicos, concentrados en especial en distintas propuestas de reforma al Código Penal (años 1891 y 1904, por ejemplo). En 1921, en la reforma del Código Penal, se sumaron nuevas disposiciones sobre los fraudes al comercio y a la industria. En paralelo, otro debate legislativo giró alrededor de la necesidad de regular las prácticas oligopólicas en la actividad exportadora de los frigoríficos. La primera discusión parlamentaria sobre los *trusts* en esta industria fue introducida por los diputados Carlos y Manuel Carlés en 1909, quienes presentaron un proyecto de ley contra la acción de los *trusts* y denunciaron "los peligros que ofrecía el *trustbeef* de capitales norteamericanos". En 1913, ante una nueva colusión de intereses por el reparto del comercio de carnes para exportación, las firmas inglesas y anglo-argentinas propiciaron la protección legal del gobierno argentino. Carlos Carlés reprodujo su proyecto del año 1909, y una comisión especial de la Cámara de

Diputados presentó tres proyectos, que incluían la represión a los *trusts*, la elaboración de un censo ganadero y un examen en detalle del comercio de carnes.

Esta Comisión Especial amplió luego la discusión hacia otros sectores. Incluso el Poder Ejecutivo envió un proyecto de ley anti-*trust*, siguiendo el modelo de la legislación norteamericana (Labaure Casaravilla, 1963: 57). Los proyectos siguen presentándose (1917, 1919) y en 1918 se operativizó una Comisión Especial que tomó testimonio sobre la posible presencia de *trusts* en diversos sectores de la economía. Esta Comisión indagó a un importante grupo de comerciantes e intermediarios, hacendados, constructores e industriales, y a funcionarios, con el fin de "detectar aquellas combinaciones que se tradujeran en el encarecimiento absoluto o relativo de los artículos manipulados por la combinación monopolista". El informe publicado en 1919[7] da cuenta de que el foco de interés se concentró en los siguientes rubros: 1) vinos, 2) kerosene, 3) azúcar, 4) harina, 5) cal, 6) papas, 7) carne, 8) fletes.

Al finalizar su labor, la Comisión emitió una serie de consideraciones y diseñó reformas de leyes así como nuevos proyectos que intentaban cubrir los distintos problemas identificados, desde las tarifas y procedimientos aduaneros, la financiación, las reglamentaciones de los servicios públicos para abaratar los fletes, hasta un nuevo proyecto de ley antimonopolio, firmado por Juan B. Justo, Irineo de Anquin, Damián Garat y Marcial Quiroga. Mientras que el diputado Octaviano Vera se diferenciaba de este bloque de diputados, y con ello, de la tradición de configurar estos procesos como delitos económicos (Labaure Casaravilla, 1963: 60). En vista de ello, se inclinaba por la creación de una oficina oficial de control comercial e industrial (dentro de la órbita del Poder Ejecutivo), cuyo fin sería normalizar los precios de todos los artículos de consumo.

---

[7] Ver por ejemplo, el "Informe de la Comisión Investigadora de los Trusts", Talleres Gráficos de L. J. Rosso y Cía., Buenos Aires, 1919.

Estos debates propiciaron el envío de nuevos proyectos de ley en los años 1919 y 1920. Uno de estos -presentado por Mora y Araujo, De Tomaso, Bas, Rodeiro y Araoz, y que intentaba reprimir el alza o baja artificial de los precios- fue aprobado por la Cámara de Diputados en 1921 y finalmente sancionado -con reformas- por el Senado en 1923, convirtiéndose en la Ley 11.210[8] llamada de "Represión de la especulación y los monopolios (trusts)". En su artículo primero, esta ley declaraba como delito "todo convenio, pacto, combinación, amalgama o fusión de capitales tendientes a establecer o sostener el monopolio y lucrar con él, en uno o más ramos de la producción, del tráfico terrestre, fluvial o marítimo, o del comercio interior o exterior, en una localidad o en varias, o en todo el territorio nacional".

La Ley 11.210 despertó agrios debates entre los juristas, en especial por la interpretación de los artículos 1 y 2 (Gil, 1929). No obstante, esta norma no se aplicó contra los sectores que la impulsaron, en especial contra los frigoríficos. Por el contrario, en el periodo 1923-1941 las investigaciones y persecuciones bajo esta ley fueron escasas, siendo las principales: 1925 (contra el Gremio de los Panaderos), 1928 (contra los comerciantes de tejidos), 1932 (contra el Gremio de los Yeseros), 1934 (contra el Trust de la Sal), 1935 (contra la Unión de Cigarreros Mayoristas), proceso que contempló el primer fallo condenatorio. En años posteriores volvió a utilizarse en los siguientes procesos: 1936 (Compañía Nacional de Tabaco), 1936 (Corporación Argentina de Almaceneros Minoristas), 1936 (Sociedad Argentina de Distribuidores de Películas), también con otro fallo condenatorio en 1941, 1939 (Fabricantes de especialidades medicinales), 1942 (Directorios de las Fábricas de Neumáticos y la Cámara Gremial de Revendedores de Neumáticos), y 1940 (Trust de las Papas) (Pessagno, 1944). Así, y siendo otro tema a profundizar, proponemos que esta ley no tuvo casi aplicación efectiva en el período bajo estudio

---

8   Esta ley fue luego sustituida por la Ley N° 12.906 del año 1946.

aunque sí implicó una mayor penetración del Estado en pos de regular las prácticas y mecanismos de comercialización en la Argentina.

Palabras finales

Estas reflexiones, acotadas y sin que se haya podido dar cuenta de la riqueza de trabajos preexistentes y de los debates teóricos internacionales sobre la materia, han querido mostrar la relevancia del sector comercial en la Argentina. En cuanto a su estudio como sector, estas páginas han señalado la dificultad de modelizar y periodizar a escala nacional y uniformizar los cambios en los modos de vender y comprar. Como destacó hace ya tiempo Alexander (1970), son variables económicas y sociales las que determinan el tipo de sistema de distribución, necesario y posible en cada sociedad. Esta contribución planteó que los cambios en los actores y esferas comerciales dependieron del sector, tamaño y tipo de poblamiento y que, por ello, es vital acercarse a los estudios sobre el comercio y la comercialización mediante un juego de escalas: internacional, nacional, regional y local. Además de revalorizar el juego de escalas, se propuso la necesidad de evitar el diseño de una matriz evolucionista de los cambios en los sistemas de comercialización en la Argentina, más allá de detectar las innovaciones, tales como la difusión y múltiples usos de las marcas comerciales.

Asimismo, y aunque muy brevemente, se intentó mostrar que los comerciantes, como empresarios, estuvieron atentos a su entorno, recopilando información sobre preferencias, apelando a recursos de comercialización antiguos y nuevos. Máxime porque el riesgo de fracaso era muy alto en la actividad comercial (en especial la minorista y en áreas rurales, Lluch, 2010b). Finalmente se indicó, a modo de agenda futura, que si algunos renglones parecen haber sido muy competitivos (por ejemplo, el rubro de mayoristas de bienes de consumo), en otros niveles es vital profundizar en el estudio de las prácticas monopólicas, acuerdos privados y abusos de poder, así como en las estrategias de los actores empresariales frente a los intentos regulatorios, ya que este es otro ángulo que no ha ameritado hasta ahora estudios históricos específicos, y el cual es central para comprender las lógicas y prácticas asociadas a la comercialización.

Bibliografía

ALEXANDER, David (1970), *Retailing in England during the Industrial Revolution*, London, University of London, The Athalone Press.
ALEXANDER, Nicholas y AKERHURST, Gary (eds.) (1999), *The emergence of modern retailing, 1750-1950*, London, Frank Cass.
BARBERO, María Inés y ROCCHI, Fernando (2004), "Cultura, sociedad, economía y nuevos sujetos de la historia: empresas y consumidores", en Bragoni, B. (comp.), *Microanálisis, ensayos de historiografía argentina*, Buenos Aires, Prometeo, pp. 103-143.
BREUER MORENO, Pedro (1946), *Tratado de marcas de fábrica y de comercio*, Buenos Aires, Robis.
CASSON, Mark (1997), "Institutional Economics and Business History: a way forward?", *Business History*, Vol. 39, Issue 4, pp. 151-171.
CASSON, Mark y LEE, John (2011), "The Origin and Development of Markets: A Business History Perspective", *Business History Review*, N° 85, pp. 9-37.
CHANDLER, Alfred (1990), *Escala y diversificación. La dinámica del capitalismo industrial*, Zaragoza, Prensas Universitarias de Zaragoza.

DA SILVA LOPES, Teresa y DUGUID, Paul (eds.) (2010), *Trademarks, brands, and competitiveness*, New York, Routledge.

DORFMAN, Adolfo (1970), *Historia de la industria argentina*, Buenos Aires, Solar.

FERNANDEZ, Alejandro (2004), *Un "mercado étnico" en el Plata. Emigración y exportaciones españolas a la Argentina, 1880-1935*, Madrid, Consejo Superior de Investigaciones Científicas.

FERNANDEZ, Alejandro y LLUCH, Andrea (2008), "Comercio y redes de comercialización mayoristas y minoristas en la Argentina de comienzos del siglo XX", en Bandieri, Susana; Blanco, Graciela y Blanco, Mónica (coords.), *Las escalas de la historia comparada, Las empresas como objeto y sujeto de la historia. La cuestión regional*, Tomo II, Buenos Aires, Miño y Dávila.

GIL, Enrique (1929), *Represión de la especulación y trusts: estudio de la ley 11.210 con sus antecedentes doctrinarios y legislativos, jurisprudencia argentina y Americana*, Universidad Nacional de La Plata. Facultad de Ciencias Jurídicas y Sociales, Buenos Aires, Talleres Gráficos de la Penitenciaría Nacional.

GRAVIL, Roger (1975), "El comercio minorista británico en la Argentina, 1900-1940", en Giménez Zapiola, Marcos (comp.), *El régimen oligárquico. Materiales para el estudio de la realidad argentina (hasta 1930)*, Buenos Aires, Amorrortu.

LABAURE CASARAVILLA, Luciano (1963), *Monopolios, trusts, carteles; derecho comparado: antecedentes y legislaciones argentina y uruguaya*, Montevideo, A.M.F.

LLUCH, Andrea (2004), *Comercio y crédito en La Pampa a inicios del siglo XX. Un estudio sobre el papel económico de los almacenes de ramos generales*, tesis de Doctorado, Programa Inter-Universitario de Doctorado en Historia, Sede Facultad de Ciencias Humanas, Universidad Nacional del Centro de la Provincia de Buenos Aires, IEHS, Tandil.

LLUCH Andrea (2010a), "Redes comerciales en la distribución de maquinarias agrícolas y automóviles en el interior argentino (1900-1930)", *Anuario CEEED*, N° 2, pp. 97 a 133.

LLUCH, Andrea (2010b), "El fracaso en el mundo empresario argentino: una aproximación desde el análisis de los 'quebrantos comerciales' (1900-1935)", *Anuario IEHS*, N° 25, pp. 403 a 420.

LLUCH, Andrea (2013), "Marca registrada: Reflexiones sobre el uso de las marcas comerciales, el consumo y la comercialización de bienes en el mundo rural argentino (1900-1930)", *Mundo Agrario*, 13 (26), https://goo.gl/w1YT4p.

LLUCH, Andrea (ed.) (2015), *Las manos visibles del mercado: Intermediarios y consumidores en la Argentina (siglos XIX y XX)*, Rosario, Prohistoria/EDUNLPam.

PESSAGNO, Hernán (1944), *Experiencia de la Ley no. 11.210 sobre represión de la especulación y monopolios: su análisis en el parlamento, en la jurisprudencia, en la doctrina y en el periodismo*, Buenos Aires, Ideas.

RAMELLO, Giovanni (2006), "What's in a sign? Trademark Law and Economic Theory", *Journal of Economic Surveys*, 20 (4), pp. 547-565.

ROCCHI, Fernando (1998), "Consumir es un placer. La industria y la expansión de la demanda en Buenos Aires a la vuelta del siglo pasado", *Desarrollo Económico*, N° 148, Buenos Aires, pp. 533-558.

STRASSER, Susan (1989), *Satisfaction Guaranteed: the making of the American mass market*, New York, Pantheon Books.

WILLIAMSON, Oliver (1989), *Las instituciones económicas del capitalismo*, México, Fondo de Cultura Económica.

Transformaciones y permanencias en la construcción y consolidación de una economía regional

El caso de la vitivinicultura mendocina, 1840-2000

RODOLFO A. RICHARD-JORBA Y FLORENCIA RODRÍGUEZ VÁZQUEZ

La vitivinicultura ha signado la historia económica y social de Mendoza. Pese a una larga tradición de etapas de auge, de crisis recurrentes y hasta de profundas depresiones y decadencias, siempre se vuelve la mirada y la acción sobre la vid y el vino. En este trabajo mostraremos que la economía local se ha caracterizado por una alta especialización productiva que, sumada a una vinculación con mercados únicos -o casi-, la expusieron a crisis, a veces profundas y muy graves, derivadas de aquella especialización o situaciones en los mercados consumidores y también políticas, incontrolables desde la provincia.

El presente de *globalización*, que ha generado un nuevo ciclo modernizador con una considerable inversión extranjera y una sostenida inserción de los vinos mendocinos en el mercado internacional, debe ser interpretado en un marco histórico de larga duración. En efecto,

> ... el estudio de la historia permite descubrir que la ilusión de lo nuevo debe ser contrastada con rasgos que aún perduran y que tienen varios siglos de existencia (la articulación de la tendencia a la mundialización con la formación y persistencia de los espacios nacionales; la conexión orgánica entre Estados y mercados) pero, a la vez, cada etapa ha

tenido elementos cualitativamente distintos, decisivos en la estructuración de la economía y del sistema internacional (Rapoport, 1997: 40).

Con este enfoque mostraremos los cambios cualitativos de la vitivinicultura en interacción con la economía internacional, y también las continuidades y vinculaciones con los mercados externos en las etapas de su construcción y consolidación como el corazón de una "economía regional" en Argentina.

1. Una tradición vitivinícola colonial

Mendoza desarrolla sus actividades económicas principales en oasis de regadío, pequeñas porciones del territorio, que concentran más del 95% de la población. Desde la etapa colonial viñedos y vinos fueron otorgándole una clara identidad hasta tornarla epicentro de la actual gran Región Vitivinícola Argentina, que integra con San Juan.

Desde el siglo XVIII el vino constituyó la principal riqueza, lo que sugiere una alta especialización de su economía, dependiente de un mercado principal: Buenos Aires. La importación de vinos españoles en el marco del libre comercio borbónico (1778) afectó los precios hasta comienzos del siglo XIX. En las primeras tres décadas las ventas fueron menores a las registradas en el siglo anterior. La especialización era notoria, al menos en términos de capitales invertidos, a fines de los años 1820: 73% en vitivinicultura y 27% en pasturas. Pero siguió luego una crisis que llegó a su punto terminal hacia 1850, con la casi desaparición del viñedo y el desarrollo territorial de alfalfares para engordar ganado, que en 1860 ocupaban más del 90% de los espacios irrigados, acompañados por cereales (Richard-Jorba, 1998).

Hasta la década de 1870 la vitivinicultura giró en torno de tecnologías de raigambre colonial. En la etapa agrícola se verificaba la inexistencia de labores culturales significativas, o la asociación con otros cultivos, no siempre compatibles (alfalfa) en términos, por ejemplo, de requerimientos hídricos de las plantas. Los sistemas de conducción del viñedo solo utilizaban madera; y se hacía alguna que otra labor de poda. La elaboración del vino seguía la tradición: pisado de la uva, ausencia de control de la fermentación, agregado de mostos "cocidos" para estabilizar los caldos e higiene nula. A su vez, la acetificación y el agregado de agua para reemplazar lo que se evaporaba o sustraían los transportistas durante el largo traslado hasta el mercado de consumo eran las formas más frecuentes de los vinos. Las vasijas de fermentación eran de cerámica y los envases para el transporte, de madera. La escala de producción era muy pequeña (unos 16.000 hectolitros -hl- en 1853) (Richard-Jorba, 1998: 31) y las ventas fuera de la provincia, casi inexistentes. Finalmente, la comercialización era difícil y costosa, por la mala calidad de los vinos y la incidencia de los fletes en su precio final, lo que favorecía la penetración de los importados de ultramar.

En este marco, el mundo económico no superaba la organización mercantil. Los principales "empresarios" eran los productores de vino, a pequeña escala, que comerciaban personalmente en Buenos Aires y Rosario. Los trabajadores eran controlados por legislaciones coactivas que impedían la libre contratación y la movilidad geográfica de la mano de obra, crónicamente escasa, en un contexto de crecimiento demográfico muy lento (Campi y Richard-Jorba, 2007).

2. Del vino al engorde de ganado: reestructuración productiva y territorial (1840-1873)

La decadencia de la vitivinicultura llevó, a partir de 1840, a reorientar la economía hacia actividades más rentables y a otros mercados. Por entonces, el Oasis Norte (ríos Mendoza y Tunuyán) era el único existente. El espacio irrigado se cubrió de alfalfa para engordar ganado comprado en las provincias orientales y exportarlo a Chile. Hasta los años 1870 los alfalfares ocupaban el 90 o 95% de las superficies cultivadas; del 5 al 10% restante eran cereales y viñedos, cuyas producciones se comercializaban localmente y en el Litoral. Fuera del oasis, la extracción de leña y la cría de ganado, muy extensiva, completaban las principales actividades productivas.

La tierra se subdividía a ritmos casi vegetativos, con precios bajos y estables por una demanda mínima y dentro de los límites implacables fijados por la disponibilidad de agua. En efecto, la estructura de riego operaba con tecnologías obsoletas (precarias tomas de agua en ríos y arroyos para derivarla a canales y acequias).

Se fue conformando una región binacional, articulada desde la ciudad de Mendoza: integraba las zonas de cría de ganado bovino en la región pampeana, con las de engorde en Mendoza (también en San Juan), desde donde se llevaban los animales a Chile. Esta organización económica y espacial originó una estructura social piramidal en cuya cima se ubicaban los *comerciantes integrados*, elite que controlaba todas las etapas del negocio ganadero, incluyendo el transporte, principal fuente de acumulación, e introducía en la provincia el metálico, imprescindible para la importación de ultramarinos y para la compra de ganado. Subordinaban a todos los restantes actores. Los *productores no integrados*, también de la elite, excluían la exportación de ganado en sus actividades económicas. Esa elite dominaba el poder político e inició una larga tradición de gobiernos de familia, aunque hubo transformaciones en su interior ante la decadencia del modelo.

Los *comerciantes no-productores* solo operaban en compra-venta de ganado. En la base de la pirámide, los *productores de alfalfa* estaban sujetos a las oscilaciones de la demanda, lo mismo que los *criadores de ganado*, que solo poseían sus animales (trabajaban para estancieros y hacendados). Los grupos medios, muy minoritarios, reunían pequeños comerciantes, profesionales, docentes, etc. En la mayoritaria base social, los *proletarios* subsistían en la más absoluta precariedad laboral, sometidos a la coacción extraeconómica. Las mujeres "incorregibles" podían terminar en la frontera sur con los territorios indígenas (Richard-Jorba, 2001: 211-267).

Este modelo fue exitoso porque permitió una importante acumulación. Sin embargo, la gran crisis internacional de 1873 mostró la endeblez de una economía dependiente de un mercado único, aunque se abrieron nuevas oportunidades para la vitivinicultura, que sería reconstruida sobre bases plenamente capitalistas. Las dificultades para exportar ganado a Chile, la expansión agrícola pampeana y el desarrollo ferroviario, que contribuían sustancialmente a la construcción del mercado nacional, entre otros factores, revalorizarían la vitivinicultura como actividad para relanzar el crecimiento económico. En pocos años el territorio mendocino se caracterizaría por una nueva y muy amplia especialización productiva, fuente de cíclicas crisis (Barrio, 2006).

3. La vitivinicultura capitalista (o primera modernización) (1874-1914)

Desde 1870, la vitivinicultura comenzó a recuperarse y modernizarse por múltiples factores.

La inserción del país en el sistema económico global posibilitó la vinculación y valorización de espacios hasta entonces periféricos, que fueron integrados a la división internacional del trabajo, y organizados por el naciente Estado argentino moderno.

La modernización del viñedo fue el resultado de una combinación de decisiones de las elites locales y del gobierno nacional, que respondían al cambio del modelo de acumulación: la consolidación de la orientación atlántica de la economía nacional y su nueva inserción internacional. El desarrollo de la moderna agricultura pampeana y de la industria harinera, y la expansión ferroviaria mellaron la competitividad del transporte y engorde del ganado y la producción de cereales y harinas, sebos y cueros, a lo que se sumaba una gradual retracción de la demanda ganadera en el mercado chileno, la depreciación e inconvertibilidad de la moneda trasandina, etc. Por otra parte, el masivo ingreso al país de inmigrantes -en su mayoría originarios de la cuenca del Mediterráneo, zona de fuerte consumo de vino- ampliaba aceleradamente el mercado de productos vínicos, atendido con producción importada por insuficiencia de la oferta nacional. El viñedo, entonces, posibilitaría superar situaciones críticas y reiniciar el crecimiento en la región.

Aun así, hasta 1880, era un cultivo accesorio que se difundía lentamente, con técnicas tradicionales y asociado al cultivo de alfalfa. Los dominantes cepajes criollos, de muy altos rendimientos por planta pero escasa aptitud enológica, daban vinos comunes, *carlón* (rosado o criollo), de baja calidad. Cuestión que influyó en el desarrollo posterior de la viticultura capitalista, incluso en la actualidad. No obstante, algunos productores obtenían uvas de buena calidad y elaboraban vinos premiados en exposiciones industriales nacionales.

Las políticas promocionales de fines del siglo XIX posibilitaron que la elite provincial concentrara significativamente la propiedad vitícola. Entre 1881 y 1900, treinta grupos familiares eran propietarios del 15% de las explotaciones y el 31% de la superficie vitícola moderna. La mayoría invirtió también en la industria del vino, formando el núcleo de una burguesía productora que, junto con agentes de la inmigración (temprana y masiva), integrarían un empresariado regional que conformó un polo de poder económico y político de fuerte y prolongada presencia en la vida provincial. Por otra parte, de la viticultura capitalista surgió una franja de pequeños y medianos propietarios, mayoritariamente inmigrantes, que amplió los estratos medios de la sociedad mendocina.

Los cambios económicos generaron transformaciones sociales y, gradualmente, la antigua unidad entre poder político y económico tendió a disociarse desde fines de la década de 1910. Paralelamente, el desarrollo de partidos políticos nacionales se sumó al proceso local para diluir el poder político de la elite criolla e incrementar el poder nacional (Richard-Jorba, 2006).

4. El Estado promotor y los agentes privados: objetivos comunes y sinergias

El Estado provincial promovió el desarrollo vitivinícola con políticas que premiaban a los productores que plantaran viñedos, frutales y olivos. San Juan comenzó en 1871 (Maurín Navarro, 1967; Videla, 1990: 353) y Mendoza, en 1874, con una ley sin efectos prácticos.[1] Sin embargo, la reducción de un 33% en el impuesto territorial a los viñedos en 1875 contribuyó a reiniciar el cultivo (*El Constitucional*, 26-8-1875).

---

[1] La ley mendocina (7-9-1874) fijaba el premio en $100 bolivianos por cuadra cuadrada (1,587 ha) implantada con 2.500 cepas, es decir, unas 1.600 plantas por ha; en San Juan se prometían $30 por igual superficie (Ley del 18-11-1871).

A mediados de la década de 1870 algunos propietarios implantaron viñedos relativamente extensos, con cepas de buena calidad, genéricamente denominadas "francesas" por oposición a las vides criollas. El agrónomo francés Michel Pouget, un inmigrante temprano, introdujo en los años 1850 desde Chile -y, tal vez, desde Francia- estas variedades (Malbec, Cabernet, Chardonnay...), y las difundió en la región durante dos décadas, a la vez que fue transmitiendo conocimientos agrícolas y enológicos a otros agentes, argentinos e inmigrantes (Richard-Jorba, 2006c: 79-122). Así, la transformación comenzó por los saberes técnicos. La influencia de inmigrantes franceses tempranos fue definitoria en la elaboración inicial de vinos finos en pequeña escala, una excepción en medio de producciones masivas y calidad deficiente. Algunos vinos locales fueron premiados en Córdoba (1871), Buenos Aires (1877) y París (1878). Estos elaboradores formaron un núcleo pequeño de innovadores, argentinos (familias Civit, González, Estrella...) e inmigrantes tempranos (Brandi, Guerin y Lasmartres). En la Exposición Industrial de 1877, el tinto "Trapiche" -cosecha 1874- de Guerin fue considerado el mejor vino argentino. Lasmartres presentó vinos embotellados de diversas cosechas, desde 1864, una gran innovación por la conservación de vinos de más de una década y también por su guarda en botellas. En la Exposición Universal de París de 1878, estos franceses y el italiano Brandi recibieron medallas de plata por sus vinos y cognac.

Estos avances puntuales incentivaron la profundización de las políticas públicas locales. En 1881 se sancionó una ley que eximía de impuestos provinciales por diez años a las nuevas plantaciones de viñedos, olivos o nogales. Esto determinó una transformación radical del territorio y el paisaje, porque esos cultivos debían formar explotaciones exclusivas. Los viñedos comenzaron a desplazar a la alfalfa y a los cereales, inicialmente en el Oasis Norte (ciudad capital y alrededores), conformando la Zona Núcleo de difusión de la vitivinicultura moderna (Richard-Jorba, 1993:

191-296). Pero el cultivo se extendió a partir de 1885, una vez habilitado el ferrocarril Trasandino, a cargo del Estado nacional, que integró físicamente Mendoza (y San Juan) con Buenos Aires y el Litoral. Así, se aceleraron los tiempos y descendieron los costos relativos del transporte por aumento de la capacidad de carga. Este servicio determinó, más tarde, el desarrollo territorial del viñedo en el Oasis Sur, organizado por San Rafael, a partir de 1903. La posterior habilitación de la conexión con Chile, ya como empresa privada, en 1910, condenó a su desaparición el antiguo negocio ganadero, al menos desde el Oasis Norte.

La nueva política aspiraba a una amplia oferta de uva y vinos para abastecer los mercados del país. Las exenciones se mantuvieron hasta 1902 y contribuyeron a la formación de capital del productor. El costo fiscal para la provincia era importante, pero cuando los viñedos entraban en producción el fisco percibía tributos fundamentales; en la primera década del siglo XX, los impuestos a las viñas y al vino financiaban más del 50% del presupuesto provincial (Richard-Jorba, 1998). En términos cuantitativos, esta fue la política más exitosa: hasta 1902 se iniciaron unas 3.400 explotaciones vitícolas que ocuparon más de 20.000 ha, frente a las 2.788 ha existentes en 1883 (Richard-Jorba, 1993). La transformación impuso, implícitamente, una alta densidad de cepas por hectárea para asegurar rentabilidad a las explotaciones (menores de 5 ha). Así, los rendimientos crecieron de 120 quintales españoles (de 46 kg) de uva por ha en los años 1870, a 250 a fines de la década siguiente. El aumento de la oferta de uvas condujo a la instalación de bodegas tecnificadas capaces de procesarla.

La moderna vitivinicultura de Mendoza (también San Juan) supuso una sostenida sustitución de importaciones, que se acentuó durante la I Guerra Mundial. En 1886 el país importó vinos por $8,7 millones (650.187 hl) y, en 1914, por $2,9 millones (274.632 hl).

La Ley de Aguas de 1884 sentó las bases para la modernización del riego, democratizando la participación de los regantes en la gestión del recurso hídrico. Gradualmente se avanzó en obras de infraestructura que ampliaron los oasis e hicieron más eficiente el uso del agua.

La preparación de idóneos y peritos técnicos tuvo resultados modestos e inicialmente estuvo a cargo del Gobierno Nacional, que creó escuelas agrícolas en ambas provincias. Durante la gobernación de Tiburcio Benegas (1887), se enviaron dos becarios a estudiar agronomía y enología en Europa, aunque su escaso número afectó la difusión de los conocimientos. Solo a partir de 1896, con la creación de la Escuela Nacional de Vitivinicultura, a la que asistieron alumnos de San Juan, se gestó una oferta técnica -muy limitada, por cierto- para los problemas agrícolas e industriales de la actividad, aunque inicialmente fue poco demandada porque las bases de gran producción de masa estaban firmemente asentadas. A ello se sumaba la competencia de enólogos extranjeros, contratados por su experiencia o por lazos de sociabilidad (Rodríguez Vázquez, 2012).

Cabe destacar, también, las políticas inmigratorias del gobierno de Mendoza que promovían el ingreso de técnicos, profesionales[2] y viticultores, además de fuerza de trabajo rural y urbana.[3] Ante la crónica escasez de mano de obra, estos extranjeros encontraron ocupación sin dificultades, al menos hasta la primera década del siglo XX. El mercado de trabajo sufrió transformaciones: desaparecieron antiguos oficios (domadores, castradores, trenzadores, arrieros, etc.) característicos del anterior modelo económico y aparecieron otros, inclusive muy calificados, generados

---

[2] Por ejemplo, el Ing. Agr. francés Jean Recapet fue contratado en 1876 por la provincia para que difundiera, entre los productores, técnicas para un cultivo científico de la vid.

[3] En 1869, vivían en Mendoza menos de 300 europeos; en 1895, eran unos 10.000, y en 1914, casi 77.000. Predominaban los italianos, grupo clave en el desarrollo vitivinícola (Richard-Jorba et al., 2006).

por las bodegas tecnificadas (enólogos), las industrias derivadas (destilerías de alcohol, tonelerías, etc.) y el ferrocarril (caldereros, mecánicos, foguistas, maquinistas, electricistas), y los emblemáticos contratistas de plantación y contratista de viña (Richard-Jorba, 2003: 5-37). Así, en 1895, se relevaron 10.460 empleos en las bodegas (2.026 permanentes y 8.434 en vendimia); en 1910 eran 4.718 permanentes y 17.042 temporarios.[4] El mercado de trabajo se caracterizaba por una incidencia altísima del empleo precario (un 57% de la fuerza laboral), situación agudizada por el carácter estacional de la demanda de mano de obra en los meses de vendimia (Richard-Jorba, 2006a).[5]

La expansión de la masa laboral fue acompañada por la gradual caída de los instrumentos de coacción extraeconómica y la conformación de un mercado de trabajo libre según el ideario liberal de la época. En paralelo surgieron los primeros conflictos sociales y se inició la organización del movimiento obrero. Los trabajadores que llevaban a cabo las obras del ferrocarril a Chile fueron los iniciadores de este proceso de conflictividad (1890-1892) y de organización, que se trasladaría de la montaña a las ciudades y se generalizaría en todo el territorio irrigado con la primera huelga enteramente agraria en 1919. También se hicieron comunes las huelgas generales dispuestas por centrales de trabajadores de diverso signo ideológico, que mostraban el alto grado de organización del movimiento obrero mendocino. Fue paradigmática la gran huelga de maestros de 1919,

---

[4] Segundo Censo Nacional 1895, Tomo 3, p. 332; e Informe de la Oficina del Censo Industrial de la República (15-4-1910), en *La Viticultura Argentina*, N° 5-6, Mendoza, 1910, p. 203.
[5] En 1869, el empleo precario incluía 8.699 trabajadores; en 1895 eran 33.246, y en 1914, llegaban a 99.913 (Richard-Jorba, 2006: 110).

con apoyo de centrales obreras, porque marcó el ingreso de grupos sociales medios a las luchas obreras (Richard-Jorba, 2010: 69-98 y 2013: 11-56).[6]

En suma, la promoción estatal constituyó una notable innovación institucional para la efectiva difusión de la viticultura capitalista, que avanzó hacia el predominio económico y espacial. Sin embargo, se trató de una expansión cuantitativa, orientada a una demanda de vinos proveniente de la inmigración y del mundo del trabajo, que buscaba bajos precios.

Sobre estas bases, el accionar estatal se combinó con la iniciativa privada para la difusión técnica de la moderna vitivinicultura. Debido a las dificultades de las escuelas agrícolas y por el interés en valorizar el territorio, la delegación del Departamento Nacional de Agricultura y la prensa local estimularon un sustancioso proceso de circulación de información. A ello se sumaba el efecto-demostración que cumplieron algunas explotaciones vitícolas, "modernas" para esos años fundacionales.

Pioneros criollos e inmigrantes, preocupados por una producción de calidad, elaboraron los primeros informes y diagnósticos sobre los problemas y perspectivas de la vitivinicultura local. Por caso, Eusebio Blanco, un hombre de la elite, publicó en 1870 el *Manual del Viñatero en Mendoza*, una traducción comentada de una obra de Henry Machard. Promovía el cultivo de cepajes de calidad. El objetivo era "prepararnos poco a poco para salir de la rutina de hacer vinos comunes, fabricados según la práctica transmitida por nuestros respetables abuelos" (Blanco, 1870: 15) y desplazar del mercado argentino los caldos importados, o al menos competir con éxito contra ellos. Este fue el primer diseño

---

[6] Paradójicamente, estos grandes conflictos se produjeron contra los gobiernos del radicalismo lencinista, que enarbolaba la bandera de la justicia social.

de un modelo basado en la calidad, que no pudo desarrollarse en el contexto económico, social y tecnológico de aquellos años.

El sistema de conducción tradicional de las cepas aumentaba el costo de implantación pues la madera para postes era traída desde largas distancias. Esto indujo la introducción y difusión del alambrado en Mendoza y el cambio de sistema, dado que era más barato y más eficiente para responder a la densificación de los cultivos. El ferrocarril fue definitorio al transportar grandes volúmenes a menores costos. Por su parte, los inmigrantes franceses arribados desde 1875 introdujeron y adaptaron técnicas diversas (conducción en espaldero y poda según el sistema Guyot "doble", posteriormente transformado en "triple" o "mendocino", etc).

Los viñedos modernos implantados en Mendoza en las décadas de 1880 y 1890 se caracterizaron por ser cultivos intensivos, enteramente orientados a lograr una gran producción, en perjuicio de la calidad. La magnitud del trabajo humano queda reflejada en las cifras: en solo 13 años (1888-1900), se implantaron casi 50 millones de cepas, técnicamente tratadas para producir la uva que requería la naciente agroindustria vinícola para satisfacer la creciente demanda de vinos. San Juan, en tanto, quedaba rezagada en el proceso modernizador.

5. La bodega: factor de industrialización, incorporación y desarrollo de tecnologías

La bodega artesanal no estaba en condiciones de acompañar las transformaciones y el aumento de la demanda de vinos. Surgieron entonces verdaderas *fábricas de vino*, que adoptaron, según el origen de sus propietarios, formas propias de algunas regiones europeas. Desde mediados de la década de 1880 ingresaba en Mendoza equipo para bodegas tecnológicamente avanzado (filtros, bombas manuales, prensas y alambiques), que se incorporaron al espacio productivo con un retraso de al menos 15 años en relación con las regiones vitivinícolas de Francia, aunque con adaptaciones de diseño, tamaño y materiales de construcción.

Pero los grandes avances técnicos comenzaron en la década de 1890, con maquinaria avanzada, incluso eléctrica, y mejoras sustanciales en las vasijas -de fermentación y de conservación-, introducida por algunos empresarios interesados en producir vinos de cierta calidad, y alentados por experiencias previas de la Escuela de Vitivinicultura.

Hacia 1900, varios talleres metalúrgicos de Mendoza copiaban y construían equipos para bodegas de baja complejidad (alambiques para destilar alcohol, pasteurizadores, prensas y bombas manuales, etc.; y compuertas, necesarias para la sistematización del riego). Estos talleres -proveedores de empresas- generaron condiciones para un brote industrial que originó la actual industria metalmecánica regional. En los años previos al Centenario se adaptaron y construyeron variados equipos e instrumentos, entre otros, algunos sistemas de refrigeración. Esto fue una respuesta al clima regional, con veranos más cálidos que los europeos, pero también una innovación para servir a bodegas gigantescas. Posteriormente se desarrollaron equipos patentados en el país y fabricados en la provincia (también en San Juan), algunos de los cuales sirvieron por largos períodos (Pérez Romagnoli, 2005).

Ahora bien, la relativa velocidad de esta asimilación tecnológica no fue un proceso generalizado, y la agroindustria continuó adoptando tecnologías de modo pasivo, que eran comercializadas por empresas extrarregionales, particularmente extranjeras.

Los actores

A su vez,

... al contrario de lo que sucedía en la paradigmática Francia, el modelo de desarrollo vitivinícola disociaba la producción y sus actores. Así, generó grupos sociales vinculados por relaciones asimétricas. El *viñatero* (o *viñatero independiente*) era un propietario o arrendatario que explotaba, en general, fincas menores a 5 ha y vendía la uva al elaborador de vinos. El *productor agroindustrial* integraba la producción de uva y elaboraba vino en establecimientos de tamaño variable, aunque con predominio de los pequeños. Vendía su producción en el mercado local, en ocasiones a otras provincias y también a grandes bodegas. El *industrial bodeguero* poseía o arrendaba bodegas y no producía la materia prima. Fue una categoría de transición hacia fórmulas empresariales integradas. El *bodeguero integrado*, que se manifestaría desde la década del 1900 como fruto de la maduración del sector, cubría todas las etapas, desde la producción de uva hasta la comercialización del vino. Constituyeron un reducido grupo de grandes bodegueros, radicados en Mendoza, con capacidad para controlar la industria e intervenir en la fijación de precios. Alcanzaron, además, notable influencia y presencia en la política provincial. Finalmente, los *comerciantes extrarregionales* distribuían en otras provincias los vinos locales o los compraban a granel para fraccionarlos con marcas propias. Perdieron importancia en las dos primeras décadas del siglo XX, pero tuvieron gran influencia en la orientación masiva que tomó el modelo (Richard-Jorba, 2006b: 93).

Estos actores guardan similitud con la estructura social del modelo de ganadería comercial con agricultura subordinada.

La vitivinicultura, sin embargo, dio origen a otros dos actores sociales. El *contratista de plantación*, clave para el desarrollo y difusión del viñedo. Mayoritariamente eran trabajadores inmigrantes, aunque con rasgos empresariales en tanto asumían riesgos: recibían las fincas de sus propietarios e implantaban viñedos. El pago por su trabajo incluía un precio por cada planta frutal, una o varias cosechas e importantes superficies de tierra. Muchos de ellos accedieron rápidamente a inmuebles y construyeron importantes fortunas en el sector vitivinícola, cuyas empresas siguen hoy en actividad (Richard-Jorba, 2003). Desaparecieron hacia fines de la década de 1920, aunque reaparecen hoy con otras características. El contratista de plantación fue un introductor de tecnologías agrícolas de diverso origen geográfico que generaron una situación caótica en el cultivo de la vid (densidad, sistemas de conducción, etc.) y apuntaban a obtener rápidamente altos rendimientos sin importar la calidad de la materia prima (Richard-Jorba, 2006c: 163-189). Esta cuestión comenzaría a revertirse gradualmente a partir de los estudios -por ejemplo sobre ampelografía- realizados y difundidos por la Escuela Nacional de Vitivinicultura hacia 1910, y por varios de sus graduados que se incorporaron a las dependencias técnicas para controlar y fiscalizar la elaboración de vinos y realizar actividades de extensionismo (agronomías regionales) (Rodríguez Vázquez, 2012).

El segundo actor enteramente nuevo en la estructura social de la vitivinicultura, actualmente en vías de desaparición, era (es) el *contratista de mantenimiento* o *de viña*, encargado de mantener el viñedo en una finca o en parcelas 10 a 20 ha. Percibía una suma por cada ha, dividida en cuotas mensuales, y participaba, con porcentajes variables, del valor de la cosecha. Algunos se hicieron propietarios y, en número menor, fundaron bodegas, de modo que el contrato fue, en muchos casos, un medio de movilidad social ascendente.

6. El desarrollo agroindustrial: el Estado interventor y nuevos modelos productivos (1918-1955)

Los bienes de producción importados, el transporte ferroviario y el decisivo aporte inmigratorio configuraron un espacio productivo vitivinícola con características propias y notorias influencias externas. En muy corto tiempo pasó de un sistema de producción de tradición colonial a una agroindustria capitalista, con equipamiento trasplantado sin conocimientos previos y sin una masa crítica de trabajadores, técnicos y empresarios portadores de una cultura de la vid y el vino.

Sin duda no hubo posibilidad de otro resultado. Todo estaba orientado a la gran producción, desde grandes paños de viñas, o bodegas gigantescas, hasta una mayoría de pequeños productores de uva o vino. El objetivo casi único y excluyente era producir lo máximo y venderlo cuanto antes, sin preocupaciones por la calidad. Y esto era así porque la insuficiencia de capital fue esencial en la estructuración del modelo en tanto las bodegas que podían hacer una cuidadosa elaboración y estacionar sus vinos eran muy escasas y la mayoría debía vender los vinos cuanto antes para devolver sus créditos y reiniciar el ciclo productivo. También fueron escasas las bodegas dirigidas por idóneos en la materia. Por otra parte, la oferta atendía, mayoritariamente, a los sectores populares, de modo que el consumo de vinos estaba atado a los ingresos de los trabajadores, siempre muy magros.

La modernización capitalista desplazó al capital mercantil y volvió dominante al capital productivo; bajo su dinámica se desarrollaban los mercados de trabajo y de tierras.

El viñedo ocupó los oasis con extraordinaria rapidez. Un relevamiento de las viñas en producción (tradicionales) en 1883 registró 1.486 explotaciones, con una superficie media de 1,8 ha. Los viñedos modernos, implantados con promoción fiscal, en 1914 superaban las 11 ha por finca. Las grandes bodegas tecnificadas que se instalaron tenían capacidad de elaboración superior a 10.000 hl; también las hubo muy grandes, con 50.000 o más hl. La producción de vinos creció de 58.900 hl en 1888 a casi 3.000.000 en 1912. En esos años, el 82% del vino argentino se producía en Mendoza.

Las mayoritarias bodegas muy pequeñas (menos de 1.000 hl) y equipamiento de baja complejidad o inexistente ofrecían sus caldos a las grandes firmas y a comerciantes del Litoral y Buenos Aires, es decir, a una demanda relativamente concentrada, formándose así el denominado *mercado de traslado*, que aún se mantiene, al igual que otro mercado formado en aquella la época, el de uvas compradas para vinificar o para la elaboración de mostos concentrados o sulfitados. Mientras que el consumo de uva en fresco ocupó un lugar subsidiario, aun a pesar de los notables esfuerzos en la década de 1920 para cultivar y exportar variedades finas.

La crisis en los años de la Gran Guerra cambiaría el rol del Estado, que pasó a intervenir en la economía para controlar la oferta de uva mediante su destrucción (compra de uvas que no serían cosechadas y de vinos que serían desnaturalizados y/o derramados). Los últimos gobiernos conservadores comprometieron parte importante de los recursos públicos en compras para eliminar centenares de miles de hl de vino y el fruto de decenas de miles de ha entre 1914 y 1918, pero sin resultados significativos. La creación de un monopolio privado para controlar la economía vitivinícola también fracasó (Richard-Jorba, 2015). Era esta una muestra de la simbiosis entre poder político y poder económico, no muy diferente de la que regía en el modelo de ganadería comercial con agricultura subordinada.

El cambio político que protagonizó la UCR local, conducida por el lencinismo, intentó revertir la situación en los intermitentes y breves gobiernos de José Néstor (febrero 1918/enero 1920, con intervenciones federales entre febrero y julio de 1919) y Carlos W. Lencinas (febrero de 1922, intervenido en octubre de 1924). Dos leyes sancionadas a fines de 1919 dotaron al Estado de funciones empresariales, reemplazando el comentado monopolio privado y fijando precios mínimos para las uvas -rentables para los productores- que serían adquiridas por la provincia y revendidas a los bodegueros para transformarlas en vino o encargarse el Estado de la elaboración. Esto duró poco; Carlos W. Lencinas, en una actitud poco clara, derogó esa legislación y la vitivinicultura volvió sobre sus pasos de libre mercado sin regulaciones, un camino directo a nuevas crisis (Richard-Jorba, 2015). Pese a esas coyunturas, un informe de Leopoldo Suárez de 1922 demostró que el viñedo creció un 38% entre 1914 (50.344 ha) y 1918 (69.360 ha). Para 1922 (72.400 ha), el crecimiento se había ralentizado (4,4%) porque los precios eran oscilantes, aun cuando la reactivación económica había mejorado la demanda de vinos. La superficie media de un viñedo llegó a 13 ha, pero se reduciría durante la restauración conservadora en la década siguiente.

En 1936 la gran depresión condujo a la erradicación de viñedos para reducir la oferta de uvas de vinificar. El gobierno federal creó la Junta Reguladora de Vinos para equilibrar el mercado eliminando viñedos y vinos. Después de dos décadas los gobiernos conservadores retomaban las políticas de destrucción de riqueza iniciadas en 1914. En dos años (1936-1938) fueron erradicadas 17.000 ha de viñas en toda la provincia. La superficie fue estabilizada en 83.605 ha, manteniéndose este valor hasta 1944 inclusive, momento a partir del cual se autorizaron nuevas plantaciones, también en San Juan (Rodríguez, 1968: 3 y 5). Paradojas de la historia: casi las mismas hectáreas implantadas con promoción provincial en las dos últimas décadas del siglo XIX fueron destruidas por el poder del Estado, esta vez federal.

El cambio económico provocado por la dictadura militar instalada en 1943 y el acceso al poder del peronismo expandieron nuevamente la pequeña propiedad en Mendoza; se liberó la plantación de viñedos y, para mejorar la distribución del ingreso, se fijaron precios máximos al vino de mesa, medida resistida por los bodegueros. Los trabajadores vitivinícolas fueron organizados en sindicatos afines al peronismo, desplazando a los controlados por el Partido Comunista (Borcosque, 2010), y el poder de decisión se trasladó de Mendoza a Buenos Aires, sede de la Federación respectiva (Federación de Obreros y Empleados Vitivinícolas y Afines -FOEVA-). El régimen de *contratistas* contribuía también a una mejor distribución social del ingreso (Rodríguez, 1968) porque un porcentaje creciente de la producción quedaba en manos de esos agentes. La nueva expansión del viñedo incrementó el tamaño medio de las explotaciones a 7 y 8 ha, desde mediados de la década de 1940 hasta finales de la de 1960. Se difundió, además, la conducción en parrales, con mayores rendimientos que la espaldera.

Crisis posteriores obligaron a buscar alternativas a la vinificación masiva, como la fabricación de mostos concentrados o la destilación de caldos para obtener alcohol, la fijación de cupos de comercialización, adquisición de excedentes por parte del Estado, etc. En tal sentido, el gobierno provincial intervino más activamente, retomando el sucinto rol de empresario del lencinismo y favorecido por el contexto político y económico nacional que instaló el peronismo. Mendoza adquirió la gran empresa vitivinícola GIOL en 1954, para regular el mercado de vinos y defender a los viñateros sin bodega (Olguín, 2013: 235-265).

7. Cambios recientes (1960-2000)

Hasta la década de 1970 la producción vitivinícola no varió sino que se cristalizaron muchos de sus rasgos negativos: producción masiva de baja calidad –salvo puntuales excepciones– destinada a un mercado nacional altamente protegido y fuerte intervención del Estado nacional para atenuar numerosas y reiteradas crisis (de superproducción, subconsumo o la combinación de ambas).

Crisis del modelo y segunda modernización

El crecimiento económico generado en el país por la industrialización sustitutiva de importaciones fue acompañado por el viñedo desde 1945 y se detuvo a partir de 1975.

Desde 1970 continuó la incorporación de nuevos viñedos de baja aptitud enológica, fomentada indirectamente por leyes nacionales, aun cuando esa producción no tendría mercado.[7] La Ley 18.905/70, entre varios objetivos loables, propiciaba la integración vertical en el sector para reducir la disociación de actores -y su conflictividad-, mejorar las estructuras de costos, etc. Pero tanto los créditos como las desgravaciones ofrecidos, combinados con otras leyes, solo potenciaron la expansión de la oferta. Además, la Ley 20.954/74 promovió la incorporación de zonas áridas a la agricultura con aguas subterráneas, financiable con desgravaciones de impuestos nacionales. Se desarrollaron entonces nuevas plantaciones, mayoritariamente de cepajes comunes, localizadas sobre todo en la periferia de los oasis y caracterizadas por su gran tamaño. Hubo también, en ciertos casos, inversiones en complejos vitivinícolas integrados verticalmente, concretadas por tradicionales empresarios locales y de otras regiones (Furlani de Civit *et al.*, 1991). Esta legislación favoreció solo a empresas muy capitalizadas pero no así a los productores menores.

Además, la ausencia de políticas exportadoras de largo plazo no contribuyó a promover transformaciones en el sector ni a cambiar mentalidades empresariales. Salvo excepciones, se exportaba cuando el mercado nacional se retraía, colocando excedentes de vinos comunes y mostos concentrados.

Todo ello concluyó en una expansión descontrolada del viñedo hasta fines de los años 1970. En la década siguiente, junto con la caída del consumo de vinos -entre otros factores- comenzó el retroceso constante de la superficie vitícola en Mendoza (y San Juan). En efecto, desde un máximo

---

[7] La expansión del viñedo mediante exención de impuestos nacionales, para formar o ampliar el capital, comenzó en la década de 1960 (Ley 11.682 -Impuesto a los Réditos-) promoviendo la incorporación de tierras marginales a la agricultura. Leyes sucesivas, con escasas variantes, mantuvieron beneficios promocionales hasta la actualidad.

histórico provincial de 252.928 ha (1978) se descendió a 145.651 (1991).[8] Es decir que en solo 13 años se perdió el 42% del viñedo.

La magnitud de la crisis, no obstante, abrió nuevos caminos para la vitivinicultura. En la década de 1990 comenzó a recuperarse el cultivo -un proceso que continúa-, con características diametralmente opuestas a las vigentes desde fines del siglo XIX. Se trata de la reconversión de variedades criollas a finas (con apoyo estatal) y el desarrollo de nuevas explotaciones vitícolas con exclusivas variedades de alta calidad enológica. En paralelo, hubo (hay) erradicaciones y abandonos de antiguas plantaciones (Gutiérrez de Manchón, 1996) de pequeños propietarios descapitalizados, imposibilitados de invertir en tecnología; en otros casos, por la localización en tierras marginales ya sin rentabilidad, etc. Este proceso acentúa la mayor concentración de la propiedad de la tierra. También, el avance de las ciudades y la especulación inmobiliaria convirtieron rápidamente el uso del suelo agrícola en espacios residenciales exclusivos para sectores de medio/alto poder adquisitivo, así como la difusión de usos industriales y de servicios.

De los marcos legales y regulatorios al retiro estatal

El mercado vitivinícola, en particular el de vinos, sufrió las más variadas regulaciones. Desde 1960 fue conformando una maraña legal heterogénea y contradictoria. El Estado nacional sancionó una Ley General de Vinos (14.878 de 1959) con el objetivo de alcanzar el desarrollo vitivinícola en el país. Creaba el Instituto Nacional de Vitivinicultura (INV), organismo que, desde 1960, diseñó y aplicó políticas en todo el país, determinó la genuinidad de los caldos, controló la producción y la comercialización, promovió la

---

[8] INV, Estadística Vitivinícola Argentina 1989, Mendoza, 1990, p. 3; Estadística Vitivinícola Argentina 1991, Mendoza, 1992, p. 7.

industria y el consumo, etc. -es decir que se abocaba a similares funciones que a escala provincial se había propuesto la extinguida Dirección Provincial de Industrias, en 1908-.

Hacia la finalización del siglo XX, decenas de normas diferentes introdujeron modificaciones a aquella Ley, muchas de ellas contradictorias. En efecto, una diversa legislación introdujo distorsiones en el mercado durante casi cuatro décadas, combinada con otras leyes que agravaron los problemas y postergaron posibles soluciones. En general se buscaba, como se hizo desde la primera crisis (1901-1903), controlar la oferta para mantener precios que aseguraran cierta rentabilidad. Así, hubo bloqueos a vinos comunes para darles salida a productos de calidad (Ley Nacional 22.667 de 1982 de Reconversión Vitivinícola); el INV debería fijar cupos de producción de vinos comunes. Un decreto posterior (N° 440/84) establecía que, en función de las condiciones del mercado, se habilitarían cuotas bimestrales (*prorrateo*) para que los propietarios de vinos comercializaran (Aspiazu y Basualdo, 2000). Estos eran enfoques ya ensayados sin resultado. En la provincia, la sociedad estatal Giol en Mendoza (y CAVIC en San Juan) intervenía en el mercado con precios sostén de la uva -por encima de valores de mercado- para ayudar a los viñateros sin bodega y evitar conflictos sociales, o elaboraba el vino, con lo cual incrementaba las existencias de caldos, formaba precios y generaba fuertes déficits al fisco provincial, que asumía las pérdidas de la empresa.

El Decreto Nacional 2.284/91 desreguló abruptamente todas las actividades económicas en el país y liberó al sector vitivinícola en todas sus etapas, permitiendo la expansión del viñedo, la instalación industrial y la comercialización, sin restricciones, de vinos y subproductos, anulando, inclusive, la obligación del envasado en origen de los vinos para minimizar fraudes (arts. 52 y 53). Las funciones del INV se limitaron al contralor de la genuinidad de los vinos (artículo 54) y en 1996 se decretó su disolución, revertida por presión de las provincias productoras y las cámaras empresarias.

El retiro del Estado nacional generó reacciones regionales. En 1994 Mendoza y San Juan crearon el Fondo Vitivinícola Mendoza y el Fondo Vitivinícola San Juan, personas jurídicas de derecho público no estatal que se financian con aportes privados sobre cada kilogramo de uva vinificada y montos equivalentes a cargo de los Estados provinciales. Son administrados por el sector privado aunque cuentan con representantes estatales. Sus objetivos principales están centrados en la promoción integral de la actividad vitivinícola de calidad y la exportación de sus productos.

Anualmente, por consenso entre las dos provincias, se ha establecido un porcentaje de uvas comunes que deben ser sustraídas de la vinificación y destinadas a la elaboración de mostos (jugos) concentrados y sulfitados. De esta manera se ha buscado estabilizar la oferta de uvas de vinificar y mantener los precios -dentro de rangos aceptables- de los vinos comunes o de mesa, aunque no siempre se ha cumplido.

La Ley Nacional 25.849/03 -y su Decreto Reglamentario 1.191/04- creó la Corporación Vitivinícola Argentina (COVIAR), como persona de derecho público no estatal, para promover la organización e integración de los actores de la cadena productiva, la innovación, etc., para ganar mercados externos y consolidar el interno, y para gestionar y coordinar el Plan Estratégico Argentina Vitivinícola 2020 -PEVI-, en curso.

Finalmente, los actores sociales surgidos tienen cierta continuidad, aunque se han modificado algunas características y las relaciones entre ellos. La base de la pirámide social, el *contratista de viña*, va desapareciendo y es sustituido por administradores, de manera que este actor, semitrabajador/semiempresario de un siglo atrás se transforma en asalariado o migra a las ciudades. En 1998, 20.000 trabajadores integraban la plantilla del sector en Mendoza, de los cuales un 30% trabajaría en bodegas y el resto en la fase agrícola. Durante la vendimia se incorporan unos 5.000 trabajadores temporarios (Richard-Jorba, 2006a). En suma, el mercado de trabajo tendría hoy un tamaño similar al de la primera década del siglo XX y registra un importante descenso de los temporarios, a pesar de que la superficie cultivada es mayor que en ese entonces. El cambio técnico ha sido determinante en el aumento de la productividad de la mano de obra. No existen datos sobre la cantidad de *contratistas de viña* que aún permanecen en el mercado laboral.[9] Buena parte de los trabajadores vitivinícolas tienen empleo precario; los antiguos intermediarios de mano de obra se transformaron en agencias de empleo temporario para reclutar trabajadores para las empresas, aunque hoy tienen derechos reconocidos y seguridad social, inexistentes cien años atrás. Por diversos motivos, hay escasez crónica de peones temporarios en la vendimia; la mecanización de la cosecha aún no es una alternativa económicamente generalizable.

Es destacable la privatización de Bodegas y Viñedos GIOL Sociedad del Estado ya que marcó el abandono del rol empresarial del Estado y el regreso a caminos ya transitados; tal como había hecho el lencinismo, el peronismo modificaba sus propias decisiones económicas.[10]

---

[9] La fuerza de trabajo vitícola en Mendoza ascendía en 1980 a 65.601 personas, y en 2000, había descendido a 38.596, es decir que se habrían perdido unos 27.000 puestos de trabajo (Rofman y Collado, 2005). Los autores no aclaran, al emplear el término "vitícola", si se refieren solo a trabajadores agrícolas o consideran también a los de bodegas. Sí mencionan que esta fuerza de trabajo agrupa a propietarios y al trabajo familiar no remunerado, de modo que solo le damos valor indicativo a esta cifra.

[10] La gran bodega Giol, fundada a fines del siglo XIX, fue expropiada por el Estado provincial en la década de 1950 para regular el mercado de vinos y proteger a los pequeños viñateros sin bodega. Los persistentes déficits de la empresa, ruinosos para la provincia, legitimaron en la opinión pública las ideas y procesos de desregulación de los años 1980, que condujeron a su privatización, quedando en manos de una Federación de cooperativas (FECOVITA).

Desde fines de 1991 las transformaciones se generalizaron con la apertura irrestricta de la economía argentina y la desregulación del sector. Una continuidad es la fuerte concentración de capitales (cultivos y bodegas), que refuerza la tradicional estructura oligopólica del sector. A diferencia de la primera modernización, se genera la integración vertical de las empresas, avanzando hacia un modelo más parecido al francés.

El cambio más importante, sin duda, es la reorientación productiva hacia vinos finos y espumantes, con una muy significativa incorporación tecnológica en las etapas agrícola, industrial y comercial, y la diversificación de mercados a través de la exportación, rompiendo el viejo corset del mercado interno. Para 1996 la superficie con viñedos varietales alcanzaba el 35% (Richard-Jorba, 2006b), y en departamentos claves estos cepajes eran dominantes (66% en Tupungato y 70% en Luján) (*Vinífera*, 1997: 30). En 2004, el 36% de los viñedos tenía menos de 15 años, es decir que los años 1990 marcaron la inflexión en la reconversión a uvas finas para vinificación sobre todo en nuevos terrenos. En este punto ha reaparecido, como empresa integral de servicio, el antiguo *contratista de plantación*, encargado de preparar las nuevas tierras, construir la infraestructura de riego, instalar el sistema de conducción e, inclusive, implantar el viñedo, entregando la finca "llave en mano".

Estrategias y caracterización empresarias

Los actores sociales en la vitivinicultura de comienzos del siglo XXI no difieren en sus rasgos generales de los surgidos de la primera modernización. Continúan el viñatero independiente, el productor agroindustrial, el industrial bodeguero, el bodeguero integrado y los comerciantes extrarregionales, aunque tienen ahora otras dimensiones y se establecen relaciones más previsibles y seguras. Aunque se mantienen notorias desigualdades en la pirámide social, muchos productores de uvas finas firman convenios con bodegas importantes, que aportan asesoramiento técnico para asegurarse estándares de calidad. En este sentido, hay certidumbre en el viñatero sobre precios y colocación de su cosecha. Los productores de uvas comunes, aún mayoría, arrastran las dificultades del obsoleto modelo de producción de masa (elaboración de vinos comunes cada vez menos demandados); se acumulan *stocks* invendibles y deben acudir al subsidio estatal en una rueda que no para de girar. El productor de mostos es el nuevo actor; un escaso número de empresas ha formado un oligopsonio que genera conflictos entre las dirigencias empresarias y gubernamentales de la provincia (también de San Juan).

La diferencia más destacada con los orígenes de la vitivinicultura capitalista radica en la presencia de inversores extranjeros y de otras regiones del país que constituyen un empresariado muy heterogéneo, aunque unido para obtener una producción de alta calidad. Los extranjeros de hoy no son los inmigrantes del pasado, que construyeron, acumularon y decidieron en Mendoza; en el presente, las decisiones empresariales se adoptan fuera del territorio provincial, en función de estrategias globales. El peso de las empresas extranjeras está reflejado en las exportaciones, pero aun así el capital nacional y el provincial conservan un lugar muy significativo. Es muy importante la contribución del capital transnacional en la incorporación de los vinos de Mendoza (y otras zonas del país) en importantes mercados internacionales, lo que facilita a muchos exportadores locales de menor tamaño ingresar en esos circuitos. Las ventas del complejo vitivinícola a los mercados nacional e internacional alcanzaron el 57,2% del total exportado en 2014.[11]

Sin embargo, los grandes bodegueros carecen hoy de la influencia política central y excluyente que adquirieron y conservaron, al menos, hasta el advenimiento del

---

[11] Ministerio de Economía y Finanzas Públicas de la Nación. Mendoza: Ficha Provincial, octubre de 2015, p. 4. Consultado el 13 de abril de 2016 en https://goo.gl/hMVYpt.

peronismo. La actual diversificación económica de Mendoza los muestra como actores aún importantes pero dentro de un conjunto más amplio de lo que constituye el poder económico provincial.

Conclusiones: los cimientos de las transformaciones recientes

Si la modernización de fines del siglo XIX, frente a la inexperiencia, la multiplicidad de tecnologías vitivinícolas traídas por la inmigración, o la falta de capitales resultó en la casi excluyente producción de masa, el salto cualitativo de fines del siglo XX es la contracara de aquella. Es el fruto de un largo proceso madurativo. No solo hubo capitales, infraestructura edilicia, experiencia industrial y ejemplos de unas pocas bodegas nacionales y extranjeras con estrategias exportadoras; fue clave, además, la disponibilidad de recursos humanos formados localmente, sin los cuales, más allá de algún reputado enólogo francés o norteamericano, las bodegas mendocinas estarían técnicamente inhabilitadas para elaborar los vinos que hoy ofrecen; precisamente lo que ocurría durante la modernización de fines del XIX con las consecuencias señaladas anteriormente.

Cabe destacar que la primera modernización de la vitivinicultura a fines del siglo XIX condujo al desarrollo de una de las denominadas *economías regionales* de la Argentina, la región vitivinícola conformada por Mendoza y San Juan, productoras de más del 90% de los vinos argentinos. Resultó ser un modelo atípico porque desde un punto de vista económico contradecía las *leyes naturales* de la ciencia económica finisecular. Gozó, en efecto, de promoción y protección en un mundo librecambista al cual se había integrado el país, por lo que el modelo era semejante a los esquemas de la industrialización por sustitución de importaciones que caracterizó a parte del siglo XX. Ese modelo vitivinícola era, obviamente, fruto de una necesidad política para consolidar al moderno Estado-nación argentino e inaugurar un régimen que asegurara la gobernabilidad del país (Botana, 1994).

Las transformaciones técnicas repercutieron en múltiples ámbitos; entre ellos, en la formación de un mercado de trabajo libre que superó antiguas coacciones y visibilizó las condiciones de precariedad y vulnerabilidad que persistían, a través de la organización de un movimiento obrero ya a finales de la década de 1910.

En la década de 1970 este modelo cayó por su propio peso, en un mercado nacional estancado y con crisis de sobreproducción o subconsumo. La consideración política a la vitivinicultura era siempre coyuntural, pero sin llegar a soluciones estructurales. La propia dinámica de la crisis inició los reseñados cambios en el sector vitivinícola, contundentes en los 90.

El proceso desregulatorio aceleró la reconversión del viejo modelo, impregnándolo de las nuevas tendencias económicas: reducción de la producción de *commodities* (vinos comunes) y crecimiento de la de bienes con el mayor valor agregado posible, selectivos y destinados a mercados no masivos (vinos finos, especiales, espumantes tipo champagne).

Al fuerte protagonismo del Estado -nacional y provincial- entre las décadas de 1870 y 1970, se contrapone hoy la reducción del compromiso estatal, limitado a aportes financieros y acciones promocionales del sector. El mayor esfuerzo está ahora centrado en las empresas; pero solo en aquellas suficientemente capitalizadas, pues la reorientación del sector hacia la exportación y la producción de calidad requiere fuerte inversión en tecnología y capital para mantener la guarda de los vinos por períodos prolongados. En este sentido, los pequeños productores siguen padeciendo relaciones fuertemente asimétricas en algunos casos o, simplemente, se retiran de la vitivinicultura.

En definitiva, ¿es este un nuevo modelo o solo se trata de una evolución? En este último caso, habría sido un proceso de maduración, que hizo su experiencia fundacional en un mercado cerrado sobre el que se ensayaron tecnologías y elaboraciones para imponer determinados tipos de vinos y avanzar, luego, hacia otros mercados. Son numerosas las continuidades que se presentan en el largo período estudiado, aun cuando asuman formas diversas. La permanencia de los mercados de uvas y de traslado marca parte de esas continuidades; así como la articulación entre el Estado y el sector vitivinícola, aunque los límites de la intervención hayan oscilado al ritmo de las diferencias políticas e ideológicas y de los intereses representados. También hay continuidad en la formación de recursos humanos, cada vez más especializados. Hubo, asimismo, productores preocupados por obtener vinos de calidad, inclusive antes de la primera modernización, y exportarlos.

Cabría pensar, no obstante, que un modelo nuevo se va imponiendo globalmente desde economías que capturan, con sus capitales, porciones de mercado con alta rentabilidad. Y en este sentido, la región ofrece adecuadas condiciones ecológicas para el cultivo de la vid, dispone de infraestructura y de establecimientos vinícolas de larga experiencia y trayectoria, con productos prestigiados. También, recursos humanos con salarios largamente inferiores a los de países industrializados.

Hay, entonces, una aptitud general de este espacio productivo que puede llegar a constituir una importante fuente de acumulación. Sin embargo, al perfilarse una nueva división internacional del trabajo, pareciera que se revive lo viejo a escala internacional, aunque con un mayor protagonismo del capital extranjero; y lo "nuevo" (segunda modernización) en las escala local y regional sería solo una estrategia de adaptación a las tendencias de un presente aún no concluido.

Bibliografía

ASPIAZU, Daniel y BASUALDO, Eduardo (2000), *El complejo vitivinícola argentino en los noventa: potencialidades y restricciones*, Santiago, CEPAL (mimeo).
BARRIO, Patricia (2006), *Hacer vino*, Rosario, Prohistoria.
BLANCO, Eusebio (1870), *Manual del Viñatero en Mendoza*, Buenos Aires, Imprenta Americana.
BORCOSQUE, Lía (2010), *La legislación vitivinícola y los factores reales de poder en los cambios de la estructura productiva sanjuanina, 1983-2000*, tesis doctoral, Universidad Nacional de Quilmes.
BOTANA, Natalio (1994), *El Orden Conservador*, Buenos Aires, Sudamericana.
CAMPI, Daniel y RICHARD-JORBA, Rodolfo (2007), "Coacción y mercado de trabajo. Tucumán y Mendoza en el horizonte latinoamericano (segunda mitad del siglo XIX)", en Lagos, Marcelo; Fleitas, María S. y Bovi, Teresa (comps.), *A cien años del Informe Bialet Massé. El trabajo en la Argentina del siglo XX y albores del XXI-Tomo II*, Facultad de Humanidades y Ciencias Sociales-Universidad Nacional de Jujuy.
FURLANI DE CIVIT, María *et al.* (1991), "Transformaciones recientes en el oasis norte de Mendoza, Argentina", en *América Latina: Regiones en transición*, Madrid, Universidad de Castilla-La Mancha.
GUTIÉRREZ DE MANCHÓN, María J. (1996), "Retroceso y reconversión de cultivos en los oasis de Mendoza", en *Mendoza: una geografía en transformación*, Mendoza, Facultad de Filosofía y Letras-Universidad Nacional de Cuyo.
MAURIN NAVARRO, Emilio (1967), *Contribución al estudio de la historia de la vitivinicultura argentina: producción, industria y comercio de San Juan, desde su fundación hasta principios del siglo XX*, Mendoza, Instituto Nacional de Vitivinicultura.

OLGUÍN, Patricia (2013), "La experiencia de una empresa pública en la regulación del mercado vitivinícola de Mendoza: expansión, declinación y privatización de Bodegas y Viñedos Giol", en Rougier, Marcelo (comp.), *Estudios sobre la industria argentina 3*, Ciudad de Buenos Aires, Lenguaje Claro.

PÉREZ ROMAGNOLI, Eduardo (2005), *Metalurgia artesano-industrial en Mendoza y San Juan, 1885-1930*, Mendoza, Facultad de Filosofía y Letras-Universidad Nacional de Cuyo.

RAPOPORT, Mario (1997), "La globalización económica: ideologías, realidad, historia", *Ciclos*, N° 12.

RICHARD-JORBA, Rodolfo (1993), "Modelo vitivinícola en Mendoza. Las acciones de la élite y los cambios espaciales resultantes. 1875/ 1895", *Boletín de Estudios Geográficos*, N° 89.

RICHARD-JORBA, Rodolfo (1998), *Poder, economía y espacio en Mendoza, 1850-1900*, Mendoza, Facultad de Filosofía y Letras-Universidad Nacional de Cuyo.

RICHARD-JORBA, Rodolfo (2003), "El mercado de trabajo vitivinícola en la provincia de Mendoza y los nuevos actores. El 'contratista de viña': aproximación a un complejo sistema de empresarios y trabajadores, 1880-1910", *Revista Interdisciplinaria de Estudios Agrarios*, N° 18.

RICHARD-JORBA, Rodolfo et al. (2006a), *La región vitivinícola argentina*, Bernal, UNQ.

RICHARD-JORBA, Rodolfo (2006b), "Formación, crisis y reorientaciones de la vitivinicultura en Mendoza y San Juan, 1870-2000. Aportes para el estudio del sector en la Argentina", *Boletín Geográfico*, N° 28.

RICHARD-JORBA, Rodolfo (2006c), "Sumando esfuerzos y conocimientos. La inmigración europea en el desarrollo de la vitivinicultura capitalista en la provincia de Mendoza. Incorporación y difusión de técnicas agrícolas modernas, 1870-1910", *Anuario del Centro de Estudios Históricos Profesor Carlos S. A. Segreti*, N° 6.

RICHARD-JORBA, Rodolfo (2015), "Conservadores y lencinistas. Intervención estatal en la economía vitivinícola de la provincia de Mendoza (Argentina), 1914-1922", *Anuario del Centro de Estudios Históricos Profesor Carlos S. A. Segreti*, N° 13.

RODRÍGUEZ, Mario (1968), "Influencia de la estructura de los viñedos de Mendoza y San Juan en la exportación de vinos y uvas a los Estados Unidos", *IDIA*, N° 252.

RODRÍGUEZ VÁZQUEZ, Florencia (2012), *Educación y vitivinicultura (1890-1920)*, Rosario, Prohistoria.

ROFMAN, Alejandro y COLLADO, Patricia (2005), "El impacto de la crisis de los años 2001-2002 sobre el circuito agroindustrial vitivinícola y los agentes que lo integran", *IV Jornadas Interdisciplinarias de Estudios Agrarios y Agroindustriales*, Buenos Aires, FCE-UBA.

VIDELA, Horacio (1990), *Historia de San Juan, Tomo VI, 1875-1914*, San Juan, Academia del Plata-Universidad Católica de Cuyo.

Impactos sociales del proceso de privatización y concesionamiento de empresas estatales extractivas en la Patagonia durante la década de los 90[1]

DANIEL CABRAL MARQUES

Introducción

Durante la década de los noventa el gobierno nacional liderado por Carlos Menem (1989-1999) avanzó en la privatización o concesionamiento de las empresas estatales en el marco de premisas de fuerte sesgo neoliberal. Estas iniciativas se expresaron en una profunda reestructuración de las comunidades sociolaborales asociadas a las explotaciones petroleras, gasíferas y carboníferas estatales establecidas históricamente en el espacio patagónico, que generaron una pluralidad de situaciones sociales cada vez más segmentadas, allí donde antes existía un escenario relativamente unificado. Básicamente, esta dinámica estuvo vinculada con la contracción en las posibilidades de inserción ocupacional que dichas empresas irradiaban sobre la región, y con la privatización de gran parte de las modalidades de protección social que cubrían a los trabajadores ligados a tales comunidades laborales.

---

[1] Este artículo fue realizado en el marco del proyecto de investigación "El mundo del trabajo en la Cuenca del Golfo San Jorge: Miradas, lecturas, preguntas y problemas en una perspectiva de cien años (1907-2007)", que dirige externamente el Dr. Enrique Mases (GEHISo-UNCOMAHUE). Constituye además un avance de la tesis de Doctorado en Historia realizada en el marco institucional de la Universidad Nacional del Centro de la Provincia de Buenos Aires y dirigida por la Dra. Susana Bandieri (CEHIR-CONICET-UNCOMAHUE).

En estos casos, la "expulsión" de amplios contingentes de operarios antes integrados a los beneficios del sistema formal de coberturas sociales inauguró un ciclo de acelerada descomposición de las relaciones de dependencia asalariada e instaló en la región un horizonte inédito, definido por la precariedad laboral, el deterioro en la calidad de vida de la población y la endeble participación en los mecanismos institucionales de la seguridad social.

Sin embargo, las formas de resistencia a las políticas de "ajuste" y "racionalización" y las modalidades de adaptación al nuevo contexto se expresaron de modo heterogéneo en las distintas comunidades patagónicas afectadas por el proceso, con respuestas que fueron desde la emergencia de puebladas, el relativo éxodo de población, la organización de asambleas multisectoriales, la reorganización de las estrategias de vida en los hogares, la constitución de sociedades empresariales de "ex agentes", entre otras. En tal sentido, en localidades como Cutral-Có, Plaza Huincul, Comodoro Rivadavia, Caleta Olivia, Las Heras y Río Turbio se pusieron en evidencia respuestas variadas que reflejaron las diversas acciones desplegadas por los grupos sociales afectados por el escenario privatizador.

1. El proceso de transformación y reestructuración de YPF e YCF en la década de los 90

Hasta fines de los años 80 la actividad petrolera en la Argentina se caracterizó por el liderazgo de la empresa estatal YPF y por la fuerte intervención reguladora del Estado en materia de extracción, refinamiento y distribución de combustibles fósiles. El predominio del Estado se sostenía en la necesidad de asegurar el autoabastecimiento del recurso, favorecer la apropiación social de la renta generada por este y definir políticas para el desenvolvimiento del sector a través del establecimiento de precios y condiciones para el desarrollo de la producción (Gerchunoff y Canovas, 1995: 502).

En la década de los 70 y en una dinámica que proyecta sus inicios sobre los años finales del segundo gobierno de Juan Domingo Perón, era ya evidente el proceso de transformación del modelo de relaciones sociolaborales que había caracterizado históricamente a las empresas estatales extractivas en los distintos yacimientos a lo largo del país. En efecto, en función de las modificaciones que fueron operándose en el escenario nacional en materia de política económica, comenzaron a introducirse, paulatinamente desde la década del 60 y en modo explícito desde los años 70, cambios significativos en la funcionalidad tradicional de estas empresas, básicamente en relación con la sustentabilidad de sus comunidades laborales asociadas. La necesidad de llevar a cabo una gradual reestructuración productiva se expresó en esta etapa a través de distintas estrategias entre las cuales se destaca la "privatización" de las viviendas y la consiguiente transferencia de los ámbitos residenciales del personal (campamentos y barrios del yacimiento) al nuevo marco regulatorio representado por las vecinas administraciones municipales (Comodoro Rivadavia en Chubut, Caleta Olivia, Río Turbio y 28 de Noviembre en Santa Cruz). En el mismo proceso, se impulsó el recorte de los compromisos que la actividad petrolera y carbonífera había institucionalizado para la reproducción de sus trabajadores en la esfera del consumo, restringiendo gran parte de los servicios sociales establecidos formalmente desde los inicios de la explotación (proveedurías, hospitales, transporte público, etc.).

En el caso de YPF, los límites en la capacidad de sostenimiento de las modalidades de intervención social que habían caracterizado por décadas a la explotación estatal empezaron a hacerse significativas hacia fines de la década del 60, al potenciarse ciertos problemas crónicos relacionados con la falta de capitalización de la actividad petrolera.

De hecho, la necesidad de concentrar esfuerzos en el ámbito de la inversión productiva generó en los círculos decisorios del gobierno nacional y de la petrolera estatal la urgencia por racionalizar los costos y asegurar la rentabilidad de las operaciones. Esta tendencia restrictiva en materia presupuestaria puede observarse con nitidez en los denominados "planes de austeridad" que comenzaron a institucionalizarse en el ámbito de YPF hacia fines de los años 50, en el marco de una política empresaria preocupada por hacer eficiente el funcionamiento de la actividad petrolera del Estado.

Estas distorsiones llevaron a una transformación paulatina de la imagen de autosuficiencia, ya tradicional en el Yacimiento Fiscal, que sería erosionada por el repliegue que desde la petrolera comenzó a operarse en relación con la "asistencia" a su personal. La disolución de ese modelo de relaciones sociales implicó de hecho la paulatina separación entre la esfera de la producción y la esfera de la reproducción de los trabajadores por parte de la política de la empresa. Cada vez más, la esfera de la reproducción fue cobrando autonomía, asegurando al trabajador un margen de independencia respecto de la empresa en cuanto a la provisión de los elementos básicos para la subsistencia. En cada caso, estas modificaciones supusieron un impacto significativo sobre la población asistida al afectar gran parte del desenvolvimiento de la vida cotidiana de la comunidad petrolera mucho antes de instalarse en el escenario nacional de los años 90 la política de privatización de las empresas públicas que, en el caso analizado, se tradujo en la reestructuración y desaparición de "YPF Sociedad del Estado" con elevados costos económicos, sociales y simbólicos para sus comunidades asociadas.

Esta tendencia sería profundizada en el marco del uso discrecional de los recursos generados por la petrolera estatal que se haría corriente en el marco del Proceso de Reorganización Nacional (1976-1983) y que avanzaría en el desfinanciamiento y la reducción operativa en la capacidad empresarial de YPF. Tal cual lo han demostrado varios analistas, YPF fue la empresa nacional que más endeudó la Dictadura y su situación se convirtió en el caso emblemático de la desnacionalización estatal (Herrera y García, 2003).[2]

En el plano de la comunidad socio-laboral de los 50.555 trabajadores existentes en 1975 -máximo histórico en la petrolera estatal- la Dictadura Militar fue despidiendo personal hasta llegar a 1983 a los 32.772 operarios (Anuarios y Boletines de Informaciones Petroleras de YPF). Con la restauración de la democracia en 1983 la política implementada por el gobierno radical de Raúl Alfonsín instrumentó una serie de cambios en el sector petrolero que apuntaban la preparación del terreno para, como mínimo, una profunda desregulación o una privatización parcial (asociación con el capital extranjero). Los sucesivos planes definidos para el sector (Plan Houston, Plan Huergo, Plan Comodoro Rivadavia y Planes Olivos I y II) impulsaron la renegociación de los contratos en las áreas marginales y en las áreas centrales, la posibilidad de la participación accionaria del capital privado en un margen de hasta el 49% en la estructura en YPF para la explotación en dichas áreas y la desregulación paulatina del mercado petrolero. Sin embargo estas políticas no afectaron significativamente la fisonomía de la planta de personal que mantuvo, e incluso incrementó, su tamaño pasando de 32.772 operarios en 1983 a 35.673 en 1988 (Anuarios y Boletines de Informaciones Petroleras de YPF).

Por su parte, la explotación carbonífera de Río Turbio vivió durante los años 60 un importante período de expansión, en el marco de la demanda energética sostenida por la profundización del modelo de sustitución de importaciones a escala nacional. La necesidad de ampliar la

---

[2] La práctica más frecuente, inculcada por los organismos financieros internacionales, era la de tomar créditos externos -en dólares- a nombre de YPF y posteriormente dirigirlos hacia gastos corrientes y el mercado cambiario. Hacia la compañía solo se destinaban fondos en pesos para el funcionamiento administrativo.

capacidad energética del país con la instalación de nuevas usinas termoeléctricas dio un gran impulso al yacimiento carbonífero con inversiones en equipamiento y con una reorganización de la comunidad sociolaboral sostenida a través de la mayor demanda de profesionales y técnicos argentinos atraídos desde otros puntos del país por las diferencias salariales (Salvia y Muñoz, 1997). El proceso impulsó la segmentación laboral y la complejización de la fuerza de trabajo con la materialización de nuevas categorías y jerarquías ocupacionales y la diferenciación interna de las formas de organización de trabajadores, empleados, personal técnico y directivo.

El aumento de la población y los elevados ingresos percibidos por los trabajadores dieron impulso al comercio y los servicios locales, revitalizando el desarrollo sociocomunitario al punto de marcar una "edad de oro" en la vida social y económica de la comunidad carbonífera. Sin embargo, en la década del 70 la explotación del carbón fue paulatinamente marginada de la "ecuación energética nacional", lo que llevó a la pérdida de rentabilidad del yacimiento, a la reducción de la demanda interna del carbón y a la merma en las inversiones por parte del Estado nacional. La pérdida de productividad, el deterioro comercial y financiero se agravaron a partir de 1976, con las estrategias de reducción de gastos y la reorganización de la planta de personal operadas por el gobierno de facto que contribuyeron a distorsionar la estructura de funcionamiento de la mina y de su comunidad laboral y residencial asociada (Salvia y Muñoz, 1997: 70-71).[3]

---

[3] El contexto signado por la inminencia de un conflicto bélico con Chile en 1978 llevó al gobierno de facto a la expulsión de un importante contingente de trabajadores de origen chileno que se desempeñaban en las tareas "productivas" y "extractivas" de la mina de Río Turbio, avanzando de este modo en la reducción de personal y en la desarticulación de la lógica de funcionamiento de la comunidad laboral.

Desde entonces la explotación carbonífera estatal nunca volvería a recuperar el lugar de relevancia que había desempeñado en los años 50 y 60 en el marco del modelo industrial sustitutivo, hasta llegar en los 90 a la reestructuración, la reducción compulsiva de personal y su concesionamiento a un grupo empresario privado en 1993.

Con la instauración de un nuevo gobierno en 1989 se inició un amplio proceso de privatización y desregulación petrolera, cuyos objetivos básicos fueron

> crear mercados competitivos en las distintas etapas de la actividad, abrir las transacciones al comercio internacional, capturar en el presente las futuras rentas petroleras y mejorar el nivel de eficiencia productiva de YPF. Los principales instrumentos aplicados por las autoridades fueron la privatización de reservas petroleras, la desregulación de precios, la eliminación de trabas al comercio exterior, la reducción de alícuotas impositivas, y la privatización de YPF (Gerchunoff y Canovas, 1995: 503).

Dos grandes procesos de reforma se llevaron a cabo en la empresa desde fines de 1990. Ambos procesos apuntaron -según definiciones de la propia cúpula directiva- a convertir YPF en una compañía moderna y con capacidad competitiva en el mercado nacional e internacional. Uno de estos procesos, el que se inició primero, se conoció como *Proceso de transformación* y buscaba en esencia definir las actividades estratégicas para la Sociedad, a fin de determinar su eficiencia y su interés económico. Sobre la base de un estudio requerido a una consultora internacional (McKinsey & Company, Inc.) se diseñó un programa de reforma a los efectos de lograr "una empresa que fuera integrada, equilibrada y rentable. Una empresa de derecho privado, de capital abierto y que cotizara sus acciones en bolsas locales e internacionales" (YPF Sociedad Anónima. *Memoria y Balance General al 31 de Diciembre de 1992*). A estos fines se ideó un plan de acción y se contrataron consultores internacionales especializados en cada área que colaboraron en aspectos legales y técnicos.

Este proceso de transformación se llevó a la práctica formalmente con la entrada en vigencia del Decreto N° 2.778/90 (el Decreto de Transformación) del Poder Ejecutivo Nacional, a partir del 1 de enero de 1991. Dicho decreto estableció la modificación de la organización jurídica de la Sociedad, abandonando la figura de Sociedad del Estado para convertirse en una Sociedad Anónima de capital abierto, con autonomía empresaria para asociarse con inversores privados en función de actuar dentro de las nuevas condiciones que promovía la desregulación del mercado petrolero (YPF Sociedad Anónima, Decreto 2778/90, *Boletín de Informaciones Petroleras*, Tercera Época, N° 25, año 8. Marzo de 1991, pp. 2-13).

Posteriormente, el 24 de setiembre de 1992, el Congreso de la Nación sancionó la Ley N° 24.145 (la Ley de Privatización de YPF), que reafirmó y otorgó el marco el marco legal a la privatización de la Sociedad y la estrategia de reorganización establecida por el Decreto de Transformación (YPF Sociedad Anónima, *Memoria 1993*, Buenos Aires, p. 38).[4] La transformación consistió, fundamentalmente, en la concentración y focalización en las operaciones prioritarias de la Sociedad y la venta de activos no considerados necesarios para el desarrollo futuro de la política de la empresa. De acuerdo con definiciones de los propios protagonistas de este proceso:

---

[4] La Ley 24.145 también establecía la federalización de los hidrocarburos otorgando el dominio de los yacimientos a las provincias en cuyos territorios se encuentren, la concesión a YPF de ciertos oleoductos y poliductos, y el mecanismo de venta de las acciones que la empresa instalaría en el mercado bursátil así como el destino de los fondos de dicha venta. Esta normativa prevé la división de la estructura de capital de la compañía en cuatro tipo de acciones de acuerdo con el propietario de dichos títulos: el Estado nacional (clase A), las provincias (clase B), el personal (clase C) y los inversores privados (clase D) (Ley 24.145, citada en Yeatts, 1996: 233-235).

la empresa tenía áreas que no podían explorarse o explotarse adecuadamente, refinerías, equipos de perforación y oleoductos con capacidad ociosa, buques, aviones, astilleros, supermercados, clubes y hospitales propios [...]. Se dispuso la venta de todos aquellos activos cuyas operaciones relacionadas carecían de rentabilidad potencial, como los referidos a la perforación y la mayor parte de la flota de buques y de aviones. Otros activos considerados no estratégicos pero con rentabilidad potencial, como los derechos de exploración y algunas concesiones en las cuencas Austral y Noroeste, fueron involucrados en acuerdos con terceros o en uniones transitorias de empresas (Roiter, 1994: 8; Yeatts, 1996: 232).

La transformación de YPF S.A. estaba concluida al 31 de diciembre de 1992. A partir de allí se profundizó la segunda etapa, denominada de *Reestructuración de la empresa*, que implicaba una profunda reorganización de la estructura interna de la Sociedad, iniciando un proceso de reducción de gastos y de modificación de la dinámica de funcionamiento de la compañía. Esta fase del programa incluyó una nueva dirección que implementó nuevos procedimientos y controles y un moderno sistema de contabilidad e información, con la definición de una nueva estructura administrativa al interior de la empresa. Como en el caso de la Transformación aquí también se contó con la asistencia de una consultora internacional (Arthur D. Little Inc.) y conforme a las modificaciones propuestas se le dio una nueva forma a la Sociedad a partir de la instrumentación del principio de unidades estratégicas de negocios con la constitución de unidades de gestión que serían medidas por sus resultados y su contribución a la ganancia (YPF Sociedad Anónima. *Memoria y Balance General al 31 de Diciembre de 1992*).[5]

---

[5] En 1992, YPF reorganizó sus operaciones, agrupando las actividades de exploración y producción en la Unidad Estratégica de Negocios *Upstream* y las actividades de refinación, comercialización y transporte en la Unidad Estratégica de Negocios *Downstream* (YPF Sociedad Anónima. *Memoria 1993*. Buenos Aires, Argentina, p. 24).

Entre las iniciativas que planteaba la reestructuración de YPF S.A. una de las de mayor relevancia y la que más interesa a los fines de nuestro trabajo fue la que impulsó la reducción y reorganización de la fuerza laboral de la empresa que pasó de un total aproximado de 51.000 empleados cuando se inició el proceso en 1991 (incluidos unos 15.000 empleados bajo contrato) a 7.500 operarios al 31 de diciembre de 1993 (YPF Sociedad Anónima. *Memoria 1993*, Buenos Aires, p. 22). Esta cifra continuó decreciendo a lo largo de los años subsiguientes hasta llegar a un total de 5.501 operarios registrados dentro de las actividades de YPF S.A. para el 31 de diciembre de 1995 (YPF Sociedad Anónima. *Memoria 1993*, Buenos Aires, p. 22). Durante 1991, 1992 y 1993 la empresa implementó sucesivas reorganizaciones y eliminaciones de tareas que tuvieron como resultado la disminución de su dotación de personal y la consecuente eliminación de una significativa masa salarial.[6]

A lo largo de este período se promovió una política de derivar a cursos de capacitación por el término de un año a los agentes que revistaban como convencionados de acuerdo con lo establecido oportunamente por la firma de sucesivos Convenios Colectivos de Trabajo con la Federación SUPE.[7] Según la perspectiva de la empresa esta operatoria

---

[6] Estas reducciones significaron una disminución de la nómina salarial mensual de $51 millones en diciembre de 1990 a $17 millones en diciembre de 1993 (YPF Sociedad Anónima. *Memoria 1993*, Buenos Aires, p. 22).

[7] Con el dictado del Decreto del Poder Ejecutivo N° 1757/90 en setiembre de 1990, se dispuso la inmediata iniciación de las negociaciones de los convenios colectivos de trabajo por parte de las comisiones negociadoras (YPF/SUPE). Ante el desacuerdo de las partes frente a las cuestiones planteadas, la autoridad de aplicación intervino procediendo a dictar el "Laudo artículo 68-Decreto 1757 N° 1/90" (8 de octubre de 1990). Conforme este laudo, quedaron suspendidas "hasta la fecha de homologación de un nuevo convenio colectivo de trabajo que sustituya al C.C.T. N° 23/75", todas las cláusulas distorsivas de la productividad o que impedían el normal ejercicio de la administración empresaria. El 30 de noviembre de 1990 se firmó un nuevo texto de la Convención Colectiva de Trabajo entre YPF Sociedad del Estado y la Federación SUPE, de conformidad con los términos de la Ley N° 14.250. El convenio laboral suscripto estaba orientado al cumplimiento de los objetivos fijados por el artículo 44 de la Ley N° 23.696 ("De Reforma del Esta-

tenía por objeto "relevar de sus tareas habituales al personal a efectos de lograr una especialización que permita su futura inserción en el mercado laboral" (YPF Sociedad Anónima. *Memoria y Balance General al 31 de Diciembre de 1992*). Este mecanismo, que establecía la percepción de un salario al trabajador durante el lapso en el cual estuviera abocado a las tareas de formación que suponían dichos cursos, posibilitó a la empresa la progresiva desvinculación de un enorme contingente de empleados de acuerdo con las modalidades del Despido con Indemnización y el Retiro Voluntario, previstas como figuras para la reducción de la dotación de recursos humanos desde el inicio mismo del proceso de transformación de la empresa.[8]

Al 31 de diciembre de 1994, se habían desvinculado de la empresa un total de 29.933 trabajadores bajo la figura del despido con indemnización constituyendo esta cifra casi el 88% del total de las bajas registradas desde la puesta en

---

do"), en orden a promover el fortalecimiento de la gestión empresarial y el mejoramiento de la productividad laboral. En virtud de este instrumento se excluyeron de la representación gremial 2.600 funcionarios sobre un total de 37.367 trabajadores de la empresa, a fin de redimensionar la tarea de conducción de los cuadros profesionales y técnicos. Además fueron impulsados planes de capacitación y entrenamiento del personal, a través de cursos específicos de los cuales participaron inicialmente en el primer año (1990) 8.783 agentes. En relación con estas negociaciones y con la gestión de un nuevo Convenio Colectivo de Trabajo con la Federación SUPE a lo largo de 1993 se estableció la adecuación de las relaciones del trabajo a la metodología del mercado, la reducción de delegados gremiales por cada establecimiento de la Sociedad (de 1.187 en octubre de 1991 a 148 en febrero de 1993), la disminución de licencias gremiales, un sistema de pago por eficiencia y una nueva escala remunerativa con sistema de primas. (YPF Sociedad Anónima. *Informe de Gestión Anual 1990*. Sindicatura General de Empresas Públicas; YPF Sociedad del Estado. *Memoria y Balance General*. Ejercicio N° 14, 1990, e YPF Sociedad Anónima. *Memoria y Balance General al 31 de Diciembre de 1992*).

[8] Al 31 de diciembre de 1993 la previsión para el pago de indemnizaciones por despido ascendía a $31 millones. Esta previsión se utilizó durante 1993, al desembolsarse sumas para ex empleados conforme con los acuerdos de extinción de la relación laboral. La Sociedad realizó estos pagos con fondos generados internamente (YPF Sociedad Anónima. *Memoria 1993*, Buenos Aires, Argentina, p. 30).

marcha de la política de reestructuración de la compañía (YPF Sociedad Anónima. *Memoria y Balance General al 31 de Diciembre de 1992*). Las indemnizaciones estuvieron reguladas por las leyes laborales vigentes y preveían un monto de dinero que se establecía con base en un coeficiente en el que se consideraba tanto la trayectoria como la antigüedad del empleado dentro de la empresa. En general las sumas ofrecidas a quienes se acogieron al programa de desvinculación, definido genéricamente como "retiro voluntario" oscilaron entre los $25.000 y los $80.000.[9]

El programa de racionalización de la planta de personal implicó además la puesta en marcha de un mecanismo de emprendimientos a partir de la conformación de sociedades de ex agentes con contratos por tiempo limitado para el desarrollo de tareas secundarias y de baja importancia estratégica.[10] La definición de estas sociedades de trabajo supuso la descentralización de funciones por parte de YPF

---

[9] Ministerio de Economía, *Memorándum Dirección Nacional de Control de Gestión y Privatizaciones* N° 138, 2 de setiembre de 1992. El Programa de Retiros Voluntarios entró en vigencia en el mes de febrero de 1991 y durante los tres años siguientes se constituyó en el principal instrumento en la política de reducción de personal. En los hechos constituía una forma de despido disfrazado en el que mediaba un monto indemnizatorio y mediante el cual se buscaba acelerar el proceso de reducción del personal al interior de la empresa. En atención a estos fines, la propia cúpula directiva de la compañía tendió a instalar un clima de inseguridad entre la población trabajadora a partir de mensajes explícitos en los que se marcaba la necesidad de efectivizar la desvinculación en el menor tiempo posible para evitar la potencial reducción de los montos a obtener por indemnización: "Frente a este contexto, la empresa advierte que aquellos agentes que deseen desvincularse de la misma en forma voluntaria no dilaten la decisión, toda vez que en los próximos días podría producirse una sensible disminución en los montos indemnizatorios a percibir (...) la futura sanción de la Ley de Empleo que en este momento se encuentra en la Comisión de Legislación en la Cámara de Diputados determina, entre otros temas, la disminución de los topes indemnizatorios por despido" (Hector Oreste, vicepresidente de Recursos Humanos de YPF. Telex N° 023142. 4 de setiembre de 1991. Citado en Reinoso, 1995: 131).

[10] Estas iniciativas estaban amparadas en la Ley 23.696 de Reforma del Estado que, en su art. 16, hace alusión a quienes tienen preferencia para la adquisición de las empresas, sociedades y bienes "sujetos a privatización" y estable-

S.A., y se inició formalmente a fines del año 1991. Hacia el 31 de diciembre de 1992, se habían constituido en todo el país 207 sociedades que involucraban alrededor de 6.000 operarios (YPF Sociedad Anónima. *Memoria y Balance General al 31 de Diciembre de 1992*). Estas entidades adoptaron en su mayoría la figura legal de las Sociedades Anónimas o de Responsabilidad Limitada y constituyeron -desde el inicio- un conjunto heterogéneo de unidades económicas con diversas perspectivas de inserción en el mercado de acuerdo con el tipo de actividad que desarrollaban, a los términos de la vinculación contractual con YPF S.A., a las posibilidades de capitalización y a la capacidad de gerenciamiento de sus cuadros directivos.

En el caso de la empresa carbonífera YCF, la política de privatizaciones encarada por la administración Menem, también enmarcada en la Ley 23.696 de Reforma del Estado, impulsó su entrega en concesión por vía de decreto del Poder Ejecutivo Nacional. En el complejo carbonífero de Río Turbio, el "saneamiento" de la empresa estuvo a cargo de una intervención dispuesta por el gobierno nacional y entre sus principales actuaciones se destacaron la aplicación de un programa de racionalización orientado a la reducción de su personal, la liquidación de inmuebles improductivos y la transferencia a la provincia de Santa Cruz de la provisión de los servicios públicos históricamente brindados por YCF (Decreto 988/93) (Nahon, 2005).

Una vez finalizado el proceso de "saneamiento", el PEN habilitó la concesión integral del complejo carbonífero, ferroviario y portuario propiedad de YCF por un plazo máximo de veinte años. Asimismo, comprometió un subsidio estatal fijo -con asignación prioritaria al pago de cargas laborales- como forma de saldar la diferencia entre los ingresos por la explotación del complejo y sus gastos

---

ce, entre otros, a "los empleados del ente a privatizar, organizados en Programa de Propiedad Participada o Cooperativa u otra entidad intermedia" (Palacios, 1993).

operativos (Decreto 988/93). En esta situación la "expulsión de trabajadores" se inició con las políticas de "saneamiento" de la empresa, también bajo la forma extendida del retiro "voluntario". En los años previos a la transferencia (a partir de 1992), el Estado nacional gestionó el retiro de 1.710 agentes, de forma que, en 1994, YCF transfirió un total de 1.290 trabajadores al consorcio YCRT S.A. De acuerdo con los análisis realizados durante la década de los 90 esta tendencia continuó, pero a menor escala, durante la gestión privada de la mina.[11]

En ambos casos la reducción de personal se vio acompaña por una creciente política de tercerización y "flexibilización" del personal (modificación de las políticas de contratación, aumento de la jornada laboral, relocalización de trabajadores, reducción del salario nominal combinada con la desaparición de las formas de salario indirecto aportas históricamente por estas empresas, debilitamiento y desconocimiento de las representaciones sindicales preexistentes, etc.).

2. La difícil inserción ocupacional de los ex operarios de YPF-YCF en el contexto de los años 90: opciones y estrategias

La privatización-concesionamiento de estas compañías estatales y la racionalización de sus plantas de personal crearon un nuevo escenario en la vida económica de la región, promoviendo la aparición de nuevas situaciones de la mano de las variadas estrategias de inserción laboral por parte de aquellos trabajadores que finalizaban su relación de dependencia asalariada con la empresa petrolera. Este acelerado proceso de transformación resultó en la

---

[11] En el año 2000, la dotación de personal estable era un 31,1% menor que al inicio de la concesión (889 agentes) (Nahon, 2005).

desestabilización de un sector significativo de la población de la región, que en periodos anteriores había alcanzado todas las ventajas inherentes a la posesión de un empleo estable y relativamente bien remunerado, asociadas a la seguridad que otorgaban los dispositivos institucionales del Estado Benefactor. Bajo las condiciones que impuso el proceso de contracción del empleo, estallaron los viejos criterios de organización de la actividad económica local, y aparecieron nuevas situaciones ocupacionales que en muchos casos dejaban librada la posibilidad de la reinserción laboral a la capacidad individual de cada uno de los actores involucrados. El nuevo escenario fue definiéndose cada vez más sobre la emergencia de dos grandes polos, el de la exclusión total con la expansión del desempleo abierto y el de la inclusión parcial o defectuosa de aquellos que a partir de sus propias estrategias adaptativas pudieron situarse temporariamente sobre las distintas franjas del empleo urbano.

En principio, y tal como sucedió en los distintos yacimientos a lo largo del país, la reestructuración de YPF generó en todo el radio de influencia de la actividad petrolera en el Golfo San Jorge la constitución de un importante número de emprendimientos formalizados inicialmente por ex agentes de la empresa que tomaron a su cargo algunos de los servicios de apoyo y tareas secundarias que antes eran realizados directamente por la compañía estatal. En la mayoría de los casos estas unidades económicas se constituyeron sobre la base de las figuras jurídicas de Sociedades Anónimas y Sociedades de Responsabilidad Limitada, e iniciaron sus actividades en diversos rubros a partir de la puesta en vigencia de contratos de trabajo con YPF S.A., por los cuales se les garantizaba de uno a dos años de funcionamiento en relación con la demanda asegurada por parte de la empresa petrolera.

En el lapso de casi tres años (1991-1993) aparecieron en escena veintiocho emprendimientos instalados en la ciudad de Comodoro Rivadavia dedicados a tareas tan diversas como servicios viales, desmonte de suelos, relevamientos topográficos y sísmicos, radio y telefonía, tendido de cañerías, cementación de pozos, transporte de cargas, imprenta gráfica, construcciones y premoldeados, etc. Estas sociedades nuclearon alrededor de 1.300 ex operarios de YPF (casi el 25% del total de la planta de personal que se retiró de la petrolera desde 1991) y a su vez se transformaron en activas demandantes de mano de obra al proveer de empleo a más de 800 nuevos trabajadores no vinculados originalmente a la empresa madre.[12] En la zona norte de Santa Cruz (eje Caleta Olivia, Pico Truncado y Las Heras) durante el mismo periodo se organizaron veintidós emprendimientos, que ocuparon durante 1994 a 478 socios ex agentes de YPF y a 628 personas contratadas (Salvia, 1995: 29).

Estas pequeñas y medianas unidades empresariales atravesaron durante sus primeras etapas de funcionamiento un conjunto de dificultades operativas derivadas -entre otras cosas- de problemas relacionados con la capacidad de gerenciamiento, de la obsolescencia tecnológica del equipamiento utilizado y la imposibilidad financiera de captar créditos que permitiesen su renovación, y de las desventajas para sostener una inserción competitiva en el mercado frente a los costos que imponían las compañías privadas de mayor envergadura y trayectoria.[13] En general, aquellas sociedades que se organizaron con base en una estructura

---

[12] Nómina de emprendimientos. Entrevista a personal directivo de Geovial S.R.L. Comodoro Rivadavia. 20 de octubre de 1996. Los veintiocho emprendimientos localizados en Comodoro Rivadavia están representados por las siguientes empresas: Cóndor, Construcciones y Premoldeados, Dibujos y Geología, ECODYM, ENERCOM SRL, EPSILOM, Gases Comprimidos San Pablo SRL, Geopatagonia SRL, Geovial SRL, Hospital Alvear S.A., Imprenta Gráfica S.A., Industrial Chubut SRL, LASA, METRAPET S.A., Montajes Industriales "El Indio", OPECOM SRL, OPESEN, PEXSE SAP, SEIP SRL, SERMAY, SEP, SERCO, SERPECOM S.A., SERTOP SRL, SIP S.A., TELFISA, Talleres Industriales Patagónicos S.A. y UGASA

[13] Desde algunos emprendimientos se sostenía que al momento de ser entregado a las nuevas sociedades el equipamiento estaba amortizado e incluso sobrevaluado. En muchas ocasiones -y según la óptica de los propios asociados- se trató de material anticuado que había sufrido ya un importante desgaste por el uso y que requirió una inversión considerable para su puesta en

más amplia (con filiales en los distintos yacimientos del país o con un mayor volumen de asociados) y que se insertaron en el mercado a partir de la oferta de servicios relacionados directamente con la actividad petrolera e industrial tuvieron mayores opciones de continuidad y capitalización.[14] Por el contrario, las condiciones fueron mucho más hostiles para aquellas pequeñas unidades que proveían servicios auxiliares a la actividad petrolera (imprenta, transporte) y que por su propia dinámica constitutiva tenían un radio de acción limitado geográficamente al propio yacimiento originario.

---

funcionamiento. Estas características del equipamiento incidieron negativamente para competir con éxito en la licitación de nuevos contratos promovida por YPF SA. Para mayores referencias ver Eduardo Wade (1996).

[14] Sin embargo, algunas de estas empresas también enfrentaron serios problemas de funcionamiento generados por los vaivenes de su propia política comercial y financiera. Tal es el caso de PEXSE y MYRASA, las primeras sociedades que se constituyeron a partir del desprendimiento de YPF en el año 1991: "PEXSE es la primer sociedad que se formó desde YPF (...) se forma por los primeros agentes que quedan cesantes después de una huelga (en 1991) (...) la Federación SUPE, con Diego Ibáñez, arregla con el gobierno y conforma las sociedades (...) a la gente que habían echado de marítima de YPF se la nuclea en MYRASA (...) y también la gente cesante de perforaciones conforma lo que es PEXSE (...) la primer sociedad es PEXSE, pero manejada por la Federación SUPE (...) los problemas que tiene hoy PEXSE están relacionados con el mal manejo gerencial y administrativo de los primeros tiempos (...) deben varios millones de dólares a los proveedores más lo que le deberían a todos los empleados de Comodoro y de Neuquén" (Entrevista a personal directivo de las empresas Gases Comprimidos San Pablo SRL, GEOVIAL y UGASA (Sociedades de ex agentes de YPF). Comodoro Rivadavia. Mayo a octubre de 1996).

El 8 de diciembre de 1995 la empresa PEXSE, que actuaba como contratista de YPF S.A. en tareas de perforación y terminación de pozos, suspendió sus actividades por falta de recursos para continuar trabajando, y entró en concurso de acreedores dado el ahogo financiero y el importante nivel de endeudamiento en el que se debatía. La cesación de pagos, y la deuda de casi 25 millones de dólares con YPF S.A. y con una extensa cartera de acreedores (casi 600 empresarios en todo el país), implicó en los hechos el no pago de salarios a gran parte de sus operarios durante varios meses y el despido de un amplio contingente de trabajadores en las filiales Mendoza, Chubut, Neuquén y Santa Cruz. Fuentes: diario *Crónica* (27/03/96, 10/04/96, 26/04/96 y 16/05/96), *El Patagónico* (26/04/96) y *El Chubut* (2/03/96).

En el plano de la lógica de funcionamiento empresarial, gran parte de estas sociedades de ex agentes reprodujeron en escala reducida la racionalidad económica de la unidad mayor a la que antes habían pertenecido. Esta situación, producto de la incidencia cultural de un agente que formó su experiencia laboral en una empresa altamente burocratizada, fue destacada permanentemente como uno de los principales obstáculos para el crecimiento del sector en sus primeras etapas de desarrollo:

> todo pasa por el conocimiento del trabajo (…) no es lo mismo salir de una relación de dependencia que insertarse en la actividad privada (…) muchas de las sociedades han tenido muy buenos contratos y fracasaron porque cuando vieron que llegaba una facturación, cobraban una enormidad de plata, no sabían qué hacer y -como yo lo veo con mis socios- empiezan a querer largar para todos lados, se pusieron salarios muy altos y después pagaron las consecuencias (…) lamentablemente YPF encasilló a la gente y la mal acostumbró (…) sobredimensionan todo, pasan por un lugar está la luz prendida y la dejan prendida, no les interesa, porque no han sufrido los costos que implican los servicios, no tienen conciencia de esos costos (…) además, si por ejemplo le decís a un chofer que tiene que ir a pintar, te dicen y por qué tengo que pintar yo si yo soy chofer?, acostumbrados a la mentalidad de YPF en donde tenía una categoría, era esa y punto (…) ya no podía hacer otra cosa (…) para ser empresario hay que tener la mentalidad de empresario, no es solo el inscribirse en un registro y tener un número de empresa.[15]

En otro orden, las entrevistas realizadas al personal que administró algunos de estos emprendimientos pusieron en evidencia las notorias dificultades que existieron para que los trabajadores pudieran asumir la doble condición que establecía, por un lado, su adscripción a la empresa como

---

[15] Entrevista a personal directivo de las empresas Gases Comprimidos San Pablo SRL, GEOVIAL y UGASA (Sociedades de ex agentes de YPF). Comodoro Rivadavia. Mayo a octubre de 1996.

socio en virtud del capital invertido para su constitución, y por otro, su inserción laboral como trabajador que revista jerárquicamente bajo las directivas de una autoridad formalmente establecida:

> todos los socios, a excepción mía (gerente) son empleados de la planta, yo con ellos tengo dos tipos de reuniones, como gerente con los empleados y con la misma gente (salvo dos que son contratados) como socio (…) ese es un tema que me costó hacerlo entender, la diferencia de roles (…) algunos decían porque voy a hacer esto si yo también soy socio? (…) tienen dos tipos de relaciones como socios y como empleados (…) eso recién lo están comprendiendo.[16]

Dicha circunstancia se tornaba aun más conflictiva en aquellos casos en que quien ejercía el rol de gerente o administrador de la sociedad era un antiguo compañero de trabajo, de sus dirigidos, y cumplía esa función por ser el principal inversor o por propia decisión de la asamblea de accionistas:

> en TIPSA, ellos no tienen ese problema porque la jefatura que era antes de YPF siguió estando como jefatura en esta sociedad, se mantiene la misma estructura, pero otras sociedades tuvieron problemas en la conducción por no saber diferenciar los roles (…) conozco empresas que han cambiado tres veces de gerente porque los que estaban antes tuvieron muchas dificultades (…) en casi todos los casos los gerentes y la conformación del Directorio son parte de la sociedad.[17]

En muchos casos, los propios emprendimientos constituyeron una opción para los trabajadores desvinculados de YPF durante el proceso de reestructuración. Más allá

---

[16] Entrevista a personal directivo de las empresas Gases Comprimidos San Pablo SRL, GEOVIAL y UGASA (Sociedades de ex agentes de YPF). Comodoro Rivadavia. Mayo a octubre de 1996.

[17] Entrevista a personal directivo de las empresas Gases Comprimidos San Pablo SRL, GEOVIAL y UGASA (Sociedades de ex agentes de YPF). Comodoro Rivadavia. Mayo a octubre de 1996.

de sus limitaciones operativas, representaron un nicho de actividad económica y una fuente de empleo alternativa para aquellos que en primera instancia se propusieron, sin éxito, llevar a cabo tareas por cuenta propia a partir de la inversión del dinero recibido por indemnización: "la mayoría malgastó ese dinero, todo lo que recibieron de ese retiro lo malgastaron (...) algunos lo prestaron, otros invirtieron y les fue mal (...) muchos salieron del ámbito en que venían trabajando y después se volvieron a insertar en él".[18]

Sin embargo, el cuentapropismo a partir del ejercicio de nuevas actividades económicas fue la salida más corriente para quienes se desvincularon de la petrolera estatal. Un enorme contingente de operarios, de difícil estimación, con diversas edades y variados niveles de calificación, optó por canalizar sus recursos hacia la actividad comercial (kioscos, tiendas, casas de comida, bares) o los servicios personales promoviendo la aparición de una extendida atomización empresaria conformada por unidades de escaso tamaño, muy baja productividad y permanentes dificultades financieras y comerciales. La aplicación del capital resultante de los retiros voluntarios sobre los mismos rubros de actividad supuso la proliferación de actividades de índole similar que llevaron rápidamente a una drástica reducción de los márgenes de rentabilidad de dichas inversiones: "la gente dilapidó el capital en quiosquitos, fue el *boom* de los multirrubros, que no le produjeron ningún beneficio ni a sus propietarios, ni a la actividad comercial, porque además fueron manejados por gente que no supo hacerlos producir como correspondía, entonces no pudieron capitalizarse".[19]

Otro rubro hacia el que se orientaron mayoritariamente los capitales generados por las indemnizaciones fue el de los servicios de transporte de pasajeros, lo que llevó a

---

[18] Entrevista a personal directivo de las empresas Gases Comprimidos San Pablo SRL, GEOVIAL y UGASA (Sociedades de ex agentes de YPF). Comodoro Rivadavia. Mayo a octubre de 1996.
[19] Entrevista a directivos de la Cámara de Comercio, Industria y Producción de Comodoro Rivadavia, mayo de 1996.

la constitución de un número muy importante de cooperativas de taxis y agencias de remises, con un crecimiento explosivo que excedió en poco tiempo la capacidad de la demanda en muchas de las localidades afectadas por el proceso.[20] En este caso, los agentes retirados invirtieron sus indemnizaciones en la compra de unidades automotrices para integrarse a los mencionados servicios, formalizando cooperativas de trabajo, aunque en la realidad estas organizaciones desarrollan actividades como emprendimientos cuentapropistas.

Muchas de estas alternativas de "autoempleo precario" fueron implementadas como estrategias para contrarrestar los efectos de la desocupación, asegurando una mínima fuente de divisas al grupo familiar, ante la dificultad creciente por la plena inserción del jefe de familia en un empleo asalariado en los años sucesivos al retiro. En estas situaciones, la inserción ocupacional de otros miembros de la familia (esposa, hijos, hermanos) se transformó en una opción viable para permitir, a través del acceso a ingresos alternativos, la reproducción del propio grupo familiar: "Yo me puse un quiosco porque no conseguía trabajo en ningún lado, debe ser por la edad que tengo, (...) mi señora está de portera en una escuela y con eso nos vamos arreglando";[21] "Mi hermano estaba estudiando en el (colegio) Deán Funes (...) y ahora está rindiendo libre para pasar a sexto año (...) con todo lo que nos pasó con mi papá, empezó a trabajar de remisero (...) como chofer (...) mi hermano tiene 20 años".[22]

---

[20] La resultante de este proceso fue un prolongado conflicto entre las cooperativas de taxis y las agencias de remises por el reconocimiento municipal en virtud del estricto marco regulatorio para el otorgamiento de patentes que pusieron en vigencia las autoridades comunales durante los años 1995 y 1996. Este tipo de situaciones fueron claramente visibles en las localidades de Comodoro Rivadavia y Caleta Olivia.
[21] Entrevista a un ex trabajador de YPF de la Sección Almacenes. Comodoro Rivadavia. Setiembre de 1996.
[22] Entrevista a la hija de un ex operario de YPF. Comodoro Rivadavia. Diciembre de 1995.

La pérdida de la condición asalariada, y las dificultades de reinserción laboral de los operarios que se desvincularon de la empresa petrolera estuvieron fuertemente condicionadas por la edad de los empleados y por su nivel de calificación. Un estudio realizado por docentes de la UNPSJB en 1995, a partir de la instrumentación de encuestas a ex agentes de YPF, puso en evidencia que el mayor porcentaje de trabajadores reincorporados al mercado laboral (casi un 67%) estuvo situado sobre una franja de población en edad central, que oscilaba entre los 30 y los 41 años (Mastrángelo, Riera, Díaz y Sandobal, 1997). A medida que se superaba ese margen descendían concomitantemente las posibilidades de acceder a un puesto de trabajo en relación de dependencia dentro del sector formal. En esta misma orientación, aquellos que a lo largo de su pertenencia a YPF se habían capacitado en la práctica de un oficio definido tuvieron una chance mayor para ofrecer sus servicios en el cada vez más selectivo mercado laboral de la región:

> Mi papá primero se retiró y después hicieron una cooperativa; él era socio ahí (METRAPET) y la cooperativa no funcionó y él se quedó sin trabajo (...) él es mecánico y después empezó a trabajar en un taller, pero trabajaba en negro, no tenía planilla, no teníamos obra social, nada y lo único que teníamos era el sueldo que le daba el ANSES (...) mi papá estuvo treinta y dos años en YPF, después se retiró y en la cooperativa estuvo dos años (...) ahora está trabajando en DIOPSA (empresa contratista para la construcción del puerto) pero yo no sé cuando se termine el puerto qué va a pasar con mi papá (...) eso me da miedo.[23]

La situación fue mucho más crítica aun para quienes dentro de la empresa habían ejercido tareas específicas de baja calificación:

---

23 Entrevista a S. R., hija de un ex operario de YPF. Comodoro Rivadavia. Noviembre de 1995.

Mi tío estuvo más o menos quince años en YPF (…) trabajaba en boca de pozo (…) Cuando apareció lo del retiro le dijeron que no le convenía (…) y después le llegó el despido en 1993, por octubre, por ahí, (…) y a él lo afectó un poco porque él siempre había querido trabajar ahí (…) tuvo que dejar sus cosas (…) tuvo que dejar el mameluco, todas sus cosas, y había pasado por casa y lloraba (…) y se fue en enero del 94 para Mendoza (…) porque unos primos de mi mamá le dijeron que allá tenía más posibilidades porque cuando pasó esto, él tuvo que trabajar de remisero acá (…) junto a otros compañeros (…) también cobraba lo del ANSES (…) Ahora está en Mendoza como vendedor (…) y con eso vive.[24]

Como lo refleja la cita precedente, una situación corriente entre muchos de los que accedieron al retiro voluntario fue la rotación permanente en distintas actividades laborales, con ingresos transitorios al empleo formal y largos períodos caracterizados por situaciones de precariedad en términos de ingresos e irregularidad en la cobertura social o previsional. Estas condiciones tuvieron un significativo impacto en las estrategias de reproducción de los hogares, propiciando el deterioro en la calidad de vida de sus integrantes, y exigiendo una fuerte respuesta adaptativa en los hábitos de vida de todo el núcleo familiar: "Cuando mi papá trabajaba en YPF nos podíamos comprar ropa más seguido, y ya estábamos acostumbradas (…) y con esto que pasó queríamos algo y no podíamos y nos teníamos que arreglar con lo que teníamos".[25]

Estas condiciones se replicaron, aun en tono traumático, en la Cuenca Carbonífera de Río Turbio. De hecho, entre 1991 y 1993, los procesos de transformación de la empresa provocaron una caída general del empleo, lo cual generó a su vez una importante emigración poblacional o el desarrollo de actividades económicas de riesgosa renta-

---

[24] Entrevista a L. G., Comodoro Rivadavia. Noviembre de 1995.
[25] Entrevista a R. C., hija de un ex operario de YPF. Comodoro Rivadavia. Diciembre de 1995.

bilidad y muy baja productividad. Algunos estudios estiman que en dicho período la planta de personal de la empresa estatal disminuyó en más de un 45%. Como en el caso de las comunidades petroleras vinculadas a YPF, el comercio y los servicios tradicionales se vieron afectados por la reducción ostensible de la demanda y una fuerte competencia intra y extra regional. La administración pública municipal y provincial se convirtió casi en el único sector de refugio ocupacional para desocupados y jóvenes en búsqueda de su primer trabajo. Asimismo, la situación también generó un importante crecimiento de actividades comerciales y de servicios informales, basadas en el autoempleo y la ayuda familiar no remunerada (Salvia, 1999).

3. Las formas de la resistencia frente al ajuste

La primera etapa (1989-1994): el relativo éxito de los mecanismos de dilación del conflicto social

En 1991 cuando ya era evidente el direccionamiento de las políticas de racionalización y privatización desplegadas por el gobierno nacional respecto a las empresas estatales, la Federación SUPE con el apoyo de sus filiales en todo el país convocó a una huelga general en acompañamiento a las estrategias de resistencia vehiculizadas por los trabajadores de YPF en la provincia de Salta (Campamento Vespucio, General Mosconi y Destilería Campo Durán). Esta acción que tuvo amplia convocatoria, incluso entre aquellas filiales como la de Comodoro Rivadavia (Lista Azul) que no estaban alineadas políticamente con la Federación (Lista Celeste), fue signada por muchos "ypefianos" como el inicio de la profundización del ajuste y la reducción de personal al interior de la empresa. En algunas filiales este acontecimiento fue simbolizado como una "trampa" de la propia dirigencia de la Federación para hacer efectivo el despido masivo de aquellas dotaciones de personal que se habían sumado a la medida de fuerza.[26] En efecto, algunos estudios han indicado que a partir de la declaración de huelga como ilegal por el Ministerio de Trabajo de la Nación, se aceleró el proceso de reducción de los operarios de YPF, registrándose en los trimestres de septiembre y diciembre de 1991 los picos más altos desde los inicios del proceso (Palermo, 2012).

De hecho este conflicto marcó un punto de inflexión en las estrategias iniciales de resistencia frente a la privatización al poner en evidencia que desde la propia empresa estatal, y desde las jerarquías más altas del aparato sindical a las que se signaba en el imaginario petrolero como garantes de la continuidad de un mundo de vida, se propiciaban modalidades de abrupta modificación del orden establecido con afectación directa de los intereses del colectivo de trabajadores. A partir de entonces, la dinámica de la resistencia fue descomponiéndose en fragmentos locales y quedó contenida en las acciones llevadas a cabo por algunas de las filiales del sindicato petrolero en los distintos yacimientos a lo largo del país.

Una de las primeras reacciones "locales" frente al avance del proceso de privatización de YPF a lo largo de 1992 y 1993 en algunas de las ciudades petroleras fue el desarrollo de movilizaciones callejeras contra el ajuste y la organización de asambleas ciudadanas multisectoriales para comprometer a la población con iniciativas que frenaran la profundización de esta dinámica. En efecto, tanto en Caleta Olivia como en Comodoro Rivadavia estas acciones fueron impulsadas por sectores sindicales de las delegaciones locales del SUPE, y por partidos políticos contrarios a la política del gobierno nacional en la búsqueda de opciones que permitieran mitigar los impactos de la crisis. Sin embargo, estas convocatorias no lograron en los hechos articular propuestas concretas para enfrentar el nuevo escenario:

---

[26] La huelga fue bautizada por algunos trabajadores de la Refinería La Plata como la "Gran Echada", mientras que en Comodoro Rivadavia llevó el nombre de la "Huelga de la Traición" (Palermo, 2012).

solo sirvieron como catalizadores de la sensación de desprotección que pesaba sobre los actores locales y marcaron el inicio de una búsqueda colectiva de salidas a la coyuntura recesiva.

En Comodoro Rivadavia, la profunda sensación de inseguridad se proyectó en la búsqueda de la mediación del Obispado de la Iglesia católica para que actúe como catalizador de un frente ciudadano que se ponga en movimiento para exigir respuestas del Estado nacional.[27] En Caleta Olivia, el movimiento fue de menor intensidad, y estuvo definido mayoritariamente por la política de resistencia al ajuste que se llevaba a cabo desde la conducción de los sindicatos petroleros del flanco norte de la provincia de Santa Cruz. En ambos casos, las iniciativas no condujeron a una retracción del proceso iniciado años antes, y solo actuaron desde una presión social que se tradujo en la puesta en vigencia de mecanismos paliativos desde las distintas esferas del Estado (planes y programas de empleo asistido, políticas de asistencia social de diversa índole, promoción de microemprendimientos y ampliación de la capacidad de los Estados municipales y provinciales para absorber empleo) (Cabral Marques, 1997).

Fueron muchas las situaciones que nos permiten explicar la escasa capacidad de articular una respuesta efectiva frente a la profundización de los efectos de la privatización por parte de los actores directa e indirectamente involucrados. En principio y desde la esfera nacional, resulta evidente que la fuerte articulación política de la plana directiva de la Federación SUPE con las directivas impulsadas por el gobierno central se constituyó en uno de los escollos principales para frenar cualquier forma de resistencia al proceso en los distintos yacimientos. De hecho, si bien existieron acciones desde las filiales locales del sindicato SUPE que intentaban situar en la opinión pública de cada comunidad

---

27 Archivo Periodístico Diarios *Crónica* y *El Patagónico*. Comodoro Rivadavia, 1990-1994.

las ya visibles consecuencias negativas de la privatización, y pretendían organizar respuestas reactivas movilizando a las "fuerzas vivas", estas fueron diluyéndose poco a poco ante la imposibilidad de superar algunas fracturas que el propio proceso ponía en evidencia.

Una de estas fracturas, quizás la más relevante en términos comunitarios, fue la que establecía una barrera de separación entre quienes pertenecían o habían pertenecido a las comunidades sociolaborales ligadas a YPF con sus beneficios o coberturas y quienes nunca habían participado de dicho universo social. Estos colectivos expresaron conjuntos sociales diferenciados que se sostuvieron históricamente con base en tensiones, conflictos, estigmatizaciones y prejuicios. La propia dinámica impulsada por la empresa petrolera estatal había motorizado en los distintos yacimientos, con énfasis desde los años 20, la construcción de una segregación residencial y urbana que a lo largo del tiempo fue profundizando las diferencias entre "ypefianos" y comunidades locales.

Tal como lo han demostrado distintos trabajos que han explorado esta cuestión, esta segregación cristalizó en una profunda diferenciación entre quienes participaban del colectivo "ypefiano" y los habitantes de las ciudades o los trabajadores de otras empresas, lo que generó una fractura que en buena medida conformó dos mundos sociales separados por barreras simbólicas y reales que actuaban modelando las experiencias cotidianas (Palermo, 2012). Los primeros eran percibidos como sujetos factibles de "grandes beneficios" que se expresaron en viviendas, clubes y lugares de recreación, proveedurías, hospitales y centros de salud, escuelas, hoteles sindicales, pasajes subsidiados, entre otras coberturas que estaban explícitamente vedadas para quienes no pertenecían a YPF. Desde la perspectiva de gran parte de quienes no habían participado de la vida sociocomunitaria organizada por YPF, la privatización y la licuación de los beneficios sociolaborales de sus operarios vino a representar un acto de igualación de derechos respecto al resto de la población. De hecho, en algunas situaciones locales la movilización de los trabajadores petroleros estatales afectados por la privatización era simbolizada irónicamente por quienes no participaban directamente de dicho proceso como el duelo solitario de las "viudas de Mosconi".[28] Esta situación, que se constituyó en un gran factor desmovilizante, se hizo visible tanto en muchas de las expresiones públicas como en las conductas individuales y colectivas en localidades tales como Comodoro Rivadavia, Caleta Olivia y Pico Truncado dentro de la Cuenca del Golfo San Jorge, pero también fue observable en algunos de los otros yacimientos a lo largo del país.

Otra de las situaciones que frenó la resistencia a las políticas de ajuste representadas por la privatización de las empresas públicas, particularmente en el caso de YPF, fue la propia estrategia diseñada por el gobierno nacional y sugerida por las consultoras contratadas para atemperar el costo social, que consistió, entre otras acciones, en los despidos con indemnización, los "retiros voluntarios", la continuidad de los "cursos de capacitación-reconversión del personal" y la constitución de sociedades de ex agentes de YPF bajo el formato jurídico de sociedades de responsabilidad limitada o sociedades anónimas. En efecto, estas determinaciones oficiales generaron un estado de latencia y ambigüedad en las respuestas individuales y colectivas de muchos trabajadores de YPF que veían en estas opciones la posibilidad de la continuidad de las actividades laborales bajo otras condiciones. De hecho, gran parte de estas medidas favorecieron la postergación del conflicto social resultado de la privatización de la empresa por un lapso de entre tres y cinco años en las distintas localidades atravesadas por dicho proceso.

---

[28] Esta fue una de las expresiones utilizadas popularmente para referirse al hecho por parte de los no ypefianos en Comodoro Rivadavia y Caleta Olivia.

La segunda etapa (1994-1997): la emergencia espontánea del descontento, de la toma de mina en Río Turbio a las pobladas cutralquenses

El primer episodio significativo que hizo visible una sostenida reacción colectiva a las políticas de ajuste operadas sobre las empresas extractivas estatales fue la toma de las instalaciones de la mina 5 en el yacimiento carbonífero de Río Turbio, en la provincia de Santa Cruz, sobre fines de 1994. En efecto, el 15 de noviembre de ese año, un grupo de mineros de base de la empresa YCRT S.A., inicialmente de manera espontánea y luego con el aval de una asamblea de trabajadores, decidieron ocupar sus lugares de labor ante la intransigencia de la patronal. El principal foco de conflicto, que ya había promovido protestas y movilizaciones, estaba ligado a la inflexibilidad de la empresa en reconocer el Convenio Colectivo de Trabajo celebrado entre ATE e YCF, la avanzada reducción de la dotación de personal, el recorte de salarios y de beneficios indirectos, y otros históricos compromisos comunitarios.

El movimiento de ocupación de la mina, conocido como "Unión 24" (Vidal, 2000), que se continuó por el lapso de diez días, constituyó un episodio inédito en la historia del yacimiento y puso en evidencia una situación de fuerte articulación de intereses entre los trabajadores argentinos y los de origen chileno que se ligaban a las actividades extractivas en Río Turbio. De hecho, algunos estudios han destacado cómo las estrategias de solidaridad obrera pudieron sobrepasar las fracturas que tradicionalmente había promovido el discurso nacionalista en la frontera, situación visible, entre otras cosas, en la masiva instalación de banderas argentinas y chilenas en torno al yacimiento promovida por los familiares y compañeros de los mineros en toma (Vidal, 2000; Martínez, Luque y otros, 1997).

Además, el conflicto rioturbiense marcó un punto de inflexión en este tipo de situaciones ya que rápidamente movilizó la participación comunitaria de distintos sectores sociales de la localidad y la región en el acompañamiento y sostenimiento de los mineros en lucha. Incluso, adquirió una perspectiva binacional dado que al involucrar un número muy relevante de trabajadores chilenos movilizó hacia Rio Turbio a familiares, sindicalistas y hasta políticos del vecino país como manifestación de respaldo y apoyo para los operarios trasandinos localizados en mina 5 (Vidal, 2000). Finalmente el conflicto pudo destrabarse parcialmente con un punto de acuerdo entre la empresa y los trabajadores sobre la mayor parte de los tópicos en disputa. En esta coyuntura fue muy significativa la mediación realizada por el gobierno provincial encabezado entonces por Néstor Kirchner, quien desde entonces ocupó un lugar cada vez más significativo no solo como regulador, sino como principal inversor en la explotación carbonífera de Río Turbio.

Por otra parte, en el marco de la actividad petrolera, hacia 1995 se profundizaron muchas de las consecuencias negativas operadas sobre los mercados de trabajo y sobre las economías locales durante el período más disruptivo de la transformación. En efecto, en una tendencia que ya se iniciara hacia 1992, los primeros años de este ciclo vieron crecer muy significativamente los niveles de producción petrolera en el flanco sur de la Cuenca del Golfo San Jorge (franja norte de la provincia de Santa Cruz). De hecho a lo largo de casi tres años (1992-1995), Santa Cruz norte presentó un promedio de crecimiento anual de la producción de petróleo que triplicó las magnitudes de la franja sur de la provincia del Chubut (Cicciari, 1997: 208). Sin embargo, esta tendencia, definida por un mercado petrolero fuertemente oligopolizado por un número reducido de grandes compañías de capital extrarregional, no se expresó de manera favorable en los indicadores de empleo, ni en la dinámica económica de los mercados urbanos de la región. Por el contrario, los indicadores socio-ocupacionales de las localidades del complejo petrolero de la Cuenca del Golfo

San Jorge evidenciaron una coyuntura que expresaba de modo evidente la no generación de empleo genuino por parte de la actividad petrolera.[29]

En 1995, las cifras de desempleo volvieron a situarse sobre los márgenes muy cercanos al récord histórico (en el caso de Comodoro Rivadavia, durante 1995 trepó al 14,0%), acompañadas ahora por una creciente incidencia del desempleo en las configuraciones sociales a través de una muy fuerte presencia del "desaliento laboral" (Cicciari, 1999). En esta etapa, los leves aumentos que se registraron en algunas ramas productivas (tanto en Caleta Olivia como en Comodoro Rivadavia) casi no tuvieron incidencia en la disminución de la desocupación abierta, debido a factores demográficos relacionados con la "presión" que ejercían sobre el mercado laboral desde la oferta los denominados trabajadores complementarios (mujer e hijos del jefe de hogar con problemas de empleo), en relación con una demanda laboral caracterizada por su notoria rigidez (Dámelio, Galaretto y Prado, 1997: 260).

Además, en este período hizo eclosión el agotamiento del dispositivo de "dilación" del conflicto social previsto por el gobierno nacional y sus asesores para avanzar en la privatización de YPF. De hecho, en 1995 cayeron muchos de los contratos celebrados dos años antes con las denominadas "sociedades de ex agentes de YPF", y esta situación dejaba expuestas las vulnerabilidades de muchas de estas recientes entidades empresariales en un mercado petrolero fuertemente competitivo.

Uno de los escollos más difíciles de superar para estos emprendimientos estuvo asociado a las presiones que ejerció el mercado petrolero para la reducción de costos operativos, como requisito básico para asegurar la renovación

---

[29] Algunas interpretaciones sobre este punto sostienen que las estrategias de racionalización de la producción y la incorporación de tecnología en el sector para hacer frente a la competencia internacional, entre otros factores, actuaron como mecanismos que inhibieron la generación de empleo (Cicciari, 1997: 212).

de contratos anteriores o la firma de nuevos compromisos de trabajo. Particularmente, desde el plano sindical, se destacó el rol que jugó YPF S.A. en la definición de las nuevas reglas de juego: "YPF S.A. realiza ajustes permanentes en los contratos, exige bonificaciones, fija sueldos para el personal, divide los contratos por zona y nos obliga a trabajar con costos que son operativamente difíciles de sostener".[30] Además, la misma empresa estableció como condición para la renegociación de los contratos "la incorporación de capital de trabajo y la incorporación de equipamiento nuevo, equipamiento que por supuesto era de la empresa estatal y que había sido vendido por dicha empresa a los nuevos emprendimientos".[31]

La necesidad de responder a estos condicionantes para asegurar la viabilidad del emprendimiento se evidenció, entre otras cosas, en la reducción de gastos con base en un ajuste sostenido sobre las dotaciones de personal:

> se da una contradicción, porque los mismos trabajadores (ahora empresarios) despiden a sus contratados, pagando la indemnización al 50% de su valor (…) esto ocurre en zona norte de Comodoro, por la falta de una defensa homogénea de todos los emprendimientos, ante la exigencia de YPF S.A. (…) En estos casos el trabajador no es socio de la empresa y no tiene por qué compartir los riesgos de esta, ya que tampoco comparte las ganancias.[32]

---

[30] Representantes de sociedades de ex agentes de YPF, zona norte de Santa Cruz (diario *El Patagónico*, 16 de mayo de 1997, p. 19).

[31] Jorge Soloaga, secretario general de SUPE, filial Santa Cruz norte (diario *Crónica*, 10 de abril de 1996, p. 25).

[32] Carlos Gómez, secretario de Prensa del Sindicato Petroleros Chubut. Diario *Crónica*, 9 de junio de 1996, p. 22. Actualmente, se observa en muchas de estas empresas un proceso de creciente precarización laboral como efecto del reemplazo de trabajadores tradicionales por operarios más jóvenes y de mayor calificación, bajo relaciones de trabajo temporario más flexibles. "Reestructuración productiva y su impacto sobre el empleo en PyMES, microempresas y cooperativas de trabajadores". Análisis de Coyuntura, segundo semestre de 1994 - primer semestre de 1995". *Cuarto Informe Laboral de la Provincia de Santa Cruz*. Mayo de 1995. Ministerio de Trabajo de la Nación. Universidad Nacional de la Patagonia Austral.

En esa misma dirección, hacia 1995 resultaba evidente que gran parte de las estrategias de generación de ingresos desarrolladas por quienes habían asumido nuevas actividades sobre la base de la inversión de las indemnizaciones resultaron infructuosas y tuvieron una muy corta duración. En estos casos a los límites de autosostenimiento en lo comercial y financiero, se sumaron el escaso conocimiento que estos agentes económicos tenían sobre el funcionamiento de este tipo de emprendimientos y la falta de una imagen clara respecto de las reales posibilidades de expansión del mercado existente. La profunda recesión que atravesó la región hacia 1995 contribuyó a acentuar la crisis de estas iniciativas económicas, lo que resultó en un agravamiento de las condiciones de subsistencia de aquellos que habían optado por esta vía.[33]

En general, la reducción en los ingresos y el creciente endeudamiento de estas microempresas fueron paliados en gran medida por el esfuerzo y las estrategias de autoorganización del grupo familiar. Sin embargo gran parte de estas iniciativas afrontaron un escenario complejo en el que las maniobras de supervivencia de las inversiones y las posibilidades de sostenimiento de los emprendimientos particulares resultaron en gran medida infructuosas.

Para complicar aun más el cuadro de situación de las localidades petroleras, desde 1997 comenzaron a manifestarse signos de estancamiento en la actividad que había registrado un significativo repunte al inicio de esta etapa con el pleno funcionamiento de los operadores privados. Las estrategias empresariales de producción, ahora fuera del alcance de los poderes públicos y las fuerzas sociales de la región, plantearon en este período condiciones cada vez más selectivas respecto a la fuerza de trabajo. Esta tendencia

---

[33] "Hoy ese hombre tuvo incluso que entregar el auto que había comprado, malvendido, porque ya no tenía dinero ni para comer, y hoy no puede cobrar las cuotas del auto" (Entrevista a Gerente de Gases Comprimidos San Pablo SRL. Mayo de 1996).

se abrió a su coyuntura más crítica a lo largo de 1998 con la caída de los precios internacionales del crudo,[34] lo que implicó la paralización de equipos y el éxodo de algunas empresas, con el consecuente agravamiento de las tensiones sociales y su explícito direccionamiento hacia el ámbito institucional de los municipios que comenzaron a verse desbordados en su capacidad de respuesta.

El decrecimiento notorio del empleo, la inestabilidad y precariedad laboral extendida y la reducción en las posibilidades de captación de ingresos tornaron, en esta etapa, completamente visibles las consecuencias de la pérdida del eje vertebrador de YPF como factor de integración y cohesión social en los centros urbanos de la región (Cabral Marques, 1999). En este marco, los impactos simbólicos del proceso fueron definiendo un estado de situación en donde a la retracción de la actividad económica, y a la disminución consiguiente de la calidad de vida y de las expectativas de desarrollo de los actores locales, se unió una visión "pesimista" sobre las posibilidades de "despegue" de la región.

Este es el contexto en el que deben situarse las puebladas cutralquenses cuyo primer episodio se produce precisamente en 1996 y 1997, en un momento en que se agravaron las condiciones de subsistencia de las comunidades que habían estado ligadas al modelo inclusivo y estabilizador de las compañías estatales extractivas. Sin embargo, debe considerarse que los procesos de ruptura y desafiliación social que se sucedieron en los distintos yacimientos asociados a YPF o a YCF en el ámbito patagónico estuvieron atravesados por condicionantes particulares de la vida

---

[34] "En septiembre de 1997, el precio del barril del crudo que se había mantenido en 20 dólares comenzó a declinar y afrontó una curva descendente desde noviembre de 1997 hasta diciembre de 1998. Esto repercutió de manera notable en toda la estructura de la Cuenca del Golfo San Jorge, porque al permanecer bajo el valor del crudo a nivel internacional ninguna operadora de yacimiento generaba rentabilidad. Esto llevó a una caída de la actividad en la zona y a una emergencia ocupacional en toda la región" (diario *El Patagónico*, 4 de octubre de 1999, p. 20).

política local-provincial y por las diferentes capacidades de regulación del conflicto latente o manifiesto que pusieron en evidencia los poderes públicos de cada caso. En Neuquén, la crudeza de la situación social expresada en una muy significativa tasa de desocupación postprivatización se ligó a las internas partidarias propias del Movimiento Popular Neuquino, a la caída de proyectos de reconversión de parte de la mano de obra en paro (contrato con la empresa de fertilizantes Agrium) y a las medidas de ajuste promovidas por el Estado provincial que impulsaron la emergencia de un fuerte descontento en sectores no asociados directamente a la actividad petrolera (el caso más significativo fue el de los docentes provinciales).[35]

La tercera etapa (1997-2000): de los movimientos colectivos espontáneos a la institucionalización de la protesta en calles y rutas

Los últimos años de la década de los 90 hicieron visible, en las distintas localidades afectadas por los procesos de privatización y concesionamiento de empresas públicas, el paso desde movimientos colectivos que en algún sentido se planteaban la resistencia al ajuste, hacia nuevos formatos de explícita organización para el sostenimiento de la sobrevivencia. Un signo notorio de los nuevos tiempos fue la conformación de Comisiones de Desocupados que en el contexto de cada una de las localidades analizadas se transformaron en el principal grupo de presión sobre los poderes públicos, exigiendo mayores inversiones en materia de contención social, el sostenimiento y la expansión de los programas de empleo asistido, y subsidios o exenciones en el pago de impuestos o en el acceso a los servicios urbanos. Al mismo tiempo uno de los puntos de mayor movilización de los actores locales de la región estuvo vinculado a

---

[35] Para mayores referencias, ver Favaro e Iuorno (2006); Favaro, Arias Bucciarelli e Iuorno (1997); y Favaro, Arias Bucciarelli e Iuorno (1999).

la solicitud de la mediación de la dirigencia política local y provincial para negociar condiciones que permitieran la reactivación de la actividad petrolera y la expansión de los puestos de trabajo.

En este momento, la conflictividad social fue posicionando el corte de ruta como estrategia medular en la actuación de la protesta, y la generalización de organizaciones de desocupados provenientes sobre todo del sector hidrocarburífero y de la construcción, que conllevaron a la constitución de coordinadoras y a la formalización de estrategias de lucha conjuntas con las entidades sindicales que representaban a los petroleros privados (Luque y Martínez, 2011).

De hecho, el sindicato de Petroleros Privados, junto a otras organizaciones de raíz sindical como el CTA y la ATE desarrollaron durante estos años una activa movilización social, con manifestaciones públicas para exigir a los representantes del poder político provincial y municipal y a las propias empresas petroleras la puesta en funcionamiento de estrategias que eviten la profundización de la crisis y el crecimiento de la exclusión. En general las demandas del sector se proyectaban sobre aspectos tales como el mantenimiento de los puestos de trabajo para aquellos que permanecían ocupados, la definición de planes laborales transitorios para los petroleros desocupados, el pago de subsidios por desempleo y la reactivación de la actividad petrolera con la consecuente expansión de los equipos en funcionamiento y la contratación de personal.[36]

La estrategia de movilización conjunta de ocupados y desocupados asociados directa e indirectamente a la actividad petrolera fue potenciándose en diversos casos del ámbito patagónico, al punto tal que los propios sindicatos de petroleros privados llegaron a formalizar sus propias comisiones de desocupados (Luque y Martínez, 2011). Estas dinámicas fueron visibles en las distintas cuencas

---

[36] Archivo Periodístico Diarios *Crónica* y *El Patagónico*. Comodoro Rivadavia, 1997-1999.

y yacimientos petrolíferos de la Patagonia, con una fuerza particular en localidades como Cutralcó-Plaza Huincul, Comodoro Rivadavia, Caleta Olivia, Pico Truncado y Las Heras.

Sin embargo, desde 1998-1999 la baja del precio internacional del barril de crudo y la paulatina instalación de la crisis fiscal de las políticas asociadas a la vigencia de la convertibilidad dieron lugar a un escenario fuertemente recesivo en el cual la demanda del pago de subsidios a los desocupados del sector petrolero en principio y de otros sectores después fue la demanda mayoritaria. La creciente politización partidaria de las organizaciones de desocupados (Polo Obrero, Corriente Clasista y Combativa) y la radicalización de la protesta en un formato de mayor autonomía fueron definiendo el alejamiento de la coincidencia que desde 1995 había ligado a este heterogéneo sector con el cada vez más influyente sindicato de los petroleros privados. Como bien lo han demostrado algunos estudios (Luque y Martínez, 2011), esta tendencia se iría profundizando en los años sucesivos para desembocar a partir de 2003, momento en el que se inicia un ciclo de alza en la rentabilidad del sector por el aumento de los precios internacionales, en una clara separación en la estrategia de posicionamiento frente a las operadoras petroleras y a los poderes públicos municipales y provinciales.

Bibliografía

CABRAL MARQUES, Daniel (1997), "Crisis ocupacional y programas para la generación de empleo. Algunos indicadores para el análisis de Comodoro Rivadavia (1990-1995)", en Salvia, Agustín y Panaia, Marta (comps.), *La Patagonia privatizada*, Buenos Aires, UBA-UNPA.

CABRAL MARQUES, Daniel (1999), "Entre la crisis del valor social del trabajo y la fragilidad de la identidad del trabajador. Desempleo y exclusión social en la Cuenca del Golfo San Jorge", en Salvia, Agustín (comp.), *La Patagonia de los noventa. Sectores que ganan, sociedades que pierden*, Buenos Aires, La Colmena.

CICCIARI, María Rosa (1997), "Caracterización de la dinámica económica de la Cuenca del Golfo San Jorge en los años 90", en Salvia, Agustín y Panaia, Marta (comps.), *La Patagonia privatizada*, Buenos Aires, UBA-UNPA.

CICCIARI, María Rosa (1999), "Evolución económica del complejo petrolero de la Cuenca del Golfo San Jorge en un contexto de cambio estructural. El mercado laboral de Comodoro Rivadavia, 1985-1997", en Salvia, Agustín (comp.), *La Patagonia de los noventa. Sectores que ganan, sociedades que pierden*, Buenos Aires, La Colmena.

DÁMELIO, María H.; GALARETTO, Martha y PRADO, Mariano (1997), "El lado oscuro de la reestructuración. Empleo, desempleo y precariedad laboral en Caleta Olivia, 1993-1995", en Salvia, Agustín y Panaia, Marta (comps.), *La Patagonia privatizada,* Buenos Aires, UBA-UNPA.

FAVARO, Orietta e IUORNO, Graciela (2006), "La Patagonia protesta. Recursos, política y conflictos a fin de siglo", *Realidad Económica*, N° 217, 1º de enero/15 de febrero.

FAVARO, Orietta; ARIAS BUCCIARELLI, Mario e IUORNO, Graciela (1997), "La conflictividad social en Neuquén. El movimiento cutralquense y los nuevos sujetos sociales", *Realidad Económica*, N° 148, 1º de enero/15 de febrero.

FAVARO, Orietta; ARIAS BUCCIARELLI, Mario e IUORNO, Graciela (1999), "Políticas de ajuste, protestas y resistencias. Las pobladas cutralqueses", en Favaro, Orietta (ed), *Neuquén. La construcción de un orden estatal*, Neuquén, Cehepyc/Clacso – UNComahue.

GERCHUNOFF, Pablo y CANOVAS, Guillermo (1995), "Privatizaciones en un contexto de emergencia económica", *Desarrollo Económico*, Vol. 34, N° 136, enero-marzo.

HERRERA, César V. y GARCÍA, Marcelo (2003), "A 10 años de la privatización de YPF. Análisis y consecuencias en la Argentina y en la Cuenca del Golfo San Jorge", Comodoro Rivadavia, Centro Regional de Estudios Económicos de la Patagonia Central.

LUQUE, Elida y MARTÍNEZ, Susana (2011), "Los trabajadores de la zona norte de Santa Cruz frente a la emergencia del movimiento de desocupados", en Iñigo Carrera, Nicolás (dir.), *Sindicatos y desocupados en Argentina, 1930/1935-1994/2004, Cinco estudios de caso*, Buenos Aires, PIMSA/Dialektik.

MARTÍNEZ, Susana; LUQUE, Elida y otros (1997), "El conflicto minero de Río Turbio, noviembre de 1994", en Antognazzi, I. y Ferrer, R. (comps.), *Argentina: raíces históricas del presente*, Rosario, UNR.

MASTRÁNGELO, Rosa; RIERA, Raúl; DÍAZ, Susana y SANDOBAL, Lucía (1997), "Panorama de la desocupación en Comodoro Rivadavia. La otra cara del desempleo", Diario *El Patagónico*, 4 de mayo y 9 de junio, Comodoro Rivadavia.

MINISTERIO DE ECONOMÍA (1992), *Memorándum Dirección Nacional de Control de Gestión y Privatizaciones*. N° 138, 2 de setiembre.

NAHON, Carolina (2005), "La Privatización de Yacimientos Carboníferos Fiscales: ¿negocios privados = subsidios y (des)control público?", *Realidad Económica*, N° 209.

PALACIOS, María Susana (1993), "Una modalidad de privatización. La conformación de sociedades de ex agentes de YPF en Plaza Huincul y Cutral-Có", en Favaro, Mases y otros (comps.), *Estado, Capital y régimen político*, Buenos Aires, El espejo.

PALERMO, Hernán (2012), *Cadenas de oro negro en el esplendor y ocaso de YPF*, Buenos Aires, Antropofagia.

REINOSO, Carlos A. (1995), *Cementerio de Cigüeñas,* Caleta Olivia, Mapuche.

ROITER, Daniel (1994), "La privatización de YPF", *Boletín Informativo de Techint,* N° 277, enero-marzo.

SALVIA, Agustín y MUÑOZ, Christian (1997), "Proceso histórico y transformaciones en un espacio regional. Crisis y reestructuración del Complejo Minero de Río Turbio", en *La Patagonia privatizada. Crisis y cambios estructurales en el sistema regional patagónico y sus impactos en los mercados de trabajo,* Buenos Aires, Colección CEA-CBC, Universidad de Buenos Aires (UBA) – Universidad Nacional de la Patagonia Austral (UNPA).

SALVIA, Agustín y otros (1995), "Reestructuración productiva y su impacto sobre el empleo en PyMES, microempresas y cooperativas de trabajadores. Análisis de Coyuntura, segundo semestre de 1994 – primer semestre de 1995", *Cuarto Informe Laboral de la Provincia de Santa Cruz,* mayo, Buenos Aires, Ministerio de Trabajo de la Nación, Universidad Nacional de la Patagonia Austral.

SALVIA, Agustín y otros (1995), "Análisis de Coyuntura, segundo semestre de 1994 – primer semestre de 1995", *Tercer Informe Laboral de la Provincia de Santa Cruz,* mayo, Buenos Aires, Ministerio de Trabajo de la Nación, Universidad Federal de la Patagonia Austral.

SALVIA, Agustín (1999), "Sectores que ganan, sociedades que pierden: Reestructuración y globalización en la Patagonia austral", en Salvia, Agustín (comp.), *La Patagonia de los noventa. Sectores que ganan, sociedades que pierden,* Buenos Aires, La Colmena.

VIDAL, Hernán (2000), "La frontera después del ajuste. De la producción de soberanía a la producción de ciudadanía en Río Turbio", en Grimson, A. (comp.), *Fronteras, naciones e identidades. La periferia como centro,* Buenos Aires, CICCUS/La Crujía.

WADE, Eduardo (1996), "Microemprendimientos: ¿Fomento de la pequeña empresa o postergación del conflicto social? Análisis de los microemprendimientos creados a partir de la privatización de YPF en el Yacimiento Santa Cruz Norte", *Jornadas Patagónicas de Estudios del Trabajo*, Caleta Olivia, ASET-UNPA/UACO

YEATTS, Guillermo (1996), *El robo del subsuelo*, Buenos Aires, Theoría.

YPF Sociedad Anónima (1991), *Informe de Gestión Anual 1990*, Buenos Aires, Sindicatura General de Empresas Públicas.

YPF Sociedad del Estado (1990), *Memoria y Balance General*, Ejercicio N° 14, Buenos Aires, YPF.

YPF Sociedad Anónima (1993), *Memoria 1993*, Buenos Aires, YPF S.A.

YPF Sociedad Anónima (1995), *Memoria y Balance 1995*, Buenos Aires, YPF S.A.

YPF Sociedad Anónima (1992), *Memoria y Balance General al 31 de Diciembre de 1992*, Buenos Aires, YPF S.A.

Entrevistas

Entrevista a personal directivo de las empresas Gases Comprimidos San Pablo SRL, GEOVIAL y UGASA (Sociedades de ex agentes de YPF). Comodoro Rivadavia. Mayo a octubre de 1996.

Entrevista a directivos de la Cámara de Comercio, Industria y Producción de Comodoro Rivadavia, Mayo de 1996.

Entrevista a un ex trabajador de YPF de la Sección Almacenes. Comodoro Rivadavia. Setiembre de 1996.

Entrevista a la hija de un ex operario de YPF. Comodoro Rivadavia. Diciembre de 1995.

Entrevista a L. G., Comodoro Rivadavia. Noviembre de 1995.

Entrevista a R. C., hija de un ex operario de YPF. Comodoro
Rivadavia. Diciembre de 1995.

Consultas hemerográficas

Boletín de Informaciones Petroleras. Tercera Época. N° 25
(1991) y N° 41 (1995).
Archivo Periodístico Diarios *Crónica* y *El Patagónico*. Comodoro Rivadavia, 1990-1999.

Los autores

Susana Bandieri

Profesora y licenciada en Historia por la Universidad Nacional del Comahue y doctora en Historia por la Universidad Autónoma de Madrid. Profesora de Historia Argentina en la Facultad de Humanidades de la UNCo e investigadora principal del CONICET. Ha sido presidenta de la Asociación Argentina de Historia Económica y directora del Instituto Patagónico de Estudios de Humanidades y Ciencias Sociales –IPEHCS– (CONICET-UNCo). Sus investigaciones más relevantes giran en torno a la idea de frontera como espacio social y a la historia patagónica en perspectiva regional, temas sobre los que ha escrito numerosos artículos en revistas especializadas, capítulos y libros, en el país y en el extranjero.
susana.bandieri@gmail.com

Sandra Fernández

Doctora en Historia por la Universidad Nacional de Rosario, donde cursó también sus estudios de grado (profesora y licenciada en Historia), y máster en Ciencias Sociales por FLACSO. Investigadora independiente del CONICET y profesora titular regular del Seminario Regional de la carrera de Historia de la UNR, donde fue su directora entre 2007 y 2011. Es docente, además, de distintos posgrados del país y el extranjero. Actualmente coordina la Maestría de Enseñanza de la Historia de la UNR, y la revista *Estudios del ISHIR* (CONICET). Sus investigaciones se han centrado en la perspectiva de la historia regional/local; en los últimos

años la problemática de la sociabilidad y el espacio público ha sido el eje de sus investigaciones.
7acequias@gmail.com

Julieta Anahí Bustelo

Profesora de Enseñanza Media y Superior en Historia por la Facultad de Filosofía y Letras de la Universidad de Buenos Aires, doctora en Humanidades (Área Historia) por la Universidad Nacional de Tucumán con la tesis titulada "Asociacionismo cañero tucumano y políticas azucareras durante el primer peronismo". Actualmente es becaria posdoctoral del CONICET en el Instituto Superior de Estudios Sociales (ISES/CONICET/UNT).
julibustelo@yahoo.com.ar

Marta Bonaudo

Profesora honoraria de Historia Argentina II en la Universidad Nacional de Rosario e investigadora principal del CONICET en Argentina. Ha centrado sus investigaciones en la historia social y la cultura decimonónica en clave comparada desde lo regional a lo latinoamericano y/o europeo. En la última década analizó fundamentalmente la configuración de las nuevas comunidades políticas (ciudadanía, representación, inclusión/exclusión en la cultura política liberal).
martabonaudo@gmail.com

Daniel Antonio Cabral Marques

Profesor en Historia (1990, UNPSJB), especialista en Política Social (1995, UNPSJB), y magíster en Historia (2008, UNMdP). Actualmente es doctorando en Historia en la UNICEN. Profesor titular regular en la cátedra Historia de América III (siglos XIX y XX), profesor adjunto del seminario Historia de la Patagonia en la Universidad Nacional

de la Patagonia San Juan Bosco, y profesor adjunto efectivo del Taller de metodologías de la investigación y del Seminario sobre problemáticas de la sociedad contemporánea en la Universidad Nacional de la Patagonia Austral. Docente de posgrado en la Universidad Nacional de la Patagonia Austral y la Universidad Nacional de la Patagonia San Juan Bosco. Investigador III en el Sistema Nacional de Categorización de Docentes-Investigadores. Director y codirector de proyectos de investigación sobre la historia social y cultural de la Patagonia y sobre sus procesos de desarrollo. Autor y coautor de libros sobre la temática y de artículos sobre la especialidad en libros y revistas de edición nacional e internacional.
dacmarques@yahoo.com.ar

María del Mar Solís Carnicer

Profesora y licenciada en Historia (UNNE). Doctora en Historia (UNCu) y magíster en Ciencias Políticas (UNNE). Profesora titular por concurso de la cátedra Historia Argentina Contemporánea de la Facultad de Humanidades de la Universidad Nacional del Nordeste e investigadora adjunta del CONICET con lugar de trabajo en el Instituto de Investigaciones Geohistóricas (UNNE-CONICET). Directora de la Especialización en Historia Regional de la Facultad de Humanidades de la UNNE. Sus líneas de investigación giran en torno a la historia política contemporánea de la Argentina desde una perspectiva regional.
marimarsolis@yahoo.com.ar

Lisandro Gallucci

Profesor en Historia (Universidad Nacional del Comahue) y doctor en Ciencia Política (Universidad Nacional de San Martín). Investigador adjunto en el Consejo Nacional de Investigaciones Científicas y Técnicas (CONICET) y profesor en la Universidad Nacional de San Martín. Sus inves-

tigaciones sobre los territorios nacionales han sido premiadas por la Academia Nacional de la Historia y por la Asociación Argentina de Investigadores en Historia. Sus áreas de estudio están ligadas a la historia de la democracia, la representación política y los imaginarios políticos en los siglos XIX y XX.
lisandrogallucci@gmail.com

Adriana Kindgard

Licenciada y doctora en Historia por las Universidades Nacionales de Córdoba y Tucumán e investigadora adjunta del CONICET, con lugar de trabajo en ISHIR-UNIHR. Ejerce la docencia en la Universidad Nacional de Jujuy, habiendo dirigido entre los años 2011 y 2013 la Unidad de Investigación en Historia Regional (UNIHR) de dicha institución. Sus investigaciones se inscriben en los campos de la historia política y la historia regional, colaborando con capítulos y artículos en diversas publicaciones del país y del exterior. Se ha especializado en el análisis de los procesos formativos del peronismo jujeño, escribiendo un libro sobre la temática y participando en proyectos interdisciplinarios que tienen por eje la cuestión.
a.kin@imagine.com.ar

María Silvia Leoni

Profesora y licenciada en Historia (UNNE). Doctora en Historia (Universidad del Salvador, Argentina). Profesora titular de Introducción a la Historia y de Historia de la Historiografía en la Universidad Nacional del Nordeste (Argentina). Dirige los grupos de investigación de Historia de la Historiografía del Nordeste argentino y de Historia Política Regional.
msleoni@unne.edu.ar

Andrea Lluch

Investigadora independiente del Consejo Nacional de Investigaciones Científicas y Técnicas. Profesora titular regular en la Universidad Nacional de La Pampa. Doctora en Historia por la Universidad Nacional del Centro de la Provincia de Buenos Aires. Ha realizado estudios postdoctorales en la Universidad de Harvard al obtener la beca Harvard-Newcomen Postdoctoral Research Fellowship in Business History. Es Associate Researcher en el DRCLAs-Harvard University (2009-). Directora de la revista *Quinto Sol* (Instituto de Estudios Socio-Históricos, UNLPam). Coeditora de la revista *Investigaciones Historia Económica* de la Asociación Española de Historia Económica (2015-). Presidenta de la Asociación Argentina de Historia Económica (2017-2019). Miembro fundadora y coeditora del *Boletín Semestral de la Red de Estudios de Historia de Empresas*.
andrealluch@gmail.com

Juan Luis Martiren

Doctor en Historia por la Universidad Nacional del Centro de la Provincia de Buenos Aires e investigador asistente del CONICET, con sede de trabajo en el Instituto de Historia Argentina y Americana "Dr. Emilio Ravignani". Es docente de Historia Económica y Social Argentina en la Facultad de Ciencias Económicas de la Universidad de Buenos Aires. Se ha especializado en temas de historia económica rioplatense en los siglos XVIII y XIX, en particular aquellos relacionados con la colonización agrícola, la historia de precios y los niveles de vida de la población rural, cuyos resultados han sido publicados en revistas nacionales e internacionales.
jlmartiren@hotmail.com

Laura Pasquali

Doctora en Humanidades y Artes (mención Historia), docente e investigadora en la Facultad de Humanidades y Artes de la UNR y en el ISHIR. Dirige estudios doctorales (UBA y UNC) y de maestría (UNR). Ha dictado seminarios, conferencias y cursos de posgrado en el exterior y en el país. Es autora de numerosos artículos en libros y revistas especializadas en historia oral, historia de mujeres e historia argentina contemporánea, temáticas sobre las cuales ha producido cinco libros: cuatro compilaciones y dos de su autoría.
laura@pasquali.com.ar

Valeria Pita

Profesora de Historia y Licenciada en Trabajo Social por la Universidad Nacional de Buenos Aires. Realizó sus estudios de postgrado en la misma casa, recibiendo el título de Doctora en Historia (2009). Especialista en Historia Social Argentina y Latinoamericana con Perspectiva de Género, siglos XIX y comienzos del XX. Ejerce la docencia en la Universidad de Buenos Aires, en la carrera de Historia y en la de Sociología. Es investigadora adjunta de la carrera de Investigador Científico del CONICET. Entre sus publicaciones más recientes se encuentran: *Vivir con lo justo: estudios de historia social del trabajo en perspectiva de género. Argentina, siglos XIX y XX*, (Prohistoria, Rosario, 2016); "El policía, el juez, la familia y el posadero o cómo algunos porteños entendieron de demencias y locuras. Buenos Aires, 1870-1890", en *Revista Trashumante*, (México-Colombia, 2015).
vspita@gmail.com

Gabriel Rafart

Profesor de Historia. Magíster por la Universidad Nacional de Mar del Plata. Docente e investigador en las universidades nacionales del Comahue y de Río Negro. Investigador del Grupo del Estudios de Historia Social y del IPEHCS-CONICET. Su campo es la historia social de los trabajadores, del delito y temas de historia política de la Patagonia. Es coautor de los siguientes libros: *El peronismo, entre los territorios y la Nación: su historia en Río Negro y Neuquén, 1943-1958* (2003), *20 años de democracia en Neuquén y Río Negro* (2004), *Política y partidos en la Patagonia: 1983-2011* (2012); autor de *Tiempo de violencia en la Patagonia, bandidos, policías y jueces, 1890-1940* (2008); y compilador del libro *Historia social y política del delito en Patagonia"* (2010). Columnista de temas políticos e históricos en varios medios de prensa regionales.
gcrafart@gmail.com

Rodolfo A. Richard-Jorba

Licenciado y doctor en Geografía por la Facultad de Filosofía y Letras de la Universidad Nacional de Cuyo. Es investigador principal del CONICET con lugar de trabajo en el Instituto de Ciencias Humanas Sociales y Ambientales (INCIHUSA-CONICET). Ha dictado numerosos cursos de posgrado, y ha dirigido equipos de investigación y recursos humanos de grado y posgrado. Sus indagaciones versan sobre el desarrollo y evolución de la historia económica regional en Cuyo, con base en la vitivinicultura capitalista, y su incidencia en las transformaciones territoriales, el surgimiento del empresariado y los conflictos sociales en el mundo del trabajo.
rrichard@lab.cricyt.edu.ar

Florencia Rodríguez Vázquez

Doctora en Ciencias Sociales por la Universidad Nacional de Quilmes. Se desempeña como investigadora asistente del CONICET, con lugar de trabajo en el Instituto de Ciencias Humanas Sociales y Ambientales (INCIHUSA-CONICET) de Mendoza. Sus publicaciones versan sobre las políticas públicas de enseñanza agrícola y su repercusión en el cambio técnico que experimentó la vitivinicultura regional entre 1880 y 1930; así como sobre los primeros intentos de diversificación productiva, temas acerca de los cuales ha desarrollado una importante producción científica.
frodriguez@mendoza-conicet.gob.ar

Silvia Simonassi

Doctora en Humanidades y Artes con mención en Historia y magíster en Ciencia Política y Sociología. Actualmente se desempeña como profesora titular en la Facultad de Humanidades y Artes de la Universidad Nacional de Rosario. Es investigadora del ISHIR (Investigaciones Socio-histórico Regionales). Se especializa en temas de historia social y regional de la industria, el empresariado y los trabajadores en la segunda mitad del siglo XX. Ha publicado en libros y revistas académicas en Argentina y el exterior. Entre sus publicaciones recientes se encuentra "Los debates sobre la industria en Argentina: empresarios, intelectuales y profesionales de Rosario durante la Segunda Guerra Mundial", en *América Latina en la Historia Económica*, México, 2016, y "Políticas patronales de disciplinamiento y conflictividad obrera en el Gran Rosario: continuidades y rupturas (1930-1980)", en *Travesía,* Tucumán, 2017.
silviasimonassi@yahoo.com.ar

Marcela Vignoli

Profesora en Historia y doctora en Humanidades por la Universidad Nacional de Tucumán, realizó su estancia posdoctoral en la Universidad de San Pablo, Brasil. Es investigadora asistente del CONICET y docente de Metodología de la Investigación Histórica en la carrera de Arqueología de la UNT. Es autora de *Sociabilidad y cultura política. La Sociedad Sarmiento de Tucumán, 1880-1914* (Prohistoria, 2015) y de varios artículos publicados en revistas de la especialidad, nacionales e internacionales. Desde una perspectiva de género estudia la historia socio-cultural de Tucumán entre fines del siglo XIX y primeras décadas del siglo XX.
vigmarce@gmail.com

Este libro se terminó de imprimir en noviembre de 2017 en Imprenta Dorrego (Dorrego 1102, CABA).

www.ingramcontent.com/pod-product-compliance
Lightning Source LLC
Chambersburg PA
CBHW031701230426
43668CB00006B/63